buch

Autoren

Cornelia Adam
Adelheid Beyreder
Erika Casparek-Türkkan
Marieluise Christl-Licosa
Claudia Daiber
Sebastian Dickhaut
Rosemarie Donhauser
Ingrid Früchtel
Johanna Handschmann
Reinhardt Hess
Angelika Ilies
Sabine v. Imhoff
Marianne Kaltenbach
Martina Kittler
Bettina Köhler
Antje Küthe
Bikash und Marcela Kumar
Marey Kurz
Roland Marske
Veronika Müller
Susi Piroué
Gudrun Ruschitzka
Sabine Sälzer
Bernd Schiansky
Cornelia Schinharl
Marlisa Szwillus
Annette Wolter
Renate Zeltner
Cornelia Zingerling

Einführungstexte:
Reinhardt Hess

Unser vegetarisches Kochbuch Nr. 1

GU GRÄFE UND UNZER

Einführung

Inhalt

Rezepte

Was koche ich, wenn...

Was koche ich wenn ...? Diese Frage beschäftigt Sie bestimmt öfter. Einen Wegweiser durch die Fülle der Rezepte finden Sie hier. Von einfach bis aufwendig, von Spezialitäten bis zu Schnellgerichten, von kalorienarm bis vollwertig. Beachten Sie, daß dies nur eine Auswahl ist und die Rezepte in der Reihenfolge angeordnet sind, wie sie im Buch nacheinander auftreten.

Geht schnell

Gelingt leicht

Gut vorzubereiten

Preiswert

Kalorienarm

Für Kinder

Schrot & Korn

Klassiker

Gäste & Party

Würzig-exotisch

Edel & fein

Immer mehr Menschen ist der Appetit auf Fleisch und Wurst vergangen. Auf der einen Seite sorgen negative Schlagzeilen über Gesundheitsschädigungen durch Fleisch dafür, auf der anderen Seite stellen viele fest, daß die fleischlose oder fleischarme Ernährung sie schlanker und gesünder macht. Und mit den vielen Rezepten aus dem Mittelmeergebiet, aus dem Nahen Osten und aus Indien ist die vegetarische Küche auch bei uns bunter, würziger und vielfältiger geworden.

Fit und gesund

Die fleischlose Küche ist nicht nur schick, sondern auch gesund. Eine ganze Reihe neuer Untersuchungen bestätigt, daß Vegetarier im Durchschnitt einen niedrigeren Cholesterinspiegel und einen niedrigeren Blutdruck haben, also weniger infarktgefährdet sind. Außerdem neigen sie viel seltener zu Übergewicht und Erkrankungen des Dickdarms, weil sie mehr Ballaststoffe (siehe Seite 13) zu sich nehmen. Auch Gicht und Gallensteine sind bei Vegetariern seltener und die Nieren funktionieren besser als bei Fleischessern. Und: Die Krebshäufigkeit ist bei ihnen geringer, da mit einer abwechslungsreichen Gemüseküche viele Vitamine und bioaktive Substanzen aufgenommen werden, die eine wichtige Schutzfunktion besitzen.

Ohne Fleisch genießen – das ist gar nicht so modern, wie man denken mag. Die griechischen und römischen Krieger aßen vor einer Schlacht kein Fleisch, um Körper und Geist stark zu halten. Und in vielen Religionen ist der Fleischverzehr verboten. Nur die alten Germanen mochten lieber einen großen Braten als Gemüse auf dem Teller. Das hängt allerdings damit zusammen, daß das Klima (zumindest früher) im Norden Europas nicht gerade günstig für den Obst- und Gemüseanbau war.

Zuerst brachten uns die alten Römer neue Eßgewohnheiten mit (die Legionäre ernährten sich vorwiegend von Getreide, Gemüse, Olivenöl und Käse), dann die Gastarbeiter, die nicht nur neue Gemüsesorten wie Auberginen, Paprikaschoten, Fenchel und Zucchini bei uns populär machten, sondern uns gleich die Zubereitungsarten aus ihrer Heimat beibrachten.

Gemüse international

Seitdem hat sich das Spektrum der fleischlosen Spezialitäten enorm erweitert. Reisen in ferne Länder, die Entdeckung der Vollwertkost, die Getreide wieder salonfähig machte, und natürlich die Fülle der Kochbücher sorgen dafür, daß die vegetarische Küche vielfältiger geworden ist. Importe von Obst- und Gemüsespezialitäten bereichern heute das Angebot der Märkte, der Gastarbeiterläden und sogar die Frischabteilungen der Supermärkte.

Mit oder ohne Ei und Milch

Ganz klar – ein Vegetarier ißt kein Fleisch, keinen Fisch, verwendet auch keine Gelatine (weil aus Tierknochen gemacht) und keine Austernsauce. Also kein Produkt, für das ein Tier sein Leben lassen muß. Aber es gibt noch eine Feingliederung der Fraktionen: Ovo-Lakto-Vegetarier essen Eier, Milch und Käse, Butter und Sahne. Dafür muß ja kein Tier geschlachtet werden.

Strenger handhaben es die Lactovegetarier. Hier sind zwar Milch und Milchprodukte erlaubt, aber keine Eier. Und dann gibt es noch die ganz strengen Veganer, die auch die Nahrungsmittel von lebenden Tieren ablehnen – also keine Milch, keine Eier, kein Käse, keine Butter und kein Honig.

Allerdings ist beim völligen Verzicht auf tierische Produkte zu beachten, daß es dabei leicht zum Mangel an Eiweiß, den Vitaminen D und B_{12}, Zink, Kalzium (Schutz vor Osteoporose und höchstwahrscheinlich auch vor Darmkrebs) und Eisen kommen kann. Kinder und Jugendliche, Schwangere und stillende Mütter sollten auf keinen Fall auf Milch und Milchprodukte verzichten.

Außerdem hat man in der Milch (und im Fleisch von Wiederkäuern) eine Fettsäure entdeckt, die praktisch nicht in pflanzlichen Nahrungsmitteln vorkommt: Die konjugierten Linolsäuren (CLA), die offensichtlich krebshemmend wirken. Diese gesunden Fettsäuren kommen in Öko-Milch in höherer Konzentration vor als in üblicher Kuhmilch, vor allem auch in Schafmilch und Schafkäse.

Hinter dem Gedanken, auf Fleisch zu verzichten, steckt mehr als der Schutz des Lebens, nämlich die Erhaltung unserer Erde – weil für die Produktion von Fleisch große Mengen an Getreide und Futtermitteln aufgewendet werden müssen, die sonst direkt der Ernährung zukommen würden.

Der übermäßige Fleischkonsum hat dazu geführt, daß riesige Ackerflächen nur noch der Erzeugung von Viehfutter dienen, daß boden- und grundwasserschädigende Maisfelder weite Gebiete unseres Landes überziehen und daß Massentierhalter nicht davor zurückschrecken, Tiermehl an Pflanzenfresser zu verfüttern.

Sich vegetarisch ernähren heißt auch, naturbelassene und vollwertige Lebensmittel zu bevorzugen und weitgehend auf stark industriell bearbeitete Produkte zu verzichten. Schließlich gehen bei jeder Verarbeitung wertvolle Inhaltsstoffe verloren und es werden, um eine höhere Qualität vorzutäuschen, oft Farb-, Hilfs- und Aromastoffe zugesetzt.

Abwechslungsreich und bunt ist das Angebot an frischem Gemüse

Unterm Strich leben Vegetarier einfach gesünder, weil sie mehr Kohlenhydrate, Ballaststoffe und pflanzliche Öle und Fette essen, dafür weniger tierische Fette, Cholesterin und Purine (Stoffe, die zu Harnsäure abgebaut werden und Gicht verursachen können) aufnehmen.

Zu viel, zu fett

Die meisten Deutschen essen zu viel, zu fett, zu süß … wer hätte das nicht schon oft gehört. Was aber ist zu viel, ein Kilo Kartoffeln zum Beispiel? Ja, aber nicht wegen der 850 Kalorien, sondern weil eine einseitige Kartoffelmahlzeit uns nicht mit allen wichtigen Nährstoffen versorgen würde. Ist ein Gemüsegericht, mit viel Weizenkeimöl zubereitet, zu fett? Nein, weil wir uns damit viel antioxidativ wirksames Vitamin E zufügen. Sie merken schon, eine gesunde, vernünftige Ernährung läßt sich schlecht mit Schlagworten beschreiben. Aber wer überwiegend frisches Gemüse, Obst, Salat und Vollkornprodukte zu sich nimmt, muß sich über seine Ernährung nicht viele Gedanken machen.

Die wichtigsten Regeln sind ganz einfach: So frisch, so natürlich, so abwechslungsreich und so bunt wie nur möglich. Wenn Sie das wirklich bei jeder Mahlzeit beherzigen, genügt das, um gesund und fit zu bleiben.

Gut und richtig essen heißt, sich täglich möglichst vielseitig zu ernähren, so daß alle wichtigen Nährstoffe aufgenommen werden und das Essen Freude macht. Richtig essen heißt auch, sich nur so viele Kalorien zuzuführen, wie der Körper verbraucht, sonst füllt er seine Vorratskammern, und das sind bekanntlich die Fettpolster. Wer sich vegetarisch ernährt, neigt viel seltener zu Übergewicht. Gefährdet sind nur die »Puddingvegetarier«, die sich vor allem von Weißmehlprodukten, Zucker und Sahne ernähren.

Nährstoffdichte

Die »Nährstoffdichte« ist ein Maß für die Qualität von Lebensmitteln. Sie bezeichnet den Gehalt an einem lebensnotwendigen Nährstoff in Verhältnis zum Energiegehalt. So hat zum Beispiel für Kalzium ein Cola-Getränk die geringe Nährstoffdichte von 22 mg Kalzium pro 1000 kJoule, Buttermilch dagegen die sehr hohe von 746. Andersherum: Sie müßten sehr viel Cola trinken und damit eine Menge leerer, unnötiger Zuckerkalorien zu sich nehmen, um Ihren Kalziumbedarf zu dekken. Buttermilch hat auch eine höhere Kalzium-Nährstoffdichte als Milch, da sie weit weniger Fett (Kalorienträger!) enthält.

Bei der Ernährung der meisten Menschen stehen heute zu hohe Kalorienmengen einer zu niedrigen Aufnahme an notwendigen Nährstoffen (kritisch: Vitamin B_1, Folsäure, Kalzium, Selen und Jod) gegenüber. Der Grund: Sie essen zu wenig Vollkornprodukte, Gemüse, Obst und Salat. Fast alle unverarbeiteten pflanzlichen Nahrungsmittel haben eine hohe Nährstoffdichte, weil sie viele Vitamine und Mineralstoffe enthalten, gleichzeitig aber wenig Energie (Kalorien) liefern.

Eine vollwertige, nährstoffdichte Mahlzeit besteht aus frischem Obst, Gemüse, Getreideprodukten (das kann auch gutes Vollkornbrot sein), Reis oder Kartoffeln, dazu Milch, Milchprodukte (Käse zum Beispiel) oder Eier. Achten Sie bei der Zubereitung noch darauf, Gemüse und Salate so frisch wie möglich zu verwenden, so vitaminschonend wie möglich zu behandeln und ein kaltgepreßtes Öl für die Zubereitung zu nehmen, dann ist die Versorgung mit allen wichtigen Stoffen gesichert. Bei einer solchen Ernährung müssen Sie sich auch keine Gedanken über »versteckte Fette« machen, denn die sind vor allem in industriell gefertigten Lebensmitteln, Süßigkeiten, Cremes und fritierten Knabberartikeln enthalten.

Wichtig für die Versorgung mit Vitamin E: kaltgepreßte Öle

Vitaminbomben

Es gibt eine einfache Regel, wieviel von jedem Nahrungsmittel gegessen werden sollte. An erster Stelle stehen die Vitaminträger. Das sind Obst, Gemüse und möglichst frisch gepreßte Säfte. Davon sollten Sie bei jeder Mahlzeit so viel wie möglich, mindestens 4–5 Portionen (etwa 500 g) täglich, verzehren. Vitamine sind für viele Körpervorgänge nötig, stärken die Abwehrkräfte und machen freie Radikale unschädlich. Man unterscheidet zwischen wasserlöslichen – die der Körper wieder ausscheidet und die ständig neu zugeführt werden müssen wie das Vitamin C und die Vitamine der B-Gruppe. Und fettlöslichen wie die Vitamine A, D, E und K. Diese kann der Körper eine Zeitlang speichern, aber nur dann aus der Nahrung aufnehmen, wenn gleichzeitig Öl oder Fett gegessen wird. Deshalb immer etwas Öl zur Rohkost geben.

Bioaktive Substanzen

Außerdem enthalten pflanzliche Lebensmittel Wirkstoffe, die als bioaktive Substanzen bezeichnet werden. Bis vor wenigen Jahren galten manche davon als gesundheitsschädlich, heute spricht man ihnen gesundheitsfördernde Wirkungen zu: Sie können möglicherweise vor Krebs und Herz-Kreislaufkrankheiten schützen, stärken das Immunsystem oder senken die Blutfette und den Blutzuckerspiegel. Weil es so viele bioaktive Pflanzenstoffe mit unterschiedlichster Wirkung gibt, ist es wichtig, Obst und Gemüse möglichst abwechslungsreich und häufig als Rohkost zu essen. Flavonoide, die als Krebsverhinderer angesehen werden, kommen vor allem in den Randschichten von Gemüse und Obst vor. Durchs Schälen werden zwar Schadstoffe entfernt, aber auch der Gehalt an diesen Substanzen verringert.

Carotinoide sind fettlösliche Farbstoffe, die vor allem in buntem Obst und Gemüse vorkommen. Wichtigste Vertreter sind beta-Carotin, das in gelbem und orangefarbenem Obst und Gemüse wie Aprikosen oder Möhren vorkommt, und Xanthophylle, die in grünem Gemüse wie Brokkoli, Spinat oder Grünkohl enthalten sind. Carotinoide können antioxidativ, krebsverhindernd und abwehrstärkend wirken.

Sattmacher & Ballaststoffe

Als nächstes kommen Getreideprodukte und Brot, Reis und Kartoffeln, also die Sattmacher. Auch hiervon dürfen Sie reichlich essen. Wesentliche Bestandteile sind die Kohlenhydrate, die dem Körper Energie liefern und als Zucker und Stärke in den Lebensmitteln enthalten sind. Sie werden in schnell und langsam aufnehmbare unterschieden. Zu den besonders schnell aufnehmbaren gehört der Zucker, wie er in Süßigkeiten und Torten vorkommt, während Kohlenhydrate aus Vollkornprodukten und Hülsenfrüchten langsamer aufgenommen werden. Die tägliche Menge an Kohlenhydraten sollte etwa die Hälfte der Gesamtkalorienmenge betragen und überwiegend aus langsam aufnehmbaren Kohlenhydraten bestehen.

Diese sind meist auch besonders ballaststoffreich. Ballaststoffe sind Bestandteile der Nahrung, mit denen der Körper zwar nicht viel anfangen kann und zum größten Teil wieder ausscheidet, die aber für eine gute Verdauung sorgen und Giftstoffe im Darm binden können. Sie sind fast nur in pflanzlichen Lebensmitteln enthalten, hier vor allem in den Randschichten von Getreidekörnern. Deshalb sind Vollkornprodukte, neben Gemüse und Obst, wichtig für die Ballaststoffversorgung, die täglich etwa 30 g betragen sollte.

Hier heißt's aufpassen

Etwas mehr zurückhalten sollten Sie sich bei Milch, Milchprodukten und Käse. 1/4 bis 1/2 l Milch, dazu 2 Scheiben Käse und noch Joghurt, das genügt zur Versorgung mit Eiweiß und fettlöslichen Vitaminen. Eiweiß ist notwendig für den Körperaufbau und in Eiern, Milch, Käse und vielen pflanzlichen Lebensmitteln, besonders in Bohnen und Samen enthalten. Etwa 20% der täglichen Nahrung sollten aus Eiweißträgern bestehen, mehr braucht es nicht.

In maßvoller Zurückhaltung sollten Sie sich bei Fetten und Ölen üben. Sie sind, im Gegensatz zum Eiweiß, vorwiegend mächtige Kalorienträger. Die natürlichen Öle und Fette liefern aber auch die fettlöslichen Vitamine A, D, K und vor allem das herzschützende Vitamin E und enthalten essentielle (lebensnotwendige) mehrfach ungesättigte Fettsäuren. Diese Fettsäuren kommen vor allem in pflanzlichen Ölen vor, die kalt gepreßt und nicht gehärtet wurden. Empfehlenswert: Weizenkeimöl, Sonnenblumenöl und Olivenöl. Finger weg von Margarine mit gehärteten Fetten, sie können den Stoffwechsel ungünstig beeinflussen! Daß Öl, Butter und Sahne viel Fett enthalten, ist einleuchtend, aber der Fettanteil anderer Lebensmittel wie Brotaufstriche, Schokoriegel, sahnige Desserts, Kuchen und Torten, wird meist unterschätzt.

Es ist erstaunlich, wieviele technische Geräte für die Küche zu haben sind – vom elektrischen Messerschleifer bis zum mikroprozessorgesteuerten High-Tech-Herd, der automatisch die Garzeiten anhand des Topfgewichtes bestimmt. Aber suchen Sie einmal eine vernünftige Handreibe aus Stahl, an der man sich nicht die Finger einklemmt und die keine scharfen Kanten hat.

Für die vegetarische Küche brauchen Sie nur wenige Geräte, aber die sollten von bester Qualität sein. Gehen wir einfach einmal die einzelnen Schritte der Vor- und Zubereitung durch und überlegen, welche Werkzeuge dazu notwendig und sinnvoll sind.

Waschen & putzen

Es gibt nirgends mehr »reine« Luft und auch das Obst und Gemüse aus biologischem Anbau ist von der Luftverschmutzung betroffen. Also müssen alle pflanzlichen Produkte gründlich gewaschen werden, um auf der Oberfläche sitzende Rückstände und Keime zu entfernen. Bei Obst und Gemüse mit glatten Oberflächen genügt das gründliche Abspülen (am besten unter fließend warmem Wasser) und das Abreiben mit einem sauberen Küchentuch oder -papier. Für Wurzelgemüse ist eine Bürste zum Schrubben praktisch, eine breite Handbürste mit Kunststoffborsten genügt völlig.

Zum Abtropfen von Blattgemüse und Salat benötigen Sie ein Sieb, das möglichst halbrund ist, damit das Wasser gut ablaufen kann. Achten Sie darauf, daß es auch am tiefsten Punkt Löcher hat – sonst bleibt immer eine Wasserpfütze darin stehen. Wenn es aus Edelstahl ist (am hygienischsten), dann können Sie es auch zum Abgießen von Nudeln und Reis verwenden.

Auch noch praktisch: Ein Spitzsieb mit passendem Stößel (zum Passieren) und ein größeres und ein kleines Haarsieb (Siebe mit feinem Drahtgeflecht). Dabei darauf achten, daß sich unter dem Rand keine Reste verstecken können, sie sind hinterher kaum noch zu entfernen.

Zum Trocknen von Salaten ist eine Salatschleuder nützlich, die auch einmal als Schüssel verwendet werden kann.

Zerkleinern

Grundregel zur Vitaminerhaltung: Erst waschen, dann putzen. Erst kurz vor der Verwendung zerkleinern. Wußten Sie, daß man mit einem normalen Küchenmesser mindestens 30 Minuten braucht, um 1 Kilo Brokkoli vorzubereiten (Röschen abtrennen, Stengel schälen und zerteilen), mit dem richtigen Werkzeug – einem Schälmesser mit kurzer Klinge und gebogener Spitze, das gut in der Hand liegt – in der Hälfte der Zeit fertig ist? Oder auch beim Kartof-

Die wichtigsten Geräte zum Zerkleinern und Pürieren

felschälen mit einem scharfen, handlichen Sparschäler viel rascher arbeiten und auch mehr Vitamine und bioaktive Substanzen, die ja vorwiegend in oder direkt unter der Schale liegen, retten kann? Überlegen Sie einmal, ob es sich nicht doch lohnen würde, die Messerschublade durchzuforsten und sich Profiwerkzeug anzuschaffen. Gerade für das zeitaufwendige Putzen, Schälen und Zerkleinern von Gemüse machen sich gute Messer rasch bezahlt. Grundausstattung: ein kleines Gemüsemesser, ein Schälmesser wie beschrieben, ein großes Kochmesser mit breiter Klinge zum Schneiden von Gemüse und zum Hacken von Kräutern, ein Sparschäler. Dazu vielleicht noch ein Brotmesser mit Wellenschliff und ein Tomatenmesser.

Zum Zerkleinern wäre auch eine Reibe (mit feineren Zähnchen) und eine Raspel (mit groben Zähnen) nützlich und zeitsparend. Bitte keine aus Kunststoff vom Billigen Jakob, die bleiben nicht lange scharf. Für kleinere Mengen ist auch eine Handreibe mit auswechselbaren Einsätzen sehr geeignet, aber – siehe oben. Außerdem: Muskatreibe, Zitrusschalenraspel (Zestenreißer).

Zur Grundausstattung gehört auch ein elektrischer Blitzhacker. Es gibt sie als eigenständige Geräte und als Zusatz zu Handmixern. Mit ihm lassen sich Gemüse pürieren und Nüsse und Käse zerkleinern.

Wer oft sein Getreide selbst mahlen will, braucht eine Mühle dazu. Prüfen Sie vor dem Kauf, ob Sie sie nur gelegentlich verwenden wollen (dann genügt eine mit Handantrieb) oder regelmäßig größere Mengen zu vermahlen haben – dann ist eine elektrische angebracht.

Zum Thema Zerkleinern gehören auch Schneidbretter aus hygienischem Kunststoff (Profibretter sind teuer, halten aber lange). Sie sollten handlich genug sein, um das fertig zerteilte Gemüse direkt vom Brett in den Topf schieben zu können. Womit wir bei Töpfen und Pfannen angelangt wären.

Topf & Pfanne

Was über Messer gesagt wurde, gilt auch für Töpfe und Pfannen: Mit guten sparen Sie Zeit, Energie und erhalten besser die wichtigen Inhaltsstoffe. Edelstahltöpfe mit gut wärmeleitenden Böden nutzen besser die Hitze der Herdplatte aus, ein dicht schließender Deckel verhindert, daß Dampf und Aromen entweichen. Und wenn die Topfinnenseite völlig glatt und blank ist, läßt sich darin auch mit ganz wenig Flüssigkeit garen.

Grundausstattung: Ein großer Topf mit mindestens 5 Litern Fassungsvermögen sollte auch im Kleinhaushalt für Nudeln und Eintöpfe vorhanden sein. Praktisch ist ein Topf mit Siebeinsatz, in dem auch Spargel gekocht und gedämpft werden kann. Dann ein breiter, eher flacher Schmortopf, in dem sich viel Gemüse auf einmal andünsten läßt (auf einen besonders dicht schließenden Deckel achten). Weiter ein bis zwei mittelgroße Töpfe für Reis, Kartoffeln und Körnerbeilagen. Ein bis zwei Stielkasserollen für Saucen und zum Sautieren (siehe nächste Seiten) und ein kleines Stieltöpfchen zum Zerlassen von Butter und zum Rösten von Pinienkernen und Nüssen.

Ein Universal-Kochgerät ist eine große Pfanne mit hohem Rand und passendem Deckel. Darin läßt sich braten, dünsten, schmoren und – mit einem Einsatz – sogar dämpfen. Nur für Eierspeisen ist sie nicht geeignet, dafür sollten Sie eine antihaftbeschichtete Pfanne mit niedrigem Rand haben (damit man Rühreier und Pfannkuchen leicht daraus ausgießen kann). Schwere Gußeisen-Pfannen sind zum in die Höhe werfen von Pfannkuchen ungeeignet.

Apropos Eierspeisen: Für Cremes, die im Wasserbad aufgeschlagen werden, eignet sich am besten eine halbkugelige Schlagschüssel aus Edelstahl, die einfach auf einen Topf gesetzt wird. Dazu gehört ein großer, stabiler Profi-Schneebesen, mit dem auch Eischnee und Schlagsahne luftig und stabil »im Handumdrehen« gelingen. Das geht schneller und besser als mit einem Handrührer.

Da viele Vitamine empfindlich auf Licht, Luft und Hitze reagieren, sollten Sie öfter frisches Obst und rohes Gemüse essen. Aber einige Gemüsesorten (wie Kartoffeln) sind roh ungenießbar und der Körper kann mit manchen Stoffen aus der Rohkost (zum Beispiel Carotin) wenig anfangen. Also wird gegart. Das sollte so vitamin- und werterhaltend wie nur möglich geschehen. Wichtigste Regeln: Gemüse erst kurz vor der Zubereitung schälen und zerkleinern (damit der Luftsauerstoff nicht lange einwirken kann). Gemüse nie auf Vorrat kochen (außer es wird tiefgekühlt) und möglichst nicht warmhalten. Wenn Gemüsegerichte auf Esser warten müssen, dann rasch abkühlen, in den Kühlschrank stellen und erst zum Servieren wieder erhitzen.

Die besten Garmethoden sind die, bei denen das Gemüse rasch und mit wenig Luftkontakt gegart wird. Oder die, bei denen Gemüse bei ganz schwacher Hitze sachte garziehen kann. Deshalb finden Sie hier auch nicht das Kochen in viel Wasser, das nur für Nudeln angebracht ist.

Blanchieren

Eine gute Methode, Gemüse schonend und schnell zu garen. Das Prinzip: Reichlich Wasser aufsetzen, eine Schüssel mit kaltem Wasser und Eiswürfeln sowie Sieb oder Schaumlöffel bereitstellen. Wenn das Wasser sprudelnd kocht, salzen und das vorbereitete Gemüse hineingleiten lassen. In wenigen Minuten ist es bißfest gegart, wird in das Sieb gegossen oder mit dem Schaumlöffel herausgehoben. Sofort in dem eiskalten Wasser »abschrecken«, wieder abtropfen lassen. Zum Servieren in heißer Butter oder Öl schwenken. Vorteil: Form und Farbe, Vitamingehalt und Aroma werden optimal erhalten.

Dünsten

Ideale Garmethode für die meisten festeren Gemüsesorten. In einem breiten Topf wird wenig Butter oder Öl (wichtig für die fettlöslichen Vitamine) nicht zu stark erhitzt, das vorbereitete Gemüse kommt hinein und wird kurz darin umgewendet. Ein wenig Flüssigkeit – Wasser, Brühe oder Wein – zugießen, Deckel (er sollte fest schließen, damit kein Dampf und kein Aroma entweichen kann) auflegen und bei schwacher Hitze garen. Vorteil: die milde Hitze schont die Vitamine, es entwickelt sich ein köstliches Aroma und der Geschmack bleibt im Gemüse, es muß kaum gewürzt werden.

Beim Dünsten wird mit wenig Flüssigkeit zugedeckt gegart

Dämpfen

Meister im Dämpfen sind die Chinesen, die in Bambuskörbchen Gemüse, Teigtäschchen und ähnliches garziehen lassen. Dabei überträgt nur aufsteigender Wasserdampf die Hitze aufs Gargut. Zum Dämpfen gibt es spezielle Töpfe mit einem Sieb als Einsatz, Sie können aber auch die preiswerten verstellbaren Dämpfkörbchen nehmen, die es in jedem Haushaltswarengeschäft gibt. Vorteil: Geschmack und Vitamine bleiben im Gemüse, weil es nur im heißen Dampf gart und nichts ausgelaugt wird. Es muß kaum gesalzen werden.

Schmoren

Eine Garmethode, bei der zuerst in heißem Fett angebraten, dann mit Flüssigkeit bei ganz schwacher Hitze fertig gegart wird. Unterschied zum Dünsten: Es wird mehr Flüssigkeit verwendet, die hinterher eine köstliche Sauce ergibt. Beste Methode für robuste, derbe Gemüsesorten. Wichtig ist ein schwerer Schmortopf, der die Hitze gut hält und einen dicht schließenden Deckel hat. Meist wird zuerst ein klein gewürfeltes Würzgemüse (Zwiebel, Möhren, Sellerie) sachte angebraten, dann kommt das grob zerteilte Gemüse zum Schmoren dazu. Nur so viel Flüssigkeit aufgießen, daß das Gemüse halb bedeckt ist. Ab und zu Flüssigkeit nachgießen. Vorteil: Kräftiges Aroma, würzige Sauce.

Sautieren

Sautieren heißt, zerkleinertes Gemüse in einer Stielkasserolle in nicht zu heißem Fett rasch braten, wobei es nicht gerührt, sondern durch kräftiges Schwenken der Kasserolle gewendet wird. Dabei die Kasserolle ruckartig von sich weg und gleichzeitig nach oben schnicken (als ob man einen Pfannkuchen wenden wollte), so das das Gemüse an der schrägen Topfwand nach oben rutscht, sich dreht und wieder nach unten fällt. Vorteil: Struktur und Vitamine bleiben bestens erhalten, kurze Garzeiten. Eignet sich aber nur für kleinere Mengen.

Garen im Wok

Dafür gilt das gleiche wie für das Sautieren, nur daß hier bei sehr starker Hitze in Öl kurz gebraten wird. Und natürlich wird mit einer speziellen Wokschaufel gewendet. Vorteil: Sehr gute Vitaminerhaltung, kürzeste Garzeiten.

Schnellkochtopf

Im luftdicht verschlossenen Topf wird mit Überdruck gegart. Da Gemüse aber ohnehin rasch gar ist, lohnt er sich nur für Getreide und Hülsenfrüchte mit langer Garzeit. Wegen der hohen Temperatur im Topf ist er nicht so vitaminschonend wie andere Garmethoden. Kartoffeln zum Beispiel verlieren mehr Vitamine im Dampfdrucktopf als beim Garen in wenig Wasser. Vorteil: Das Aroma bleibt erhalten, kürzere Garzeiten bei Körnern und Hülsenfrüchten.

Garen in der Hülle

In Bratschlauch und Alufolie oder Pergamentpapier gart Gemüse im Ofen mit etwas Fett und fast ohne Flüssigkeit. Das Aroma entwickelt sich intensiv, Vitamine und Mineralstoffe bleiben bestens erhalten, alles bleibt saftig und muß kaum gewürzt werden. Zum Garen in der Hülle gehört auch der Tontopf, der vorher gut gewässert und immer in den kalten Ofen geschoben werden muß. Gemüse gart im eigenen Saft, die Aromen verbinden sich, die Struktur bleibt erhalten, weil nicht umgerührt werden muß. Nachteil: Lange Garzeiten und höherer Energieverbrauch als beim Dünsten oder Schmoren.

Sehr vitaminschonend und fix ist das Pfannenrühren im Wok

Braten in der Pfanne

Eierspeisen und Bratlinge, aber auch geschnittene Gemüse lassen sich in der Pfanne braten. Praktisch ist eine beschichtete Pfanne, bei der nichts anhängt (gerade vegetarische Buletten neigen gern dazu). Verwenden Sie zum Braten Butterschmalz oder ein Öl, das sich stärker erhitzen läßt (steht auf der Flasche oder Dose), aber erhitzen Sie es nie zu stark, das Gargut soll ja nicht sehr bräunen.

Backen im Ofen

Für Brot und Pizza, aber vor allem für delikate Aufläufe und Soufflés ist die trockene Hitze des Backofens das richtige. Und: Im Ofen können Sie auch gut Wasserbadgerichte zubereiten, da sich die Temperatur besser regeln läßt. Vorteil: Die Aromen verbinden sich, die Struktur bleibt erhalten. Leider meist lange Garzeiten und höhere Vitaminverluste.

Täglich frisches Obst, täglich frisches Gemüse – das hört sich einfach an, ist aber gar nicht so leicht umzusetzen. Wer keinen Garten hat, ist auf Gemüsehändler, Märkte und Lebensmittelgeschäfte angewiesen. Und wenn Sie nicht täglich zum Einkaufen kommen, haben Sie sich vielleicht schon gefragt, wieviele Vitamine denn eigentlich noch im Obst und im Gemüse stecken, wenn es ein oder zwei Tage alt ist.

Augen auf beim Kauf

Grundregel: Kaufen Sie das Obst und das Gemüse, das gerade Saison hat (der Saisonkalender auf den Seiten 24 und 25 hilft dabei). Denn alles, was unter der Sonne – und sei es die unserer südlichen Nachbarn – gereift ist, hat mehr Vitamine, mehr bioaktive Substanzen und mehr Aroma als das, was unter Glas gewachsen ist. Sie merken das sehr schnell an der Haltbarkeit.

Sehen Sie nicht so sehr auf die Schönheit. Was naturgemäß gewachsen ist, ordnet sich keiner Norm unter und was wie aus dem Ei gepellt aussieht, verdankt sein makelloses Aussehen oft nur dem vermehrten Einsatz von Dünge- und Spritzmitteln.

Kaufen Sie, wenn möglich, Obst und Gemüse aus ökologischem Anbau. Auch wenn der Erzeuger nicht großen Organisationen wie Demeter, Bioland, ANOG, Naturland, Biokreis Ostbayern, Ökosiegel oder Gäa angehört, es gibt viele Landwirtschaftsbetriebe, die ökologischen Landbau nach der EU-Verordnung betreiben und die Produkte »aus ökologischem Anbau« verkaufen. Auch sie unterliegen der EU-Verordnung und werden von staatlich anerkannten Kontrollinstituten überwacht.

Fragen Sie Ihren Händler, wo er seine Waren bezieht und was er gerade besonders empfiehlt. Wenn Sie Interesse zeigen, wird er Ihnen kaum angefaultes Obst oder schlaffes Gemüse in die Tüte packen. Loben Sie auch das nächste Mal die Qualität oder äußern Sie Kritik, wenn Sie nicht zufrieden waren. Sprechen Sie ihn auch auf Sorten an, die Sie nicht kennen, aber gerne probieren möchten. Ein Fachmann gibt Ihnen gute Tips und sicher auch Rezepte.

Halten Sie sich nicht sklavisch an Ihre Einkaufsliste. Wenn das, was Sie vorgesehen haben, nicht so schön aussieht, kaufen Sie etwas anderes. Viele Obstsorten und Gemüse sind ja austauschbar. Kaufen Sie einen Blumenkohl, wenn es keinen schönen Brokkoli gibt. Nehmen Sie zarte, junge Lauchstangen, wenn Ihnen die Frühlingszwiebeln nicht zusagen. Statt Spinat geht auch frischer Mangold oder zarter Wirsing. Und sollten Sie leuchtenden Radicchio di Treviso (den mit den langgezogenen Blättern) entdecken – er läßt sich ebenso schmoren oder braten wie Chicoree. Nur für Tomaten gibt es keinen Ersatz – außer Dosentomaten.

Frisches Gemüse wird gut ergänzt durch Getreide und Hülsenfrüchte

Es kann auch besser werden

Obst und Gemüse ist auch nach der Ernte nicht tot, sondern es finden weiterhin Stoffwechselprozesse darin statt. Sie erkennen das leicht daran, daß Tomaten zum Beispiel nachreifen – sie werden röter und schmecken süßer. Oder Avocados, die noch hart sind, werden bei Zimmertemperatur in zwei bis drei Tagen weich und aromatisch. Ebenso färben sich grün geerntete Bananen in kurzer Zeit gelb und werden süß.

Andererseits verlieren Salate, Blattgemüse wie Spinat, Wirsing und Grünkohl bei Zimmertemperatur in kurzer Zeit ihre Frische, sie werden schlaff und welk. Gleichzeitig gehen auch viele der luft- und lichtempfindlichen Vitamine (vor allem das Vitamin C) verloren.

Vitamin C (Ascorbinsäure) gehört zu den empfindlichsten Vitaminen, reagiert höchst sensibel auf Licht, Sauerstoff (es ist ja ein stark wirksames Antioxidanz, das schädigende Sauerstoffmoleküle im Blut neutralisieren kann), auf Hitze, Wasser und überhaupt auf längeres Lagern. Alte Kartoffeln im Frühjahr enthalten zum Beispiel kaum noch Vitamin C, aus zartem Obst und Gemüse kann unter der hellen Beleuchtung im Supermarkt mehr als Dreiviertel des ursprünglichen Vitamin-C-Gehaltes verschwinden. Allgemein gilt: Alles, was eine schützende Hülle oder Schale hat, hält sich besser als zartes und blättriges Gemüse. Je weniger Obst und Gemüse mit Licht und Luft in Berührung kommen, desto eher bleiben Vitamine erhalten.

Manches mag's kühl

Etwas aufhalten können Sie den Frische- und Vitaminverlust durch richtige Lagerung. Zum einen werden die Abbauvorgänge durch Kälte verzögert – dafür gibt es ein Gemüsefach im Kühlschrank. Außerdem läßt eine hohe Luftfeuchtigkeit das Gemüse nicht so rasch welken. Dafür das Gemüse unzerteilt und nach Sorten getrennt in Plastikbeutel stecken und ins Gemüsefach legen. Innerhalb der Beutel entwickelt sich eine hohe Luftfeuchte, die den Wasserverlust und damit das Welken verhindert.

Achtung, Gas!

Es gibt spezielle Plastikbeutel für Gemüse, die rundum feine Löcher haben (den gleichen Effekt können Sie mit einer Nadel bei einer normalen Plastiktüte erzeugen), aber aufgepaßt: Es gibt ausgesprochen unkollegiale Sorten, die bei der Lagerung ein Gas abgeben (Ethylen), das anderem Gemüse und Obst nicht bekommt. Das sind zum Beispiel Äpfel, Bananen, Zitrusfrüchte, Papayas und Tomaten. Dieses Gas läßt Salate und Blattgemüse schneller welken, auch Auberginen reagieren empfindlich darauf. Andererseits können Sie harte, unreife Birnen rasch nachreifen lassen, wenn Sie sie mit einem Apfel zusammen in eine Tüte stecken und bei Zimmertemperatur ein oder zwei Tage liegen lassen – dabei wirkt das Gas reifefördernd. Aber alle ethylenerzeugende Obst- und Gemüsesorten gehören nicht in den Kühlschrank.

Außerdem verträgt auch nicht jedes Obst oder Gemüse Kälte. In einen kühlen Raum oder in den Keller gehören Südfrüchte, Gurken, grüne Bohnen, Kartoffeln, reife Tomaten und Kürbisse. Sie sind am besten bei einer Temperatur von 5 bis 10°C aufgehoben. Das gilt auch für Salate wie Kopfsalat, Endivien- und Friseesalat. Sie vertragen auch nicht viel Feuchtigkeit, sonst fangen sie zu faulen an. Salat sollte ja ohnehin nicht aufgehoben, sondern am gleichen Tag verzehrt werden.

Besser als schlaffes Gemüse vom Markt ist auf jeden Fall solches aus der Tiefkühltruhe. Wenn es gleich nach der Ernte verarbeitet und die Kühlkette bis zur Truhe des Lebensmittelhändlers nicht unterbrochen wurde, hat es mehr Vitamine als ein Gemüse, das zwei oder drei Tage Transport und Lagerung hinter sich hat.

Einen großen Vorteil haben Vegetarier: Die meisten wichtigen Bestandteile der täglichen Ernährung können im Vorrat gehalten werden. Nudeln, Reis, die ganzen Körner der Süßgräser wie Dinkel, Weizen, Gerste, Hafer, Roggen und Hirse (neudeutsch Zerealien genannt), Erbsen, Linsen, Bohnen, aber auch Zwiebeln und Knoblauch sind problemlos zu lagern. Trotzdem: Kühl und vor allem trocken aufbewahren, nicht zu alt werden lassen, öfter die Vorräte durchsehen.

Ungebetene Gäste

Etliches Ungeziefer hat sich auf Körner spezialisiert und wer es einmal in der Küche hat, wird es kaum noch los. Wo Getreide und Hülsenfrüchte lose oder in Säcken gelagert werden, finden sich rasch Schädlinge ein. Beste Vorbeugemaßnahme: Gleich nach dem Einkauf die Tüten in trockene, dicht schließende Gläser oder Vorratsgefäße umfüllen, dabei aufpassen, ob kleine Käfer, wattige oder spinnwebenähnliche Gespinste zwischen den Körnern zu sehen sind. Wenn ja, sofort zurückgeben oder entsorgen.

Ohne Ungeziefer halten sich ganze Getreidekörner und ungeschälte Hülsenfrüchte sehr lange. Allerdings sind bei alter Ware nicht mehr so viele Wertstoffe darin und die Garzeit verlängert sich oft erheblich.

Amaranth

Winzige Körner mit nussigem Geschmack, schon von den Inkas verwendet. Höherer Eiweißgehalt (17%), relativ hohe biologische Wertigkeit (reich an Aminosäuren Lysin und Methionin). Mit Weizen (Brot) hat man eine hochwertige Kombination. Amaranth ist gluten- und cholesterinfrei, purinarm.

Buchweizen

Kein Getreide, sondern Knöterichgewächs. Die kleinen, kantigen Körner, kräftig im Geschmack und Biß, werden als Korn, Grütze (Schrot) oder Mehl angeboten. Reich an Stärke und Eiweiß (vor allem Lysin). Nicht zum Backen geeignet. Garen: Körner überbrühen, in frischem Wasser 20 Minuten quellen lassen.

Gerste

Gehört zu den ältesten Getreidesorten. Nur Sprießkorngerste kann ungeschält verwendet werden. Garen: Körner über Nacht einweichen, 45–60 Minuten köcheln, ausquellen lassen. Grütze braucht nur etwa 20 Minuten Garzeit.

Hafer

Milder Geschmack, auch bei Kindern beliebt. Leichtes Anrösten macht das Aroma nussig. Als Körner, Flocken und Grütze erhältlich. Haferkleie kann einen erhöhten Cholesterinspiegel senken. Garen: Körner über Nacht einweichen, 1 Stunde köcheln lassen.

Hirse

Kleine Getreidesorte mit feinem, würzigem Geschmack. Gibt es als Körner und als Flocken. Reich an Eisen und Kieselsäure. Ältere Hirse wird bitter. Garen: Körner überbrühen, abtropfen, in der doppelten bis dreifachen Menge Wasser 30 Minuten köcheln lassen.

Hülsenfrüchte

Nicht länger als 1 Jahr aufheben, sonst leidet die Qualität. Reich an Eiweiß, Kohlenhydraten, Mineral- und Ballaststoffen. Ungeschälte Erbsen und Bohnen über Nacht einweichen. Garen: Kleine Linsen sind ohne Einweichen in 30–45 Minuten gar, dicke Bohnen brauchen auch eingeweicht 3 Stunden und länger.

Kartoffeln

Sättigendes Gemüse mit viel komplexen Kohlenhydraten, wenig, aber hochwertigem Eiweiß. Junge Kartoffeln enthalten reichlich Vitamin C, alte Lagerkartoffeln kaum noch welches. Garen: Gut gewaschen in wenig Wasser 25–30 Minuten kochen.

Mais

Die Körner werden zu Grieß (Polenta, Kukuruz) und Mehl vermahlen, zu Cornflakes gewalzt oder als Popcorn geröstet. Biologische Wertigkeit des Eiweißes ist geringer als bei anderem Getreide, auch fehlen wichtige Vitamine, deshalb mit Eiweißprodukten und frischem Gemüse aufwerten. Garen: Maisgrieß in kochendes Salzwasser einstreuen, etwa 20 Minuten kochen, noch 20 Minuten ausquellen lassen.

Öle

Beste Öle für die Versorgung mit Vitamin E: Weizenkeimöl, Sonnenblumenöl, Safloröl, Maiskeimöl, Olivenöl, Rapsöl, Traubenkernöl. Ungünstig: Leinöl, Sesamöl, Sojaöl, Erdnußöl. Öle ohne Angabe bestehen meist aus Soja!

Quinoa

Ein Inka-Korn wie Amaranth, ähnlich günstige Eiweißzusammensetzung, etwas größere Körner. Geschmack nussig, leicht bitter. Garen: 1 Teil Körner, 2 Teile Wasser 15 Minuten köcheln lassen.

Reis

Eine der wichtigsten Getreidesorten. Naturreis (Vollreis) enthält wertvolle Mineralstoffe, Vitamine, Öle und Ballaststoffe konzentriert, die beim Schälen verloren gehen. Garen: Waschen, 45 Minuten leise köcheln (wird Vollreis 1 Stunde eingeweicht, ist er nach 30 Minuten gar). Wildreis ist ein Grassamen, Garzeit wie Vollreis.

Gemüse zu lagern ist fast eine Sünde, aber manchmal unvermeidbar

Roggen

Bei uns wichtiges Brotgetreide, die Körner sind würzig, enthalten kein Klebereiweiß und haben eine längere Garzeit als Weizen (über Nacht einweichen, gut 1 1/2 Stunden köcheln).

Weizen-Familie

Das sind Dinkel, Emmer, Grünkern und Weizen (nicht aber Buchweizen), wobei Grünkern unreifer, gedarrter (gerösteter) Dinkel ist. Alle Körner der Weizenfamilie schmecken nussig-angenehm und sind als Mehl gut zum Backen geeignet. Garen: Körner über Nacht einweichen, 30 Minuten (Grünkern) bis 1 Stunde zugedeckt köcheln lassen.

Zwiebeln & Knofel

Für den Vorrat eignen sich nur die braunen Zwiebeln und spät geerntete Knoblauchknollen. Enthalten wertvolle bioaktive Substanzen. Immer erst kurz vor der Verwendung schälen und zerkleinern, sonst werden die Senföle ranzig und riechen unangenehm.

Küchenkräuter, Heilkräuter – wo liegt der Unterschied? Eigentlich nur in der Dosierung, in der Menge. Eine kräftige Tasse Tee aus 1 Eßlöffel getrockneten Salbeiblättern, mit Fenchelhonig gesüßt, hilft bestens bei Reizhusten. Die gleiche Menge getrockneter Salbei, an ein Gericht für 4 Personen gegeben, macht es fast ungenießbar. Aber Kräuter und Gewürze als sanfte, leise Medizin einzusetzen ist gar nicht so dumm.

Die wichtigsten Inhaltsstoffe sind die etherischen Öle, ein buntes Gemisch an leicht flüchtigen, duftenden Verbindungen, die in der Natur dazu dienen, Insekten zu Blüten zu locken oder auch Pilze und Bakterien abzutöten, die den Pflanzen schaden würden. Außerdem findet man Gerbstoffe, Bitterstoffe, bioaktive Substanzen wie Chlorophyll und Glucoinsolate, Sulfide, Saponine und vieles mehr in Kräutern und Gewürzen. Eine Mischung, die noch nicht bis ins letzte entschlüsselt ist und die in den nächsten Jahren für einige Überraschungen sorgen wird.

Mal abgesehen von Petersilie, Schnittlauch und Dill, die es das ganze Jahr über aus dem Treibhaus gibt, wachsen viele Kräuter und Gewürze noch wild heran, besonders die aromatischen Mittelmeerkräuter brauchen die Hitze und Trockenheit des Sommers, um ihr Aroma zu entwickeln. Deshalb schmeckt Basilikum bei uns eben anders als in Italien. Je weniger ein Würzkraut kultiviert wird, um so mehr wirksame Inhaltsstoffe hat es. Und auch als getrocknetes Kraut hat es mehr Wirkung als ein lichtarm aufgepäppeltes Grünzeug, das gerade noch vom Folienbeutel der Verpackung aufrecht gehalten wird. Kurz: Aroma ist wichtiger als nur Grün.

Welches Kraut wofür?

Im Prinzip ist das ganz einfach. Alle Kräuter mit weichen Blättern, die viel Feuchtigkeit brauchen (die also ursprünglich unter unserem Klima gut gedeihen) werden roh zum Schluß über das Gericht gestreut und würzen Frischkost, Salate, Suppen, Quark und Eierspeisen. Beispiele: Borretsch (Gurkenkraut – der Name sagt schon, wozu es paßt), Dill, Kerbel, Koriandergrün (Cilantro – wurde früher schon in Franken und Thüringen angebaut), Kresse, Majoran, Melisse, Petersilie, Pimpinelle, Sauerampfer und Schnittlauch. Ausnahmen: Liebstöckel (Maggikraut), Selleriegrün und Bohnenkraut dürfen mitkochen.

Alle Mittelmeerkräuter wie Estragon, Lavendel (gehört an südfranzösische Schmorgerichte), Oregano, Rosmarin, Salbei und Thymian werden mitgeschmort und würzen Eintöpfe und Hülsenfrüchte, Schmorgerichte und Saucen. Ausnahme: Basilikum wird meist frisch erst zum Schluß zugegeben.

Zur kräftigen Mittelmeerküche gehören die aromatischen Kräuter

Kräuter im Topf

Die meisten vom Typ Petersilie, Dill und Schnittlauch lassen sich im Töpfchen auf der Fensterbank und im Garten leicht ziehen, am besten fertige Pflanzen im Gartencenter besorgen, die Anzucht aus Samen ist mühsam, außer bei Koriandergrün (wächst in wenigen Tagen aus Korianderkörnern). Mittelmeerkräuter sollten Sie auf jeden Fall als Setzlinge oder in Töpfchen kaufen, am schwierigsten ist echter französischer Estragon zu finden, der würzig nach Anis schmeckt und nur über den Wurzelstock zu vermehren ist. Meist wird der aus Samen ziehbare russische verkauft, der eher wie grünes Gras schmeckt.

Bunte Gewürze

Zu einer abwechslungsreichen Gemüseküche gehören auch viele Gewürze, die Gerichten den rechten Pfiff geben, Salz sparen helfen, die Verdauung anregen und alle möglichen positiven Wirkungen zeigen. Während bei uns fast nur Pfeffer, Paprikapulver, Muskat, vielleicht noch Zimt und Gewürznelken gebräuchlich sind, verwenden Inder in der Küche täglich 30 und mehr Gewürze. Für jedes Gericht werden sie neu zusammengestellt, frisch geröstet und im Mörser zerstoßen. Wer einmal ein solches »Currypulver« selbst hergestellt hat, wird sich nie mehr eine Fertigmischung kaufen.

Erster Schritt zur guten Würze: Alle alten Gewürze wegwerfen. Ganze Körner von einem guten Hersteller behalten gut 3 Jahre ihre Würzkraft, grob zerkleinerte sind nach einem halben Jahr, fein gemahlene schon nach wenigen Wochen unbrauchbar.

Körner kaufen

Also möglichst unzerkleinerte Gewürze in kleinen Mengen kaufen, trocken, kühl und dunkel lagern. Am besten sind sie in fest verschließbaren braunen Gläsern in einem Schrank weit weg vom Herd aufgehoben. Zum Zerkleinern von Gewürzkörnern eignen sich Pfeffer- und Gewürzmühlen, Mörser aus Porzellan (Haushaltswaren- oder Laborfachgeschäft) oder hartem Holz, die man sich aus dem Urlaub mitbringen kann.

Sanfte Medizin

Sehr alt ist das Wissen, daß kräftige Gewürze und Kräuter nicht nur das Essen schmackhafter, sondern auch den Menschen gesünder machen. Das bewirken die reichlich enthaltenen etherischen Öle, sekundäre Pflanzenstoffe und Bitterstoffe. Viele wecken den Appetit und regen die Produktion von Verdauungsenzymen im Magen an wie Wermut, Salbei, Beifuß, Anis, Rosmarin, Fenchel, Estragon, Galgant (Laos), Ingwer, Kardamom, Lorbeer, Nelken, Oregano, Pfeffer, Safran und Zimt. Daß in Italien Basilikum für Vorspeisen (Tomaten mit Mozzarella) verwendet wird, hängt mit seiner appetitanregenden Wirkung zusammen. Den Gallenfluß wiederum regen Kurkuma, Pfefferminze, Lorbeer, Majoran, Rosmarin, Senfkörner, Lavendel, Estragon, Ysop und Zwiebeln an. Dies hilft, fettere Gerichte zu verdauen.

Gerade bei der Gemüseküche ist es wichtig, schon durch das Würzen Blähungen zu verhindern. Das können Fenchel, Kümmel, Anis, Galgant, Sternanis, Kardamom, Koriander, Kurkuma, Dill, Bohnenkraut, Wacholderbeeren, Salbei, Piment, Pfefferminze, Pfeffer, Gewürznelken und Zimt.

Das sind aber lange nicht alle Wirkungen. Stark schleimlösend wirkt beispielsweise Meerrettich, der leider nur noch selten frisch gerieben wird (aber nur so richtig heilsam ist). Aber auch Ingwer, Thymian, Anis und Sternanis, Fenchel, Eukalyptus (getrocknete Blätter wie Lorbeer verwenden), Senfkörner und rohe Zwiebeln.

Cholesterinsenkend wirkt Knoblauch und möglicherweise auch Safran in größeren Mengen. Bei Wunden im Mund – man wird es kaum glauben – helfen scharfe Chilischoten, deren Reizstoffe überhaupt alle Verdauungsfunktionen aktivieren und die Durchblutung der Zellen verbessert. Also: Mutig würzen nützt viel!

Saisonkalender Obst

	Jan	Febr	März	April	Mai	Juni	Juli	Aug	Sept	Okt	Nov	Dez
Ananas	•	•	•	•	•	•	•	•	••	••	••	••
Aprikosen					•	••	••	••	•			
Avocados	••	••	•	••	•	•	•	•	••	••	••	••
Birnen	••	•	•	•	•	•	•	••	••	••	••	••
Brombeeren						•	•	••	••	•		
Datteln (frisch)	••	•	•	•	•	•	•	•	•	••	••	••
Erdbeeren	•	•	•	••	••	••	••	•			•	•
Feigen (frisch)	•	•	•	•	•	••	••	•	••	••	••	•
Heidelbeeren						•	••	••	•			
Himbeeren						•	••	••	•			
Holunderbeeren									•	••	•	
Johannisbeeren						•	••	••				
Kirschen					•	••	••	••				
Kiwis	•	•	•	•	•	••	••	••	••	•	•	•
Mandarinen	••	••	•							•	••	••
Mangos	•	•	•	•	••	••	•	•	•	•	•	•
Orangen	••	••	••	••	•	•	•	•	•	•	••	••
Pfirsiche	•	•	•	•	•	••	••	••	•			
Pflaumen	•	•	•	•	•	•	••	••	••	•		
Quitten								•	••	•		
Stachelbeeren					•	••	••	••				
Weintrauben	•	•					•	••	••	••	••	•

Erläuterung: Die Punkte geben die Monate an, in denen das Obst oder das Gemüse verfügbar ist. Zwei Punkte (••) kennzeichnen die Hauptsaison des Angebotes.

Jan	Febr	März	April	Mai	Juni	Juli	Aug	Sept	Okt	Nov	Dez	
		•	•	••	•	•	•	••	••	•	•	Artischocken
•	•	•	•	•	•	••	••	••	••	•	•	Auberginen
•	•	•	•	•	••	••	••	••	••	••	••	Blumenkohl
•	•	•	•	••	••	••	••	••	•	•	•	Bohnen, grün
•	•	•	•	•	•	••	••	••	••	•	•	Broccoli
••	••	••	••	•	•			•	••	••	••	Chicorée
•	•			•	•	•	•	•	••	••	••	Endiviensalat
•	•				••	••	••	•	•	•	•	Erbsen, grün
••	••	•							•	••	••	Feldsalat
•	•	•	•	•	•		•	••	••	••	•	Fenchel
•	•	•	•	•	•	••	••	••	•	•	•	Gurken
••	••	••	•		•	•	•	••	••	••	••	Knollensellerie
	•	•	••	••	••	•	••	••	••	•		Kohlrabi
•	•	•	•	••	••	••	••	••	••	•	•	Kopfsalat
•	•	•	•	•	•	••	••	••	••	••	•	Paprikaschoten
•	•	•	•				•	••	••	••	••	Rosenkohl
•	•	•	•	•	••	••	•	••	••	••	•	Rote Bete
•		•	••	••	••	•				•	•	Spargel
•	•	•	•	••	••	••	••	••	••	••	•	Spinat
•	•	•	•	•	•	•	••	••	••	••	•	Staudensellerie
•	••	••	•	•	•	••	••	••	••	••	•	Tomaten
•	•	•	•	•	•	••	••	••	••	••	••	Weiß-/Rotkohl
•	•				•	•	••	••	••	••	•	Wirsing

Frühstück & Brunch

Ein gutes Frühstück ist der richtige Start in den Tag. Ein kerniges Müsli oder warmer Porridge, pikanter Quark oder süße Konfitüren – hier gibt es für jeden etwas.

Für Frühstücksmuffel, Spätaufsteher und Gesellige ist ein Brunch ideal, die Mischung aus Frühstück (Breakfast) und Mittagessen (Lunch). Dazu passen selbst gebackene Brötchen, Buttermischungen und verschiedene Eiergerichte.

Früher galt: »Frühstücke wie ein König«, heute nimmt sich kaum noch jemand Zeit für einen guten Start in den Tag. Schul- und Arbeitsstreß nimmt vielen den Appetit am frühen Morgen, dabei ist die erste Mahlzeit die wichtigste des Tages. Nur ein ausgewogenes, appetitlich angerichtetes Frühstück macht fit für den Tag.

Kids mit leerem Magen

Drei von vier Schulkindern, das ergab eine neue Untersuchung, kommen mit leerem Magen in die Schule. Dabei brauchen Kinder und Jugendliche, von denen im Unterricht volle Konzentration gefordert wird, die sich in der Pause und während der Sportstunden austoben, große Mengen an Energie. Ihre Kohlenhydratvorräte sind dann rasch erschöpft, Konzentration und Leistungsfähigkeit lassen sehr rasch nach. Der süße Snack vom nächsten Kiosk ist zwar die bequemste, aber sicher nicht die beste Lösung.

Fit im Büro

Natürlich gilt das auch für Erwachsene. Das Auf und Ab der Leistungsfähigkeit im Lauf des Tages hängt vor allem mit dem Frühstück zusammen. Am frühen Morgen ist der Stoffwechsel besonders aktiv, zu dieser Zeit braucht der Körper vor allem Eiweiß. Dazu Kohlenhydrate und etwas Fett. Nach einem eiweißreichen Frühstück – zum Beispiel mit Milch, Quark, Joghurt, Käse oder Eiern – steigt der Blutzuckerspiegel viel langsamer an als nach einem kohlenhydratreichen Brötchen-Konfitüren-Frühstück. Die Leistungsfähigkeit ist besser und hält bis zum Mittag an. Erst dann stellt sich wieder ein Hungergefühl ein.

Hafermus und Müsli

Lange Zeit war Hafer, zerstampft und gekocht, die Kraftnahrung der einfachen Leute. Mit zunehmdem Wohlstand geriet der Haferbrei, kurz »Mus« genannt, in Vergessenheit, bis ihn der Schweizer Dr. Bircher weltweit zum Frühstücksstar Nr. 1 machte. Er mischte grobe Haferflocken mit frisch geriebenem Apfel, Zitronensaft , Nüssen und Sahne und empfahl dies als gesundes Morgenmahl.

Zu Recht, denn Hafer ist das eiweißreichste Getreide und enthält besonders viele lebenswichtige (essentielle) Aminosäuren wie zum Beispiel Arginin, das die Wachstumshormone im Körper steuert und als »Substanz der Jugendlichkeit« bezeichnet wird. Zusammen mit Milch oder Milchprodukten liefert ein Müsli aus Vollkorn-Haferflocken das

Das Power-Frühstück: Müsli mit frischem Obst, Nüssen und Milch

vollständige Eiweißspektrum. Außerdem viele Vitamine (vor allem der B-Gruppe), Folsäure (wichtig für gesundes Zellwachstum) und das Anti-Streß-Vitamin Pantothensäure. Von dem hohen Anteil an Ballaststoffen gar nicht zu reden.

Aber mischen Sie sich lieber Ihr Müsli selbst als auf fertig gekauftes zurückzugreifen. Erstens enthalten die meisten Müslis aus der Tüte zu viel Zucker (auch Traubenzucker ist nicht gesünder), außerdem noch »Streckungsmittel« in Form von Cornflakes, Pops und ähnlichem – was nichts anderes ist als Maismehl, gezuckert, gekocht und anschließend durch Hitze und Druck in Form gebracht. Wobei alle hitzeempfindlichen Vitamine zerstört werden.

Also lieber selbst mischen (das macht auch Kindern Spaß), auf naturbelassene Zutaten achten und stets mit frischem Obst, Milch oder Joghurt anreichern.

Sonntags-Vergnügen – der Brunch

Aus Breakfast (das englische Frühstück) und Lunch (Mittagessen) wurde »Brunch«, ein ausgiebiges Essen, das morgens zwischen 9 und 12 Uhr beginnt und sich bis zum späten Nachmittag hinziehen kann. Natürlich kann man auch zu zweit »brunchen«, aber noch mehr Spaß macht es mit vielen Freunden. Dann sollten Sie aber die meisten Gerichte schon am Tag vorher zu- oder wenigstens vorbereiten. Hefeteig für Brötchen können Sie schon am Abend kneten, im Kühlschrank bleibt er frisch. Auch Buttermischungen und selbst gemachte Konfitüren sind kein Problem.

Ein Brunch-Buffet schon am Vortag decken, Getränke kühl stellen

Decken Sie den Tisch oder das Buffet am Vorabend mit Tellern und Bestecken ein, dann gibt es morgens keine Hektik. Denken Sie an die Reihenfolge beim Buffet: Links stehen die Teller, nach rechts folgen die Platten mit den kalten Gerichten, zuletzt (eventuell) warme Gerichte, Bestecke und Servietten.

Wenn Sie einen guten Rechaud besitzen, so könnten Sie darauf vor den Augen Ihrer Gäste Eierspeisen nach Wahl zubereiten – Rühreier, Spiegeleier oder beidseitig gebratene Spiegeleier (»upside down«).

Kaffee, Tee und Milch stehen am besten auf einem extra Tisch, so kann sich jeder selbst bedienen, ohne nochmals ans Buffet gehen zu müssen. Für einen ausgedehnten Brunch sollten Sie auch gut gekühlten Sekt, Prosecco oder Champagner sowie Bier (auch alkoholfreies) bereit halten.

Frischkornmüsli mit Beeren

Ideal für Kinder

Zutaten für 4 Personen
100 g Weizenschrot
150 g Vollmilch-Joghurt
4 Eßlöffel Apfeldicksaft
125 g Himbeeren
75 g rote Johannisbeeren
150 g Erdbeeren

Pro Portion: 680 kJ/ 160 kcal
5 g E · 2 g F · 31 g Kh
Quellzeit: 12 Stunden
Zubereitungszeit: 20 Minuten

Den Weizenschrot in eine Schüssel geben, mit etwa 200 ml Wasser verrühren. Zugedeckt über Nacht in den Kühlschrank stellen.

Am nächsten Morgen den Joghurt und den Apfeldicksaft unter den Weizenschrot rühren.

Himbeeren verlesen, Johannisbeeren waschen und von den Rispen streifen. Die Erdbeeren waschen, putzen und klein schneiden. Alle Beeren vermischen und zusammen mit dem Müsli in tiefen Tellern anrichten.

Kokos-Kiwi-Müsli mit Rosinen

Vitaminreich

Zutaten für 4 Personen
100 g getrocknete Kokosraspel
1 Orange
3 Eßlöffel Apfeldicksaft
1/4 Teelöffel Ingwerpulver
4 Kiwis
75 g Rosinen
100 g gemischte Vollkornflocken

Pro Portion: 1100 kJ/ 260 kcal
5 g E · 5 g F · 51 g Kh
Zubereitungszeit: 20 Minuten

Etwa 2 Eßlöffel von den Kokosraspeln in einer trockenen Pfanne goldgelb rösten, wieder herausnehmen und beiseite stellen.

Die übrigen Kokosraspel in eine Schüssel geben, mit 200 ml warmem Wasser übergießen, etwa 10 Minuten quellen lassen. Dann in einem sauberen Küchentuch gut ausdrücken, die abtropfende Milch auffangen.

Orange auspressen, den Saft mit der Kokosmilch, Apfeldicksaft und dem Ingwerpulver verrühren.

Die Kiwis schälen. 2 Früchte klein würfeln, die beiden anderen in Spalten schneiden. Rosinen heiß abspülen und abtropfen lassen.

Rosinen mit Vollkornflocken und Kiwiwürfeln mischen und in Schälchen oder Teller verteilen. Die Kokosmilch darüber gießen, die Kiwispalten darauf auslegen, die gerösteten Kokosraspel über das Müsli streuen.

Tip!

Für einen Brunch können Sie einmal ein üppiges Müslibuffet aufbauen. Dafür alle Zutaten – verschiedene Flocken und Cornflakes, Beeren und klein geschnittene Früchte, Rosinen und andere Trockenfrüchte sowie gehackte Nüsse – getrennt in hübschen Schüsselchen anrichten, damit sich jeder Gast seine Mischung selbst zusammenstellen kann. Dazu Milch, cremig gerührter Joghurt und Dickmilch.

Im Bild oben:
Kokos-Kiwi-Müsli mit Rosinen
Im Bild unten:
Frischkornmüsli mit Beeren

Kerniges Müsli mit Kefir

Für Ungeübte

Zutaten für 4 Personen
50 g gehackte Haselnußkerne
20 g ungeschälte Sesamsamen
20 g Leinsamen
60 g kleine Rosinen
2 Eßlöffel Apfelkraut
1 Eßlöffel Butter
75 g gemischte Vollkornflocken
1 große Banane · 1/4 l Kefir
1 Päckchen Vanillezucker
1 kleiner, rotschaliger Apfel

Pro Portion: 1600 kJ/ 380 kcal
9 g E · 19 g F · 46 g Kh
Zubereitungszeit: 30 Minuten

Die Haselnußkerne und Sesam in einer trockenen Pfanne unter Rühren goldbraun rösten, dann in eine Schüssel füllen, mit Leinsamen und Rosinen mischen.

Das Apfelkraut und die Butter in eine Pfanne geben, bei schwacher Hitze verrühren und schmelzen lassen. Die Vollkornflocken einrühren und einige Minuten unter Rühren rösten, dann in die Schüssel mit den Nüssen, Sesam, Leinsamen und Rosinen umfüllen.

Banane schälen, mit Kefir und Vanillezucker im Mixer oder mit dem Pürierstab pürieren. Apfel waschen und ohne Kerngehäuse zum Kefir raspeln. Apfel-Bananen-Kefir über das Müsli geben.

Schokomüsli mit Äpfeln

Für Gäste

Zutaten für 4 Personen
50 g Zartbitter-Schokolade
50 g weiße Schokolade
75 g gemischte Vollkornflocken
100 g getrocknete Aprikosen
4 säuerliche, feste Äpfel (z.B. Boskop, Cox Orange)
2 Eßlöffel Zitronensaft
etwa 1/2 l Milch

Pro Portion: 1700 kJ/ 410 kcal
10 g E · 14 g F · 63 g Kh
Zubereitungszeit: 40 Minuten

Von beiden Schokoladensorten zuerst mit einem Sparschäler einige Späne abziehen und diese zum Garnieren beiseite legen.

Die übrige Schokolade fein hakken und mit den Vollkornflocken vermischen. Die Aprikosen in feine Streifen schneiden und dazugeben.

Die Äpfel gründlich waschen und mit einem Tuch abreiben. Den Zitronensaft in einem Schälchen bereitstellen.

Einen Apfel vierteln, entkernen und in Spalten schneiden. In dem Zitronensaft wenden, wieder herausnehmen.

Einen zweiten Apfel vierteln, entkernen und klein würfeln. Die beiden übrigen Äpfel auf der Rohkostreibe grob raspeln. Ebenfalls im Zitronensaft wenden, dann mit dem gewürfelten Apfel zu den Vollkornflocken geben.

Das Müsli in vier Schälchen verteilen, mit den Apfelspalten garnieren, die Schokoladenspäne aufstreuen. Zum Servieren die Milch darüber gießen.

Tip!

Frische Aprikosen sind natürlich noch besser, sie sind aber nur kurze Zeit, von Juni bis August, am Markt. Achten Sie bei getrockneten darauf, daß sie nicht geschwefelt sind.

Hafer-Porridge

Klassiker

Zutaten für 4 Personen
Salz
200 g Haferflocken
4 Eßlöffel Zucker
1 Teelöffel Zimtpulver

Pro Portion: 910 kJ/ 220 kcal
6 g E · 4 g F · 39 g Kh
Zubereitungszeit: 15 Minuten

In einem Topf 1/4 l Wasser mit 1 Prise Salz zum Kochen bringen.

Die Haferflocken darin unter Rühren aufkochen lassen.

Den Topf vom Herd nehmen und die Haferflocken mindestens 10 Minuten quellen lassen.

Den Porridge in eine Schüssel oder in vier Portionsschälchen füllen. Den Zucker mit dem Zimt vermischen und über den Haferbrei streuen. Nach Belieben kalte flüssige Sahne dazu reichen.

Tip!

In England wird zu Porridge auch heiße Milch serviert, das ist nicht so kalorienreich.

Obazda

Aus Bayern

Zutaten für 4 Personen
400 g reifer Camembert (45%)
3 Eßlöffel Sahne
50 g weiche Butter · Salz
weißer Pfeffer, frisch gemahlen
1 kleine Zwiebel
Paprikapulver, edelsüß
20 Salzstangen

Pro Portion: 2200 kJ/ 530 kcal
24 g E · 38 g F · 20 g Kh
Zubereitungszeit: 15 Minuten
Kühlzeit: 1 Stunde

Camembert grob würfeln und in eine Schüssel geben. Sahne dazugeben und beides mit einer Gabel fein zermusen.

Die Butter unterrühren. Mit Salz und Pfeffer würzen. Zwiebel schälen, fein hacken und untermischen. Im Kühlschrank zugedeckt etwa 1 Stunde ziehen lassen.

Den Käse auf einem Teller kegelförmig anrichten und mit Paprika überpudern. Salzstangen in den Käse stecken. Dazu gehört Brot.

Ziegenfrischkäse mit Balsamico

Raffiniert

Zutaten für 4 Personen
200 g Magerquark
125 g Ziegenfrischkäse
(45% Fett i.Tr.), z.B. Cabridoux
30 g Pistazienkerne
Kräutersalz
weißer Pfeffer, frisch gemahlen
1 Bund Basilikum
2 Teelöffel Honig
4 Eßlöffel Aceto balsamico
6 Eßlöffel Olivenöl
Salz
1/2 Kopf Lollo Rosso oder Frisée
Butter für die Förmchen

Pro Portion: 1400 kJ/ 330 kcal
8 g E · 16 g F · 8 g Kh
Zubereitungszeit: 25 Minuten
Kühlzeit: 8 Stunden

Den Quark auf einem Sieb gut abtropfen lassen. Mit dem Ziegenfrischkäse vermischen. Die Pistazienkerne fein hacken und unterrühren. Mit Kräutersalz und Pfeffer würzen.

Kleine Förmchen (etwa 100 ml) mit Butter ausfetten, den Ziegenquark einfüllen und festdrücken, die Oberfläche glattstreichen. Mit Folie bedecken und über Nacht in den Kühlschrank stellen.

Zum Servieren die Förmchen kurz in heißes Wasser halten, die Käsemasse am Rand mit einem Messer lösen und auf kleine Teller stürzen.

Für die Sauce das Basilikum waschen, trockenschütteln und hacken. Mit dem Honig, dem Aceto balsamico, dem Öl, Salz und Pfeffer verrühren. Die Salatblätter waschen, abtropfen lassen und auf den Tellern anrichten. Käse und Salat mit Sauce übergießen. Dazu Vollkorn- oder Walnußbrot servieren.

Tip!

Sie können die Käsecreme auch in eine Schüssel füllen und dann auf eine Platte stürzen. Paßt gut zu einem Sonntags-Brunch.

Hafer-Quark-Creme

Vitaminreich

Zutaten für 4 Personen
350 ml Milch
120 g kernige Haferflocken
4 rosa Grapefruits
200 g Speisequark (20%)
4 Eßlöffel Birnendicksaft

Pro Portion: 1300 kJ/ 310 kcal
14 g E · 8 g F · 46 g Kh
Zubereitungszeit: 40 Minuten

Die Milch aufkochen, die Haferflocken einrühren und etwa 5 Minuten bei schwacher Hitze leise köcheln lassen, dann vom Herd nehmen und in eine Schüssel füllen, abkühlen lassen.

Die Grapefruits mit einem scharfen Messer dick bis ins Fruchtfleisch schälen, so daß auch die weiße Haut entfernt wird. Die Fruchtspalten zwischen den hellen Trennhäuten herausschneiden, dabei den Saft auffangen. Die Hälfte der Filets klein würfeln.

Quark und Birnendicksaft, dann auch die gewürfelten Grapefruitfilets unter die Hafercreme ziehen. Soviel abgetropften Grapefruitsaft unterrühren, bis die Mischung cremig ist. In eine Schale umfüllen, mit den übrigen Grapefruitfilets garnieren.

Pistazien-Honig-Quark

Schnell

Zutaten für 4 Personen
500 g Speisequark (20%)
4 Eßlöffel Orangensaft
4 Eßlöffel heller, flüssiger Honig (z.B. Akazienhonig)
1/4 Teelöffel Zimtpulver
80 g Pistazienkerne
50 g Walnußkerne

Pro Portion: 1700 kJ/ 410 kcal
22 g E · 24 g F · 23 g Kh
Zubereitungszeit: 30 Minuten

Den Quark in eine Schüssel geben und mit Orangensaft, Honig und dem Zimtpulver verrühren.

Einige Pistazien- und Walnußkerne zum Garnieren beiseite legen. Die Hälfte der übrigen Pistazien durch die Mandelmühle drehen oder im Blitzhacker fein mahlen, den Rest grob hacken. Walnußkerne ebenfalls hacken.

Die gemahlenen und die gehackten Kerne unter den Quark rühren. Mit den ganzen Kernen garnieren.

Weißer Schokoquark

Raffiniert

Zutaten für 4 Personen
75 g Sahne oder 75 ml Milch
2 Eßlöffel Instant-Kaffeepulver
500 g Speisequark (20%)
3 Eßlöffel flüssiger Honig
100 g weiße Schokolade
1 Eßlöffel braune Schokoraspel

Pro Portion: 1700 kJ/ 410 kcal
18 g E · 21 g F · 33 g Kh
Zubereitungszeit: 20 Minuten

Sahne oder die Milch erwärmen, das Kaffeepulver darin auflösen.

Den Quark in eine Schüssel geben und zusammen mit dem aufgelösten Kaffee und dem Honig glatt rühren.

Die weiße Schokolade grob reiben, einen Eßlöffel Raspel beiseite legen, den Rest unter den Quark rühren. Mit den weißen und den braunen Schokoraspeln garniert servieren.

Im Bild oben:
Hafer-Quark-Creme
Im Bild Mitte:
Pistazien-Honig-Quark
Im Bild unten:
Weißer Schokoquark

Kokosshake

Exotisch

Zutaten für 4 Personen
1 reife Mango
175 ml gesüßte Kokosnußcreme (z.B. Cream of Coconut)
1/2 l Milch
Saft von 1 Orange
etwas Kakaopulver

Pro Portion: 2100 kJ/ 500 kcal
6 g E · 24 g F · 66 g Kh
Zubereitungszeit: 20 Minuten

Die Mango schälen, das Fruchtfleisch in Stücken vom Stein schneiden und im Mixer pürieren.

Die Kokosnußcreme unterrühren, dann nach und nach die Milch und den Orangensaft zufließen lassen und untermixen.

Vier Cocktailgläser an den Rändern anfeuchten, in Kakaopulver drücken und den Kokosshake darin servieren.

Mandel-Möhren-Milch

Vitaminreich

Zutaten für 4 Personen
250 ml Möhrensaft
3 Eßlöffel Mandelmus (aus dem Reformhaus)
2 Eßlöffel flüssiger Honig
1/2 l Dickmilch

Pro Portion: 570 kJ/ 140 kcal
5 g E · 4 g F · 19 g Kh
Zubereitungszeit: 20 Minuten

Den Möhrensaft zusammen mit dem Mandelmus und dem Honig in einen Mixer geben und gründlich vermischen.

Nach und nach die Dickmilch einfließen lassen und untermixen. Gleich servieren.

Tip!

Mandelmus wird aus geschälten und gemahlenen Mandeln hergestellt. Sie erhalten es in jedem Reformhaus. Es eignet sich auch als besonders leckerer Brotaufstrich.

Beerenmilch

Gelingt leicht

Zutaten für 4 Personen
200 g rote Johannisbeeren
100 g Himbeeren
4 Eßlöffel Apfeldicksaft
1 Prise Zimtpulver
250 ml Buttermilch
250 ml Milch

Pro Portion: 520 kJ/ 120 kcal
5 g E · 3 g F · 21 g Kh
Zubereitungszeit: 20 Minuten

Johannisbeeren waschen und von den Rispen streifen, Himbeeren verlesen. Die Früchte im Mixer pürieren, Apfeldicksaft und das Zimtpulver untermengen. Nach und nach die Buttermilch und die Milch unterschlagen.

Cassis-Sauermilch

Für Gäste

Zutaten für 4 Personen
1/2 l Sauermilch (Schwedenmilch)
100 ml Crème de Cassis
1 Prise Zimtpulver · Zucker
1 unbehandelte Zitrone
250 g Zitroneneis (fertig gekauft)

Pro Portion: 1600 kJ/ 380 kcal
22 g E · 23 g F · 18 g Kh
Zubereitungszeit: 20 Minuten

Die gut gekühlte Sauermilch mit Crème de Cassis mixen, mit Zimtpulver und Zucker abschmecken.

Die Zitrone heiß waschen und mit einem scharfen Messer 4 lange, dünne Schalenstreifen abschälen.

Das Zitroneneis in 4 Longdrinkgläser verteilen, die Cassismilch aufgießen und die Zitronenschalenstreifen an den Rand hängen.

Tip!

Crème de Cassis ist ein herber schwarzer Johannisbeerlikör. Für Kinder können Sie statt dessen Grenadinesirup nehmen.

Kräuter-Tomaten-Kefir

Pikant

Zutaten für 4 Personen
10 Rucolablätter
2 Zweige Petersilie
1 Zweig Selleriegrün
350 g Tomaten
1 grüne Paprikaschote
750 ml Kefir
Muskatnuß, frisch gerieben
Tabasco · Salz
weißer Pfeffer, frisch gemahlen

Pro Portion: 590 kJ/ 140 kcal
8 g E · 7 g F · 12 g Kh
Zubereitungszeit: 30 Minuten

Den Rucola, Petersilie und das Selleriegrün waschen, trockenschleudern. Die Blätter grob zerschneiden.

Die Tomaten mit kochendem Wasser kurz überbrühen, häuten, entkernen, Stielansätze entfernen und das Fruchtfleisch würfeln.

Die Paprikaschote waschen, halbieren, Kerne, Trennwände und Stielansatz entfernen, Fruchtfleisch würfeln.

Alles in einen Mixer geben und pürieren, den Kefir zugießen. Mit Muskatnuß, einigen Tropfen Tabasco, Salz und Pfeffer pikant abschmecken. Gut gekühlt, mit einer Zitronenscheibe garniert, servieren.

Orangenkakao

Raffiniert

Zutaten für 4 Personen
2 unbehandelte Orangen
400 ml Milch
1 1/2 Eßlöffel Kakaopulver
125 g Sahne
2 Eigelbe
3 1/2 Eßlöffel Zucker

Pro Portion: 1200 kJ/ 290 kcal
7 g E · 17 g F · 26 g Kh
Zubereitungszeit: 20 Minuten

Die Orangen heiß waschen, die Schale fein abreiben, dann den Saft auspressen.

Die Milch in einem Topf aufkochen. Das Kakaopulver mit der Sahne glattrühren, zur Milch gießen und kurz aufkochen lassen.

Die Eigelbe mit 1 Eßlöffel von dem Zucker und dem Orangensaft verquirlen, nach und nach den heißen Kakao unterrühren. Nicht mehr kochen lassen.

Vier Tassen oder hitzebeständige Gläser an den Rändern befeuchten. Die abgeriebene Orangenschale mit 1 Eßlöffel von dem Zucker mischen, die Tassen oder Gläser umgedreht hineindrücken.

Orangenkakao nach Geschmack mit dem übrigen Zucker süßen und in die vorbereiteten Tassen oder Gläser umgießen.

Tip!

Kalorienärmer wird der Kakao, wenn Sie die Sahne durch fettarme Milch ersetzen. Andere Servieridee: Die Ränder der Tassen oder Gläser nicht mit dem Zucker-Orangenrand verzieren, stattdessen den Kakao mit einem Häubchen aus geschlagener Sahne krönen und geriebene Orangenschale darauf streuen.

Parkerhouse-Brötchen

Für Parties

Zutaten für 24 Stück
1 Würfel Hefe (42 g)
200 ml lauwarme Milch
75 g Zucker
2 Eier · Salz
100 g weiche Butter
550 g Mehl
Für das Backblech: Fett
Zum Bestreichen: zerlassene Butter

Pro Stück: 650 kJ/ 160 kcal
3 g E · 6 g F · 22 g Kh
Zubereitungszeit: 25 Minuten
Ruhezeit: 1 1/4 Stunden
Backzeit: 20 Minuten

Hefe mit Milch und 1 Teelöffel von dem Zucker verrühren, etwa 15 Minuten warm stellen.

Restlichen Zucker, Eier, eine Prise Salz und die Butter dazugeben und mit der Hefemilch verrühren. Mehl darüber sieben und kräftig kneten. Den Teig zugedeckt etwa 45 Minuten gehen lassen, bis sich das Volumen verdoppelt hat.

Den Teig noch einmal kneten und fingerdick ausrollen. Mit einem Glas von etwa 10 cm Durchmesser 24 Kreise ausstechen, die Mitte der Kreise mit einem Messerrücken stark eindrücken, mit zerlassener Butter bestreichen und zum Halbmond zusammenklappen. Die Halbmonde auf ein gefettetes Blech legen und etwa 15 Minuten gehen lassen. Den Backofen auf 200° vorheizen.

Brötchen mit zerlassener Butter bestreichen und im Backofen (Mitte, Umluft 180°) in etwa 20 Minuten goldbraun backen. Danach auf einem Kuchengitter abkühlen lassen.

Bagel

Für Gäste

Zutaten für 16 Stück
1/2 Würfel Hefe (21 g)
100 ml lauwarme Milch
50 g Zucker
1 Ei · Salz
40 g weiche Butter
350 g Mehl
Zum Bestreuen: Sesam
Zum Ausrollen: etwas Mehl
Für das Backblech: Fett

Pro Stück: 570 kJ/ 140 kcal
3 g E · 4 g F · 21 g Kh
Zubereitungszeit: 30 Minuten
Ruhezeit: 1 1/2 Stunden
Backzeit: 20 Minuten

Hefe mit Milch und 1 Teelöffel von dem Zucker verrühren, etwa 15 Minuten warm stellen und gehen lassen.

Restlichen Zucker, das Ei und eine Prise Salz mit der Hefemilch in einer Rührschüssel verrühren, die Butter dazugeben, das Mehl darüber sieben und alles mischen.

Die Zutaten mindestens 10 Minuten mit den Händen oder auf niedrigster Stufe in der Küchenmaschine mit Kneteinsatz kneten. Dann den Teig zugedeckt an einer warmen Stelle etwa 1 Stunde gehen lassen, bis sich das Volumen deutlich vergrößert hat.

Teig noch einmal kräftig kneten und auf einer bemehlten Fläche fingerdick ausrollen. Mit einem Glas von etwa 8 cm Durchmesser 16 Kreise ausstechen, jeweils in die Mitte 3 1/2 cm große Löcher bohren oder ausstechen. Die Ringe auf ein Brett legen und noch einmal etwa 15 Minuten gehen lassen.

In einem mittelgroßen Topf reichlich Wasser zum Kochen bringen. Den Backofen auf 200° vorheizen. Das Blech fetten. Die Teigringe kurz in das kochende Wasser tauchen, dann auf das Blech legen und mit Sesam bestreuen.

Im Backofen (Mitte, Umluft 180°) etwa 20 Minuten backen. Die fertigen Bagel auf einem Kuchengitter auskühlen lassen.

Im Bild oben: Parkerhouse-Brötchen
Im Bild unten: Bagel

Buchweizen-Schnittchen

Für Gäste

Zutaten für 4 Personen
250 g Weizenmehl
150 g Buchweizenmehl (Bioladen oder Reformhaus)
1 Päckchen Trockenbackhefe
100 ml Milch · Salz
250 g Sahnequark
150 g Doppelrahm-Frischkäse
100 g Sahnedickmilch
1 Knoblauchzehe
1 Bund gemischte Kräuter
weißer Pfeffer, frisch gemahlen
1 Eßlöffel Kapern

Pro Portion: 2500 kJ/ 600 kcal
23 g E · 22 g F · 78 g Kh
Zubereitungszeit: 2 Stunden

Die beiden Mehlsorten mit Hefe, Milch, 1 Teelöffel Salz und 150 ml warmem Wasser zu einem glatten Teig kneten. Zugedeckt an einem warmen Ort etwa 20 Minuten gehen lassen.

Quark mit Frischkäse und Dickmilch verrühren. Knoblauch schälen und zerdrücken. Die Kräuter waschen, trocknen, die Blättchen fein hacken. Knoblauch und Kräuter unter die Creme rühren, salzen und pfeffern. Kühl stellen.

Den Teig nochmals kneten und zu zwei länglichen Broten formen. Die Oberfläche mehrmals schräg einschneiden. Auf ein mit Backpapier ausgelegtes Blech legen, etwa 20 Minuten gehen lassen. Backofen auf 200° vorheizen, eine Schale mit Wasser auf den Boden des Ofens stellen.

Brote im Backofen (Mitte, Umluft 180°) etwa 20 Minuten backen. Auf einem Kuchengitter auskühlen lassen. In Scheiben schneiden und dick mit Quarkcreme bestreichen, mit Kapern garnieren.

Joghurt-Taschen

Braucht etwas Zeit

Zutaten für etwa 40 Täschchen
250 g Vollmilchjoghurt
1 Päckchen Trockenbackhefe
1 Ei
70 g Butter
85 g Pflanzenöl · Salz
85 ml lauwarme Milch
600 g Mehl (Type 550)
200 g Schafkäse
125 g Doppelrahm-Frischkäse
1 Bund Dill
1 Bund Petersilie
1 rote Chilischote oder
1/4 Teelöffel Cayennepfeffer
5 Eßlöffel Olivenöl
Pfeffer, frisch gemahlen
Sesam, hell und schwarz

Pro Stück: 520 kJ/ 120 kcal
3 g E · 7 g F · 11 g Kh
Zubereitungszeit: 40 Minuten
Ruhezeit: 1 Stunde
Backzeit: 20 Minuten

Den zimmerwarmen Joghurt mit Hefe verrühren, etwa 10 Minuten quellen lassen. Ei trennen. Die Butter zerlassen und abkühlen lassen. Butter mit dem Pflanzenöl, 1 Teelöffel Salz und der Milch verrühren, mit dem Eiweiß zum Joghurt geben. Das Mehl darüber sieben, verkneten. Etwa 1 Stunde gehen lassen.

Inzwischen Schaf- und Frischkäse mit einer Gabel zerdrücken. Dill und Petersilie waschen, trockenschütteln und fein hacken. Die Chilischote entkernen und sehr klein würfeln. Kräuter, Chiliwürfel oder Cayennepfeffer und das Olivenöl zur Käsemasse geben, mit Salz und Pfeffer abschmecken. Den Backofen auf 225° vorheizen.

Den Teig zu etwa 40 Kugeln rollen, zu Fladen (10 cm Durchmesser) formen, jeweils 1/2 Teelöffel Käsefüllung darauf setzen, zusammenklappen und die Ränder gut festdrücken.

Auf ein mit Backpapier ausgelegtes Backblech setzen. Das Eigelb mit etwas Wasser verquirlen, die Täschchen damit bestreichen. Sesam darüber streuen.

Die Joghurt-Täschchen im heißen Backofen (oben, Umluft 200°) etwa 20 Minuten backen. Auf ein Kuchengitter setzen und auskühlen lassen.

Muffins

Berühmtes Rezept

Zutaten für 20 Stück
500 g Mehl
1 Würfel Hefe (42 g)
1 Teelöffel Zucker
375 ml lauwarme Milch
1 Prise Salz
40 g Butter
Zum Bestreichen:
1 Eigelb
1 Eßlöffel Milch
Für die Förmchen: Fett

Pro Stück: 510 kJ/ 120 kcal
3 g F · 3 g E · 21 g Kh
Zubereitungszeit: 15 Minuten
Ruhezeit: 55 Minuten
Backzeit: 20 Minuten

Mehl in eine Schüssel sieben. In die Mitte eine Mulde drücken. Die Hefe hineinbröckeln und mit dem Zucker, der Hälfte der Milch und etwas Mehl vom Rand verrühren. Zugedeckt an einem warmen Ort etwa 15 Minuten ruhen lassen.

Die restliche Milch, Salz und Butter untermischen. Den Teig mit den Knethaken des elektrischen Handrührgerätes verkneten, bis er sich vom Schüsselrand löst. Noch etwa 20 Minuten ruhen lassen.

Den Backofen auf 200° vorheizen. Muffinförmchen oder ein Backblech einfetten. Aus dem Teig mit bemehlten Händen etwa tischtennisgroße Kugeln formen, in die Förmchen oder auf das Backblech setzen und etwa 20 Minuten gehen lassen.

Das Eigelb und die Milch verquirlen. Die Muffins damit bestreichen und im Ofen (unten, Umluft 180°) etwa 20 Minuten backen. Noch warm mit Butter und Marmelade servieren.

Vollkorn-Nußbrot

Raffiniert

Zutaten für 1 Brot (etwa 12 Scheiben)
500 g Weizenvollkornmehl
1 Würfel Hefe (42 g)
1 Messerspitze Zucker
250 ml Buttermilch
2 Teelöffel Salz
1 Teelöffel Koriander, gemahlen
75 g Walnußkerne
Backpapier

Pro Portion: 750 kJ/ 180 kcal
7 g E · 5 g F · 27 g Kh
Zubereitungszeit: 45 Minuten
Ruhezeit: 12 Stunden
Backzeit: 1 Stunde

Das Mehl in eine Schüssel sieben, in die Mitte eine Mulde drücken. Die Hefe hineinbröckeln, mit ganz wenig lauwarmem Wasser und dem Zucker verrühren, mit etwas Mehl bestäuben und zugedeckt an einem warmen Ort etwa 15 Minuten gehen lassen.

Die Buttermilch, Salz und den Koriander dazugeben. Den Teig mit den Händen oder den Knethaken des Handrührgerätes kräftig verkneten, bis er sich als Kugel vom Schüsselrand löst.

Die Walnußkerne fein hacken und unter den Teig kneten. Diesen in eine Schüssel geben und zugedeckt über Nacht in den Kühlschrank stellen.

Am nächsten Morgen den Teig nochmals kurz durchkneten. Einen länglichen Laib formen, quer mehrfach etwa 1 cm tief einschneiden und den Laib mit Wasser bepinseln.

Ein Backblech mit Backpapier auslegen und das Brot darauf legen.

Das Blech in den kalten Backofen (unten) schieben. Eine feuerfeste Schüssel mit Wasser füllen und ebenfalls in den Backofen stellen. Das Brot bei 175° (Umluft 160°) etwa 1 Stunde backen, bis es sich, wenn man an die Unterseite klopft, hohl anhört.

Tip!

Statt Walnüssen können Sie auch Haselnußkerne nehmen. Nußbrot schmeckt sehr gut zu würzigem Käse wie Ziegenfrischkäse.

Preiselbeerbutter

Raffiniert

Zutaten für 6 Personen
125 g weiche Butter
75 g eingelegte Preiselbeeren
1 1/2 Eßlöffel Apfeldicksaft oder flüssiger Honig
25 g Walnußkerne

Pro Portion: 910 kJ/ 220 kcal
1 g E · 20 g F · 9 g Kh
Zubereitungszeit: 10 Minuten

Die Butter mit den Preiselbeeren und dem Apfeldicksaft oder dem Honig glattrühren.

Die Walnußkerne hacken und aufstreuen oder untermischen. Bis zum Servieren kalt stellen.

Tomatenbutter

Für Gäste

Zutaten für 6 Personen
1 Bund glatte Petersilie
4 getrocknete, in Öl eingelegte Tomaten
125 g weiche Butter
1/2 unbehandelte Zitrone
Salz
weißer Pfeffer, frisch gemahlen

Pro Portion: 910 kJ/ 220 kcal
1 g E · 20 g F · 3 g Kh
Zubereitungszeit: 10 Minuten

Die Petersilie abspülen, trockenschütteln und ohne die groben Stiele hacken. Die Tomaten abtropfen lassen, ebenfalls sehr fein hacken. Beides mit der weichen Butter verrühren.

Die Zitronenhälfte heiß abspülen, etwas Zitronenschale abreiben und die Butter damit und mit einigen Tropfen Zitronensaft, Salz und Pfeffer abschmecken, dann bis zum Servieren kalt stellen.

Sesambutter

Raffiniert

Zutaten für 6 Personen
2 Eßlöffel ungeschälte Sesamsamen
125 g weiche Butter
1 Knoblauchzehe
Cayennepfeffer · Salz

Pro Portion: 820 kJ/ 200 kcal
2 g E · 21 g F · 1 g Kh
Zubereitungszeit: 10 Minuten

Die Sesamsamen in einer trockenen Pfanne einige Minuten unter Rühren rösten, bis sie leicht bräunen und angenehm duften.

Die Sesamsamen mit der weichen Butter verrühren. Den Knoblauch schälen und dazupressen. Mit etwas Cayennepfeffer und Salz würzen, gründlich verrühren und bis zum Servieren kalt stellen.

Mandel-Kräuter-Butter

Schnell

Zutaten für 6 Personen
30 g gehackte Mandeln
30 g gemahlene Mandeln
2 Eßlöffel Kerbelblättchen
125 g weiche Butter
3 Teelöffel Sherry nach Belieben
Salz
Paprikapulver, rosenscharf

Pro Portion: 910 kJ/ 220 kcal
2 g E · 23 g F · 1 g Kh
Zubereitungszeit: 10 Minuten

Zuerst die gehackten, dann die gemahlenen Mandeln in einer trockenen Pfanne unter Rühren goldbraun rösten, herausnehmen.

Den Kerbel verlesen, abspülen, trockenschütteln und fein hacken. Mit den gerösteten Mandeln und der Butter verrühren, mit dem Sherry nach Belieben und mit Salz und Paprikapulver abschmecken. Bis zum Servieren kalt stellen.

Im Bild oben: Preiselbeerbutter
Im Bild Mitte: Tomatenbutter
Im Bild Mitte links: Sesambutter
Im Bild unten: Mandel-Kräuter-Butter

Kalt gerührte Mangokonfitüre

Für Gäste

Zutaten für 3 Gläser à 150 ml
1 große, reife Mango
(etwa 400 g)
250 g Gelierzucker
1 Eßlöffel Limettensaft
1 Eßlöffel weißer Rum
1 große Kiwi

Pro Glas: 1700 kJ/ 410 kcal
1 g E · 0 g F · 98 g Kh
Zubereitungszeit: 20 Minuten

Mango schälen, das Fruchtfleisch vom Stein schneiden, genau 250 g Fruchtfleisch abwiegen.

Mangofruchtfleisch mit Gelierzukker in der Küchenmaschine oder mit den Schneebesen des Handrührgerätes etwa 10 Minuten kräftig verrühren.

Limettensaft und Rum unterrühren. Kiwi schälen, klein würfeln und zuletzt untermischen. In saubere Gläser füllen, verschließen und in den Kühlschrank stellen.

Tip!

Kalt gerührte Konfitüren rasch verbrauchen, sie verderben schnell. Als Vorrat die Konfitüre in kleine, gesäuberte Gläschen mit Twist-Off-Deckeln füllen und sofort verschließen. Kalt stellen.

Rhabarber-Aprikosen-Konfitüre

Für Ungeübte

Zutaten für 3 Gläser à 200 ml
300 g Rhabarber
1 frischer Ingwer (etwa 5 cm)
1 unbehandelte Zitrone
250 g reife Aprikosen
500 g Gelierzucker

Pro Glas: 3000 kJ/ 720 kcal
1 g E · 0 g F · 180 g Kh
Zubereitungszeit: 40 Minuten

Den Rhabarber schälen, waschen und in etwa 2 cm lange Stücke schneiden. Den Ingwer schälen und sehr klein hacken, die Zitrone heiß abwaschen, die Schale fein abreiben, den Saft auspressen.

Die Aprikosen waschen, entsteinen und würfeln. Zusammen mit dem Rhabarber, dem Ingwer, der Zitronenschale und dem Zitronensaft in einem breiten Topf mit dem Gelierzucker verrühren.

Die Mischung nach der Anleitung auf der Gelierzuckertüte kräftig kochen lassen. Eine Gelierprobe machen – dafür einen Tropfen der Konfitüre auf einen kalten Porzellanteller geben. Wird er fest, die Konfitüre sofort randvoll in kleine, kochendheiß ausgespülte Gläser abfüllen und diese verschließen.

Mandel-Erdbeer-Konfitüre

Für Kinder

Zutaten für etwa 3 Liter
2 kg vollreife Erdbeeren
2 kg Gelierzucker
200 g Mandelblättchen
5 g Zitronensäure

Pro Liter: 14000 kJ/ 3340 kcal
1 g E · 35 g F · 835 g Kh
Zubereitungszeit: 1 Stunde
Ruhezeit: 12 Stunden

Die Erdbeeren waschen und sehr gründlich abtropfen lassen. Die Früchte entkelchen und halbieren. Vom Gelierzucker 2 Eßlöffel abnehmen und beiseite stellen. Die Früchte mit dem übrigen Gelierzucker vermischen und über Nacht Saft ziehen lassen.

Die Erdbeeren in einem großen hohen Topf bei mittlerer Hitze langsam zum Kochen bringen. Inzwischen in einer trockenen Pfanne die Mandelblättchen goldbraun rösten.

Den Gelierzucker mit der Zitronensäure vermischen und unmittelbar nach dem Aufkochen unter die Erdbeeren rühren. Die Konfitüre etwa 2 Minuten sprudelnd kochen lassen, bis sie dickflüssig ist. Den Topf von der Herdplatte nehmen, die Mandelblättchen untermischen und die Gelierprobe machen (siehe Rezept Mitte).

Die Konfitüre in kochendheiß ausgespülte Gläser füllen und diese sofort verschließen. Während des Abkühlens die Gläser mehrmals umdrehen, damit sich die Früchte und die Mandelblättchen gleichmäßig verteilen.

Pfefferkäse mit Kresse

Gelingt leicht

Zutaten für 4 Personen
1 kleine rote Paprikaschote (etwa 100 g)
1 kleine Zwiebel (etwa 50 g)
1 Kästchen Kresse
1 Eßlöffel eingelegte grüne Pfefferkörner aus dem Glas
200 g Doppelrahm-Frischkäse
2 Eßlöffel Crème fraîche
Meersalz

Pro Portion: 970 kJ/ 230 kcal
7 g E · 21 g F · 3 g Kh
Zubereitungszeit: 15 Minuten

Die Paprikaschote waschen und halbieren. Schotenhälften vom Stielansatz und von den weißen Rippen und Kernen befreien und in kleine Würfel schneiden.

Die Zwiebel schälen und fein hacken. Kresse mit einer Schere vom Beet in ein Sieb schneiden, waschen, trockenschwenken und fein hacken.

Die Pfefferkörner abtropfen lassen und grob zerhacken oder im Mörser zerstoßen. Doppelrahm-Frischkäse in einer Schüssel mit der Crème fraîche verrühren.

Die Paprikaschotenwürfel, die Zwiebelstückchen, die gehackte Kresse und die zerkleinerten Pfefferkörner unterrühren. Den Pfefferkäse mit etwas Meersalz pikant abschmecken.

Tip!

Pfefferkäse paßt gut zu Vollkorn-Nußbrot (Seite 41), Graham- oder Weizenkeimbrötchen.

Kräuter-Nuß-Paste

Vollwertrezept

Zutaten für 4 Personen
80 g ungeschälte Mandeln
80 g Pinienkerne
1 Bund Petersilie
1 Bund Schnittlauch
1 Kästchen Kresse
Meersalz
schwarzer Pfeffer, frisch gemahlen

Pro Portion: 1100 kJ/ 260 kcal
7 g E · 23 g F · 8 g Kh
Zubereitungszeit: 25 Minuten

Die Mandeln mit kochendheißem Wasser überbrühen, kurz ziehen lassen, kalt abschrecken und aus den Schalen drücken.

Die Mandeln und die Pinienkerne in einer trockenen Pfanne bei mittlerer Hitze unter Rühren rundum goldgelb rösten. Gleich auf einen Teller schütten und auskühlen lassen, in der heißen Pfanne würden sie sonst noch nachbräunen.

Die Petersilie und den Schnittlauch waschen, trockenschütteln und grob zerkleinern. Die Kresse mit einer Küchenschere vom Beet schneiden, in einem Sieb kalt abspülen und trocknen.

Die Mandeln und die Pinienkerne im Blitzhacker pürieren. Nach und nach die Kräuter hinzufügen.

Die Kräuter-Nuß-Paste mit Salz und frisch gemahlenem Pfeffer pikant abschmecken.

Tip!

Dieser Aufstrich hält sich im Kühlschrank in einem verschlossenen Schraubglas bis zu 2 Wochen. Er paßt gut zu gebuttertem Vollkorntoastbrot.

Kleine Leckereien mit Frischkäse

Für Gäste

Zutaten für 4 Personen
200 g Doppelrahm-Frischkäse
1 Bund gemischte Kräuter
3 Eßlöffel Parmesan, frisch gerieben
1 Prise Paprikapulver, rosenscharf
Streuwürze
1 Eßlöffel Sahne
1 Knoblauchzehe
125 g kleine Champignons
3 Eßlöffel Olivenöl
Salz
weißer Pfeffer, frisch gemahlen
75 ml Weißwein
1 Eßlöffel Zitronensaft
4 milde grüne Chilischoten oder
2 kleine Paprikaschoten
125 g Kräuteroliven ohne Stein
250 g Kirschtomaten
1 Eßlöffel Essig
1/4 Gurke
4 Salatblätter zum Garnieren

Pro Portion: 1600 kJ/ 380 kcal
13 g E · 31 g F · 7 g Kh
Zubereitungszeit: 45 Minuten

Den Doppelrahm-Frischkäse in eine Schüssel geben und mit einer Gabel zerdrücken. Die Kräuter waschen und trocknen. Die Blättchen fein hacken.

Den Frischkäse mit 2/3 der Kräuter, geriebenem Parmesan, Paprikapulver, Streuwürze und der Sahne zu einer festen Creme verrühren. Die Knoblauchzehe schälen und durch die Presse dazudrücken.

Die Champignons mit Küchenpapier säubern, die Stiele ausbrechen und fein hacken, in 1 Eßlöffel Olivenöl andünsten. Die Champignonköpfe darauf setzen (Höhlung nach oben), mit Salz und Pfeffer würzen, Weißwein und den Zitronensaft angießen, zugedeckt etwa 10 Minuten dünsten.

Von den Chili- oder Paprikaschoten die Stielansätze entfernen, die Schoten mit einem langen, schmalen Messer aushöhlen.

Die ausgehöhlten Chilischoten in kochendem Wasser etwa 3 Minuten blanchieren, abtropfen lassen. Die Oliven längs aufschlitzen.

Die Kirschtomaten waschen, trockentupfen. Auf der Stielseite einen Deckel abschneiden und die Früchte innen mit einem Kugelausstecher aushöhlen.

Chilischoten, Oliven und Tomaten mit Frischkäse füllen. Die Champignons aus dem Sud nehmen, Sud durch ein Sieb gießen.

Auch die Champignons mit Käsecreme füllen, mit der Käsefüllung in die restlichen Kräuter tupfen.

Den Essig mit Salz, Pfeffer und dem restlichen Öl verquirlen. Die Gurke streifig schälen, längs halbieren, die Kerne entfernen, in dünne Scheiben aufschneiden. Die Salatblätter waschen, trocknen und durch die Essig-Öl-Marinade ziehen.

Das gefüllte Gemüse auf Tellern anordnen, mit Salatblättern und Gurkenhalbmonden umlegen, den Champignonsud mit der restlichen Essig-Öl-Marinade verrühren und über die Gurkenscheiben träufeln. Gleich servieren. Frisches Weißbrot oder knuspriges Baguette dazu reichen.

Tip!

Statt Frischkäse können Sie auch 200 g Magerquark nehmen, den Sie in einem Sieb gut abtropfen lassen – am besten über Nacht im Kühlschrank. Dann mit 50 g zimmerwarmer Butter verrühren. Ist die Masse noch zu weich, mehr geriebenen Käse nehmen. Sehr gut schmeckt auch frisch geriebener, harter Pecorino für die Creme. Als Geschenk können Sie die gefüllten Gemüse in ein schönes Glas schichten und mit Olivenöl übergießen. Gut verschlossen halten sich die Gemüse etwa eine Woche im Kühlschrank.

Die kleinen gefüllten Gemüse sind eine bunte, erfrischende Vorspeise und passen auch gut auf ein Brunch-Buffet

Rühreier

Schnell

Zutaten für 4 Personen
8 Eier
Salz
Pfeffer, frisch gemahlen
2 Eßlöffel Butter

Pro Portion: 1000 kJ/ 240 kcal
25 g E · 6 g F · 1 g Kh
Zubereitungszeit: 10 Minuten

Die Eier in einer Rührschüssel aufschlagen und kräftig mit dem Schneebesen verquirlen. Eigelbe und Eiweiße sollen gut gemischt sein. Mit Salz und Pfeffer würzen.

Die Butter in einer Pfanne erhitzen, aber nicht braun werden lassen. Die Eier hineingeben und bei schwacher Hitze langsam stocken lassen. Ab und zu mit einem Pfannenwender vorsichtig umrühren, die Eier sollen aber nicht zerrupft, sondern lediglich umgeklappt werden.

Die Rühreier sind fertig, sobald sie gestockt, jedoch noch cremig und glänzend sind. Dann sofort aus der Pfanne nehmen und servieren. Zu lange gegart, werden die Eier stumpf und schmecken trocken und hart.

Eierkuchen

Für Kinder

Zutaten für 4 Personen
1/2 l Milch
4 Eier
300 g Mehl
Salz
3 1/2 Eßlöffel Mineralwasser
Zum Braten:
Butterschmalz oder neutrales Öl
Zum Bestreuen:
Zucker oder Zimt-Zucker

Pro Portion: 1900 kJ/ 450 kcal
16 g E · 15 g F · 66 g Kh
Zubereitungszeit: 30 Minuten

Die Milch in eine Schüssel gießen, die Eier dazugeben und beides mit einem Schneebesen kräftig verrühren.

Das Mehl, 2 Prisen Salz und das Mineralwasser zugeben und alles gründlich verrühren. Den Teig etwa 20 Minuten bei Zimmertemperatur quellen lassen.

Etwas Fett in einer mittelgroßen Pfanne erhitzen und eine kleine Schöpfkelle Teig darin verteilen. Darauf achten, daß die Ränder ausgefüllt sind, Eierkuchen sollten weder zu dünn noch zu dick gebraten werden.

Sind die Ränder goldbraun, den Eierkuchen vorsichtig wenden und fertig backen.

Die Eierkuchen zugedeckt warm stellen, bis alle Eierkuchen fertig sind. Dann mit Zucker oder Zimt-Zucker bestreuen. Dazu paßt ein beliebiges Kompott.

Tip!

Sollen die Eierkuchen besonders locker werden, den Teig zuerst nur mit den Eigelben anrühren. Die Eiweiße zu steifem Schnee schlagen und zuletzt unterheben.

Kräuter-Pilz-Omelett

Raffiniert

Zutaten für 4 Personen
1 Bund Petersilie
400 g frische Pilze (z.B. Champignons oder Egerlinge)
6 Eßlöffel Butter
Salz
Pfeffer, frisch gemahlen
12 Eier

Pro Portion: 1800 kJ/ 430 kcal
39 g E · 17 g F · 1 g Kh
Zubereitungszeit: 15 Minuten

Die Petersilie waschen, trockenschütteln und ohne die groben Stiele hacken. Von den Pilzen die Stielenden abschneiden, die Pilze mit einem feuchten Tuch abreiben und vierteln.

In einer Pfanne 1 Eßlöffel von der Butter erhitzen und die Pilze darin etwa 5 Minuten bei schwacher Hitze braten. Die Pilze mit Salz und Pfeffer würzen, zuletzt die gehackte Petersilie untermischen. Die Pilze warm stellen.

Die Eier in einer Rührschüssel verquirlen und mit Salz und Pfeffer würzen. In einer Pfanne 1 Eßlöffel von der Butter erhitzen. Sofort die Hälfte der Eier dazugeben und etwa 2 Minuten stocken lassen, ohne dabei umzurühren.

Das Omelett durch Rütteln der Pfanne vom Pfannenboden lösen. Mit einem Pfannenwender von zwei Seiten zur Mitte stürzen und warm stellen. Auf die gleiche Weise das zweite Omelett backen.

Die Omeletts in der Mitte längs einschneiden, mit den Pilzen bestreuen und sofort servieren.

Tip!

Omeletts lassen sich auf vielfältigste Art füllen. Probieren Sie einmal gedünstetes Gemüse (zum Beispiel grob geraspelte Zucchini, grüne Bohnen, Erbsenschoten, Spinat oder Kirschtomaten mit Basilikum), gebratene Zwiebelwürfel oder geschälte, klein gewürfelte Avocado.

Apfelküchle

Klassiker

Zutaten für 4 Personen
250 g Mehl
3 Eier
Salz
100 g Zucker
etwa 200 ml Milch
1 1/2 Teelöffel Zimt
5 große, feste Äpfel (z.B. Boskop)
Zum Ausbacken:
750 g Fritierfett

Pro Portion: 2500 kJ/ 600 kcal
5 g E · 20 g F · 99 g Kh
Zubereitungszeit: 45 Minuten

Das Mehl in eine Schüssel geben. Die Eier, 1 Prise Salz und die Hälfte des Zuckers dazugeben. Alles mit dem Schneebesen (oder mit dem Handrührgerät) gründlich verrühren. Nach und nach so viel Milch unterrühren, bis ein dicker Pfannkuchenteig entstanden ist.

Den restlichen Zucker mit dem Zimt in einer kleinen Schüssel mischen. Die Äpfel schälen und mit einem Kernhausausstecher die Kerngehäuse entfernen. Die Äpfel in etwa 1 cm dicke Ringe schneiden.

Das Fett in einer Friteuse erhitzen. Die Apfelscheiben in den Pfannkuchenteig tauchen, etwas abtropfen lassen und im heißen Fett ausbacken, bis sie goldbraun sind. Vorsicht, Spritzgefahr!

Die fertigen Apfelküchle auf einer Platte warm halten, bis alle Küchle gebacken sind. Die Apfelküchle mit dem Zimt-Zucker bestreut servieren.

Tip!

Apfelküchle können auch in einer Pfanne in reichlich Fett (Pflanzenfett oder Butterschmalz) gebraten werden. Dafür muß der Pfannkuchenteig dickflüssig sein, damit er haftet.
Apfelküchle werden in Baden und in Südhessen traditionell am Freitag zu dicken Kartoffel- oder Gemüsesuppen gegessen. Sie schmecken aber auch zum Nachmittagskaffee oder als Dessert mit Vanilleeis.

Vorspeisen

Antipasti oder Mezze, Hors d'œuvres oder Tapas – überall schätzt man Appetitanreger vor dem Essen. Inzwischen hat sich auch bei uns eine bemerkenswerte Vorspeisenkultur entwickelt.

Vor allem die Länder rund ums Mittelmeer haben pikante, bunte und abwechslungsreiche Spezialitäten beigesteuert. Von einfachen Crostini bis zu Gemüsepasteten findet hier jeder seine Favoriten.

Obwohl sie eine Erfindung unserer Zeit sein könnten, haben die kleinen, appetitanregenden Speisen zu Beginn eines Essens schon eine sehr lange Tradition. Wie das Kochbuch von Apicius (etwa 30 nach Christus) berichtet, begann ein römisches Festmahl bereits mit einem »gustatio«, einem Appetitwecker. Das waren kalte Gerichte, die aus Käse, eingeweichtem Brot, gekochtem Gemüse wie grünem Spargel, Artischocken oder Lauchzwiebeln, Eiern, Wein und Olivenöl zubereitet waren und die – ähnlich wie eine Terrine – in einer Tonform zubereitet und gestürzt serviert wurden. Beliebte Garnitur waren hart gekochte Eier.

Vorbild Mittelmeerländer

Klingt das nicht ganz modern? Eingelegte Gemüse, geröstetes Brot mit einer würzigen Paste bestrichen, Pilze und Schafkäse gehören ja immer zu mediterranen Vorspeisen. Und die gesunde Ernährungsweise orientiert sich gern an den Eßgewohnheiten der Mittelmeerländer.

Solche Appetitwecker sind natürlich in heißen Ländern besonders willkommen, weil bei strahlendem Sonnenschein und Sommerhitze niemand so recht Hunger hat. Andererseits regen kleine, pikante Gerichte den Speichel-, Magensaft- und Gallenfluß an und fördern so die Verdauung – wichtig für alle, die unter Anspannung und Streß leiden und lustlos vor dem Essen sitzen.

Nicht mehr solo

Kein anderes Kapitel der Eßgewohnheiten hat sich bei uns in den letzten Jahren so gewandelt wie das der Vorspeisen. Galt noch vor wenigen Jahren für große Menüs die klassische Regel der französischen Abfolge, nach der zuerst ein kleines kaltes »Hors d'œuvre« serviert wurde, dem eine Suppe und dann ein warmes Vorgericht folgten, so brachten uns die Italiener schnell auf den Antipasti-Geschmack. Reich bestückte Vitrinen mit geschmortem Gemüse, gehäuteten Paprikaschoten, eingelegten Pilzen, Knoblauch, pikanten Oliven und Käse lassen schon beim Anblick Augen und Appetit groß werden. Da kommt kaum die Idee auf, nur von einer Sorte etwas zu wählen – schließlich ist »Antipasti« Mehrzahl.

Schafkäse in Öl, Oliven oder eingelegter Knoblauch, marinierte Champignons oder Steinpilze in Olivenöl (Rezepte Seite 56/57) sind nicht nur schöne Vorspeisen, die sich gut für den Vorrat eignen, sondern auch sehr beliebte Mitbringsel aus der eigenen Küche, die viel besser schmecken als industriemäßig hergestellte.

Vor allem aus der Toskana sind die Crostini bekannt, frisch geröstetes Weißbrot mit Olivencreme bestrichen oder mit Gemüse belegt (Seite 58). Ein anderes Röstbrot, die Bruschetta, ist eine Spezialität von Umbrien und Latium: Im Winter werden Brotscheiben am offenen Feuer geröstet, mit Knoblauch eingerieben und mit frisch gepreßtem Olivenöl beträufelt. Inzwischen ein Klassiker aller italienischen Restaurants, die noch gehäutete und gewürfelte Tomaten darauf häufen und mit frischem Basilikum aromatisieren.

Mese oder Mezze

Eine Fülle von vegetarischen Vorspeisen brachten uns dann die griechischen, türkischen und arabischen Restaurants. Auch wenn jeder auf die Eigenständigkeit seiner Küche schwört – die Gerichte der östlichen Mittelmeerländer haben sehr viele Gemeinsam-

Für Auberginencreme die Früchte halbieren und im Ofen backen

keiten. Zu einer Mese- oder Mezze-Platte, die auch anstelle eines Hauptgerichtes gegessen werden kann, stehen neben vielen Gemüsespezialitäten immer Dips und Cremes, die mit Brot aufgetunkt werden (Rezepte auf den Seiten 60 bis 62).

Auberginendip

Besonders beliebt ist die Auberginencreme (Seite 61), von der es Dutzende von Rezepten gibt. Erster Schritt: Die ungeschälten Auberginen werden gegart. Am einfachsten geht das im Backofen. Andere schwören darauf, daß sie nur auf dem Holzkohlengrill ihr richtiges Aroma erhalten. Ob Sie dann das pürierte Auberginenfleisch mit Schafkäse vermischen oder, wie in Griechenland üblich, mit fettem Joghurt oder auch mit Tahin (Sesampaste), wie es die arabischen Völker mögen – der Auberginendip läßt sich vielfältig abwandeln.

Vielseitiger Joghurt

Ebenso vielseitig ist der Joghurt. Mit viel Knoblauch und geraspelter Gurke als Tzatzíki (Seite 60) gehört er zu jedem griechischen Vorspeisenteller, beim Türken heißt er »Haydari« und wird nur mit Knoblauch, gehackter Petersilie und Dill vermischt.

Frischen Blattspinat mit etwas Knoblauch in Olivenöl dünsten und kalt mit glatt gerührtem Joghurt übergießen – fertig ist eine schöne Vorspeise.

Läßt man Joghurt in einem Sieb, das mit einem Tuch ausgelegt ist, über Nacht abtropfen, so erhält man einen festen Frischkäse, der sich zu Kugeln formen läßt und der, pikant gewürzt und mit Olivenöl übergossen, als »Labne« in arabischen Restaurants serviert wird. Eine schöne sommerliche Vorspeise aus der Türkei ist »Çılbır«, pochierte Eier, die heiß auf kalten Joghurt mit Knoblauch gelegt und mit Paprikabutter übergossen werden. Für Paprikabutter einfach etwas scharfes Paprikapulver in Butter erwärmen, bis das Fett schön rot gefärbt ist.

Ein ebenso beliebtes Thema sind die Kichererbsen, die zum Beispiel in Püreeform als Hummus im Nahen Osten zur Vorspeisenplatte gehören (Seite 62) oder die gefüllten Gemüse wie Tomaten oder Weinblätter (Rezepte Seite 64).

Nach den Rezepten für gebratene Paprikaschoten und marinierte Zucchini (Seite 68), die zu jedem Antipasti-Buffet gehören, lassen sich viele Gemüse pikant zubereiten. Fenchel, Auberginen, Kürbis und Okraschoten ebenso wie kleine Zwiebeln, zarter Lauch, Blumenkohl und Brokkoli.

Pfannkuchen (Crêpes) sind in einer Minute pro Seite gebraten

Crêpes gefüllt

Eine andere Vorspeisenidee sind ganz dünne Pfannkuchen (Crêpes). Für den Teig 125 g Mehl mit 1/4 l Milch, 8 Eßlöffeln Mineralwasser und 2 Eiern verrühren, salzen und etwa 20 Minuten quellen lassen. Zum Braten etwas Butter in einer beschichteten Pfanne zerlassen, ein wenig Teig eingießen und rasch die Pfanne schwenken, bis der Pfannenboden mit Teig bedeckt ist. Nacheinander Crêpes auf beiden Seiten in 1–2 Minuten goldbraun braten, nebeneinander abkühlen lassen.

Die kalten Pfannkuchen mit einer pikanten Creme (Rezepte auf den Seiten 60 bis 62) bestreichen, aufrollen und in breite Scheiben schneiden. Am besten auf Salatblättern servieren.

Brotecken mit Käsesalat

Auch fürs Buffet

Zutaten für etwa 30 Stück
200 g mittelalter Gouda, in Scheiben geschnitten
100 g Radieschen
1 kleine Zwiebel
2 Eßlöffel Olivenöl, extra nativ
Salz
schwarzer Pfeffer, frisch gemahlen
5 Scheiben Bauernbrot (200 g)
1 Bund Schnittlauch

Pro Portion: 190 kJ/ 50 kcal
2 g E · 3 g F · 3 g Kh
Zubereitungszeit: 45 Minuten
Marinierzeit: 3 Stunden

Den Gouda in sehr feine Stifte schneiden. Radieschen putzen, waschen und in dünne Scheiben, diese in schmale Stifte schneiden.

Die Zwiebel schälen und sehr fein würfeln, mit Radieschen und Käse mischen. Das Olivenöl unterrühren und alles mit Salz und Pfeffer würzen. Im Kühlschrank zugedeckt 2–3 Stunden durchziehen lassen.

Jede Brotscheibe in 6 mundgerechte Stücke schneiden, den Käsesalat auf den Stücken verteilen. Den Schnittlauch waschen, trocknen und in feine Röllchen schneiden. Die Brote damit bestreuen.

Bunte Weißbrotecken

Braucht etwas Zeit

Zutaten für etwa 65 Stück
2 rote Paprikaschoten
Salz
100 g weiche Butter
100 g Quark (20%)
schwarzer Pfeffer, frisch gemahlen
1 großes Bund gemischte Kräuter (zum Beispiel Schnittlauch, Petersilie, Dill, Kerbel)
2 Eßlöffel Parmesan, frisch gerieben
100 g schwarze Oliven
3 getrocknete, in Öl eingelegte Tomaten
1 Knoblauchzehe
2 Eßlöffel Olivenöl, extra nativ
1 Kastenweißbrot
1/2 Kästchen Kresse
1 Eßlöffel kleine Kapern

Pro Portion: 190 kJ/ 50 kcal
1 g E · 3 g F · 4 g Kh
Zubereitungszeit: 1 Stunde

Die Paprikaschoten waschen, halbieren und von Kernen und den weißen Trennhäuten befreien. Eine Schotenhälfte in kleine Rauten schneiden und diese beiseite legen.

Den Rest grob zerkleinern und in wenig Salzwasser bei schwacher Hitze etwa 10 Minuten zugedeckt garen. Die Paprikastücke abgießen, gut abtropfen und abkühlen lassen. Im Mixer oder mit dem Pürierstab pürieren und durch ein feines Sieb streichen.

Das Paprikapüree mit der Hälfte der Butter und der Hälfte des Quarks verrühren. Die Masse mit Salz und Pfeffer würzen.

Die Kräuter waschen, trockenschütteln und ohne die groben Stiele sehr fein hacken. Mit dem Parmesan, der restlichen Butter und dem restlichen Quark verrühren und alles mit Salz und Pfeffer würzen.

Die Oliven entsteinen. Die Tomaten mit Küchenpapier trocknen, in Stücke schneiden, den Knoblauch schälen. Alles zusammen mit dem Olivenöl pürieren. Die Creme mit Pfeffer und (wenig!) Salz würzen.

Das Weißbrot quer in 4–5 Scheiben schneiden. Die Scheiben mit den verschiedenen Cremes bestreichen, in mundgerechte Stücke schneiden.

Die Kresse abbrausen, die Blättchen abschneiden. Die Paprika-Brot-Ecken mit Paprikastücken, die Kräuter-Ecken mit Kresse und die Oliven-Ecken mit Kapern garnieren.

Im Bild oben:
Bunte Weißbrotecken
Im Bild unten:
Brotecken mit Käsesalat

Schafkäse in Olivenöl

Nettes Mitbringsel

Zutaten für 2 Gläser von je etwa 1/2 l Inhalt
700 g fester Schafkäse
2 Zweige frischer Rosmarin
2 Zweige frischer Salbei
2 Lorbeerblätter
4 Knoblauchzehen
2 getrocknete rote Pfefferschoten
etwa 300 ml Olivenöl, extra nativ

Pro Glas: 3800 kJ/ 910 kcal
50 g E · 75 g F · 2 g Kh
Zubereitungszeit: 15 Minuten

Den Schafkäse in Würfel von etwa 1 cm Größe schneiden und in gut gesäuberte verschließbare Gläser füllen.

Kräuter waschen, sehr gründlich abtrocknen und mit den Stielen in etwa 2 cm lange Stücke schneiden. Das geht am besten mit einer Schere. Die Lorbeerblätter ganz lassen. Die Knoblauchzehen schälen und halbieren.

Die Kräuter mit dem Knoblauch und den ganzen Pfefferschoten in die Gläser zum Schafkäse füllen. Alles mit so viel Öl begießen, daß die Zutaten vollkommen davon bedeckt sind. Die Gläser verschließen und den Schafkäse mindestens 2 Tage ziehen lassen.

Haltbarkeit: 3–4 Wochen.

Pikante Oliven

Gelingt leicht

Zutaten für 2 Gläser von je etwa 300 ml Inhalt
400 g schwarze Oliven
2 frische grüne Chilischoten
4 Knoblauchzehen
4 Zweige frischer Thymian
250 ml Olivenöl, extra nativ

Pro Glas: 4600 kJ/ 1100 kcal
9 g E · 110 g F · 12 g Kh
Zubereitungszeit: 15 Minuten

Die Oliven in zwei gut gesäuberte verschließbare Gläser verteilen.

Die Chilischoten längs aufschlitzen, unter fließendem Wasser entkernen und putzen, die Schoten in kleine Stücke schneiden. Danach die Hände gut waschen, nicht in die Augen greifen. Die Knoblauchzehen schälen und halbieren. Thymian waschen, trocknen und die Blättchen von den Stielen streifen.

Chilistücke, Knoblauch und Thymian mit dem Olivenöl mischen und in die Gläser auf die Oliven füllen. Die Oliven müssen ganz davon bedeckt sein. Die Gläser verschließen und die Oliven mindestens 1 Woche ziehen lassen.

Haltbarkeit: 2–3 Monate.

Knoblauch mit Safran

Raffiniert

Zutaten für 2 Gläser von je etwa 1/4 l Inhalt
3 Knoblauchknollen (etwa 300 g)
1 Stange Zimt
2 Döschen gemahlener Safran
12 schwarze Pfefferkörner
1 Teelöffel Meersalz
2 Eßlöffel Honig
2 Eßlöffel Weißweinessig
250 ml trockener Weißwein

Pro Glas: 1200 kJ/ 290 kcal
9 g E · 0 g F · 54 g Kh
Zubereitungszeit: 25 Minuten

Gläser (möglichst mit Twist-Off-Verschluß) mit kochendheißem Wasser ausspülen, umgedreht abtropfen lassen. Den Knoblauch in die einzelnen Zehen teilen und schälen. Zimtstange halbieren.

Den Zimt mit dem Safran, Pfefferkörnern, Salz, Honig, Essig, dem Wein und etwa 100 ml Wasser in einem Topf zum Kochen bringen.

Die Knoblauchzehen dazu geben und zugedeckt etwa 3 Minuten im Sud kochen lassen. Dann gleich in die Twist-Off-Gläser füllen und verschließen. Den Knoblauch mindestens 1 Woche ziehen lassen.

Haltbarkeit: 4–6 Monate.

Steinpilze in Olivenöl

Etwas teurer

Zutaten für 4 Personen
400 g möglichst kleine Steinpilze
Salz
2 Eßlöffel Aceto balsamico (Balsamessig)
4 Eßlöffel Olivenöl, extra nativ
1 Prise Zucker
schwarzer Pfeffer, grob gemahlen
1 Zweig Basilikum

Pro Portion: 540 kJ/ 130 kcal
3 g E · 10 g F · 2 g Kh
Zubereitungszeit: 25 Minuten

Die Steinpilze putzen, kurz unter fließendem Wasser waschen und mit Küchenpapier trockentupfen. Die Pilze der Länge nach so in etwa 2 mm dünne Scheiben schneiden, daß die Form der Pilze erkennbar bleibt.

1/2 Liter schwach gesalzenes Wasser zum Kochen bringen. Die Pilzscheiben darin etwa 2 Minuten blanchieren, abgießen (das Kochwasser aufheben – siehe Tip bei den marinierten Champignons) und gut abtropfen lassen.

Die lauwarmen Pilzscheiben auf einem großen Teller oder vier Portionstellern anrichten.

Aus dem Essig, dem Olivenöl und dem Zucker mit dem Schneebesen eine Marinade aufschlagen und gleichmäßig über die Pilze verteilen. Mit Pfeffer und grobem Salz übermahlen. Basilikum kurz waschen, trocknen und die Blättchen abzupfen. Über die Steinpilze streuen. Lauwarm oder kalt servieren.

Marinierte Champignons

Gelingt leicht

Zutaten für 1 Glas von 1 l Inhalt
500 g kleine weiße Champignons
500 g kleine Egerlinge (braune Champignons)
5 Knoblauchzehen
Salz
1/2 l Weißweinessig
3 gehäufte Eßlöffel Zucker
2 Lorbeerblätter
1 Teelöffel schwarze Pfefferkörner
1 Zweig frischer Rosmarin

Pro Portion: 2100 kJ/ 500 kcal
29 g E · 3 g F · 71 g Kh
Zubereitungszeit: 1 Stunde

Die Pilze putzen, waschen und gut abtropfen lassen. Sehr kleine Exemplare ganz lassen, größere halbieren. Die Knoblauchzehen schälen.

Wasser zum Kochen bringen, leicht salzen. Die Pilze darin etwa 10 Minuten blanchieren. Dann abgießen, das Kochwasser auffangen. Die Pilze gründlich abtropfen lassen.

Den Essig mit 1/4 l Wasser, dem Zucker, Lorbeerblättern und Pfefferkörnern zum Kochen bringen.

Die abgetropften Pilze in ein Glas füllen, den gewaschenen und getrockneten Rosmarinzweig darauf legen. Den kochenden Essigsud darüber gießen. Das Glas verschließen.

Haltbarkeit: 1 bis 2 Monate.

Tip!

Vom Champignon, der heute überall frisch aus der Zucht angeboten wird, gibt es weiße, cremefarbene und braune Sorten. Die dunklen werden auch braune Egerlinge oder Steinpilzchampignons genannt. Achten Sie beim Einkauf darauf, daß die Köpfe noch geschlossen sind, sonst saugen sie sich mit Wasser voll.

Das Wasser, in dem die Pilze blanchiert wurden, können Sie für Saucen oder eine Pilzsuppe verwenden. Für eine Suppe schneiden Sie noch einige frische Pilze oder einen Steinpilz in dünne Scheiben, dünsten die Pilzscheiben in etwas Butter an. Pilzbrühe und etwa 1/2 l Gemüsebrühe aufgießen und 10 Minuten kochen lassen. Als Einlage schmecken geröstete Brotwürfelchen oder kleine Klößchen.

Crostini mit Staudensellerie

Für Gäste

Zutaten für 4 Personen
2 große Stangen Staudensellerie mit Grün (etwa 200 g)
Salz
1 kleine Tomate
1 Bund Dill
1/2 Eßlöffel Zitronensaft
2 Eßlöffel Crème fraîche
weißer Pfeffer, frisch gemahlen
8 Scheiben Weißbrot

Pro Portion: 580 kJ/ 135 kcal
3 g E · 4 g F · 4 g Kh
Zubereitungszeit: 20 Minuten

Staudensellerie waschen, putzen, das Grün zur Seite legen. Die Stangen in kleine Würfelchen schneiden. In ganz wenig Wasser mit einer Prise Salz 4–5 Minuten dünsten. Die Tomate waschen, trockentupfen und in sehr kleine Würfel schneiden, dabei den Stielansatz entfernen.

Den Dill waschen und mit den Sellerieblättchen fein hacken.

Staudenselleriewürfel abtropfen, mit Tomatenwürfeln, gehackten Kräutern, Zitronensaft und Crème fraîche verrühren. Die Mischung mit Salz und Pfeffer abschmecken.

Die Weißbrotscheiben toasten oder im Backofen bei 250° (Umluft 230°) in etwa 5 Minuten goldbraun rösten. Die warmen Brotscheiben mit Gemüsemischung bestreichen und sofort servieren.

Crostini mit Fencheltatar

Raffiniert

Zutaten für 4 Personen
1 kleine Fenchelknolle (etwa 250 g)
1/2 unbehandelte Zitrone
1/2 Bund Basilikum
2 Teelöffel kleine Kapern
2 Eßlöffel Olivenöl, extra nativ
Salz
weißer Pfeffer, frisch gemahlen
8 Scheiben Weißbrot

Pro Portion: 590 kJ/ 140 kcal
2 g E · 4 g F · 3 g Kh
Zubereitungszeit: 20 Minuten

Die Fenchelknolle waschen und von allen welken Stellen befreien. Die Knolle der Länge nach halbieren und den Strunk aus beiden Hälften keilförmig herausschneiden. Die Hälften in Stücke schneiden und in der Küchenmaschine oder auf einer Reibe mittelfein zerkleinern.

Von der Zitronenhälfte die Schale dünn abschälen und fein hacken. Die Zitrone auspressen. 1 Eßlöffel Saft und die Schale zu den Fenchelraspeln geben.

Das Basilikum waschen. Die Blättchen abzupfen, in feine Streifen schneiden und mit den Kapern zum Fenchel geben.

Das Olivenöl unter den Fenchel mischen und das Tatar mit Salz und Pfeffer abschmecken.

Die Brotscheiben toasten oder im Backofen bei 250° (Umluft 230°) in etwa 5 Minuten goldbraun rösten. Die warmen Brotscheiben mit dem Fencheltatar bedecken und sofort servieren.

Tip!

Sowohl den Staudensellerie als auch das Fencheltatar können Sie auch gut vorbereiten und etwa 1 Stunde zugedeckt bei Zimmertemparatur ruhen lassen. Das Aroma ist dann noch intensiver. Dann brauchen Sie vor dem Essen nur noch das Brot zu rösten (am schnellsten geht es im Toaster) und mit Gemüse zu belegen.

Im Bild oben:
Crostini mit Staudensellerie
Im Bild unten:
Crostini mit Fencheltatar

Mandel-Knoblauch-Dip

Gelingt leicht

Zutaten für 4 Personen
1 Handvoll Spinatblätter (etwa 50 g)
Salz
3 Knoblauchzehen
100 g geschälte Mandeln
3 Eßlöffel Basilikumöl (ersatzweise Olivenöl)
6 Eßlöffel Gemüsebrühe
Salz
weißer Pfeffer, frisch gemahlen
2 1/2 Eßlöffel Zitronensaft

Pro Portion: 540 kJ/ 130 kcal
5 g E · 14 g F · 2 g Kh
Zubereitungszeit: 25 Minuten

Den Spinat verlesen, gründlich waschen und die Stiele abschneiden. Die Blätter 1/2 Minute in kochendes Salzwasser geben, zusammenfallen lassen, abgießen und kalt abschrecken. Den Spinat abtropfen lassen, gut ausdrücken und grob hacken. Den Knoblauch schälen.

2 Eßlöffel Mandeln grob hacken und in einer Pfanne ohne Fett goldgelb rösten. Die restlichen Mandeln mit Knoblauch, Spinat, Basilikumöl und 3 Eßlöffeln Brühe im Mixer oder Blitzhacker fein pürieren. Das Püree in eine Schüssel umfüllen. Soviel von der übrigen Brühe unterrühren, daß ein cremiger Dip entsteht. Mit Salz, Pfeffer und Zitronensaft abschmecken und mit gerösteten Mandeln bestreuen.

Tip!

Harmoniert gut mit kleinen Bratlingen und rohem Gemüse wie Möhren, Staudensellerie, Zucchini, Paprika und Gurke.

Scharfe Bohnensauce

Für Gäste

Zutaten für 4 Personen
1 Dose weiße Bohnen (250 g Abtropfgewicht)
75 g Sahnejoghurt
Salz · Cayennepfeffer
1 Bund Lauchzwiebeln
1 1/2 Eßlöffel Zitronensaft
1 Messerspitze Chilipulver
1 Prise Muskat, frisch gerieben

Pro Portion: 590 kJ/ 140 kcal
10 g E · 1 g F · 21 g Kh
Zubereitungszeit: 20 Minuten

Die Bohnen in ein Sieb geben, mit Wasser abspülen und abtropfen lassen. Bohnen mit Joghurt im Mixer pürieren, anschließend mit Salz und Cayennepfeffer würzen.

Lauchzwiebeln putzen, waschen und ohne das dunkle Grün in sehr feine Ringe schneiden. Die Ringe unter die Bohnensauce heben. Die Sauce mit dem Zitronensaft, dem Chilipulver und dem Muskat abschmecken.

Tzatzíki

Aus Griechenland

Zutaten für 4 Personen
1 Salatgurke
450 g griechischer Joghurt
4 Knoblauchzehen
1 Eßlöffel Olivenöl, extra nativ
Salz · schwarzer Pfeffer, frisch gemahlen
1 Bund Dill

Pro Portion: 490 kJ/ 120 kcal
5 g E · 7 g F · 9 g Kh
Zubereitungszeit: 15 Minuten

Die Gurke schälen, längs halbieren und die Kerne mit einem Teelöffel herausschaben. Die Gurke grob raspeln und in einem Küchentuch sehr fest ausdrücken.

Joghurt in eine Schüssel füllen und glattrühren. Den Knoblauch schälen und durch die Presse dazudrücken. Öl unterrühren, salzen, pfeffern und die Gurkenraspel untermischen.

Dill abbrausen, trocknen und die Blättchen fein hacken, unterheben. Tzatzíki bis zum Servieren kalt stellen, eventuell mit Salz und Pfeffer nachwürzen.

Arabische Paprikacreme

Gut vorzubereiten

Zutaten für 4 Personen
1 Zwiebel
1 rote Paprikaschote (etwa 200 g)
2 Knoblauchzehen
3 Eßlöffel Olivenöl
100 ml Gemüsebrühe
1/2 Brötchen vom Vortag
50 g Walnußkerne
3 Eßlöffel Zitronensaft
3 getrocknete rote Chilischoten
1 Eßlöffel Kreuzkümmel
1 Eßlöffel Tomatenmark
1 Eßlöffel Grenadine (Granatapfelsirup)
Salz · schwarzer Pfeffer, frisch gemahlen

Pro Portion: 760 kJ/ 180 kcal
4 g E · 14 g F · 10 g Kh
Zubereitungszeit: 45 Minuten
Kühlzeit: 30 Minuten

Die Zwiebel schälen. Die Paprikaschote waschen, Kerne und Trennwände entfernen. Die Knoblauchzehen schälen. Alles fein würfeln. 1 Eßlöffel Olivenöl erhitzen. Zwiebel-, Paprika- und Knoblauchwürfel darin andünsten. Die Brühe angießen. Alles etwa 10 Minuten kochen lassen.

Vom Brötchen die Rinde abreiben, das Innere in Wasser einweichen, fest ausdrücken. Mit den Walnußkernen und dem Zitronensaft im Mixer pürieren.

Chilischoten und Kreuzkümmel mit 1 Teelöffel Salz im Mörser zerkleinern. Gemüsewürfel, Brötchenmasse, Gewürze, Tomatenmark, Grenadine und restliches Olivenöl, Salz und Pfeffer verrühren. Die Creme etwa 30 Minuten kühl stellen. Paßt gut zu frischem Fladenbrot oder zu rohem Gemüse.

heerlijk

Auberginencreme mit Schafkäse

Aus der Türkei

Zutaten für 4 Personen
2 Auberginen (etwa 600 g)
3 Eßlöffel Olivenöl
4 Knoblauchzehen
250 g türkischer oder griechischer Schafkäse (Feta)
1 Eßlöffel Zitronensaft
Salz · schwarzer Pfeffer, frisch gemahlen
1 Teelöffel frischer Oregano (oder 1/2 Teelöffel getrockneter)

Pro Portion: 1100 kJ/ 260 kcal
11 g E · 20 g F · 7 g Kh
Zubereitungszeit: 1 1/4 Stunden

Den Backofen auf 220° vorheizen. Die Auberginen waschen und längs halbieren. Die Schnittflächen mit Olivenöl einpinseln.

Ein Backblech mit Alufolie, glänzende Seite nach oben, auslegen und die Auberginen mit der Schnittfläche nach unten darauf legen. In den Backofen (Mitte, Umluft 200°) schieben und etwa 30 Minuten garen.

Die Auberginen herausnehmen und die Stengelansätze entfernen. Den Knoblauch schälen und mit den Auberginen und dem Schafkäse im Mixer pürieren.

Die Auberginencreme mit dem Zitronensaft, Salz, Pfeffer und dem Oregano abschmecken und etwa 30 Minuten kalt stellen.

Tip!

»Auberginenkaviar« wird diese herzhafte Creme auch genannt. In der Türkei und auch in Griechenland wird sie zusammen mit anderen Vorspeisen gereicht und ist fester Bestandteil der berühmten Vorspeisen-Tafel.
Sie schmeckt aber auch gut auf frisch gerösteten Brotscheiben oder besonders köstlich zu frisch gekochten Pellkartoffeln.

Avocadocreme nach Oskar

Pikant

Zutaten für 4 Personen
2 reife, weiche Avocados
Saft von 1 Zitrone
4 Knoblauchzehen
250 g Bulgara-Joghurt
1 Teelöffel grobes Meersalz
1 Teelöffel weiße Pfefferkörner
1 Kardamomkapsel (nur die schwarzen Kerne)
1/2 Teelöffel Kreuzkümmel
1/2 Teelöffel Korianderkörner
1/2 Teelöffel Paprikapulver, edelsüß
1/2 Teelöffel Zwiebelpulver
1 Prise Selleriesalz
1 Prise Muskatnuß
1 Prise Cayennepfeffer

Pro Portion: 1200 kJ/ 290 kcal
4 g E · 27 g F · 6 g Kh
Zubereitungszeit: 20 Minuten

Avocados halbieren und entkernen. Das Fruchtfleisch mit einem Löffel aus der Schale heben und mit einer Gabel zermusen. Sofort mit dem Zitronensaft vermischen, damit es sich nicht braun verfärbt.

Die Knoblauchzehen schälen, grob hacken und dann mit einer Gabel in einer Schüssel zerdrücken. Mit dem Joghurt (eventuell die Molke darauf abgießen) unter das Avocadopüree rühren.

Salz, Pfeffer, Kardamomkerne, Kreuzkümmel und Koriander im Mörser fein zermahlen. Die restlichen Gewürze dazugeben, alles mischen. Die Creme damit würzen. Etwa 30 Minuten kalt stellen. Als Dip für rohes Gemüse oder zu Brot servieren.

Israelischer Hummus

Braucht etwas Zeit

Zutaten für 4 Personen
250 g Kichererbsen
4 Eßlöffel Sesamsamen
4 Stück Knoblauchzehen
1 Eßlöffel Kreuzkümmel
Saft von 1 Zitrone
Salz
schwarzer Pfeffer, frisch gemahlen
1/2 Teelöffel Korianderkörner
4 Eßlöffel Paprikamark (Ajvar)
1 Teelöffel Harissa (Chilipaste)
3 Eßlöffel Olivenöl, extra nativ
8 schwarze Oliven
1 Eßlöffel frisch gehackte glatte Petersilie

Pro Portion: 1500 kJ/ 360 kcal
15 g E · 15 g F · 34 g Kh
Einweichzeit: 12 Stunden
Zubereitungszeit: 1 1/2 Stunden

Kichererbsen in etwa 1 l kaltem Wasser mindestens 8 Stunden, besser über Nacht einweichen. Am nächsten Tag im Einweichwasser aufsetzen und mindestens 1 Stunde kochen lassen, bis die Hülsenfrüchte gar sind. Bei älteren Kichererbsen kann das auch 2 Stunden dauern.

Die Sesamsamen in einer trockenen Pfanne anrösten, bis sie hellbraun sind. Den Knoblauch schälen, grob würfeln. Die garen Kichererbsen abtropfen lassen (Kochwasser auffangen). Mit Sesam, Knoblauch, Kreuzkümmel, Zitronensaft, Salz und Pfeffer im Mixer pürieren. So viel von dem Kochwasser angießen, daß eine streichfeste Paste entsteht.

Die Kichererbsencreme ringförmig in eine flache Schüssel füllen, mit einem Eßlöffel glattstreichen. Die Korianderkörner im Mörser zerstoßen. Das Paprikamark mit Harissa und Koriander verrühren und in die Mitte des Rings füllen. Darum herum das Olivenöl gießen. Oliven und Petersilie auf dem Hummusring verteilen.

Dazu Fladenbrot servieren. Beim Essen stippt man ein Brotstück gleichzeitig durch die Kichererbsen und die Paprikacreme.

Im Bild oben:
Israelischer Hummus
Im Bild unten:
Avocadocreme nach Oskar

Spinat-Tomaten mit Rosinen

Raffiniert

Zutaten für 4 Personen
4 Fleischtomaten (etwa 300 g)
Salz
40 g Rosinen
600 g Blattspinat
2 Knoblauchzehen
2 Eßlöffel Pinienkerne
2 Eßlöffel Olivenöl
2 Eßlöffel Butter
schwarzer Pfeffer, frisch gemahlen
2 Eßlöffel Parmesan, frisch gerieben

Pro Portion: 1100 kJ/ 260 kcal
10 g E · 16 g F · 20 g Kh
Zubereitungszeit: 45 Minuten

Von den Tomaten jeweils einen Deckel abschneiden, die Tomaten aushöhlen, mit Salz ausstreuen und umgedreht auf Küchenpapier abtropfen lassen.

Rosinen in lauwarmem Wasser einweichen. Spinat waschen und verlesen. Die Knoblauchzehen schälen und in Stifte schneiden.

Den Backofen auf 200° vorheizen. Pinienkerne ohne Fett goldbraun rösten und beiseite legen. Dann das Olivenöl und 1 Eßlöffel Butter im Topf erhitzen, den Knoblauch darin unter Rühren sanft braten. Den Spinat im heißen Fett wenden. Zugedeckt bei mittlerer Hitze etwa 2 Minuten dünsten. Die Dünstflüssigkeit abgießen.

Die Rosinen abtropfen lassen, unter den Spinat rühren. Salzen und pfeffern. Die Pinienkerne untermischen.

Spinatmischung in die Tomaten füllen, mit Parmesan bestreuen und mit der übrigen Butter in Flöckchen belegen. Die Tomaten in eine ofenfeste Form setzen. Im heißen Ofen (Mitte, Umluft 180°) 10–12 Minuten backen.

Gefüllte Weinblätter

Spezialität aus Griechenland

Zutaten für 4 Personen
1/2 Zwiebel
1 Eßlöffel Pinienkerne
4 Eßlöffel Olivenöl
50 g Rundkornreis
5 Minzeblätter
3 Zweige Dill
1 Eßlöffel Korinthen
Salz · schwarzer Pfeffer, frisch gemahlen
1 Zitrone
12 eingelegte Weinblätter in Salzlake (etwa 60 g)
200 g griechischer Joghurt

Pro Portion: 970 kJ/ 230 kcal
6 g E · 14 g F · 20 g Kh
Zubereitungszeit: 2 Stunden

Die Zwiebel schälen und sehr fein würfeln. Die Pinienkerne ohne Fett goldbraun rösten.

1 Eßlöffel Olivenöl in einem Topf erhitzen. Die Zwiebelwürfel darin glasig dünsten. Reis unterrühren und etwa 3 Minuten unter Rühren andünsten. 100 ml heißes Wasser angießen und den Reis zugedeckt bei schwacher Hitze 8–10 Minuten quellen lassen.

Die Kräuter fein hacken. Mit den Pinienkernen und den Korinthen unter den Reis mischen. Alles mit Salz, Pfeffer und etwas Zitronensaft kräftig abschmecken, erkalten lassen.

Die Weinblätter gründlich mit warmem Wasser abspülen, abtropfen lassen und die dicken Stengel entfernen. 12 gleich große Blätter mit der glänzenden Seite nach unten auf einem Küchentuch ausbreiten, jeweils 1 gehäuften Teelöffel Reismasse am Stielansatz darauf häufen. An beiden Seiten über der Füllung einschlagen und aufrollen.

Die Weinblätter dicht nebeneinander in einen breiten Topf legen. Den restlichen Zitronensaft und das übrige Olivenöl angießen, alles knapp mit Wasser bedecken. Zugedeckt bei sehr schwacher Hitze etwa 45 Minuten köcheln lassen. Zum Servieren den Joghurt glatt rühren und extra dazu reichen.

Paprika-Taler

Für Gäste

Zutaten für 4 Personen
1 Zwiebel
4 braune Champignons
4 Eßlöffel Olivenöl, extra nativ
150 g Sechskorn-Schrot (Reformhaus)
1/2 l Gemüsebrühe
1 Teelöffel Korianderkörner
Salz · Pfeffer, frisch gemahlen
2 Becher Bulgara-Joghurt (à 175 g)
2 Eßlöffel Paprikapüree
3 Zweige frischer Thymian
2 große grüne Paprikaschoten
2 Eier
6 gehäufte Eßlöffel Semmelbrösel
2 Eßlöffel frisch gehackte Kräuter

Pro Portion: 1700 kJ/ 410 kcal
16 g E · 18 g F · 47 g Kh
Zubereitungszeit: 50 Minuten

Zwiebel schälen und fein hacken, Champignons putzen, ebenfalls fein hacken. Beides in 1 Eßlöffel Öl anbraten. Sechskorn-Schrot und die Brühe dazugeben, mit den zerdrückten Korianderkörnern, Salz und Pfeffer würzen. Langsam aufkochen, etwa 10 Minuten leise köcheln lassen, zugedeckt zur Seite stellen und weitere 10 Minuten quellen lassen.

Inzwischen den Joghurt mit dem Paprikapüree, den abgezupften Thymianblättchen, Salz und Pfeffer verrühren, zur Seite stellen. Die Paprikaschoten waschen und quer in etwa 1 cm dicke Scheiben schneiden, vorsichtig Kerne und Trennwände entfernen.

Sechskorn mit Eiern, Semmelbröseln und den fein gehackten Kräutern, Salz und Pfeffer vermischen. In die Paprikaringe streichen, die Oberfläche glätten. Im restlichen Öl langsam pro Seite in etwa 7 Minuten braten. Mit der Joghurtsauce servieren.

Artischocken im Kräutersud

Raffiniert

Zutaten für 4 Personen
4 große Artischocken
1 unbehandelte Zitrone · Salz
2 Tomaten
3 Schalotten oder 1 mittelgroße Zwiebel
2 Knoblauchzehen
4 Eßlöffel Olivenöl
200 ml trockener Weißwein
200 ml Gemüsefond (aus dem Glas)
1 Bund gemischte Provence-Kräuter (Basilikum, Oregano, Thymian, Rosmarin, Salbei)
1 Teelöffel Lavendelblüten (frisch oder getrocknet)
weißer Pfeffer, frisch gemahlen

Pro Portion: 720 kJ/ 170 kcal
3 g E · 10 g F · 10 g Kh
Zubereitungszeit: 50 Minuten

Die Artischocken auf ein Brett legen, mit der Handkante (wie bei Karate) den Stiel abschlagen (die Fasern werden dadurch aus dem Boden entfernt). Die Zitrone auspressen. Die Artischocken in Salzwasser und 2 Eßlöffeln von dem Zitronensaft zugedeckt etwa 45 Minuten bei schwacher Hitze kochen.

Für den Fond Tomaten überbrühen, häuten, entkernen und würfeln. Schalotten und Knoblauch schälen, fein würfeln. 2 Eßlöffel Olivenöl in einem Topf erhitzen, Schalotten und Knoblauch darin andünsten, ohne zu bräunen. Den Weißwein aufgießen.

Von der Zitrone einige Schalenstreifen dünn abschneiden, mit dem restlichen Saft und dem Fond dazugeben, etwas einkochen. Die Kräuter ohne die harten Stiele fein hacken, mit Lavendel und den Tomaten zum Fond geben. Mit Salz und Pfeffer abschmecken.

Die garen Artischocken umgedreht abtropfen lassen, auf Teller geben. Das restliche Olivenöl unter die Sauce quirlen, die Artischocken mit der Sauce umgießen und warm servieren.

Tip!

Als Vorspeise eignen sich am besten große fleischige Artischocken, die bei uns ab September auf den Markt kommen.

Gefüllte Kirschtomaten

Auch fürs Buffet

Zutaten für etwa 35 Stück
Salz
30 g kleine Sternchen-Suppennudeln
1/2 Bund Basilikum
40 g Mozzarella
4 Eßlöffel Pinienkerne
schwarzer Pfeffer, frisch gemahlen
500 g Kirschtomaten

Pro Portion: 60 kJ/ 10 kcal
1 g E · 1 g F · 1 g Kh
Zubereitungszeit: 40 Minuten

Salzwasser aufkochen und die Nudeln darin nach der Packungsangabe nur knapp bißfest garen. In ein Sieb abgießen, kalt abbrausen und gut abtropfen lassen.

Das Basilikum kurz waschen und trockenschütteln. Sehr kleine Blättchen zum Garnieren beiseite legen, die restlichen fein hacken.

Den Mozzarella klein würfeln. Die Pinienkerne in einer trockenen Pfanne goldgelb rösten. 35 Stück beiseite legen, die restlichen Kerne grob hacken.

Das gehackte Basilikum mit dem Mozzarella, gehackten Pinienkernen und den Nudeln vermengen, mit Salz und Pfeffer würzen.

Die Tomaten waschen, die Blättchen entfernen. An der gegenüberliegenden Seite eine dünne Scheibe abschneiden, die Tomaten vorsichtig aushöhlen. Mit der Nudelmischung füllen, mit den Basilikumblättchen und ganzen Pinienkernen garnieren.

Tip!

Die Füllung können Sie auch schon am Vortag zubereiten.

Grünkernbällchen

Braucht etwas Zeit

Zutaten für etwa 30 Stück
1 kleine Möhre
1 kleine Zwiebel
5 Eßlöffel Öl
150 g Grünkernschrot
300 ml milde Gemüsebrühe
1 Eßlöffel frische Thymianblättchen oder 1 Teelöffel getrockneter Thymian
1 Ei
Salz
schwarzer Pfeffer, frisch gemahlen
200 g mittelalter Gouda in 1/2 cm dicken Scheiben
kleine Holzspießchen oder Cocktailspießchen

Pro Portion: 260 kJ/ 60 kcal
3 g E · 4 g F · 2 g Kh
Zubereitungszeit: 1 1/4 Stunden

Möhre und die Zwiebel schälen und sehr klein würfeln. 1 Eßlöffel Öl in einem Topf erhitzen, das Gemüse darin bei schwacher Hitze unter Rühren etwa 2 Minuten anbraten.

Den Grünkernschrot dazugeben und kurz mitbraten. Die Brühe angießen und den Thymian einrühren. Alles zugedeckt bei ganz schwacher Hitze etwa 20 Minuten ausquellen lassen.

Die Masse etwas abkühlen lassen, dann mit dem Ei vermischen und mit Salz und Pfeffer kräftig abschmecken. Knapp walnußgroße Bällchen daraus formen. Das restliche Öl in einer großen Pfanne erhitzen, die Bällchen darin rundherum braun braten.

Den Käse in etwa 1 cm große Quadrate schneiden. Die Kirschtomaten waschen und halbieren.

Zuerst ein Grünkernbällchen, dann eine halbe Kirschtomate und ein Käsestück auf je ein Holzspießchen oder ein Cocktailspießchen stecken. Auf einer Platte anrichten und servieren.

Im Bild oben:
Gefüllte Kirschtomaten
Im Bild unten:
Grünkernbällchen

Gebratene Paprikaschoten

Aus Italien

Zutaten für 4 Personen
4 große fleischige Paprikaschoten (je 2 rote und gelbe, insgesamt etwa 850 g)
1 Bund Petersilie
4 Knoblauchzehen
1 Eßlöffel Kapern
Salz
reichlich Olivenöl, extra nativ, zum Beträufeln

Pro Portion: 1200 kJ/ 290 kcal
3 g E · 14 g F · 8 g Kh
Zubereitungszeit: 1 Stunde
Marinierzeit: 6 Stunden

Den Backofen auf 225° vorheizen. Die Paprikaschoten längs halbieren, die Stielansätze, die Kerne und die weißen Rippen entfernen. Die Schoten waschen, abtrocknen, dann mit der gewölbten Seite nach oben auf den Rost in den Backofen (oben, Umluft 200°) legen. Etwa 20 Minuten rösten, bis die Haut ganz runzlig und dunkel geworden ist.

Die Schoten aus dem Ofen nehmen und auskühlen lassen. Dann die Haut abziehen. Die geschälten Schoten mit einem trockenen Tuch leicht abreiben, um jede Spur der verbrannten Haut zu entfernen. Dann die Paprikahälften in 2–3 cm breite Streifen schneiden.

Während die Schoten rösten, die Petersilie waschen und trocknen. Die Knoblauchzehen schälen, mit der Petersilie und den Kapern zusammen fein hacken.

Die Paprikaschoten lagenweise in eine passende Schüssel schichten, jede Lage leicht salzen, mit Knoblauch, Petersilie und Kapern bestreuen, mit dem Olivenöl beträufeln. Über die letzte Lage soviel Olivenöl gießen, daß das Gemüse bedeckt ist. Mindestens 6 Stunden zugedeckt in den Kühlschrank stellen.

Marinierte Zucchini

Gut vorzubereiten

Zutaten für 4 Personen
750 g kleine feste Zucchini
4 Knoblauchzehen
3 Eßlöffel frische Pfefferminzblättchen
125 ml Olivenöl · Salz
2–3 Eßlöffel Weißweinessig
1 Messerspitze gemahlener Peperoncino (kleine scharfe Pfefferschote, ersatzweise Cayennepfeffer)
Olivenöl, extra nativ, zum Beträufeln

Pro Portion: 2000 kJ/ 480 kcal
4 g E · 49 g F · 8 g Kh
Zubereitungszeit: 45 Minuten
Marinierzeit: 2 Tage

Die Zucchini waschen, abtrocknen und in gleichmäßige, etwa 3 mm dicke Scheiben schneiden. Auf Küchenpapier abtropfen lassen. Die Knoblauchzehen schälen und fein hacken. Die Pfefferminzblättchen waschen, trocknen und klein schneiden.

In einer breiten Pfanne portionsweise das Olivenöl erhitzen. Die Zucchinischeibchen in mehreren Portionen bei relativ starker Hitze auf beiden Seiten darin knusprig braten. Herausheben und auf Küchenpapier auslegen. Mit Salz bestreuen.

Die Zucchini lagenweise in eine kleine Schüssel füllen. Jede Lage mit Knoblauch, Pfefferminze, Weinessig und einem Hauch Peperoncino würzen. Zum Schluß mit dem Olivenöl beträufeln.

Die Zucchini mit einem passenden Teller bedecken und diesen mit einem Gewicht beschweren. Mindestens 2 Tage im Kühlschrank marinieren lassen.

Zum Essen rechtzeitig aus dem Kühlschrank nehmen und zimmerwarm servieren.

Tip!

Nehmen Sie für die Zucchini einen aromatischen, aber milden Weißweinessig – manche Essigsorten sind sehr sauer.

Pilzpastete

Etwas teurer

Zutaten für 8 Personen (für eine Pieform von 24 cm Ø)
450 g tiefgekühlter Blätterteig
400 g kleine, feste Steinpilze (ersatzweise Pfifferlinge)
1 Zwiebel · 1 Knoblauchzehe
2 getrocknete, in Öl eingelegte Tomaten
50 g Emmentaler
2 Eßlöffel Butter
2 Eßlöffel Olivenöl
2 1/2 Eßlöffel Mehl
250 ml Milch
50 g Parmesan, frisch gerieben
1 Teelöffel getrockneter Thymian
3 Eßlöffel gehackte Petersilie
Salz · weißer Pfeffer, frisch gemahlen
3 Eier · 1 Eigelb
2 Eßlöffel Kondensmilch
Mehl für die Arbeitsfläche

Pro Portion: 1700 kJ/ 400 kcal
13 g E · 28 g F · 22 g Kh
Zubereitungszeit: 40 Minuten
Backzeit: 35 Minuten

Blätterteig auftauen lassen. Pilze putzen, halbieren. Zwiebel und Knoblauch schälen, fein würfeln. Tomaten und Emmentaler sehr klein würfeln. Butter und Öl in einer Pfanne erhitzen, Zwiebel und Knoblauch glasig dünsten. Tomaten und Pilze hinzufügen, unter Rühren etwa 5 Minuten dünsten. Mit dem Mehl bestäuben, dann die Milch dazurühren, aufkochen. Emmentaler, Parmesan, zerriebenen Thymian und Petersilie zugeben, salzen und pfeffern. Nach und nach die Eier unterrühren.

Backofen auf 190° vorheizen. Die Pieform kalt ausspülen. Den größeren Teil Blätterteig auf einer bemehlten Fläche etwa 28 cm rund ausrollen, den kleineren etwa 25 cm. Größeren Kreis in die Form legen und die Pilzmasse daraufgeben. Teigdeckel darauf legen, Ränder festdrücken, überstehenden Rand abschneiden.

Das Eigelb mit Kondensmilch verrühren und auf den Deckel streichen. Aus Teigresten Ornamente ausstechen, darauf verteilen, mit Eigelb bestreichen. Die Pastete im Backofen (Mitte, Umluft 180°) etwa 35 Minuten backen.

Lauchpastete

Braucht etwas Zeit

Zutaten für 8 Personen (für eine Pieform von 24 cm Ø)
450 g tiefgekühlter Blätterteig
50 g getrocknete, in Öl eingelegte Tomaten
750 g Lauch · 1 Eßlöffel Butter
Salz · Pfeffer, frisch gemahlen
4 Eier
je 100 g süße und saure Sahne
1/2 Teelöffel Muskatnuß, frisch gemahlen · 1 Eigelb
1 Eßlöffel Kondensmilch
Mehl für die Arbeitsfläche

Pro Portion: 1800 kJ/ 420 kcal
11 g E · 25 g F · 23 g Kh
Zubereitungszeit: 35 Minuten
Backzeit: 40 Minuten

Blätterteig auftauen lassen. Die Tomaten fein würfeln. Den Lauch waschen und in dünne Ringe schneiden.

Butter zerlassen, Tomatenwürfel bei schwacher Hitze anbraten. Lauch zugeben und unter Rühren bei mittlerer Hitze etwa 10 Minuten schmoren, salzen und pfeffern. Backofen auf 175° vorheizen. Die Pieform kalt ausspülen.

2/3 Teig auf bemehlter Fläche dünn ausrollen (28 cm Ø) und die Form damit auslegen. Lauch darauf verteilen. Die Eier mit Sahne verquirlen und mit Muskat würzen, über den Lauch gießen.

Teigrest in Größe der Form ausrollen, darauf legen, festdrücken und Ränder abschneiden. In die Mitte einen Kamin schneiden.

Das Eigelb mit Kondensmilch verrühren und den Deckel damit bestreichen. Teigreste ausrollen, Ornamente ausstechen und auf dem Deckel festkleben, ebenfalls bestreichen. Die Pastete im Backofen (Mitte, Umluft 160°) etwa 40 Minuten backen. Eventuell nach 20 Minuten mit Alufolie abdecken.

Salate

Salate sind nicht nur enorm gesund und wecken den Appetit. Sie machen auch fröhlich und helfen gegen Streß.

Vor allem im Sommer können reich bestückte Salate eine ganze Mahlzeit ersetzen.

Lassen Sie sich zu eigenen Kreationen inspirieren, hier finden Sie jede Menge Anregungen.

Salate und Rohkost – das ist für viele der Inbegriff gesunder Ernährung. Salate haben in den letzten Jahren enorm an Bedeutung gewonnen. Das liegt sicher auch daran, daß ein Salat schnell und unkompliziert zubereitet werden kann. Bunte Zutaten und ein bißchen Phantasie, ein wenig Käse oder hart gekochte Eier, kombiniert mit der Vielzahl an heute erhältlichen Salatsorten, so läßt sich immer wieder ein neues Gericht erfinden.

Zweimal täglich

Rohe Gemüse und Blattsalate versorgen uns mit einer Menge an Vitaminen und Spurenelementen, vielen Ballast- und Mineralstoffen. Zugleich enthalten sie viel Wasser und wenig Kalorien, löschen den Durst und sind ideal für Schlankheitsbewußte. Empfehlenswert: Jeden Tag etwa 100 g rohes Gemüse und Salat essen, und zwar jeweils als oder vor dem Mittagessen und zum Abendessen. Und dabei stets zwischen den verschieden Sorten, die der Jahreszeit entsprechen, wechseln. Denken Sie aber daran, daß erst ein wenig Öl oder Sahne dabei das Vitamin E für den Körper erschließt.

Bitterstoffhaltige Salate wie Endivie, Chicoree und Löwenzahn wirken sogar gegen Streß – sie beruhigen und fördern den Schlaf, sind also gute Abendsalate.

Erfreulich am Genuß von Rohkost und Salaten ist auch, daß der Körper damit mehr von den Vitaminen A, C und E erhält, die »freie Radikale« unschädlich machen. Das sind aggressive Verbindungen, die Zellen schädigen.

Frisch vom Feld

Nicht nur für den gesundheitlichen Wert, sondern auch für den Geschmack ist es wichtig, daß Salate und Gemüse für Rohkost vom Freiland stammen – möglichst aus biologischem Anbau – und auf kürzestem Weg vom Feld in die Küche kommen. Das heißt, daß die Pflanzen aus nahe gelegenen Gebieten kommen, keine langen Transporte hinter sich haben und nicht lange beim Handel herum liegen. Gurken, Tomaten und Salate, die aus dem Treibhaus stammen, haben viel weniger Geschmack, enthalten nicht so viele wertvolle Inhaltsstoffe und sind in der Regel auch teurer.

Wer sich beim Einkauf nach der Saison richtet, findet immer noch eine große Auswahl. Im Winter muß es ja nicht der dann besonders nährstoffarme Kopfsalat sein, es gibt ja Endivien und Feldsalat, die ganze Kohlpalette, Wurzelgemüse und Winterrettich.

Ein bunter Salat regt den Appetit an und enthält viele Vitamine

Wer auch im Januar nicht auf Tomaten und Salatgurken verzichten kann, darf sich nicht über mangelndes Aroma beschweren.

Blattsalate

Die meisten Salatsorten sollten am Tag des Einkaufs verwendet werden. Nur im Notfall können sie – wenn sie wirklich frisch sind – geputzt und gewaschen im Gemüsefach des Kühlschranks kurz aufbewahrt werden. In ein nasses Papier oder ein Handtuch wickeln, so trocknen die Blätter nicht aus. Für kleine Haushalte sind robuste Salate wie Eisberg oder Romanasalat ideal – sie halten sich sogar einige Tage frisch und können Blatt für Blatt zubereitet werden. Oder Sie nehmen tagesfrische Mischsalate im Beutel aus dem Kühlregal, sie enthalten immer noch mehr Vitamine als die Blätter aus der offenen Salatbar.

Gemüse & Rohkost

Achten Sie auf ganz frisches, knackiges Gemüse der Saison, möglichst aus biologischem Anbau. Nach dem Einkauf waschen, auch wenn es später geschält werden soll. Alle Zutaten erst kurz vor der Fertigstellung des Salates zerkleinern und rasch mit Salatsauce vermischen, so vermeiden Sie Vitaminverluste.

Salatsaucen

Die Saucen sind nicht nur für den Geschmack wichtig, sondern auch für die Verwertbarkeit der Vitamine. Fettlösliche Vitamine (Beta-Carotin, Vitamine D, E und K) können nur aufgenommen werden, wenn Sie etwas Öl an den Salat geben. Für Salate empfehlen sich kaltgepreßte und nicht behandelte Öle (»extra nativ«), vor allem Oliven- und Rapsöl, Distelöl, Sonnenblumen- und Maiskeimöl.

Aromatische Öle wie Kürbiskern- und Walnußöl können einem Salat eine ganz tolle Note verleihen. Wenn Ihnen der Geschmack zu intensiv ist, mischen Sie diese Öle mit neutraleren Sorten.

Essigsorten gibt es viele. von Aceto balsamico, dem dunklen italienischen Würzessig bis zum Zitronenessig. Ein fruchtiger Apfelessig, ein rassiger Sherryessig und ein guter Rot- oder Weißweinessig gehören eigentlich zur Grundausstattung.

Vinaigrette & Mayonnaise

Die einfachste Salatsauce ist die Vinaigrette: 2–3 Eßlöffel Essig oder Zitronensaft mit Salz und frisch gemahlenem Pfeffer verrühren, bis sich das Salz aufgelöst hat. 4–5 Eßlöffel Öl mit einem Schneebesen unterschlagen, so daß eine cremige Sauce entsteht. Nach Belieben Senf, gehackte Kräuter oder Zwiebelwürfel untermischen. Reicht für 4 Portionen.

Auch eine Mayonnaise ist einfacher als man denkt. Am besten gelingt sie in einer halbrunden Schüssel mit einem Schneebesen. 2 frische Eigelbe mit 1 Teelöffel Senf und 1 Teelöffel Zitronensaft in die Schüssel geben und mit dem Schneebesen (oder den Quirlen des Handrührers) schaumig schlagen. Etwa 80 ml Öl (das sind etwa 8 Eßlöffel) zuerst tropfenweise zugeben, dabei ständig weiter schlagen. Wenn die Eigelbmischung bindet, können Sie das Öl schneller zulaufen lassen, aber dabei immer schlagen, bis keine Ölspuren in der Mischung zu sehen sind. Zum Schluß mit Salz und Pfeffer abschmecken. Für eine leichtere Salatmayonnaise noch etwa 3 Eßlöffel saure Sahne oder Joghurt untermischen.

Für die Mayonnaise das Öl langsam unterschlagen

Dijon-Senfsauce

Zutaten für 4 Personen
7–10 helle Senfkörner
3 weiße Pfefferkörner
1 Eßlöffel Dijon-Senf
1 Teelöffel Weißweinessig
150 g Crème fraîche · Salz
1 frisches Eigelb

Pro Portion: 650 kJ/ 160 kcal
1 g E · 16 g F · 2 g Kh
Zubereitungszeit: 15 Minuten

Senfkörner und die Pfefferkörner zerreiben. Den Senf mit Essig und Zucker darunter mischen. Die Crème fraîche mit etwas Salz und dem Eigelb cremig schlagen und in die Senfmischung rühren.

Roquefortsauce

Zutaten für 4 Personen
50 g Roquefort (Edelpilzkäse)
4 Eßlöffel Sahne
50 g Magerjoghurt
1 Eßlöffel Weißweinessig
2 Eßlöffel trockener Weißwein
2 Eßlöffel Gemüsebrühe

Pro Portion: 510 kJ/ 120 kcal
3 g E · 10 g F · 2 g Kh
Zubereitungszeit: 15 Minuten

Käse mit der Sahne geschmeidig rühren. Joghurt mit Essig und Wein mischen. Beides zusammen cremig rühren und eventuell mit Gemüsebrühe verdünnen.

French Dressing

Zutaten für 4 Personen
3 Eßlöffel Zitronensaft · Salz
weißer Pfeffer, frisch gemahlen
2 Messerspitzen Senfpulver
1/2 Teelöffel Zucker
5 Eßlöffel feines Walnußöl
3 Eßlöffel Schnittlauchröllchen

Pro Portion: 1200 kJ/ 290 kcal
1 g E · 30 g F · 3 g Kh
Zubereitungszeit: 10 Minuten

Den Zitronensaft mit etwas Salz, Pfeffer, Senfpulver und Zucker verrühren. Das Öl zugeben und den Schnittlauch darüber streuen.

Thousand Islands Dressing

Zutaten für 4 Personen
1 kleine Gewürzgurke oder
3–4 Cornichons
1/2 Schalotte
1/4 rote Paprikaschote
2 hartgekochte Eigelbe
50 g Salatmayonnaise
3 Eßlöffel Sahne
3 Eßlöffel Tomatenketchup
Salz
1 Prise Chilipulver

Pro Portion: 630 kJ/ 150 kcal
3 g E · 13 g F · 6 g Kh
Zubereitungszeit: 10 Minuten

Die Gurke hacken, die Schalotte raspeln. Die Paprikaschote im Backofen erhitzen, bis die Haut aufplatzt und abgezogen werden kann. Die Schote fein hacken.

Die Eigelbe mit Mayonnaise, der Sahne und Tomatenketchup, Salz, Chilipulver, Schalotte, Gurkenwürfeln und der Schote mischen.

Italian Dressing

Zutaten für 4 Personen
2 kleine Schalotten
2 Eßlöffel Basilikumblätter
3 Eßlöffel trockener Weißwein
Salz · schwarzer Pfeffer, frisch gemahlen
5 Eßlöffel Olivenöl

Pro Portion: 1200 kJ/ 290 kcal
1 g E · 30 g F · 2 g Kh
Zubereitungszeit: 10 Minuten

Die Schalotten raspeln, das Basilikum hacken.

Den Weißwein und den Essig mit etwas Salz und Pfeffer verrühren. Die Schalotten und das Basilikum untermischen. Das Öl darunterschlagen und mit Salz und Pfeffer abschmecken.

Im Bild von oben nach unten: Dijon-Senfsauce, French Dressing (links), Thousand Islands Dressing (rechts), Italian Dressing, Roquefortsauce

Bunter Tomatensalat

Aus Italien

Zutaten für 4 Personen
750 g Tomaten
2 Schalotten
1 Kugel Mozzarella (150 g)
100 g schwarze Oliven
4 Eßlöffel Rotweinessig
5 Eßlöffel Olivenöl
Salz · schwarzer Pfeffer, frisch gemahlen
2 Knoblauchzehen
1 Bund Basilikum

Pro Portion: 1440 kJ/ 340 kcal
10 g E · 29 g F · 14 g Kh
Zubereitungszeit: 25 Minuten

Die Tomaten waschen, längs achteln, dabei die Stielansätze entfernen. Tomatenachtel in eine große Schüssel füllen.

Die Schalotten schälen und fein hacken. Den Mozzarella erst in Scheiben, dann in kleine Würfel schneiden. Mit den Oliven zu den Tomaten geben.

In einer zweiten Schüssel den Essig mit Olivenöl, Salz und Pfeffer mit einem Schneebesen zu einer cremigen Sauce verrühren. Den Knoblauch schälen, dazupressen und unterrühren.

Die Sauce über die Salatzutaten in der Schüssel gießen, vorsichtig mischen und 10 Minuten durchziehen lassen.

Inzwischen Basilikum waschen, große Blättchen in schmale Streifen schneiden, kleine ganz lassen. Die kleingeschnittenen Blättchen unter den Salat mischen. Die ganzen Basilikumblättchen vor dem Servieren darauf streuen.

Lollo-rosso-Salat

Gelingt leicht

Zutaten für 4 Personen
1 Kopf Lollo rosso (etwa 400 g)
150 g Zucchini
2 Frühlingszwiebeln
1 unbehandelte Zitrone
150 g Sahnejoghurt
Salz
1/2 Teelöffel Zucker
6 Zweige Zitronenmelisse
schwarzer Pfeffer, grob gemahlen

Pro Portion: 140 kJ/ 30 kcal
3 g E · 5 g F · 4 g Kh
Zubereitungszeit: 30 Minuten

Die äußeren unschönen Blätter vom Salatkopf entfernen, den Rest in einzelne Blätter zerlegen, waschen und abtropfen lassen.

Die Zucchini waschen, schälen und würfeln. Die Frühlingszwiebeln waschen, von den Wurzelenden, den dunkelgrünen Teilen, Deckblättern und Häutchen befreien und in Ringe schneiden.

Die Zitrone waschen und ungefähr die halbe Frucht dünn schälen. Die Schale in feine Streifen schneiden. Zitrone auspressen.

Den Lollo rosso in kleine Stücke reißen und mit den Zucchiniwürfeln, den Zwiebelringen und dem Zitronensaft mischen und auf Portionstellern anrichten.

Den Joghurt mit etwas Salz, Pfeffer und dem Zucker verrühren, über den Salat träufeln. Zitronenmelisseblättchen waschen, trocknen, klein schneiden und mit der Zitronenschale auf den Salat streuen.

Tip!

Lollo rosso ist eine Neuzüchtung aus dem Friseesalat mit krausen Blättern, deren Ränder kräftig rot gefärbt sind. Sein Geschmack ist leicht nussig und erlaubt viele Kombinationen. Von Juni bis Oktober kommt dieser Salat aus dem Freilandanbau. Nach Möglichkeit kleine Köpfe auswählen, da große viele faserige Außenblätter haben, die entfernt werden müssen.

Gemischter Salat mit Mais

Für Gäste

Zutaten für 4 Personen
1 Kopf Lollo rosso (etwa 400 g)
1 gelbe Paprikaschote
100 g Zucchini
1 Zwiebel
1 unbehandelte Zitrone
150 g Sahnejoghurt
Salz
1/2 Teelöffel Zucker
200 g Maiskörner aus der Dose
1 Bund Basilikum

Pro Portion: 350 kJ/ 80 kcal
4 g E · 1 g F · 14 g Kh
Zubereitungszeit: 35 Minuten

Den Salat putzen, waschen, trockenschleudern und die Blätter in Stücke reißen (nicht schneiden, beim Zerzupfen bleibt die Form der Blätter besser erhalten).

Die Paprikaschote waschen, halbieren, Kerne und Trennwände entfernen. Die Schote in Streifen schneiden. Die Zucchini waschen und würfeln.

Die Zwiebel schälen und in Ringe schneiden, mit den vorbereiteten Salatzutaten und den Maiskörnern vermischen. Die Zitrone waschen, die Hälfte dünn schälen, die Schale in feine Streifen schneiden und die Zitrone auspressen.

Die Salatsauce aus dem Zitronensaft, dem Joghurt, etwas Salz und dem Zucker mischen und unter den Salat heben. Die Basilikumblättchen streifig schneiden und mit der Zitronenschale über den Salat streuen.

Gurkensalat mit Dill

Schnell

Zutaten für 4 Personen
1 große Salatgurke
2 Bund Dill
1 Zwiebel
150 g saure Sahne
2 Eßlöffel Walnußöl
3 Eßlöffel Weißweinessig
Salz
weißer Pfeffer, frisch gemahlen
1 Prise Zucker
50 g geschälte Walnußkerne

Pro Portion: 810 kJ/ 190 kcal
4 g E · 17 g F · 10 g Kh
Zubereitungszeit: 15 Minuten

Die Gurke nach Belieben waschen oder schälen und in dünnen Scheiben in eine Schüssel hobeln.

Den Dill waschen, trocknen und fein hacken. Die Zwiebel schälen und ebenfalls fein hacken. Mit dem Dill zu der Gurke geben.

Die saure Sahne mit dem Walnußöl, dem Essig, Salz, Pfeffer und Zucker verrühren. Die Salatsauce über die Gurke gießen und gut durchmischen.

Die Walnüsse grob hacken und auf den Gurkensalat streuen.

Variante

Für einen Gurkensalat mit Erdbeeren die Salatgurke schälen, längs halbieren und mit einem Löffel die Kerne herausschaben. Die Gurkenhälften in Scheiben schneiden und in eine Schüssel geben. Von einigen Zweigen frischer Minze die Blättchen in Streifen schneiden und darüber streuen. Etwa 200 g Erdbeeren waschen, entkelchen und halbieren oder vierteln, zu den Gurkenstücken geben.
Für die Salatsauce 3 Eßlöffel Sonnenblumenöl mit 4–5 Eßlöffeln Zitronensaft, 1 Teelöffel Honig, Salz und Pfeffer kräftig verquirlen und über die übrigen Salatzutaten gießen. Vorsichtig vermischen und etwas durchziehen lassen.

Kopfsalat mit Radieschensprossen

Gelingt leicht

Zutaten für 4 Personen
1 Kopfsalat
50 g Radieschensprossen (Reformhaus)
1 Bund Schnittlauch
2 Eßlöffel Sherryessig
4 Eßlöffel Sonnenblumenöl
1 Teelöffel süßer Senf
Salz · schwarzer Pfeffer, frisch gemahlen

Pro Portion: 600 kJ/ 140 kcal
2 g E · 14 g F · 4 g Kh
Zubereitungszeit: 15 Minuten

Den Kopfsalat putzen, in einzelne Blätter teilen, gründlich waschen und in einem Sieb gut abtropfen lassen oder in der Salatschleuder trocknen. Große Blätter in Stücke zerzupfen.

Die Sprossen in einem Sieb mit heißem Wasser übergießen, gut abtropfen lassen. Den Schnittlauch waschen und in Röllchen schneiden.

In einer Schüssel den Essig mit Öl, Senf, Salz und Pfeffer mit einem Schneebesen cremig schlagen. Die Schnittlauchröllchen dazugeben und die Sauce unter den Salat mischen.

Würziger Kartoffelsalat

Gut vorzubereiten

Zutaten für 4 Personen
1 kg vorwiegend festkochende Kartoffeln
2 Teelöffel Kümmelkörner
250 ml Gemüsebrühe
6 Eßlöffel Weißweinessig
Salz · schwarzer Pfeffer, frisch gemahlen
1 Bund Frühlingszwiebeln
1 Eßlöffel mittelscharfer Senf
6 Eßlöffel Öl

Pro Portion: 1450 kJ/ 350 kcal
6 g E · 21 g F · 36 g Kh
Zubereitungszeit: 1 Stunde
Marinierzeit: 30 Minuten

Die Kartoffeln waschen, in einen Topf füllen und den Kümmel dazugeben. Knapp mit Wasser bedekken, zugedeckt 25–30 Minuten garen. Dann abgießen, pellen und noch warm über einer Schüssel in dünne Scheiben schneiden.

Die Gemüsebrühe mit 3 Eßlöffeln Weißweinessig aufkochen lassen. Mit Salz und Pfeffer kräftig würzen. Über die warmen Kartoffeln gießen und vorsichtig mischen, so daß die Scheiben möglichst ganz bleiben. Zugedeckt 30 Minuten durchziehen lassen.

Inzwischen die Frühlingszwiebeln putzen und waschen. Den weißen und hellgrünen Teil in sehr feine Ringe schneiden. 2 Eßlöffel beiseite legen, die restlichen zu den Kartoffeln geben.

Den übrigen Essig mit Senf, Salz, Pfeffer und dem Öl mit einem kleinen Schneebesen verrühren. Die Sauce über die Kartoffeln gießen und nochmals mischen. Den Kartoffelsalat abschmecken und, falls nötig, nachwürzen. Mit den beiseite gelegten Frühlingszwiebeln bestreuen.

Varianten

Den Kartoffelsalat können Sie immer wieder neu variieren: Zum Beispiel 1 Bund Radieschen statt der Frühlingszwiebeln in feine Scheiben schneiden und untermischen, einige zarte Radieschenblätter fein hacken und den Salat damit bestreuen. Oder 1 kleine Salatgurke in Scheiben hobeln und zugeben. Oder 3 Gewürzgurken klein würfeln. Interessant schmecken auch säuerliche Äpfel, geschält und ohne Kerngehäuse gewürfelt.
Edel wird der Kartoffelsalat mit 1 geschälten, klein gewürfelten Avocado. Dazu ein Dressing aus Mandelöl, Zitronensaft und Dill anrühren.

Im Bild oben: Kopfsalat mit Radieschensprossen
Im Bild unten: Würziger Kartoffelsalat

Salat aus weißen Bohnen

Aus Griechenland

Zutaten für 4 Personen
500 g weiße Bohnen
3–4 Eßlöffel Olivenöl
3–4 Eßlöffel Weißweinessig
Salz · schwarzer Pfeffer, frisch gemahlen
1 Bund Frühlingszwiebeln
2 Peperoni (frische milde Chilischoten)
1/2 Bund glatte Petersilie
50 g schwarze Oliven
1 Eßlöffel frischer Oregano (oder 1 Teelöffel getrockneter Oregano)

Pro Portion: 900 kJ/ 220 kcal
4 g E · 17 g F · 11 g Kh
Einweichzeit: 12 Stunden
Zubereitungszeit: 1 1/2 Stunden
Marinierzeit: 1 Stunde

Die Bohnen über Nacht in kaltem Wasser einweichen.

Die Bohnen in einem Sieb kalt abspülen und in einem Topf mit kaltem Wasser bedeckt (ohne Salz) zum Kochen bringen. Den Schaum abschöpfen und offen etwa 15 Minuten kochen. Dann zugedeckt bei schwacher Hitze in weiteren 30–45 Minuten garen, die Bohnen aber nicht zu weich werden lassen.

Die Bohnen in ein Sieb abgießen, in eine Schüssel geben und abkühlen lassen. Aus Olivenöl, dem Weinessig, Salz und Pfeffer eine Marinade rühren und unter die lauwarmen Bohnen mischen. Zugedeckt etwa 1 Stunde ziehen lassen.

Die Bohnen nochmals würzen, die Frühlingszwiebeln waschen, putzen und in Ringe schneiden. Die Peperoni halbieren, die Stielansätze abschneiden und die Schoten unter fließendem Wasser entkernen, trocknen und in feine Streifchen schneiden.

Die Petersilie abspülen, trockenschütteln und ohne die groben Stiele fein hacken. Alles mit den Oliven unter die Bohnen mischen, mit dem Oregano bestreuen.

Waldorfsalat

Für Gäste

Zutaten für 4 Personen
300 g Sellerieknolle (etwa 1/2 mittelgroße)
200 g leicht säuerliche Äpfel
2 Eßlöffel Zitronensaft
Salz
50 g Walnußkerne
100 g Salatmayonnaise
100 g Sahne
1/2 Teelöffel Zucker

Pro Portion: 1400 kJ/ 330 kcal
7 g E · 29 g F · 13 g Kh
Zubereitungszeit: 50 Minuten

Den Sellerie unter fließendem lauwarmem Wasser gründlich bürsten. Dann schälen und dabei alle braunen Stellen entfernen. Die Knolle nochmals kurz waschen und abtrocknen. Die Äpfel waschen, schälen und das Kerngehäuse entfernen.

Den Sellerie und die Äpfel mit einem Gemüsehobel in Scheiben hobeln und sie dann in streichholzdünne Stifte schneiden.

Den Zitronensaft mit etwas Salz verrühren und gleich unter die Sellerie- und Apfelstifte heben, damit sie sich nicht verfärben.

Die Walnüsse in nicht zu kleine Stücke hacken.

Die Mayonnaise mit Sahne und dem Zucker verrühren und gut mit den Apfel- und Selleriestiften mischen. Den Salat mit den Walnüssen bestreuen und nach Belieben bis zum Servieren noch etwas durchziehen lassen.

Tip!

Leichter wird der Salat, wenn Sie statt Sahne Joghurt nehmen. Mit frisch getoastetem Weißbrot ist der klassische Vorspeisensalat der richtige Auftakt für ein festliches Menü.

Selleriesalat mit Senfsauce

Preiswert

Zutaten für 4 Personen
2 sehr frische Eigelbe
1 Teelöffel Senf
100 ml gutes Pflanzenöl
3 Eßlöffel saure Sahne
Salz
weißer Pfeffer, frisch gemahlen
1 Prise Zucker
2–3 Eßlöffel Zitronensaft
1 Sellerieknolle (etwa 600 g)
250 g Staudensellerie
1 Zwiebel
1 Apfel
50 g Walnußkerne

Pro Portion: 2260 kJ/ 540 kcal
4 g E · 53 g F · 16 g Kh
Zubereitungszeit: 30 Minuten

Die Eigelbe und den Senf in einer Schüssel verrühren. Das Öl langsam dazugießen und mit den Schneebesen des Handrührers zu einer dickflüssigen Sauce rühren. Die saure Sahne untermischen und die Mayonnaise mit Salz, Pfeffer, Zucker und 1 Eßlöffel Zitronensaft abschmecken.

Die Sellerieknolle großzügig schälen, waschen, trocknen und in Stücke schneiden. Grob in eine Schüssel raspeln. Staudensellerie putzen, waschen und in dünne Scheibchen schneiden. Die Sellerieblättchen fein hacken, beides in die Schüssel geben.

Die Zwiebel schälen und fein hacken. Den Apfel schälen, achteln, vom Kernhaus befreien und mit dem restlichen Zitronensaft beträufeln. Die Apfelspalten in schmale Stücke schneiden und mit den Zwiebelwürfeln in die Schüssel füllen.

Die Mayonnaise unter den Salat mischen und abschmecken. Die Walnußkerne grob hacken und auf den Salat streuen.

Rote-Bete-Salat mit Frischkäse

Raffiniert

Zutaten für 4 Personen
100 g Feldsalat
400 g rote Beten (möglichst kleine Knollen)
1 Zwiebel
1 säuerlicher Apfel
4 Teelöffel Zitronensaft
1 Eßlöffel Zucker
100 g Doppelrahm-Frischkäse
8 Eßlöffel Milch
Salz
1 Messerspitze gemahlener Kümmel
2 Teelöffel geriebener Meerrettich
2 Zweige Thymian

Pro Portion: 490 kJ/ 120 kcal
16 g E · 2 g F · 18 g Kh
Zubereitungszeit: 50 Minuten

Den Feldsalat waschen, putzen und abtropfen lassen. Die roten Beten unter fließendem Wasser bürsten, trocknen und wie einen Apfel schälen (am besten Gummihandschuhe dazu anziehen). In Scheiben hobeln, diese in feine Stifte schneiden und in eine Schüssel geben.

Die Zwiebel klein würfeln und mit den roten Beten mischen. Den Apfel schälen, vierteln, das Kerngehäuse entfernen. Den Apfel in Stifte schneiden und mit 1 Teelöffel Zitronensaft beträufeln.

In einem kleinen Topf den Zucker mit 2 Teelöffeln Wasser unter ständigem Rühren erhitzen, bis der Zucker sich aufgelöst hat und goldgelb karamelisiert ist. Dann sofort vom Herd nehmen.

Den Frischkäse mit so viel Milch verrühren, daß eine cremige Masse entsteht. Diese mit Salz, Kümmel, dem übrigen Zitronensaft, Meerrettich und dem Karamel pikant abschmecken.

Eine Salatplatte mit Feldsalat auslegen. Die roten Beten mit dem Apfel unter die Käsecreme heben und neben dem Feldsalat anordnen. Den Thymian waschen, die Blättchen abzupfen, eventuell noch etwas kleiner schneiden und über den Salat streuen.

Panzanella

Aus Italien

Zutaten für 4 Personen
250 g Toskanabrot (oder Kastenweißbrot) ohne Rinde
6 Eßlöffel Olivenöl
3 Eßlöffel Rotweinessig
2 Eßlöffel Aceto balsamico
600 g Tomaten
1 Zwiebel
2 Knoblauchzehen
2 Eßlöffel Kapern
Salz · schwarzer Pfeffer, frisch gemahlen
1 Bund Basilikum

Pro Portion: 1620 kJ/ 390 kcal
7 g E · 23 g F · 41 g Kh
Zubereitungszeit: 40 Minuten

Das Weißbrot in Scheiben, dann in 2 cm große Würfel schneiden. In einer (möglichst beschichteten) Pfanne 2 Eßlöffel Olivenöl erhitzen und die Würfel darin bei mittlerer Hitze rundum rösten, in eine Schüssel füllen. 1 Eßlöffel Rotweinessig, Balsamico und 2 Eßlöffel Wasser verrühren und über das Brot träufeln. Zugedeckt etwa 15 Minuten ziehen lassen.

Die Tomaten waschen, erst in Scheiben, dann ohne Stielansätze in kleine Würfel schneiden und in eine Schüssel füllen. Die Zwiebel schälen, fein hacken. Knoblauch schälen und dazupressen. Zwiebeln und Kapern untermischen.

Den restlichen Rotweinessig, Salz, Pfeffer und übriges Olivenöl zu einer cremigen Sauce verrühren. Das Basilikum waschen, die Blättchen abzupfen, grob hacken und untermischen.

Die marinierten Brotwürfel zum Gemüse geben, die Salatsauce darüber gießen, alles gut mischen und nochmals kurz durchziehen lassen. Vor dem Servieren mit Salz und Pfeffer abschmecken.

Bauernsalat

Aus Griechenland

Zutaten für 4 Personen
1 Salatgurke
1 grüne Paprikaschote
500 g Tomaten
1 rote Zwiebel
250 g griechischer Schafkäse (Feta-Käse)
4 Eßlöffel Weißweinessig
100 g schwarze Oliven
6 Eßlöffel Olivenöl
Salz · schwarzer Pfeffer, frisch gemahlen
1 Eßlöffel Oregano (frisch oder 1 Teelöffel getrockneter)

Pro Portion: 1790 kJ/ 430 kcal
11 g E · 37 g F · 17 g Kh
Zubereitungszeit: 25 Minuten

Die Gurke schälen, längs halbieren und die Kerne mit einem Löffel herausschaben. Die Gurke in etwa 1 cm breite Stücke schneiden.

Die Paprikaschote waschen, putzen und in Ringe schneiden. Die Tomaten waschen und achteln, dabei die Stielansätze entfernen.

Die Zwiebel schälen und in Halbringe schneiden. Alle Zutaten in eine große Schüssel füllen. Den Schafkäse würfeln oder zwischen den Fingern über der Schüssel nicht zu fein zerbröckeln. Die Oliven dazugeben.

Weißweinessig, Olivenöl, Salz und Pfeffer mit dem Schneebesen zu einer cremigen Sauce schlagen. Den Oregano unterrühren.

Die Sauce über die Salatzutaten gießen und vorsichtig vermischen. Gleich servieren.

Reichen Sie als Beilage Weißbrot und als Getränk gut gekühlten Retsina (geharzten griechischen Weißwein).

Im Bild oben: Panzanella, ein Brotsalat aus der Toskana
Im Bild unten: Bauernsalat

Romanasalat mit Croûtons

Raffiniert

Zutaten für 4 Personen
4 getrocknete, in Öl eingelegte Tomaten
6 Eßlöffel neutrales Öl
2 Scheiben Kastenweißbrot
3 Knoblauchzehen
1 großer Kopf Romanasalat (etwa 500 g)
2 frische Eier
100 ml Olivenöl, kaltgepreßt
3–4 Eßlöffel Zitronensaft
Salz · schwarzer Pfeffer, frisch gemahlen
1 Eßlöffel kleine Kapern
30 g Parmesan (am Stück)

Pro Portion: 1800 kJ/ 430 kcal
6 g E · 29 g F · 31 g Kh
Zubereitungszeit: 30 Minuten

Die Tomaten abtropfen lassen und klein würfeln. In einer breiten Pfanne 1 Eßlöffel Öl erhitzen und die Tomatenwürfel bei schwacher Hitze kurz anbraten, bis sie aromatisch riechen.

Inzwischen das Kastenweißbrot nach Belieben entrinden, dann in kleine Würfel schneiden. Den Knoblauch schälen und hacken.

Die Tomaten mit einer Schaumkelle aus der Pfanne nehmen und beiseite stellen. Das restliche Öl in die Pfanne geben und erhitzen, die Brotwürfel darin unter Rühren rundum goldbraun rösten. Dabei am Schluß den Knoblauch dazugeben. Die Croûtons anschließend auf Küchenpapier ausbreiten.

Romanasalat putzen, waschen und die Blätter quer in etwa 2 cm breite Streifen schneiden. Den Salat gut abtropfen lassen.

In einem kleinen Topf Wasser aufkochen lassen. Die Eier anstechen und für etwa 1 Minute in das kochende Wasser geben. Die Eier aufschlagen und mit einem Teelöffel aus den Schalen in eine Schüssel geben.

Nach und nach das Olivenöl und den Zitronensaft dazugeben, dabei mit einem Schneebesen kräftig schlagen. Das Dressing mit Salz und Pfeffer abschmecken, den Salat darin wenden.

Die Kapern abtropfen lassen. Den Parmesan in feine Späne hobeln oder grob raspeln.

Die Kapern und die gebratenen Tomaten unter den Salat mischen, die Croûtons und den Parmesan darüber streuen. Sofort servieren.

Tip!

Für das Dressing dieses kalifornischen Salats können Sie auch fertige Salatmayonnaise mit etwas Olivenöl vermischen.

Spinatsalat

Raffiniert

Zutaten für 4 Personen
1 kleine Knoblauchzehe
1 kleines Stück Ingwer
Salz · schwarzer Pfeffer, frisch gemahlen
1 Teelöffel Currypulver
1/2 Teelöffel Zucker
1 1/2 Eßlöffel Weißweinessig
75 ml trockener Weißwein oder Gemüsebrühe
80 ml neutrales Öl
1 kleiner milder Apfel
50 g getrocknete Aprikosen
250 g junger Blattspinat
40 g Mandelsplitter

Pro Portion: 1300 kJ/ 310 kcal
4 g E · 26 g F · 14 g Kh
Zubereitungszeit: 30 Minuten

Knoblauch und Ingwer schälen und hacken, mit etwas Salz und Pfeffer sowie Currypulver, Zucker, Essig und dem Wein oder der Brühe im Mixer fein pürieren.

Das Öl tropfenweise nach und nach unter die Knoblauchmischung mixen, bis eine Creme entstanden ist.

Die Salatcreme in eine Schüssel füllen. Den Apfel schälen und ohne das Kerngehäuse sehr fein würfeln. Die Aprikosen ebenfalls sehr fein würfeln. Beides unter die Salatcreme rühren, mit Salz und Pfeffer abschmecken.

Den Spinat gründlich waschen und verlesen, grobe Stiele entfernen. Spinat trocknen, in eine große Salatschüssel geben und vorsichtig mit der Hälfte der Salatcreme vermengen. Die restliche Creme leicht darüber träufeln.

Die Mandelsplitter in einer Pfanne ohne Fett goldbraun rösten, über den Salat streuen und diesen sofort servieren.

Löwenzahnsalat

Erfrischend

Zutaten für 4 Personen
1 Staude Löwenzahnsalat (Catalogna) oder etwa
400 g zarter Wild-Löwenzahn
1 Bund chinesischer Schnittlauch oder 2 Frühlingszwiebeln
100 g schwarze Kalamata-Oliven
3 Eßlöffel Weißweinessig
Salz
weißer Pfeffer, frisch gemahlen
1 Teelöffel Zucker
5 Eßlöffel Sonnenblumenöl
150 g Schafkäse

Pro Portion: 1300 kJ/ 310 kcal
8 g E · 27 g F · 10 g Kh
Zubereitungszeit: 20 Minuten

Vom Löwenzahnsalat die Blätter ablösen, gründlich waschen und gut abtropfen lassen. Die Blätter in 3 cm lange Stücke schneiden.

Den chinesischen Schnittlauch (oder die Frühlingszwiebeln) waschen, trocknen und in feine Röllchen schneiden. Salat und Schnittlauchröllchen in eine Schüssel füllen.

Die Oliven unter den Salat mischen. Den Weißweinessig mit Salz, Pfeffer und dem Zucker verrühren. Das Öl mit einem Schneebesen kräftig unterschlagen, die Sauce über den Salat gießen. Vorsichtig vermischen und etwas durchziehen lassen.

Zum Anrichten den Schafkäse zerbröckeln und darüber streuen.

Tip!

Löwenzahnsalat oder Catalogna ist keine Neuzüchtung aus dem Wiesen-Löwenzahn, sondern ein Abkömmling der Salat-Zichorie. Aber die gezackten Blätter und der herb-bittere Geschmack erinnern an die Wildpflanze.
Im Frühjahr lassen sich auch gut die zarten Blätter des wilden Löwenzahns als Salat verwenden. Sammeln Sie aber nicht auf gedüngten Wiesen oder am Rand von Hundespazierwegen.
Chinesischer Schnittlauch (Schnittknoblauch) wird größer als der übliche und schmeckt zart nach Knofel. Ersatz: Schnittlauch mit etwas Knoblauch mischen.

Krautsalat mit Limettendressing

Aus Kalifornien

Zutaten für 4 Personen
2 Knoblauchzehen
Salz · schwarzer Pfeffer, frisch gemahlen
1/2 Teelöffel Zucker
4 Eßlöffel Limettensaft
3 Zweige frische Minze
etwas frisches Koriandergrün
etwas frischer Dill
7 Eßlöffel Olivenöl, extra nativ
300 g Weißkohl
3 Eßlöffel Rosinen

Pro Portion: 730 kJ/ 170 kcal
2 g E · 14 g F · 11 g Kh
Zubereitungszeit: 30 Minuten
Marinierzeit: 30 Minuten

Knoblauch schälen und in eine Schüssel pressen. Etwas Salz und Pfeffer, Zucker und Limettensaft dazugeben, alles verrühren.

Die Kräuter waschen, hacken und unter das Dressing rühren. Dann das Olivenöl mit einem Schneebesen gründlich unterschlagen.

Den Weißkohl waschen, putzen und in sehr feine Streifen schneiden oder grob raspeln. Die Kohlstreifen in dem Dressing wenden, den Salat abschmecken und zugedeckt etwa 30 Minuten durchziehen lassen. Mit den Rosinen bestreut servieren.

Arabischer Möhrensalat

Scharf

Zutaten für 4 Personen
600 g Möhren
Salz
5 Knoblauchzehen
1 frische rote Chilischote
1 Teelöffel Kreuzkümmel
1 Eßlöffel Paprikapulver, edelsüß
4 Eßlöffel Olivenöl, kaltgepreßt
1 Bund glatte Petersilie
Saft von 2 kleinen Zitronen

Pro Portion: 590 kJ/ 140 kcal
3 g E · 8 g F · 13 g Kh
Zubereitungszeit: 30 Minuten

Die Möhren waschen, schälen und in Scheiben schneiden. In einem Topf 350 ml leicht gesalzenes Wasser aufkochen lassen. Die Möhrenscheiben darin zugedeckt bei mittlerer Hitze etwa 10 Minuten garen.

Inzwischen den Knoblauch pellen und grob würfeln. Die Chilischote längs aufschlitzen, entkernen und hacken, anschließend die Hände waschen.

Kreuzkümmel, Knoblauch, Chili und 1 Prise Salz im Mörser zu einer Paste zerstampfen. Mit Paprika und Olivenöl verrühren. Diese Mischung unter die Möhren rühren. Alles einmal aufkochen lassen. Dann vom Herd nehmen und etwas abkühlen lassen.

Die Petersilie waschen und hacken. Mit dem Zitronensaft unter die Möhren rühren. Den Möhrensalat ganz abkühlen lassen, dann servieren.

Bulgur-Romana-Salat

Aus Griechenland

Zutaten für 4 Personen
200 ml Gemüsebrühe
1 Teelöffel Korianderkörner
150 g Bulgur
1 Teelöffel türkische Paprikaflocken nach Belieben
1 Kopf Romanasalat
1/2 Weißkohl (etwa 400 g)
1/4 Teelöffel Kreuzkümmel
Salz
1/2 Bund glatte Petersilie
4 Tomaten
schwarzer Pfeffer, frisch gemahlen
1 Teelöffel Minze, frisch gehackt
6 Eßlöffel Olivenöl
8 Eßlöffel Zitronensaft
8 Eßlöffel Walnüsse, grob geraspelt (ersatzweise Haselnüsse)

Pro Portion: 1800 kJ/ 430 kcal
7 g E · 25 g F · 12 g Kh
Zubereitungszeit: 35 Minuten

Die Gemüsebrühe erhitzen. Den Koriander im Mörser zerstoßen. Den Bulgur mit Brühe, Paprikaflocken und dem Koriander vermischen. Zugedeckt etwa 30 Minuten bei Zimmertemperatur quellen lassen.

Inzwischen den Romanasalat waschen, in fingerbreite Streifen schneiden und abtropfen lassen. Den Weißkohl waschen, vom Strunk befreien und in sehr feine Streifen schneiden. Mit Kreuzkümmel und etwas Salz mischen und mit den Händen kräftig durchkneten, bis die Kohlstreifen weich und glasig sind.

Die Petersilie waschen, grob hacken und unter den Weißkohl mischen. Die Tomaten waschen, vierteln, dabei den Stielansatz entfernen. Alles in Portionsschüsseln anrichten, salzen und pfeffern, mit Minze bestreuen.

Den Bulgur darüber verteilen, mit Olivenöl und Zitronensaft beträufeln. Mit den Nüssen bestreuen. Mit Sesam-Fladenbrot als Vorspeise oder als leichtes, sommerliches Hauptgericht servieren.

Im Bild oben:
Arabischer Möhrensalat
Im Bild unten:
Bulgur-Romana-Salat

Blumenkohl-Brokkoli-Salat

Raffiniert

Zutaten für 4 Personen
600 g Blumenkohl
600 g Brokkoli
250 ml Milch
1 Scheibe Toastbrot
1 Knoblauchzehe
1 ganz frisches Eigelb
4 Eßlöffel Weißweinessig
Salz
weißer Pfeffer, frisch gemahlen
3 Eßlöffel Olivenöl
2 Eßlöffel Schnittlauchröllchen

Pro Portion: 1000 kJ/ 240 kcal
11 g E · 16 g F · 13 g Kh
Zubereitungszeit: 30 Minuten

Beide Kohlarten waschen und die Röschen abschneiden. Von der Milch 5 Eßlöffel abnehmen. Die restliche Milch mit etwas Wasser aufkochen, die Blumenkohlröschen darin zugedeckt etwa 6 Minuten kochen. Den Brokkoli in einem anderen Topf in etwas kochendem Salzwasser zugedeckt etwa 3 Minuten garen.

Die restliche Milch über das entrindete Toastbrot gießen. Den Knoblauch schälen und über das Brot pressen.

Das Gemüse in einem Sieb abtropfen lassen. Das Eigelb mit dem Essig, etwas Salz und Pfeffer verquirlen. Das Brot und das Öl dazugeben. Ist die Sauce zu fest, mit etwas Kochsud vom Blumenkohl verrühren.

Die Kohlröschen auf einer Platte anrichten, mit der Sauce übergießen, mit dem Schnittlauch bestreuen und zugedeckt einige Minuten durchziehen lassen.

Tip!

Blumenkohl und Brokkoli sind verwandte Gemüse und harmonieren nicht nur geschmacklich, sondern auch farblich gut. Für Salate nur die zarten Röschen verwenden, Strünke für eine Suppe nehmen.

Weißkrautsalat mit Ingwer

Scharf-würzig

Zutaten für 4 Personen
500 g Weißkraut (geputzt)
Salz · Pfeffer, frisch gemahlen
30 g frischer Ingwer
1 Teelöffel Kreuzkümmel
2 Becher Vollmilchjoghurt (350 g)
Saft von 1 Zitrone
Koriandergrün oder Petersilie zum Garnieren

Pro Portion: 390 kJ/ 90 kcal
4 g E · 3 g F · 12 g Kh
Zubereitungszeit: 25 Minuten

Das Weißkraut waschen, auf einer Gemüsereibe hobeln und mit Salz und Pfeffer mischen. Mit den Händen leicht durchkneten. Den Ingwer schälen und fein reiben.

Den Kreuzkümmel im Mörser zerstoßen, mit geriebenem Ingwer, Joghurt und Zitronensaft unter das Weißkraut mischen und bis zum Anrichten kühl stellen. Am besten in kleinen Schälchen servieren, mit Korianderblättchen oder Petersilie garnieren.

Gemüse-Rohkost

Aus Italien

Zutaten für 6 Personen
1 Radicchio
1 Staude Chicorée
6 Stangen Staudensellerie, möglichst mit Blättern
6 junge Möhren
2 kleine Fenchelknollen
200 ml Olivenöl, extra nativ
Salz · schwarzer Pfeffer, frisch gemahlen
1 Eßlöffel Zitronensaft

Pro Portion: 1500 kJ/ 360 kcal
4 g E · 34 g F · 10 g Kh
Zubereitungszeit: 20 Minuten

Den Radicchio und den Chicorée in einzelne Blätter teilen und gründlich waschen.

Den Sellerie, die Möhren und den Fenchel gründlich waschen.

Den Sellerie in etwa 5 cm lange Stücke schneiden. Kleine Möhren ganz lassen, größere Exemplare der Länge nach vierteln.

Den Fenchel in Achtel schneiden, den Strunk ausschneiden.

Das Gemüse dekorativ auf einer großen Platte anrichten. Das Olivenöl mit Salz, Pfeffer und dem Zitronensaft gründlich verrühren und in kleinen Portionsschälchen dazustellen. Beim Essen nimmt sich jeder von dem Gemüse und stippt es in den Dip.

Tip!

Bei diesem »Pinzimonio«, einer klassischen Vorspeise aus der Toskana, kommt es auf knackfrisches, aromatisches Gemüse und auf die erstklassige Qualität des Olivenöls an. Schließlich gilt das Öl der Toskana als das beste der Welt. Während die einen das fettere Öl der Gegend um Lucca, also von der Toskanaküste, vorziehen, lieben andere mehr das zartbittere, fruchtigere aus den Höhenlagen des Chianti classico. Am meisten Spaß macht es, diese Rohkost in geselliger Runde zu leichtem Weißwein zu dippen.

Lauwarmer Spargelsalat mit Rucola

Für Gäste

Zutaten für 4 Personen
750 g weißer Spargel
Salz
1 Prise Zucker
1 Bund Rucola
1 Teelöffel scharfer Senf
1 Eßlöffel Weißweinessig
weißer Pfeffer, frisch gemahlen
2 Eßlöffel Sonnenblumen- oder Distelöl

Pro Portion: 310 kJ/ 70 kcal
4 g E · 4 g F · 5 g Kh
Zubereitungszeit: 30 Minuten

In einem Topf reichlich Wasser zum Kochen bringen. Den Spargel waschen und sorgfältig schälen, dabei oben weniger, unten mehr Schale entfernen. Die holzigen Enden abschneiden.

In das kochende Wasser Salz und Zucker geben. Den Spargel darin zugedeckt in 10–15 Minuten bißfest kochen. Inzwischen den Rucola waschen, trocknen und grob hacken.

Den Senf mit dem Essig, Salz und Pfeffer verrühren. Zwei Eßlöffel vom Spargelkochwasser und das Öl darunterschlagen. Den Rucola in die Marinade geben und wenden. Alles in eine Schüssel geben.

Die Spargelstangen mit einem Schaumlöffel aus dem Kochwasser heben, sorgfältig abtropfen lassen und zur Rucolamarinade geben. Alle Zutaten mischen und nochmals abschmecken. Den Salat sofort servieren.

Variante

Für einen Spargelsalat auf spanische Art nehmen Sie grünen Spargel, bei dem nur das untere Drittel der Stangen geschält werden muß. Grüner Spargel ist in etwa 10 Minuten gar. Gut abtropfen lassen und auf einer Platte anrichten. 3 hartgekochte Eier grob hacken und darüber streuen. Für die Sauce 2 Knoblauchzehen schälen und hacken, in 6 Eßlöffeln Olivenöl hellgelb andünsten. Mit 4–5 Eßlöffeln Weißweinessig ablöschen. Mit Salz, schwarzem Pfeffer und etwas zerbröselter Chilischote oder Cayennepfeffer pikant würzen und über Spargel und Eier gießen. Lauwarm als Vorspeisensalat servieren.

Lauwarmer Auberginensalat

Aus der Türkei

Zutaten für 4 Personen
2 große rote Paprikaschoten
300 g Fleischtomaten
750 g Auberginen
400 g Zucchini
6 Eßlöffel Olivenöl
Salz · schwarzer Pfeffer, frisch gemahlen
2 Teelöffel Paprikapulver, edelsüß
1 Teelöffel Kreuzkümmel
3 Knoblauchzehen
7 Eßlöffel Zitronensaft
1 Bund Minze

Pro Portion: 1200 kJ/ 290 kcal
5 g E · 21 g F · 25 g Kh
Zubereitungszeit: 45 Minuten

Den Backofen auf 250° (Umluft 220°) vorheizen. Paprikaschoten auf dem Rost (Mitte) 25 Minuten backen, bis die Haut Blasen wirft, dabei einmal wenden. Herausnehmen und etwas abkühlen lassen.

Die Tomaten überbrühen, häuten, entkernen und das Fruchtfleisch ohne die Stielansätze würfeln. Aubergine und Zucchini waschen, putzen und in etwa 1 cm große Würfel schneiden. Paprikaschoten häuten, putzen und in schmale Streifen schneiden.

Olivenöl in einer großen Pfanne erhitzen und die Auberginenwürfel unter Rühren 5 Minuten kräftig braten. Die Zucchiniwürfel dazugeben und noch 3 Minuten braten. Mit Salz, Pfeffer, Paprika und Kreuzkümmel würzen. Knoblauch schälen, darüber pressen und kurz mitbraten. Gemüse in eine Schüssel füllen. Den Zitronensaft unterrühren.

Tomaten mit Paprikastreifen in der Pfanne kurz andünsten und unter das andere Gemüse mischen, abschmecken.

Minze waschen, Blättchen fein hacken und untermischen. Den Gemüsesalat lauwarm servieren.

Tabouleh-Salat

Aus dem Libanon

Zutaten für 4 Personen
100 g feiner Bulgur (Reformhaus oder Naturkostladen, ersatzweise Couscousgrieß)
2 Fleischtomaten (etwa 500 g)
1 Salatgurke
1 Bund Frühlingszwiebeln
1 Bund glatte Petersilie
1 Bund frische Minze
Saft von 3 Zitronen
Salz · schwarzer Pfeffer, frisch gemahlen
1 Prise Kreuzkümmel
5 Eßlöffel Olivenöl

Pro Portion: 1150 kJ/ 270 kcal
8 g E · 15 g F · 33 g Kh
Zubereitungszeit: 55 Minuten

Den Bulgur in einer Schüssel mit 1/4 l lauwarmem Wasser vermischen und 30 Minuten quellen lassen, bis das Wasser völlig aufgesogen ist. Falls nötig, noch etwas Wasser nachgießen.

Die Tomaten waschen, halbieren, entkernen und die Stielansätze entfernen. Das Fruchtfleisch klein würfeln und in eine Schüssel geben. Die Gurke schälen, längs halbieren und die Kerne mit einem Löffel herauslösen. Das Fruchtfleisch in kleine Würfel schneiden. Die Frühlingszwiebeln putzen, waschen, in schmale Ringe schneiden und mit der Gurke zu den Tomaten geben.

Die Petersilie und die Minze waschen und die Blättchen grob hacken. Mit dem Bulgur unter das Gemüse mischen.

Den Zitronensaft mit Salz, Pfeffer, Kreuzkümmel und Olivenöl verrühren. Die Sauce über den Salat gießen, mischen und zugedeckt 15 Minuten durchziehen lassen. Vor dem Servieren nochmals abschmecken. Als Beilage paßt warmes Fladenbrot, als Getränk Bier oder Rotwein.

Im Bild oben: Tabouleh-Salat
Im Bild unten: Lauwarmer Auberginensalat

Brotsalat mit Minze

Aus dem Libanon

Zutaten für 4 Personen
4 dünne libanesische Fladenbrote (ersatzweise 1/2 schmales Baguette)
4 Eßlöffel Olivenöl
3 Bund glatte Petersilie
1/2 Kopf Romanasalat
4 Zweige Minze
350 g kleine Tomaten
1 Zwiebel
2 Knoblauchzehen
1 Teelöffel schwarze Pfefferkörner
1 Teelöffel Korianderkörner
1 Teelöffel Kreuzkümmel
Salz
1 Prise Muskatnuß, frisch gerieben
1 Prise Nelkenpulver
1 Prise Kardamom
1 Prise Cayennepfeffer
2 Zitronen

Pro Portion: 1000 kJ/ 240 kcal
6 g E · 9 g F · 31 g Kh
Zubereitungszeit: 45 Minuten

Fladenbrote in markstückgroße Stücke reißen (Baguette in dünne Scheiben schneiden). 1 Eßlöffel Olivenöl in einer Pfanne erhitzen. Das Brot darin unter Wenden braun braten, zur Seite stellen.

Petersilie, Romanasalat und die Minze waschen. Romanasalat und die Petersilie in feine Streifen schneiden. Minze fein hacken. Die Tomaten mit kochendem Wasser überbrühen, häuten und würfeln, dabei die Stielansätze entfernen. Zwiebel pellen und in Streifen schneiden. Knoblauch pellen und fein würfeln. Alles vermischen.

Die ganzen Gewürze im Mörser mit 1 Teelöffel Salz zerstoßen, die gemahlenen Gewürze untermischen. Zitronen auspressen, den Saft mit den Gewürzen und dem Olivenöl verrühren, über den Salat gießen, eventuell noch nachsalzen und 10–15 Minuten ziehen lassen.

Avocadosalat mit Staudensellerie

Raffiniert

Zutaten für 4 Personen
2 Eßlöffel dunkle Rosinen
2 Eßlöffel Sherry (ersatzweise lauwarmes Wasser)
4 Eßlöffel saure Sahne
4 Eßlöffel süße Sahne
4 Eßlöffel Sherryessig · Salz weißer Pfeffer, frisch gemahlen
400 g Staudensellerie
2 säuerliche Äpfel
2 große reife Avocados
2 Eßlöffel Petersilie, frisch gehackt
60 g Walnußkerne, grob gehackt

Pro Portion: 2000 kJ/ 480 kcal
7 g E · 42 g F · 17 g Kh
Zubereitungszeit: 20 Minuten

Die Rosinen mit dem Sherry (oder Wasser) übergießen und zugedeckt bis zur Verwendung ziehen lassen. Die saure und die süße Sahne mit dem Essig verquirlen. Mit Salz und Pfeffer würzen.

Den Sellerie in die einzelnen Stangen zerlegen, waschen und in schmale Streifen schneiden. Äpfel waschen, vierteln, entkernen und in dünne Scheiben schneiden. Avocados mit dem Sparschäler oder einem scharfen Messer dünn schälen, längs halbieren und die Kerne herausnehmen. Das Fruchtfleisch in Würfel schneiden.

Die Petersilie, die Hälfte der Nüsse und die Rosinen zu den übrigen Salatzutaten geben. Die Sauce vorsichtig unterheben und die restlichen Nüsse darüber streuen. Gleich servieren.

Tip!

Avocados sollen für den Salat reif, aber noch fest sein. Sie erkennen das, wenn Sie die Frucht in die Handfläche nehmen und ganz vorsichtig drücken – das Fruchtfleisch soll ein wenig nachgeben, die Haut darf aber keine braunen Stellen haben. Sind die Früchte noch zu hart, bei Zimmertemperatur (aber im Dunkeln, sonst bekommen sie braune Stellen) nachreifen lassen (das dauert 2 bis 3 Tage).

Blumenkohlteller mit Tomaten

Gelingt leicht

Zutaten für 4 Personen
100 g Joghurt
100 g Sahne
1 Teelöffel mittelscharfer Senf
4 Eßlöffel Zitronensaft
4 Eßlöffel Mayonnaise, am besten selbstgerührt
2 Eßlöffel Dill, frisch gehackt
2 Eßlöffel Petersilie, frisch gehackt
Salz
600 g Blumenkohl
4 reife, feste Tomaten
100 g Feldsalat

Pro Portion: 1100 kJ/ 260 kcal
7 g E · 23 g F · 7 g Kh
Zubereitungszeit: 30 Minuten

Den Joghurt mit der Sahne cremig schlagen. Den Senf, Zitronensaft, Mayonnaise, Kräuter und 1 Prise Salz unterrühren.

Den Blumenkohl waschen und mit der Rohkostreibe in dünne Scheibchen hobeln. Die zarten grünen Innenblätter in feine Streifen schneiden. Die Sauce unterheben. Den Salat in die Mitte von vier Salattellern häufen.

Die Tomaten waschen und halbieren, dabei die Stielansätze entfernen. Die Hälften in Scheiben schneiden und um den Blumenkohl legen.

Den Feldsalat putzen, waschen, trockenschleudern und zwischen den Tomatenscheiben anrichten.

Tip!

Die Zutaten für alle Rohkostsalate erst in letzter Minute zerkleinern und so frisch wie möglich auf den Tisch bringen. Die Sauce können Sie aber schon vorher bereiten und in den Kühlschrank stellen.

Bohnen-Schalotten-Salat

Für Gäste

Zutaten für 4 Personen
250 g kleine Schalotten
5 Eßlöffel Distelöl
4 Eßlöffel trockener Weißwein
6 Eßlöffel Gemüsebrühe
Salz
500 g Prinzeßbohnen
2 Zweige Bohnenkraut
1 Bund Petersilie
1 hartgekochtes Ei
1 frisches Eigelb
1 Teelöffel scharfer Senf
3 Eßlöffel Weißweinessig
weißer Pfeffer, frisch gemahlen

Pro Portion: 960 kJ/ 230 kcal
7 g E · 16 g F · 13 g Kh
Zubereitungszeit: 45 Minuten

Die Schalotten schälen. 2 Eßlöffel Öl in einer Pfanne erhitzen und die Schalotten darin bei mittlerer Hitze unter Rühren rundherum zartbraun braten. Den Wein und die Brühe angießen und die Schalotten zugedeckt etwa 10 Minuten schmoren. Dann leicht salzen und im Sud abkühlen lassen.

Die Bohnen entfädeln, putzen und waschen. Reichlich kräftig gesalzenes Wasser mit dem Bohnenkraut aufkochen und die Bohnen darin 6–8 Minuten sprudelnd kochen lassen. In eiskaltem Wasser abschrecken und in einem Sieb abtropfen lassen.

Die Petersilie waschen, trocknen und grob hacken. Das gekochte Ei schälen, grob hacken und durch ein Sieb streichen. Mit dem Eigelb, dem Senf und dem Essig verrühren. Mit Salz und Pfeffer würzen. Die Sauce mit etwas Schmorfond von den Schalotten glattrühren.

Die abgetropften Schalotten mit den Bohnen, der Petersilie und der Sauce vermengen. In einer flachen Schale oder Salatschüssel anrichten und servieren.

Tip!

Der Salat schmeckt auch gut mit echten Frühlingszwiebeln – den frischen weißen Zwiebeln mit grünem Lauch daran.

Suppen & Eintöpfe

Eine heiße Suppe wärmt den Magen und das Herz. Außerdem gibt es eine Menge raffinierter Rezeptideen, mit denen Sie Ihre Gäste überraschen können.

Eintöpfe dauern zwar meist etwas länger. Dafür sind sie einfach zuzubereiten und ergeben gleich eine komplette Mahlzeit. In größeren Mengen sind sie auch partytauglich.

Ohne eine gute Suppe ist für viele das Essen nicht komplett. Und kaum ein Kapitel ist so vielseitig wie das der Suppen und Eintöpfe. Sie können schnelle Vorspeise sein, ein sättigendes Hauptgericht oder eine leichte Zwischenmahlzeit. Heiße Brühen wärmen den Magen und das Herz, was besonders in der kühlen Jahreszeit sehr geschätzt wird. Aber es gibt auch kalte Suppen aus püriertem Gemüse oder Milchprodukten, die im Sommer herrlich erfrischen.

Am Anfang ist die Brühe

Eines haben die meisten Gerichte, die mit dem Löffel gegessen werden, gemeinsam: Die kräftige Brühe als Grundlage. In einer Zeit der Tüten und Päckchen, Würfel und gekörnter Konzentrate scheint es paradox, eine Brühe selbst zu kochen. Doch erstens stecken in einem Erzeugnis aus eigener Küche viel mehr wertvolle Vitamine, Mineral- und Biostoffe. Und zweitens kann man eine selbst gekochte Brühe fast als Abfallprodukt des Gemüseputzens sehen.

Vom Blumenkohl lassen sich die Blattrippen und der Strunk dafür verwenden, ebenso vom Brokkoli. Gut gewaschene Möhrenabschnitte, Kohlstrünke und äußere Blätter (aber nicht die äußersten Hüllblätter nehmen, die könnten zu sehr belastet sein). Die grünen Lauchblätter taugen ebenso für die Brühe wie die Stengel von Petersilie und anderen Kräutern. Auch das Tomateninnere, das beim Entkernen sonst weggeworfen wird, gehört in den Topf.

Gemüsebrühe

Für etwa 2 l Brühe benötigen Sie gut 1 kg Gemüse. Vor allem Wurzelgemüse wie Möhren, Knollensellerie, Petersilienwurzeln, Kohlrabi, dazu Zwiebeln und je nach Vorliebe Knoblauch.

Das Wurzelgemüse wird gewaschen und geputzt. In diesem Fall müssen Sie nicht auf Schönheit achten, es kommt ja auf die inneren Werte an. Das Gemüse wird klein gewürfelt und in einem großen Topf in etwas heißer Butter oder Öl sachte angedünstet, bis es würzig riecht und Aroma entwickelt hat. Nun gut 2 l Wasser aufgießen und langsam aufkochen lassen. Inzwischen werden die Putzabschnitte von Gemüse, etwas Weißkohl oder Wirsing, Blumenkohl oder die Stengel von Brokkoli gewaschen und ebenfalls klein geschnitten. In den Topf geben. Dazu kommen Gewürze wie Lorbeerblätter (2–3), Pfeffer- und Pimentkörner, auch ein oder zwei Nelken, aber noch kein Salz. Wenn die Brühe kocht, die Herdplatte zurückschalten und alles bei schwacher Hitze 45 Minuten bis 1 Stunde zugedeckt garen.

Dann die Brühe durch ein Sieb gießen, die Rückstände mit einem Löffel ausdrücken und nun die Brühe mit Salz abschmecken. Was Sie nicht sofort verbrauchen, ganz abkühlen lassen und in den Kühlschrank stellen. Hier hält sie sich 3–4 Tage. Besser noch die fertige Brühe portionsweise einfrieren, Beschriftung mit Datum nicht vergessen. Im Tiefkühler ist sie 3–4 Monate haltbar.

Etwas zum Beißen

Eine klare Brühe ist zwar fein, aber ohne Einlage doch etwas langweilig. Schnelles Füllmaterial sind kleine Suppennudeln (wer erinnert sich nicht an die Buchstabennudeln, mit denen man am Tellerrand so schön Wörter legen kann) und geröstete Brotwürfelchen, auch »Croûtons« genannt. Dafür altbackenes Weißbrot entrinden und in gleichmäßige Würfel schneiden. In einer Pfanne

Croûtons und Nudeln sind eine schnelle Suppeneinlage

in heißer Butter unter öfterem Wenden rundum braun und kroß braten. Knofelfans drücken zum Schluß noch eine Knoblauchzehe durch die Presse dazu und rösten sie kurz mit.

Legieren

Wurde früher auch »mit Ei abrühren« genannt. Um Suppen (oder auch Saucen) zu binden und den Geschmack zu verfeinern, Eier oder Eigelbe mit etwas Sahne oder Brühe verrühren, langsam in die heiße Flüssigkeit gießen und dabei kräftig mit dem Schneebesen quirlen. Unter Rühren erhitzen, bis die Eier binden, aber nicht mehr kochen, sonst gerinnt das Eiweiß (es wird zu Flocken).

Andererseit läßt sich eine klare Brühe auch mit Eierflöckchen anreichern. Dafür wird das verquirlte Ei durch ein kleines Sieb direkt in die kochende Suppe gestrichen. Es soll sofort gerinnen, so daß sich ein lockerer Flaum bildet.

Petersilienklößchen

Eine anspruchsvollere Suppeneinlage sind kleine Grießklößchen mit Kräutern. Dafür in einem kleinen Topf 1/4 l Milch mit 2 Teelöffeln Butter aufkochen lassen. 50 g Hartweizengrieß unter ständigem Rühren dazugeben. Die Mischung bei mittlerer Hitze dicklich werden lassen. Den Topf von der Herdplatte ziehen. 1 Bund glatte Petersilie waschen, trocknen und fein hacken. Petersilie und 2 Eigelbe unter den Grieß rühren. Den Grieß mit Salz und Pfeffer würzen. Aus der Grießmasse mit zwei Eßlöffeln über der leise siedenden Brühe Klößchen abstechen und etwa 5 Minuten bei schwacher Hitze darin ziehen lassen.

Eierstich

Besonderen Eindruck macht immer ein Eierstich in einer klaren Brühe. Die Herstellung ist ganz einfach: Als Suppeneinlage für 4–6 Portionen 2 Eier mit knapp 1/8 l Milch verrühren (es darf kein Schaum dabei entstehen), salzen und mit etwas Muskat würzen. Eine hitzefeste Form oder Metallschüssel mit Butter ausstreichen, die Eiermischung einfüllen.

Einen größeren Topf mit Wasser füllen und die Form hineinstellen (sie soll etwa zu 2/3 im Wasser stehen). Das Wasser erhitzen, ein Handtuch über den Topf legen und den Deckel aufsetzen (das Handtuch verhindert, daß Wasser in den Eierstich tropft). Die Eiermasse in etwa 35 Minuten bei schwacher Hitze stocken lassen. Sie ist gar, wenn sie sich beim Daraufdrücken fest-elastisch anfühlt. Dann die Form vorsichtig aus dem Wasser heben, etwas abkühlen

Eierstich wird im Wasserbad gegart, bis er schnittfest ist

Den aus der Form gelösten Eierstich in Würfel schneiden

lassen. Dann den Eierstich auf ein Schneidbrett stürzen. Mit einem angefeuchteten Messer in kleine Würfel, Rauten oder Streifen schneiden. Sehr hübsch sieht es aus, wenn Sie dazu ein Buntmesser (mit gezackter Schneide) nehmen. Den Eierstich dann in der heißen Brühe noch einmal heiß werden lassen.

Brunnenkresse-Suppe

Aus Frankreich

Zutaten für 4 Personen
250 g mehligkochende Kartoffeln
2 Eßlöffel Butter
1–2 Bund Brunnenkresse (je nach Größe)
Salz
weißer Pfeffer, frisch gemahlen
1 Prise Muskatnuß, frisch gerieben
1 l Gemüsebrühe
3 Eßlöffel Crème fraîche
Zitronensaft

Pro Portion: 600 kJ/ 140 kcal
2 g E · 11 g F · 10 g Kh
Zubereitungszeit: 50 Minuten

Die Kartoffeln schälen, waschen und in kleine Würfel schneiden.

Die Butter in einem Topf schmelzen lassen und die Kartoffeln hineingeben.

Die Brunnenkresse abspülen, die dicken Stiele entfernen. 4 schöne Blättchen zum Garnieren beiseite legen.

Die restlichen Blätter grob zerschneiden, in den Topf geben und mit den Kartoffeln kurz dünsten. Salzen, pfeffern und mit Muskat würzen.

Die Brühe dazugießen, aufkochen und etwa 20 Minuten zugedeckt köcheln.

Die Suppe mit dem Pürierstab oder im Mixer pürieren. Crème fraîche unterrühren und die Suppe nochmals aufwallen lassen. Mit Salz, Pfeffer, Muskat und Zitronensaft abschmecken.

Die Suppe in Tassen oder Teller verteilen und mit den beiseitegelegten Blättchen garnieren.

Pürierte Gemüsesuppe

Aus der Türkei

Zutaten für 4 Personen
300 g mehligkochende Kartoffeln
1 große Zwiebel
2 Eßlöffel Butter
2 Knoblauchzehen
1 l Gemüsebrühe
200 g Möhren
150 g Knollensellerie
2 mittelgroße Lauchstangen
Salz · schwarzer Pfeffer, frisch gemahlen
1 Prise Paprikapulver, edelsüß
1 Bund glatte Petersilie

Pro Portion: 710 kJ/ 170 kcal
6 g E · 7 g F · 20 g Kh
Zubereitungszeit: 1 1/4 Stunden

Die Kartoffeln waschen, schälen und in Würfel schneiden.

Die Zwiebel schälen und fein hacken. In einem mittelgroßen Topf die Butter erhitzen und die Zwiebelwürfel darin andünsten. Den Knoblauch schälen und dazupressen. Die Kartoffelwürfel zugeben und alles bei ganz schwacher Hitze andünsten.

Mit der Brühe aufgießen. Möhren und den Knollensellerie waschen, schälen, ebenfalls in Würfelchen schneiden und dazugeben.

Den Lauch putzen, längs aufschlitzen, gut ausspülen, in Ringe schneiden und in den Topf geben.

Die Suppe aufkochen und bei mittlerer Hitze etwa 30 Minuten zugedeckt köcheln. Anschließend mit dem Pürierstab oder im Mixer pürieren. Die Suppe nochmals aufkochen und mit Salz, Pfeffer und Paprikapulver würzen.

Die Petersilie abspülen, trocknen, Blättchen von den Stengeln zupfen und fein hacken. Die Suppe in Teller verteilen und mit der Petersilie bestreuen.

Im Bild oben:
Brunnenkresse-Suppe
Im Bild unten:
Pürierte Gemüsesuppe

Weinsuppe aus Tirol

Für Gäste

Zutaten für 4 Personen
4 Scheiben Weißbrot vom Vortag
30 g Butter
750 ml Gemüsebrühe
250 g Sahne
4 Eigelbe
250 ml trockener Weißwein
1 Prise Muskatnuß, frisch gerieben
Salz
weißer Pfeffer, frisch gemahlen

Pro Portion: 2200 kJ/ 530 kcal
9 g E · 32 g F · 41 g Kh
Zubereitungszeit: 20 Minuten

Die Weißbrotscheiben entrinden und in Würfel von etwa 1/2 cm Seitenlänge schneiden. Die Butter in einer Pfanne erhitzen. Weißbrotwürfel darin unter Umwenden knusprig rösten und danach warm stellen.

In die kalte Gemüsebrühe Sahne, Eigelbe und den Weißwein mit dem Schneebesen einrühren. Die Suppe unter ständigem Rühren erhitzen, aber nicht kochen lassen. Mit Muskat, Salz und Pfeffer pikant abschmecken. Die gerösteten Weißbrotwürfel kurz vor dem Servieren über die Weinsuppe streuen.

Grießnockerlsuppe

Preiswert

Zutaten für 4 Personen
60 g weiche Butter
1 Ei
120 g grober Hartweizengrieß
Salz
1 Prise Muskatnuß, frisch gerieben
etwas Öl
1 Bund Schnittlauch
1 l Gemüsebrühe

Pro Portion: 1300 kJ/ 310 kcal
7 g E · 21 g F · 23 g Kh
Zubereitungszeit: 45 Minuten

Die Butter schaumig rühren. Das Ei und nach und nach den Grieß unterrühren. Mit einer Prise Salz und dem Muskat würzen und die Mischung etwa 5 Minuten ruhen lassen.

Einen Teller mit etwas Öl bestreichen. Mit zwei nassen Teelöffeln aus der Grießmasse ovale Nockerln (Klößchen) formen und auf den Teller legen. Die Nockerln im Kühlschrank etwa 15 Minuten ruhen lassen.

Inzwischen in einem weiten Topf reichlich Salzwasser zum Kochen bringen.

Die Grießnockerln in das leicht kochende Salzwasser geben und bei schwacher Hitze etwa 10 Minuten mehr ziehen als kochen lassen. Die Nockerln sollen dabei fast doppelt so groß werden.

Den Schnittlauch waschen, trocknen und in feine Röllchen schneiden. Die Gemüsebrühe erhitzen.

Die garen Nockerln mit einem Schaumlöffel herausnehmen, abtropfen lassen und in die heiße Gemüsebrühe geben.

Die Grießnockerlsuppe mit den Schnittlauchröllchen bestreuen und dann servieren.

Variante

Für Käse-Grießklößchensuppe 60 g Hartweizengrieß in 1 Eßlöffel Butter hellgelb anrösten, 1/4 l Milch einrühren, unter Rühren ausquellen lassen, bis sich die Masse vom Topfboden löst.
2–3 Eßlöffel geriebenen Käse untermischen. In einem breiten Topf Salzwasser erhitzen. Wenn die Grießmasse etwas abgekühlt ist, 1 Ei, Salz und Pfeffer unterrühren. Mit zwei Eßlöffeln aus der Grießmasse Nocken formen und im leise siedenden Wasser 10 Minuten garen. In einer kräftigen Gemüsebrühe, in der grüne Erbsen und Möhrenscheibchen gegart wurden, servieren.

Gurkencreme-suppe

Gelingt leicht

Zutaten für 4 Personen
750 ml Gemüsebrühe
1 große Salatgurke
2 Eßlöffel Butterschmalz
2 Eßlöffel Mehl
2 Eigelbe
100 g Sahne
4 Tropfen Tabasco
Salz
weißer Pfeffer, frisch gemahlen
2 Bund Dill

Pro Portion: 810 kJ/ 190 kcal
4 g E · 17 g F · 7 g Kh
Zubereitungszeit: 20 Minuten

In einem Topf die Gemüsebrühe erhitzen. Die Salatgurke waschen, schälen und längs halbieren. Die Kerne mit einem Teelöffel auskratzen. Das Gurkenfleisch würfeln. Im Suppentopf das Butterschmalz erhitzen, die Gurkenwürfel darin in etwa 5 Minuten glasig dünsten.

Das Mehl darüber stäuben und unterrühren. Die heiße Brühe aufgießen, alles etwa 5 Minuten köcheln lassen.

Die Eigelbe mit der Sahne verrühren, die Suppe damit legieren (unterrühren und erhitzen, aber nicht kochen lassen). Mit dem Tabasco, Salz und Pfeffer pikant abschmecken.

Den Dill fein schneiden, vor dem Servieren über die Suppe streuen.

Tip!

Sättigender wird die Suppe, wenn Sie kurz vorm Servieren noch Brotwürfelchen in Butter rösten und auf die Suppe streuen.

Kalte Gurkensuppe

Schnell

Zutaten für 4 Personen
1 1/2 Salatgurken
1 Bund Dill
1 Zitrone
4 Becher Bulgarajoghurt (à 175 g)
250 g Sauermilch
2 Knoblauchzehen
6 schwarze Oliven
Salz
weißer Pfeffer, frisch gemahlen

Pro Portion: 350 kJ/ 80 kcal
4 g E · 3 g F · 9 g Kh
Zubereitungszeit: 25 Minuten

Die Salatgurken waschen, schälen und längs halbieren. Mit einem Teelöffel die Kerne auskratzen, das Gurkenfleisch fein würfeln.

Den Dill waschen, trocknen und fein hacken. Die Zitrone auspressen. Den Joghurt mit der gut gekühlten Sauermilch verquirlen.

Die Knoblauchzehen schälen und durch die Presse zur Joghurtmilch drücken. Von den Oliven das Fruchtfleisch sorgfältig in Streifen von den Kernen schneiden.

Joghurtmilch mit Gurkenwürfeln, Zitronensaft und Dill verrühren, mit Salz und Pfeffer abschmecken. Mit den Olivenstreifen bestreut gut gekühlt servieren.

Variante

Weißer Gazpacho: Dafür nimmt man die kalte Gurkensuppe als Grundlage, benötigt aber nur etwa 1/2 Salatgurke, würfelt sie klein und stellt sie zur Seite. Etwa 100 g geschälte Mandeln mit dem Blitzhacker oder im Mixer pürieren und unter den Joghurt rühren. Durch die Presse gedrückten Knoblauch nicht vergessen. Zu der gut gekühlten Suppe serviert man in einzelnen Schälchen klein gewürfeltes Gemüse wie Salatgurke, Gemüsezwiebel, gehäutete und entkernte Tomaten, gelbe und grüne Paprikaschoten sowie in Butter gebratene Weißbrotwürfel. Das kann an heißen Tagen eine ganze Mahlzeit ersetzen.

Zucchinisuppe mit Tomaten

Raffiniert

Zutaten für 4 Personen
1 große Zwiebel
2 Eßlöffel Sonnenblumenöl, kaltgepreßt
2 Eßlöffel gekörnte Gemüsebrühe
600 g junge Zucchini
je 1 Teelöffel getrocknetes Bohnenkraut und Thymian
250 g reife, aromatische Tomaten
2 Eßlöffel saure Sahne
4 Eßlöffel Crème fraîche
2 Knoblauchzehen
1 große Handvoll Kräuter (z.B. Petersilie, Dill, Basilikum, Majoran), frisch gehackt
Currypulver · Cayennepfeffer

Pro Portion: 660 kJ/ 160 kcal
5 g E · 12 g F · 8 g Kh
Zubereitungszeit: 30 Minuten

Die Zwiebel schälen und würfeln. Das Öl in einem Topf erhitzen. Die Zwiebel zugeben und darin glasig dünsten. 1/2 l Wasser und die gekörnte Brühe dazugeben und aufkochen lassen.

Die Zucchini waschen, raspeln und mit dem Bohnenkraut und dem Thymian in die Brühe rühren. Die Suppe etwa 5 Minuten bei mittlerer Hitze kochen.

Die Tomaten waschen und entkernen, dabei das Innere in die Suppe geben, und alles mit dem Pürierstab pürieren. Das Tomatenfleisch klein würfeln und beiseite stellen.

Die saure Sahne mit der Crème fraîche verquirlen und in die Suppe rühren. Den Knoblauch dazu pressen.

Die Kräuter hinzufügen, die Suppe mit je 1 Prise Curry und Cayennepfeffer abschmecken. Tomatenwürfel darüber streuen.

Spargelsuppe mit Avocado

Braucht etwas Zeit

Zutaten für 4 Personen
650 g grüner Spargel
30 g Dinkel, feingemahlen
2 Gemüsebrühwürfel
2 vollreife Avocados (je etwa 250 g)
4 Eßlöffel Crème fraîche
2 Eßlöffel Zitronensaft
20 g Butter
1 Handvoll Sauerampferblättchen, frisch gehackt
etwas Petersilie, frisch gehackt
weißer Pfeffer, frisch gemahlen
Meersalz
Zum Garnieren:
einige Gänseblümchen
1 Löwenzahnblüte

Pro Portion: 1600 kJ/ 380 kcal
6 g E · 38 g F · 8 g Kh
Zubereitungszeit: 1 Stunde

Den Spargel waschen, das untere Drittel schälen, holzige Enden abschneiden.

Die Schalen und Abschnitte mit Wasser bedeckt in einem Topf aufkochen und bei schwacher Hitze 15–20 Minuten kochen.

Inzwischen den Spargel in Stücke schneiden, die Spitzen beiseite legen.

Die Spargelbrühe absieben, mit Wasser auf knapp 1 1/4 l ergänzen und in einen Topf füllen. Den Dinkel mit dem Schneebesen unterrühren und aufkochen. Brühwürfel und die Spargelabschnitte hinzufügen und etwa 7 Minuten bei schwacher Hitze kochen. Dann die Spargelspitzen dazugeben und weitere 3 Minuten kochen.

Die Avocados schälen, entkernen und mit der Crème fraîche und dem Zitronensaft fein pürieren.

Die Suppe vom Herd nehmen. Avocadopüree, Butter und die Kräuter unterrühren. Die Suppe mit Salz und Pfeffer abschmecken und mit Gänseblümchen und den abgezupften Blütenblättern der Löwenzahnblüte bestreuen.

Im Bild oben:
Zucchinisuppe mit Tomaten
Im Bild unten:
Spargelsuppe mit Avocado

Spinat-Joghurt-Suppe

Aus Arabien

Zutaten für 4 Personen
500 g frischer Blattspinat (ersatzweise 300 g tiefgekühlter)
1 mittelgroße Zwiebel
3 Eßlöffel Olivenöl
120 g Reis
600 g Joghurt (4 Becher)
3 Knoblauchzehen
Salz
weißer Pfeffer, frisch gemahlen

Pro Portion: 840 kJ/ 200 kcal
6 g E · 9 g F · 25 g Kh
Zubereitungszeit: 30 Minuten

Den frischen Spinat waschen, verlesen und klein schneiden (tiefgekühlten Spinat in eine Sieb geben, auftauen und abtropfen lassen, dann ebenfalls klein schneiden).

Die Zwiebel schälen und fein hacken. Das Olivenöl in einem großen Topf erhitzen und die Zwiebeln darin bei schwacher Hitze in etwa 3 Minuten glasig dünsten.

Den Spinat und den Reis dazugeben, 1 l Wasser angießen und alles zugedeckt bei mittlerer Hitze etwa 20 Minuten kochen lassen, bis der Reis gar ist.

In der Zwischenzeit den Joghurt in eine Schüssel geben. Den Knoblauch schälen und durch die Knoblauchpresse dazu drücken. Mit Salz und Pfeffer würzen und alles gut verrühren.

Wenn der Reis weich ist, den Topf vom Herd nehmen und mit einem Schneebesen die Joghurt-Knoblauch-Mischung unter die Suppe rühren. Die Suppe darf nicht mehr kochen, sonst gerinnt der Joghurt. Das Gericht mit Pfeffer und Salz abschmecken.

Kichererbsen-Gemüsesuppe

Braucht etwas Zeit

Zutaten für 4 Personen
80 g Kichererbsen
1 1/2 Eßlöffel gekörnte Gemüsebrühe
1/2 Lorbeerblatt
130 g Blumenkohl
80 g Möhren
60 g Staudensellerie
50 g hellgrüne oder gelbe Paprikaschoten
1 Bund Petersilie
150 g Tomaten
1/2 Bund Majoran
25 g Butter
Meersalz
Muskatnuß, frisch gerieben

Pro Portion: 570 kJ/ 140 kcal
6 g E · 6 g F · 14 g Kh
Quellzeit: 12 Stunden
Zubereitungszeit: 1 Stunde

Die Kichererbsen waschen und in 1/2 l Wasser 10–12 Stunden quellen lassen.

Die gekörnte Brühe und das Lorbeerblatt dazugeben. Die Kichererbsen zugedeckt in etwa 1 Stunde bei schwacher Hitze weich kochen.

Das Gemüse waschen und putzen. Den Blumenkohl in kleine Röschen teilen, den Strunk in dünne Scheiben schneiden. Möhren in dünne Scheiben, den Sellerie in Streifen schneiden; das Selleriegrün beiseite legen. Die Paprikaschoten würfeln. Petersilienstengel fein hacken und zum Gemüse geben.

Das Lorbeerblatt aus den Kichererbsen entfernen. 3/4 l Wasser dazugießen und aufkochen. Das Gemüse dazugeben und zugedeckt in etwa 8 Minuten bißfest garen.

Die Tomaten würfeln, etwa 2 Minuten in der Suppe ziehen lassen. Petersilien- und Sellerieblättchen sowie den Majoran hacken und mit der Butter in die Suppe rühren. Mit Meersalz und Muskat abschmecken.

Tip!

Schneller ist die Suppe fertig, wenn Sie etwa 250 g abgetropfte Kichererbsen aus der Dose dafür nehmen.

Knoblauch-Mandelsuppe

Aus Spanien

Zutaten für 4 Personen
8 Knoblauchzehen
2 Eßlöffel Butter
150 g geschälte, gemahlene Mandeln
1 l Gemüsebrühe
8 blaue Weintrauben
Salz
weißer Pfeffer, frisch gemahlen
1 Prise Muskatnuß, frisch gerieben
2 Eßlöffel Zitronensaft
1/2 Bund Zitronenthymian (ersatzweise normalen Thymian)

Pro Portion: 1300 kJ/ 310 kcal
9 g E · 27 g F · 7 g Kh
Zubereitungszeit: 50 Minuten

Die Knoblauchzehen schälen und quer in ganz dünne Scheibchen schneiden.

Die Butter in einem Topf erhitzen und den Knoblauch darin bei schwacher Hitze in etwa 5 Minuten goldgelb braten. Die Mandeln zugeben und kurz anrösten. Mit der Gemüsebrühe aufgießen. Zugedeckt bei schwacher Hitze etwa 25 Minuten sanft kochen.

Inzwischen die Trauben waschen und halbieren, dabei die Kerne entfernen.

Die Suppe mit Salz, Pfeffer, frisch geriebenem Muskat und Zitronensaft abschmecken.

Die Suppe in Teller verteilen und die Trauben einlegen. Zitronenthymian abbrausen und die Blättchen über den Tellern abzupfen.

Gratinierte Knoblauchrahmsuppe

Raffiniert

Zutaten für 4 Personen
1 mittelgroße Zwiebel
2 Eßlöffel Butter
12 Knoblauchzehen
2 Eßlöffel Mehl
750 ml Gemüsebrühe
250 g Crème double
4 Scheiben Baguette von etwa 1 cm Dicke
Salz · schwarzer Pfeffer, frisch gemahlen
1 Prise Muskatnuß, frisch gerieben
1 Eßlöffel Zitronensaft
2 Eßlöffel frisch geriebener Appenzeller
1 Teelöffel Oregano

Pro Portion: 1800 kJ/ 430 kcal
5 g E · 35 g F · 14 g Kh
Zubereitungszeit: 45 Minuten

Die Zwiebel schälen und fein hacken. Die Butter in einem Topf erhitzen und die Zwiebel glasig dünsten. Den Knoblauch schälen, die Zehen längs vierteln und kurz mit andünsten.

Das Mehl einrühren und goldgelb werden lassen. Die Gemüsebrühe und die Crème double dazugießen und die Suppe zugedeckt etwa 20 Minuten bei mittlerer Hitze köcheln lassen.

Den Backofen auf 250° oder den Grill vorheizen. Die Baguettescheiben im Toaster rösten.

Die Suppe mit dem Pürierstab gut durchmixen, mit Salz, Pfeffer, dem Muskat und dem Zitronensaft abschmecken und durch ein Sieb in vier Tassen füllen.

Das Brot auf die Suppe legen, mit dem Käse bestreuen und im Backofen (Mitte) oder unter dem Grill goldbraun überbacken. Vor dem Servieren mit etwas Oregano bestreuen.

Tip!

Wenn die Suppe mehr sättigen soll, verwenden Sie pro Tasse zwei Scheiben Brot und etwas mehr Käse zum Überbacken.

Spinatrahmsuppe

Aus Italien

Zutaten für 4 Personen
1 Zwiebel
2 Eßlöffel Butter
2 Knoblauchzehen
400 g Blattspinat
200 g Sahne
750 ml Gemüsebrühe
Salz
weißer Pfeffer, frisch gemahlen
1 Prise Muskatnuß, frisch gerieben
2 Teelöffel Zitronensaft
4 Eßlöffel Parmesan, frisch gerieben
4 frische Eigelbe

Pro Portion: 1400 kJ/ 330 kcal
9 g E · 30 g F · 4 g Kh
Zubereitungszeit: 45 Minuten

Die Zwiebel schälen und fein hacken. Butter in einem großen Topf erhitzen und die Zwiebelwürfel darin in etwa 5 Minuten weich dünsten. Die Knoblauchzehen schälen und durch die Presse dazu drücken.

Den Spinat verlesen und grobe Stiele entfernen. Die Blätter gründlich waschen und in den Topf geben. Bei schwacher Hitze etwa 3 Minuten dünsten. Mit Sahne und Brühe aufgießen, etwa 10 Minuten köcheln lassen.

Den Spinat mit dem Pürierstab oder im Mixer fein zerkleinern. Mit Salz, Pfeffer, Muskat und dem Zitronensaft würzen. Den Parmesan unterrühren und die Suppe einmal aufwallen lassen.

Die Spinatrahmsuppe in vier Suppenteller verteilen und jeweils in die Mitte 1 Eigelb gleiten lassen.

Tip!

Die Eiweiße mit Zucker steif schlagen und Baiser backen.

Kürbiscremesuppe

Braucht etwas Zeit

Zutaten für 4 Personen
1 Stück Kürbis (etwa 900 g)
1 Zwiebel
3 Eßlöffel Butter
Salz
weißer Pfeffer, frisch gemahlen
1 Zweig frischer Thymian (oder 1 Teelöffel getrockneter)
1 l Gemüsebrühe
3 Eßlöffel Zitronensaft
Cayennepfeffer
4 Eßlöffel geschälte Kürbiskerne

Pro Portion: 880 kJ/ 210 kcal
7 g E · 15 g F · 13 g Kh
Zubereitungszeit: 1 1/4 Stunden

Den Kürbis entkernen, dann das Fruchtfleisch aus der Schale schneiden und klein würfeln.

Die Zwiebel schälen und fein hacken. In einem großen Topf die Butter erhitzen und die Zwiebel darin bei mittlerer Hitze in etwa 5 Minuten goldgelb andünsten.

Die Kürbiswürfel dazugeben und kurz mitdünsten. Mit Salz, Pfeffer und dem Thymian würzen. Mit der Gemüsebrühe aufgießen und etwa 45 Minuten zugedeckt bei schwacher Hitze köcheln, bis der Kürbis weich ist.

Inzwischen die Kürbiskerne in einer beschichteten Pfanne ohne Fett kurz unter Rühren anrösten.

Den Thymianzweig aus der Suppe fischen und wegwerfen. Den Kürbis mit dem Pürierstab oder im Mixer fein pürieren.

Die Suppe mit dem Zitronensaft und Cayennepfeffer abschmecken. In tiefe Teller füllen und mit den gerösteten Kürbiskernen bestreut servieren.

Tip!

Zum Bestreuen eignen sich auch gut die schalenlosen grünen Kürbiskerne (Reformhaus).

Im Bild oben: Spinatrahmsuppe
Im Bild unten: Kürbiscremesuppe

Erbsencremesuppe mit Minze

Schnell

Zutaten für 4 Personen
1 große Zwiebel
2 Eßlöffel Butter
600 g frisch gepalte oder tiefgekühlte Erbsen
3/4 l Gemüsebrühe
150 g geräucherter Tofu
4 Eßlöffel Crème fraîche
Salz · schwarzer Pfeffer, frisch gemahlen
1 Eßlöffel Zitronensaft
2 Zweige Minze

Pro Portion: 1600 kJ/ 370 kcal
17 g E · 16 g F · 41 g Kh
Zubereitungszeit: 25 Minuten

Die Zwiebel schälen und fein würfeln. Die Butter in einem großen Topf erhitzen und die Zwiebelwürfel darin bei schwacher Hitze andünsten.

Die Erbsen zugeben und die Gemüsebrühe angießen. Alles aufkochen, die Hitze reduzieren und die Suppe bei schwacher Hitze zugedeckt etwa 10 Minuten köcheln lassen, bis die Erbsen weich sind.

Inzwischen den Tofu in kleine Würfel schneiden.

Die Suppe im Mixer oder mit dem Pürierstab pürieren und wieder in den Topf füllen. Die Crème fraîche unterrühren und die Suppe aufkochen lassen. Mit Salz, Pfeffer und dem Zitronensaft abschmecken. Die Tofuwürfel hinzufügen.

Die Minze waschen und trocknen. Die Blättchen abzupfen, in schmale Streifen schneiden und auf die Erbsencremesuppe streuen.

Tip!

Wenn Sie keinen geräucherten Tofu bekommen, Natur-Tofu würfeln und in Sojasauce 30 Minuten marinieren.

Rote Linsenschaumsuppe

Für Gäste

Zutaten für 4 Personen
1 mittelgroße Stange Lauch
2 Eßlöffel Butter
4 Knoblauchzehen
125 ml trockener Weißwein
200 g rote Linsen
1 l Gemüsebrühe
Salz
Pfeffer, frisch gemahlen
1 Prise Cayennepfeffer
1 Eßlöffel Zitronensaft
125 g Sahne
einige Kerbelblättchen zum Garnieren

Pro Portion: 3600 kJ/ 860 kcal
14 g E · 73 g F · 30 g Kh
Zubereitungszeit: 45 Minuten

Den Lauch putzen, längs aufschlitzen, gründlich waschen und mit dem hellen Grün in schmale Ringe schneiden.

Die Butter in einem Topf erhitzen und die Lauchringe bei mittlerer Hitze etwa 5 Minuten unter Rühren darin dünsten.

Die Knoblauchzehen schälen und durch die Knoblauchpresse dazudrücken.

Mit dem Weißwein ablöschen und die Flüssigkeit ganz einkochen lassen.

Die Linsen einstreuen und mit der Gemüsebrühe aufgießen. Die Suppe aufkochen und zugedeckt etwa 20 Minuten köcheln, bis die Linsen ganz weich sind. Dann mit Salz, Pfeffer und dem Chilipfeffer würzen.

Die Suppe mit dem Pürierstab oder im Mixer pürieren, durch ein Sieb streichen und erneut aufkochen. Den Zitronensaft hinzufügen und die Suppe nochmals pikant abschmecken. Die Sahne steif schlagen.

Die Suppe in vier Teller verteilen und je einen Klacks Sahne darauf setzen, mit Kerbelblättchen garniert servieren.

Kartoffelsuppe

Gelingt leicht

Zutaten für 6 Personen
2 Stangen Lauch
2 Petersilienwurzeln
3 Möhren
1/2 Knolle Sellerie
2 Zwiebeln
2 Knoblauchzehen
1 kg Kartoffeln
2 Eßlöffel Butterschmalz
2 l heiße Gemüsebrühe
2 Lorbeerblätter
6 Pimentkörner
1/2 Teelöffel gemahlener Kümmel
je 1/4 Teelöffel getrockneter Majoran und Thymian · Salz
1 Bund glatte Petersilie
Muskatnuß, frisch gerieben
Streuwürze · schwarzer Pfeffer, frisch gemahlen

Pro Portion: 1800 kJ/ 420 kcal
16 g E · 8 g F · 71 g Kh
Zubereitungszeit: 2 Stunden

Den Lauch putzen, längs aufschlitzen, gründlich waschen und samt hellem Grün in feine Scheiben schneiden. Petersilienwurzeln, Möhren und Sellerie waschen, schälen und kleinschneiden. Zwiebeln, Knoblauch und Kartoffeln schälen und klein würfeln.

Das Butterschmalz erhitzen, Lauch und Zwiebeln dazugeben und bei schwacher Hitze glasig anschwitzen. Dann das übrige Gemüse und die Kartoffeln zugeben und alles unter Rühren andünsten. Die Gemüsebrühe aufgießen. Mit Lorbeerblättern, Pimentkörnern, Kümmel, Majoran, Thymian und Salz würzen und die Suppe etwa 30 Minuten leise kochen lassen.

Die Petersilie waschen, die Blättchen abzupfen und fein hacken. Die Kartoffelsuppe mit Muskatnuß, Streuwürze und Pfeffer kräftig abschmecken. Mit dem Pürierstab kurz durchpürieren und mit der Petersilie bestreut servieren. Dazu paßt kräftiges Bauernbrot.

Tomatensuppe mit Reis

Braucht etwas Zeit

Zutaten für 4 Personen
1 kg vollreife Tomaten
1 Zwiebel
2 Knoblauchzehen
2 Stangen Staudensellerie
4 Stengel Petersilie
1 Stengel Thymian
2 Eßlöffel Butter
1 Lorbeerblatt
1 Teelöffel Zucker · Salz
weißer Pfeffer, frisch gemahlen
100 g Reis
1 Bund Schnittlauch
100 g saure Sahne

Pro Portion: 1000 kJ/ 230 kcal
6 g E · 9 g F · 32 g Kh
Zubereitungszeit: 1 Stunde

Die Tomaten waschen und vierteln, dabei die Stielansätze entfernen. Zwiebel und Knoblauchzehen schälen und in grobe Würfel schneiden.

Staudensellerie waschen, klein würfeln. Petersilien- und Thymianstengel abspülen.

Die Butter zerlassen. Zwiebel-, Knoblauch- und Selleriewürfel darin bei mittlerer Hitze anbraten. Die Tomaten dazugeben. Alles etwa 10 Minuten dünsten.

1/2 l Wasser zum Kochen bringen und dazugießen. Petersilie, Lorbeerblatt und Thymian hinzufügen. Mit Zucker, Salz und Pfeffer würzen. Die Suppe etwa 35 Minuten köcheln lassen.

Den Reis in ein Sieb geben und unter fließendem kalten Wasser abbrausen, bis das Wasser klar bleibt. Den Reis mit 200 ml Wasser in einen Topf geben und aufkochen lassen. Dann bei schwacher Hitze in 20–30 Minuten ausquellen lassen.

Die Tomatensuppe durch ein Sieb streichen und den gekochten Reis unterrühren. Den Schnittlauch abspülen und in kleine Röllchen schneiden.

Die Tomatensuppe in tiefe Teller verteilen. Auf jede Portion etwas saure Sahne und Schnittlauchröllchen geben.

Provenzalische Sommersuppe

Braucht etwas Zeit

Zutaten für 4 Personen
2 Gemüsezwiebeln
1 kg reife Tomaten
1 Knoblauchzehe
1 Bouquet garni (Gewürzsträußchen aus 1 Lorbeerblatt und 1–2 Zweigen Thymian, wahlweise etwas Fenchelsamen)
1 Bund Petersilie
3 Eßlöffel Olivenöl
2 Eßlöffel Mehl
Salz
Pfeffer, frisch gemahlen

Pro Portion: 550 kJ/ 130 kcal
4 g E · 7 g F · 16 g Kh
Zubereitungszeit: 1 1/2 Stunden

Die Zwiebeln schälen und in Ringe schneiden. Die Tomaten waschen und vierteln, dabei die Stielansätze entfernen. Das Bouquet garni mit Küchengarn zusammenbinden, eventuell den Fenchelsamen in ein Mullsäckchen stecken. Die Petersilie waschen und trockenschütteln.

Das Öl in einem Suppentopf erhitzen. Die Zwiebelringe darin glasig anbraten. Den Knoblauch schälen und dazugeben. Alles unter Rühren etwa 5 Minuten anschmoren. Das Bouqet garni und die Petersilie im Ganzen dazugeben. 1 l Wasser angießen und die Suppe etwa 1 Stunde bei mittlerer Hitze kochen lassen.

Das Mehl mit ein wenig Suppe verquirlen und unter die Suppe rühren. Die Suppe noch einmal etwa 15 Minuten bei schwacher Hitze köcheln lassen. Erst jetzt mit Salz und Pfeffer abschmecken und heiß servieren.

Pariser Zwiebelsuppe

Für Gäste

Zutaten für 4 Personen
3 mittelgroße Zwiebeln oder 1 große Gemüsezwiebel
30 g Butter
2 Teelöffel Mehl
1 l leichte Gemüsebrühe
Salz · schwarzer Pfeffer, frisch gemahlen
4 größere Scheiben Weißbrot (oder 8 kleine dünne)
2 cl Cognac oder Portwein (eventuell)
75 g Greyerzer Käse, frisch gerieben

Pro Portion: 1700 kJ/ 410 kcal
14 g E · 15 g F · 52 g Kh
Zubereitungszeit: 50 Minuten

Die Zwiebeln schälen und fein hacken. Die Butter in einem kleinen Suppentopf zerlassen und die Zwiebeln darin bei schwacher Hitze in etwa 10 Minuten goldgelb und weich braten. Das Mehl darüber stäuben und unterrühren. Die Gemüsebrühe dazugießen. Salzen und pfeffern. Die Suppe zugedeckt 15–20 Minuten leise kochen lassen.

Den Backofen auf 250° vorheizen.

Das Brot hell toasten oder ohne Fett in einer Pfanne rösten. Je 1 oder 2 Scheiben auf vier feuerfeste Suppentassen verteilen.

Die fertige heiße Suppe über das Brot in die Tassen gießen. Nach Geschmack mit Cognac oder Portwein parfümieren. Den Käse obenauf streuen.

Die Suppe im Backofen (Mitte) in etwa 7 Minuten goldgelb überbacken. Heiß servieren.

Tip!

Die Zwiebelsuppe können Sie noch mit etwas Kümmel würzen, das macht sie bekömmlicher.

Im Bild oben: Pariser Zwiebelsuppe
Im Bild unten: Provenzalische Sommersuppe

Grüne Suppe

Aus Frankreich

Zutaten für 4 Personen
je 2 Handvoll Spinat, Sauerampfer und Kopfsalatblätter
je 1 Handvoll Kerbel, Portulak und Kresse
2 Stangen Lauch
4 mittelgroße Kartoffeln
100 g Butter
8 dünne Scheiben Stangenweißbrot
Salz

Pro Portion: 1500 kJ/ 360 kcal
6 g E · 22 g F · 32 g Kh
Zubereitungszeit: 50 Minuten

Den Spinat, den Sauerampfer, die Salatblätter und die Kräuter gründlich waschen und trockentupfen oder -schleudern. Alles kleinschneiden.

Den Lauch waschen, längs vierteln, das Grün entfernen und die weißen Enden sehr fein schneiden. Die Kartoffeln schälen, in feine Scheiben schneiden und kurz in kaltes Wasser legen, damit sie nicht braun werden.

In einem dickwandigen Suppentopf 80 g von der Butter zerlassen. Die grünen Blätter mit den Kräutern hineingeben. Die Blätter bei mittlerer Hitze zusammenfallen lassen, umrühren. Den Lauch dazugeben und alles 5–7 Minuten anschmoren.

2 l Wasser angießen. Die Kartoffeln dazugeben. Die Suppe bei mittlerer Hitze 20–25 Minuten zugedeckt kochen lassen.

Inzwischen die restliche Butter in einer Pfanne zerlassen und die Brotscheiben auf beiden Seiten hellgelb anbraten. Die Scheiben in eine Suppenterrine legen.

Die Suppe durch ein feines Sieb passieren, noch einmal aufkochen lassen und salzen. Sehr heiß über die Brotscheiben gießen und sofort servieren.

Altböhmische Biersuppe

Schnell

Zutaten für 4 Personen
1 l helles Bier
50 g Zucker
1 Prise Zimtpulver
2 Eigelbe
125 g Sahne
100 g Weißbrot
2 Eßlöffel Butter

Pro Portion: 1300 kJ/ 310 kcal
3 g E · 20 g F · 32 g Kh
Zubereitungszeit: 20 Minuten

Das Bier in einen Topf geben, den Zucker und das Zimtpulver hinzufügen und alles vorsichtig erhitzen (kocht leicht über).

Den Topf von der Herdplatte nehmen. Die Eigelbe mit der Sahne verquirlen und unterrühren. Die Suppe noch einmal erhitzen, aber nicht mehr kochen lassen.

Das Weißbrot in kleine Würfel schneiden. Die Butter in einer Pfanne erhitzen. Die Brotwürfel darin unter Wenden rundum goldbraun rösten. Über die Suppe streuen und sofort servieren.

Variante

Für eine Berliner Bierkaltschale 75 g Korinthen waschen und in etwas warmem Wasser quellen lassen. 2 Scheiben Schwarzbrot toasten, abkühlen lassen und zu groben Bröseln reiben. Mit 50 g Zucker und etwas gemahlenem Kardamom vermischen. In einem Suppentopf 1 l helles Bier (Berliner Weiße) mit 1 Streifen Schale von einer unbehandelten Zitrone langsam erhitzen und wieder abkühlen lassen. Die Zitronenschale entfernen. Korinthen samt Einweichflüssigkeit und die Brotbrösel unterrühren, die Suppe kalt stellen. Zum Servieren die Kaltschale auf Teller verteilen und mit dünnen Zitronenscheiben garnieren.

Selleriesuppe

Aus Schweden

Zutaten für 4 Personen
1 Staude Stangensellerie (etwa 600 g)
400 g mehligkochende Kartoffeln
1 große Zwiebel
30 g Butter
1 l Gemüsebrühe
100 g Sahne
Salz · schwarzer Pfeffer, frisch gemahlen
Muskatnuß, frisch gerieben
Zucker
Zitronensaft

Pro Portion: 980 kJ/ 240 kcal
4 g E · 14 g F · 20 g Kh
Zubereitungszeit: 1 1/2 Stunden

Die Selleriestangen putzen, waschen und in Scheiben schneiden. Die Blättchen aufheben.

Die Kartoffeln schälen und grob würfeln. Die Zwiebel schälen und ebenfalls in Würfel schneiden.

Die Butter in einem Topf erhitzen und das Gemüse darin bei mittlerer Hitze unter Rühren in etwa 7 Minuten andünsten, ohne daß es bräunt.

Die Brühe angießen, und alles im geschlossenen Topf bei kleiner Hitze etwa 45 Minuten garen.

Die Sahne hinzufügen. Das Gemüse in der Flüssigkeit mit dem Pürierstab im Topf oder im Mixer glatt pürieren.

Die Suppe mit Salz, Pfeffer, Muskat und Zucker kräftig abschmekken. Heiß in eine Suppenterrine füllen, mit den Sellerieblättchen bestreut servieren.

Buttermilchsuppe mit Schnittlauch

Erfrischend

Zutaten für 4 Personen
4 mittelgroße mehligkochende Kartoffeln
2 Zweige Liebstöckel oder Selleriegrün
Salz
3 Eßlöffel Mehl
1 l Buttermilch
2 Scheiben Schwarzbrot (50 g)
2 Eßlöffel Butter
1 Zwiebel
1 Teelöffel gekörnte Gemüsebrühe
weißer Pfeffer, frisch gemahlen
1/2 Teelöffel Kümmel
2 Bund Schnittlauch

Pro Portion: 1200 kJ/ 290 kcal
14 g E · 8 g F · 40 g Kh
Zubereitungszeit: 45 Minuten

Die Kartoffeln schälen und grob würfeln. Den Liebstöckel kleinschneiden. Beides in Salzwasser etwa 20 Minuten kochen. Inzwischen das Mehl in einer Schüssel in 2 Eßlöffeln von der Buttermilch anrühren und quellen lassen.

Das Schwarzbrot würfeln und in 1 Eßlöffel von der Butter knusprig braten. Die Zwiebel schälen und fein würfeln.

Einen weiteren Eßlöffel von der Butter in einem großen Topf zerlassen und die Zwiebelwürfel darin andünsten. Das angerührte Mehl und die Buttermilch dazugießen und langsam erhitzen (nicht kochen). Mit der gekörnten Brühe, Salz, Pfeffer und dem Kümmel würzen.

Den Schnittlauch waschen, trockenschütteln, kleinschneiden und unter die Suppe rühren.

Die Kartoffeln abgießen und in Suppenteller verteilen. Die Suppe darüber schöpfen und mit den Brotwürfeln bestreuen.

Tip!

Eine erfrischende Suppe, die im Sommer leicht eine Mahlzeit ersetzen kann. Bei den Kräutern können Sie beliebig variieren: Auch Sauerampfer, Bärlauch oder Thymian, Kerbel oder Bohnenkraut passen gut dazu. Bei den würzigen Kräutern entsprechend weniger verwenden.

Italienische Zwiebelsuppe

Gelingt leicht

Zutaten für 4 Personen
500 g milde weiße Zwiebeln
1 Möhre
3 getrocknete, in Öl eingelegte Tomaten
3 Eßlöffel Olivenöl
1 kleine Dose geschälte Tomaten (400 g Inhalt)
600 ml Gemüsebrühe
Salz · schwarzer Pfeffer, frisch gemahlen
2 Eigelbe
4 Eßlöffel Parmesan, frisch gerieben
2 Eßlöffel gehackte Petersilie
1 Knoblauchzehe
2 Scheiben Bauernbrot

Pro Portion: 1267 kJ/ 300 kcal
13 g E · 18 g F · 25 g Kh
Zubereitungszeit: 1 1/2 Stunden

Zwiebeln schälen, in dünne Scheiben schneiden. Möhre waschen und schälen, mit den getrockneten Tomaten fein würfeln. Öl in einem Topf erhitzen, Zwiebeln und Möhre unter Rühren bei mittlerer Hitze anbraten, bis die Zwiebeln glasig sind. Gewürfelte Tomaten zugeben und kurz andünsten.

Die Tomaten aus der Dose in ein Sieb gießen, abtropfen lassen, Saft anderweitig verwenden. Tomaten zerdrücken und unter die Zwiebeln mischen. Die Brühe aufgießen, salzen und pfeffern. Aufkochen und zugedeckt bei schwacher Hitze 1 Stunde garen.

Suppe vom Herd nehmen. Die Eigelbe verquirlen und unter Rühren hineingießen. Parmesan und Petersilie untermischen, mit Salz und Pfeffer abschmecken.

Knoblauch schälen, halbieren. Die Brotscheiben halbieren, toasten, mit dem Knoblauch abreiben und zur Suppe servieren.

Minestrone

Berühmtes Rezept

Zutaten für 6 Personen
200 g getrocknete weiße Bohnen
1 Zwiebel
3 Eßlöffel Olivenöl
2 Möhren
2 festkochende Kartoffeln
2 kleine Zucchini
2 Stangen Staudensellerie · Salz
3 Tomaten
150 g Suppennudeln (z.B. Maccheroni, Farfallini, Ditalini)
schwarzer Pfeffer, frisch gemahlen
3 Eßlöffel Pesto (aus dem Glas)
5 Eßlöffel frisch geriebener Parmesan (ersatzweise Pecorino)

Pro Portion: 1502 kJ/ 360 kcal
16 g E · 11 g F · 50 g Kh
Einweichzeit: 12 Stunden
Zubereitungszeit: 1 1/4 Stunden

Die Bohnen über Nacht in Wasser einweichen. Am nächsten Tag in ein Sieb gießen, abspülen und abtropfen lassen.

Die Zwiebel schälen und klein würfeln. 1 Eßlöffel Öl in einem Suppentopf erhitzen, die Zwiebel darin goldgelb dünsten. Bohnen und 2 l Wasser hinzufügen, aufkochen und zugedeckt bei mittlerer Hitze 45 Minuten garen.

Inzwischen Möhren und Kartoffeln schälen, waschen und klein würfeln. Zucchini und Staudensellerie putzen, waschen und in Scheiben schneiden. Alles zu den Bohnen geben, salzen und zugedeckt noch 20 Minuten köcheln lassen.

Stielansätze der Tomaten entfernen. Tomaten kurz überbrühen, häuten, quer halbieren und entkernen. Tomatenfleisch in Stücke schneiden.

Etwa 10 Minuten vor Ende der Garzeit Suppe kräftig aufkochen, Tomaten und Nudeln einrühren, die Nudeln »al dente« kochen.

Die Suppe mit Salz und Pfeffer abschmecken, restliches Öl unterrühren. Die Minestrone in Teller füllen, mit etwas Pesto verrühren und mit Käse bestreuen.

Im Bild oben: Italienische Zwiebelsuppe
Im Bild unten: Minestrone

UNINI
OLIO EXTRA
GINE DI OLIVA
ITALIEN

Blumenkohl-Brokkoli-Suppe

Raffiniert

Zutaten für 4 Personen
1 kleiner Blumenkohl (etwa 750 g; geputzt etwa 500 g)
750 ml Gemüsebrühe
Salz
200 g Brokkoliröschen
2 Eßlöffel Crème fraîche
schwarzer Pfeffer, frisch gemahlen

Pro Portion: 300 kJ/ 70 kcal
5 g E · 4 g F · 5 g Kh
Zubereitungszeit: 45 Minuten

Den Blumenkohl waschen, putzen und die Röschen ablösen. Den Strunk schälen und in kleine Stücke schneiden.

Die Brühe in einem weiten Topf aufkochen lassen, die Blumenkohlstücke hineingeben und bei mittlerer Hitze in 10–15 Minuten zugedeckt garen.

Inzwischen wenig Salzwasser in einem Topf aufkochen lassen. Die Brokkoliröschen waschen, in den Topf geben und zugedeckt bei mittlerer Hitze in etwa 4 Minuten bißfest dünsten. Die Röschen in ein Sieb schütten und abtropfen lassen, die Dünstflüssigkeit auffangen und für ein anderes Gericht verwenden.

Den Blumenkohl mit der Brühe pürieren. Wieder aufkochen lassen und die Crème fraîche einrühren. Die Suppe mit Salz und Pfeffer pikant abschmecken. Zuletzt die Brokkoliröschen hineingeben.

Brokkolisuppe mit Brie

Für Gäste

Zutaten für 6 Personen
500 g Brokkoli
1 l Gemüsebrühe
125 g nicht zu reifer Brie oder Camembert
3 Scheiben Toastbrot
2 gehäufte Eßlöffel Magerquark
Salz
Muskatnuß, frisch gerieben
weißer Pfeffer, frisch gemahlen
1 Eßlöffel Butter

Pro Portion: 1600 kJ/ 380 kcal
22 g E · 28 g F · 8 g Kh
Zubereitungszeit: 50 Minuten

Den Brokkoli waschen, in Röschen und Stengel zerteilen. Die Stengel schälen und klein würfeln.

Die Gemüsebrühe aufkochen, Stengel und Röschen darin etwa 10 Minuten kochen. Inzwischen den Brie entrinden und würfeln. Das Toastbrot entrinden und in etwa zentimetergroße Würfel schneiden.

Wenn der Brokkoli gar ist, 8 Röschen zum Garnieren mit dem Schaumlöffel herausheben. Das restliche Gemüse im Topf mit einem Pürierstab (oder im Mixer) pürieren, dabei den Quark zugeben. Die Suppe jetzt nicht mehr kochen lassen.

Ist die Suppe cremig, den Brie darin schmelzen lassen. Mit Salz, Pfeffer und Muskat würzen. Die zurückbehaltenen Brokkoliröschen in die Suppe geben, warmhalten.

Das Toastbrot in der Butter goldgelb rösten und über die Suppe streuen. Gleich servieren.

Tip!

Brokkoli sollte viel öfter auf den Tisch kommen – er enthält viele wichtige bioaktive Substanzen und Vitamine: Das fünfzehnfache an Karotinen und viermal so viel Vitamin C als der Blumenkohl.

Möhrencremesuppe

Raffiniert

Zutaten für 6 Personen
500 g Möhren
1 große festkochende Kartoffel (etwa 150 g)
1 Zwiebel
2 Eßlöffel Butter
750 ml Gemüsebrühe
Salz · schwarzer Pfeffer, frisch gemahlen
1 Eßlöffel Apfeldicksaft (Reformhaus)
100 g Pfifferlinge
5 Eßlöffel Schmand oder Crème fraîche
5 Eßlöffel Schnittlauchröllchen

Pro Portion: 490 kJ/ 120 kcal
2 g E · 7 g F · 11 g Kh
Zubereitungszeit: 40 Minuten

Die Möhren waschen, putzen, schälen und würfeln. Die Kartoffel waschen, schälen und in Stücke schneiden. Die Zwiebel schälen und würfeln.

In einem weiten Topf 1 Eßlöffel Butter erhitzen und die Zwiebel darin bei mittlerer Hitze glasig werden lassen. Die Möhren und die Kartoffel dazugeben und etwa 5 Minuten mit andünsten. Die Brühe angießen und aufkochen lassen. Alles bei schwacher Hitze etwa 20 Minuten zugedeckt leise köcheln lassen.

Die Suppe mit einem Pürierstab oder im Mixer pürieren, noch einmal aufkochen lassen und mit Salz, Pfeffer und dem Apfeldicksaft abschmecken.

Die Pfifferlinge putzen und nur, wenn nötig, kurz waschen. Die restliche Butter in einer kleinen Pfanne erhitzen. Die Pfifferlinge darin rundum kurz anbraten, dabei mit Salz und Pfeffer würzen.

Zum Servieren die Suppe auf Teller verteilen. Jeweils 1 Eßlöffel Schmand, einige gebratene Pilze und 1 Eßlöffel Schnittlauchröllchen daraufgeben.

Pilz-Rahmsuppe

Aus Schweden

Zutaten für 4 Personen
250 g frische Pilze (Pfifferlinge und Steinpilze gemischt)
30 g Butter oder Margarine
1 große Zwiebel
3 Eßlöffel Weizenmehl
1/2 l Milch
1/2 l Gemüsebrühe
Salz
weißer Pfeffer, frisch gemahlen
Zitronensaft
1 Eßlöffel gehackter Dill

Pro Portion: 780 kJ/ 180 kcal
6 g E · 12 g F · 12 g Kh
Zubereitungszeit: 1 Stunde

Die Pilze mit Küchenpapier gründlich abputzen. Stielenden sparsam abschneiden.

Von den Steinpilzen die Stiele herausdrehen und klein würfeln. Die Hüte in dünne Scheiben schneiden. Die Pfifferlinge in Scheiben schneiden.

Die Zwiebel schälen und fein würfeln. Die Butter in einem Topf erhitzen. Die Pilze und die Zwiebel bei mittlerer Hitze darin anschmoren, bis keine Flüssigkeit mehr vorhanden ist.

Das Mehl über Pilze und Zwiebeln streuen und unter Rühren kurz anschwitzen. Die Milch und die Brühe angießen. Die Suppe etwa 20 Minuten bei kleiner Hitze leise köcheln lassen.

Mit Salz, Pfeffer und Zitronensaft abschmecken. Mit dem Dill bestreut servieren.

Tip!

Frische Pilze nie in einer Plastiktüte aufheben. Sie müssen luftig, locker und kühl aufbewahrt werden. Zum Säubern möglichst nur mit Pinsel und Küchenpapier anhaftenden Schmutz entfernen. Bei Steinpilzen den Stiel durchschneiden und prüfen, ob Würmer darin sind.

Mexikanische Pilzsuppe

Gelingt leicht

Zutaten für 4 Personen
1 Zwiebel
2 Eßlöffel Öl
500 g Champignons
Zitronensaft
600 g Fleischtomaten
1 Chilischote
750 ml Gemüsebrühe
Salz · schwarzer Pfeffer, frisch gemahlen
1 Bund Koriander oder glatte Petersilie

Pro Portion: 400 kJ/ 100 kcal
6 g E · 5 g F · 7 g Kh
Zubereitungszeit: 45 Minuten

Die Zwiebel schälen und fein hacken. Das Öl in einem Topf erhitzen und die Zwiebel darin andünsten.

Die Pilze mit Küchenpapier putzen und blättrig schneiden, mit etwas Zitronensaft beträufeln. Zu den Zwiebeln geben und etwa 5 Minuten mitdünsten.

Die Tomaten mit kochendem Wasser überbrühen, häuten, entkernen und dabei die Stielansätze entfernen. Fruchtfleisch hacken. Die Chilischote halbieren, entkernen, waschen, hacken und mit den Tomaten in den Topf geben. Mit der Brühe aufgießen, salzen, pfeffern und etwa 15 Minuten ohne Deckel köcheln lassen.

Den Koriander oder die Petersilie waschen, trockenschütteln und die Blättchen hacken. In die Suppe streuen und servieren.

Schwarze Bohnensuppe

Aus Mexiko

Zutaten für 4 Personen
250 g getrocknete schwarze Bohnen
1 Lorbeerblatt
1 große Zwiebel
3 Eßlöffel Öl
1 Knoblauchzehe
1 große Fleischtomate (etwa 250 g)
1 l Gemüsebrühe
Salz · schwarzer Pfeffer, frisch gemahlen
1 Teelöffel getrockneter Oregano
3 Zweige Epazote (ersatzweise Zitronenmelisse)
2 Tortillas (fertig gekauft)
4 Teelöffel Crème fraîche
4 Limonen- oder Zitronenscheiben

Pro Portion: 1760 kJ/ 420 kcal
17 g E · 18 g F · 41 g Kh
Einweichzeit: 12 Stunden
Zubereitungszeit: 1 3/4 Stunden

Die Bohnen mit kaltem Wasser bedecken und über Nacht einweichen. Am nächsten Tag abgießen, die Bohnen in einen Topf geben, mit reichlich Wasser bedecken und mit dem Lorbeerblatt zugedeckt in etwa 1 1/4 Stunden weich kochen. Das Lorbeerblatt entfernen. Die Bohnen abtropfen lassen und im Mixer pürieren.

Die Zwiebel schälen und fein hacken. Im Topf 1 Eßlöffel Öl erhitzen, Zwiebel darin unter Rühren glasig dünsten. Den Knoblauch schälen und dazupressen.

Die Tomate mit kochendem Wasser überbrühen, enthäuten, Kerne und Stielansatz entfernen. Das Fruchtfleisch fein hacken. Mit dem Bohnenpüree in den Topf geben. Die Brühe dazugießen. Mit Salz, Pfeffer und Oregano kräftig würzen und etwa 15 Minuten bei schwacher Hitze zugedeckt köcheln lassen.

Die Epazote waschen, trocknen und die Blättchen abzupfen. In schmale Streifen schneiden und in die Suppe rühren. Die Tortillas in Streifen schneiden und im restlichen Öl braten.

Die Suppe abschmecken, in Teller verteilen, je 1 Teelöffel Crème fraîche in die Mitte geben, mit Tortillastreifen bestreuen und je 1 Limonen- oder Zitronenscheibe in die Suppe legen.

Im Bild oben:
Mexikanische Pilzsuppe
Im Bild unten:
Schwarze Bohnensuppe

Linsensuppe mit Ananas

Aus Mexiko

Zutaten für 4 Personen
200 g kleine Tellerlinsen
2 mittelgroße Zwiebeln
1 Eßlöffel Öl
2 Eßlöffel Butter
750 ml Gemüsebrühe
1 große mehligkochende Kartoffel (etwa 150 g)
Salz · schwarzer Pfeffer, frisch gemahlen
1 Prise Chilipulver
1 Baby-Ananas oder 1 dicke Scheibe frische Ananas
1 Limette

Pro Portion: 1700 kJ/ 400 kcal
18 g E · 11 g F · 58 g Kh
Einweichzeit: 12 Stunden
Zubereitungszeit: 1 1/4 Stunden

Die Linsen mit kaltem Wasser bedecken und über Nacht einweichen. Am nächsten Tag die Zwiebeln schälen und klein würfeln. In einem Topf das Öl mit der Butter erhitzen und die Zwiebelwürfel bei mittlerer Hitze in etwa 7 Minuten goldbraun braten.

Die Linsen in einem Sieb abtropfen lassen und in den Topf geben. Mit der Brühe aufgießen und alles zugedeckt etwa 45 Minuten köcheln lassen.

Inzwischen die Kartoffel schälen, waschen, in kleine Würfel schneiden und nach etwa 30 Minuten Garzeit untermischen. Mit Salz, Pfeffer und dem Chilipulver kräftig würzen. Die Ananas schälen und das Fruchtfleisch in kleine Würfel schneiden.

Die Limette halbieren und auspressen. Den Limettensaft mit den Ananaswürfeln in die Suppe geben und kurz aufkochen lassen. Die Suppe abschmecken und heiß servieren.

Brot-Tomaten-Suppe

Aus Italien

Zutaten für 4 Personen
1 Baguette vom Vortag (250 g)
1 große Zwiebel
2 Bund Basilikum
5 Eßlöffel Olivenöl
1 große Dose geschälte Tomaten (800 g Inhalt)
1 Knoblauchzehe
Salz
weißer Pfeffer, frisch gemahlen
Zum Beträufeln: Olivenöl

Pro Portion: 1200 kJ/ 290 kcal
2 g E · 10 g F · 6 g Kh
Zubereitungszeit: 30 Minuten

Das Brot schon am Vortag in Scheiben schneiden und trocknen lassen.

Die Brotscheiben in eine Schüssel geben, mit Wasser bedecken und etwa 10 Minuten quellen lassen.

Inzwischen die Zwiebel schälen und sehr fein hacken. Das Basilikum waschen und die Blättchen von den Stielen zupfen. Die Hälfte davon fein hacken, die übrigen Blättchen ganz lassen.

In einem großen Topf 3 Eßlöffel Öl erhitzen. Die Zwiebelwürfel darin glasig braten. Das Brot ausdrükken und zerpflücken, die Tomaten etwas kleiner schneiden.

Die Tomaten und das Brot mit dem gehackten Basilikum und dem übrigen Öl in den Topf geben und unter Rühren bei mittlerer Hitze etwa 10 Minuten garen. Es entsteht ein geschmeidiges Püree.

Den Knoblauch schälen und dazupressen. Die Basilikumblättchen untermischen. Alles mit Salz und Pfeffer abschmecken. Die Brot-Tomaten-Suppe in vorgewärmte Teller füllen und mit etwas Olivenöl beträufeln.

Tip!

Diese Spezialität aus der Toskana ist ein Mittelding zwischen Eintopf und Püree. Wenn Sie die Suppe leichter mögen, mit etwas Gemüsebrühe verdünnen.

Gerstensuppe mit Gemüse

Gelingt leicht

Zutaten für 4 Personen
100 g sehr grober Gerstenschrot (selbst mahlen oder im Reformhaus oder Naturkostladen schroten lassen)
3 Eßlöffel gekörnte Gemüsebrühe
400 g gemischtes Gemüse (z.B. Lauch, Möhren und Rosenkohl)
6 Eßlöffel süße Sahne
6 Eßlöffel saure Sahne
1–2 Eßlöffel Zitronensaft
1 große Handvoll Kräuter (viel Majoran sowie Petersilie, Schnittlauch und Liebstöckel), frisch gehackt
1/2 Teelöffel Pastetengewürz (»Delikata«, Reformhaus)

Pro Portion: 920 kJ/ 220 kcal
9 g E · 10 g F · 22 g Kh
Zubereitungszeit: 30 Minuten

Gerstenschrot und die gekörnte Brühe in 1 1/4 l heißes Wasser rühren und quellen lassen, bis das Gemüse vorbereitet ist.

Das Gemüse waschen, putzen und klein schneiden oder im Blitzhacker zerkleinern. Die Gerste aufkochen, dann das Gemüse dazugeben. Alles zugedeckt etwa 5 Minuten bei schwacher Hitze leise köcheln lassen, bis das Gemüse bißfest ist.

Die süße und die saure Sahne, den Zitronensaft und die Kräuter in die Suppe rühren und mit dem Pastetengewürz abschmecken.

Tip!

Diese kräftige Suppe schmeckt auch gut mit Grünkern, Reis, Weizen, grobem Maisgrieß, Hirse oder Buchweizen. Das Gemüse können Sie nach dem Marktangebot wählen.

Sauerkrautsuppe

Herzhaft

Zutaten für 4 Personen
150 g Zwiebeln
40 g Butter
1 1/2 Eßlöffel Delikateßpaprika
1/2 Teelöffel Rosenpaprika
3 Würfel Gemüsebrühe
400 g Sauerkraut
1 Teelöffel Kümmel
300 g vorwiegend festkochende Kartoffeln
1 gelbe Paprikaschote (etwa 100 g)
120 g Crème fraîche

Pro Portion: 1200 kJ/ 290 kcal
6 g E · 22 g F · 18 g Kh
Zubereitungszeit: 45 Minuten

Die Zwiebeln schälen und würfeln. Die Butter zerlassen und die Zwiebeln darin goldgelb braten.

Beide Paprikasorten unterrühren, mit knapp 1 1/4 l Wasser aufgießen, die zerbröckelten Brühwürfel dazugeben und aufkochen lassen.

Das Sauerkraut etwas kleiner schneiden und mit dem Kümmel in die Brühe geben. Etwa 10 Minuten zugedeckt bei mittlerer Hitze kochen lassen.

Die Kartoffeln waschen, schälen und auf der Rohkostreibe in die Suppe raspeln. 10–15 Minuten bei schwacher Hitze kochen.

Die Paprikaschote waschen, vierteln, putzen und entkernen, in schmale Streifen schneiden.

Die Crème fraîche in die Suppe rühren. Die Suppe auf 4 Teller verteilen und mit den Paprikastreifen bestreuen.

Tip!

Die Garzeit hängt vom verwendeten Sauerkraut ab. Frisches Kraut vom Faß benötigt etwa 30 Minuten, bis es gar ist. Bei Dosenkraut die Aufschrift beachten. Diese Suppe ist auch eine gute Resteverwertung für Sauerkraut und Kartoffeln. Dazu schmecken Vollkornbrötchen oder in Butter geröstete Vollkornbrotwürfel.

Tomatensuppe mit Mascarpone

Für Gäste

Zutaten für 6 Personen
Für die Flädle:
50 g Hirseflocken (Reformhaus)
100 ml Milch
1 Ei
1 Bund gemischte Kräuter
Salz
1 Eßlöffel Butterschmalz zum Anbraten
50 g Mascarpone (ersatzweise Sahnequark)
Für die Suppe:
1 Möhre
1 Stange Staudensellerie
1 mittelgroße Zwiebel
1 Knoblauchzehe
2 Eßlöffel Olivenöl, extra nativ
750 ml Gemüsebrühe
750 g reife Tomaten
Salz
weißer Pfeffer, frisch gemahlen
1 Zweig frischer Thymian (oder 1/2 Teelöffel getrockneter)
3 Eßlöffel Marsala oder anderer Dessertwein
Zum Garnieren:
100 g Mascarpone

Pro Portion: 720 kJ/ 170 kcal
5 g E · 12 g F · 10 g Kh
Zubereitungszeit: 1 3/4 Stunden

Für die Flädle die Hirseflocken mit der Milch anrühren, das Ei dazugeben. Die Kräuter waschen, trocknen und fein hacken, zum Flädleteig rühren, leicht salzen. Etwa 45 Minuten quellen lassen.

Für die Suppe die Möhre schälen, zunächst in Scheiben, dann in Streifen und diese schließlich in kleine Würfel schneiden. Den Staudensellerie waschen, längs in Streifen, diese quer in Würfel schneiden. Die Zwiebel abziehen und genauso fein würfeln. Den Knoblauch durchpressen.

In einem großen Topf das Olivenöl erhitzen, bei mittlerer Hitze die Zwiebelwürfel glasig braten, dann die Gemüsewürfel zugeben und nur andünsten, nicht bräunen, den Knoblauch einrühren. Die Gemüsebrühe aufgießen, zugedeckt bei schwacher Hitze ganz leise köcheln lassen.

In einem anderen Topf Wasser zum Kochen bringen. Von den Tomaten den Strunk keilfömig ausschneiden, die Früchte sekundenlang ins kochende Wasser halten, herausheben und enthäuten. Quer halbieren, die Kerne mit einem Teelöffel entfernen. Fruchtfleisch in Würfel schneiden und zur Suppe geben, mit Salz und Pfeffer würzen.

Thymian waschen, trocknen und die Blättchen abzupfen, mit dem Marsala zur Suppe geben. Etwa 30 Minuten leise sieden lassen.

In dieser Zeit die Flädle zubereiten: Den Teig kräftig durchrühren, eventuell noch etwas Wasser zugeben, er soll recht dünnflüssig sein. In einer Pfanne bei mittlerer Hitze in jeweils 1/2 Eßlöffel Butterschmalz aus dem Teig zwei dünne Pfannkuchen backen, auf Küchenpapier legen.

Die Pfannkuchen mit etwa 50 g Mascarpone bestreichen, leicht salzen, nicht zu fest aufrollen und abkühlen lassen. Mit einem scharfen Messer quer in Scheiben zu Flädle schneiden.

Zum Servieren die Suppe im Topf mit dem Pürierstab pürieren. Den restlichen Mascarpone mit 1 Prise Salz glatt rühren. Die Flädle auf 6 Teller verteilen, die Suppe darüber schöpfen und jeweils einen dicken Klecks Mascarpone in die Mitte setzen.

Tip!

Die Kräuterflädle schmecken auch gut in einer klaren Gemüsebrühe (siehe Seite 96/97).

Tomatensuppe mit Mascarpone-Flädle, eine recht sättigende Vorsuppe für ein festliches Menü

Klare Suppe mit Quark-Käse-Ravioli

Braucht etwas Zeit

Zutaten für 6 Personen
200 g Weizenvollkornmehl
Salz
2 kleine Eier
1 Eigelb
1 Eßlöffel Olivenöl, extra nativ
150 g Magerquark
1 Eßlöffel Sahne
75 g Parmesan, frisch gerieben
1/2 Bund frischer Thymian
weißer Pfeffer, frisch gemahlen
Cayennepfeffer
Für die Arbeitsfläche: etwas Mehl
1 Bund Frühlingszwiebeln
300 g vollreife Tomaten
2 junge Zucchini
1 1/4 l Gemüsebrühe (möglichst frisch gekocht)

Pro Portion: 1000 kJ/ 240 kcal
16 g E · 9 g F · 24 g Kh
Zubereitungszeit: 1 1/2 Stunden
Ruhezeit: 1 Stunde

Für den Nudelteig das Mehl mit etwas Salz in einer Schüssel vermischen. Eier, Eigelb und Öl dazugeben und alles zu einem glatten, geschmeidigen Teig verkneten. Der Teig soll weich sein, aber nicht an den Händen kleben. Bei Bedarf etwas lauwarmes Wasser oder Mehl unterarbeiten. Den Teig zu einer Kugel formen, in Pergamentpapier wickeln und etwa 1 Stunde ruhen lassen.

Für die Füllung Quark mit Sahne und Käse mischen. Den Thymian waschen, trocknen und die Blättchen von den Stielen streifen. Thymian unter die Quarkfüllung mischen, mit Salz, Pfeffer und Cayennepfeffer abschmecken.

Den Nudelteig noch einmal durchkneten und in Portionen teilen. Den Teig auf der leicht bemehlten Arbeitsfläche oder in der Nudelmaschine zu dünnen Platten ausrollen. Bei der Nudelmaschine den Teig erst durch die weiteste Walzenöffnung drehen, bis er glatt ist. Anschließend, etwa 4 Stufen enger, zu Platten formen.

Auf die Hälfte der Platten in Abständen von etwa 5 cm je etwa 1 Teelöffel Füllung geben. Die Teigplatten dazwischen mit kaltem Wasser bepinseln. Die restlichen Platten darüber decken und zwischen der Füllung jeweils gut andrücken.

Die Platten mit einem Teigrädchen oder einem Messer in Ravioli teilen, die Ränder mit den Zinken einer Gabel zusammendrücken.

Die Frühlingszwiebeln putzen, waschen und mit dem zarten Grün in feine Ringe schneiden. Die Tomaten mit kochendem Wasser kurz überbrühen, häuten und in kleine Würfel schneiden, dabei die Stielansätze entfernen. Die Zucchini waschen, von den Stiel- und Blütenansätzen befreien und in feine Stifte schneiden.

Die Gemüsebrühe in einem großen Topf zum Kochen bringen. Das Gemüse dazugeben. Die Ravioli ebenfalls hinzufügen und alles bei mittlerer bis starker Hitze etwa 3 Minuten garen, bis die Ravioli »al dente« sind. Die Suppe in vorgewärmten Tellern servieren.

Kartoffelsuppe mit Tofuklößchen

Raffiniert

Zutaten für 4 Personen
3 Eßlöffel Kürbiskerne (etwa 40 g)
150 g Tofu
1 1/2 Teelöffel gekörnte Gemüsebrühe
2 Schalotten (etwa 20 g)
1 Ei
3 Eßlöffel feine Vollkornbrösel
1 Teelöffel getrockneter Majoran
1 1/2 Eßlöffel glatte Petersilie, frisch gehackt
1 Blatt Liebstöckel, frisch gehackt
150 g Rosenkohl
150 g Sellerieknolle
300 g festkochende Kartoffeln
3 Würfel Gemüsebrühe
100 g Möhren
20 g Butter
Muskatnuß, frisch gerieben

Pro Portion: 1100 kJ/ 260 kcal
14 g E · 13 g F · 23 g Kh
Zubereitungszeit: 45 Minuten

Die Kürbiskerne mit einem Messer zerkleinern. Den Tofu grob zerschneiden. Beides in einen Blitzhacker oder Mixer geben, die gekörnte Brühe dazugeben und alles zu einer homogenen Creme mixen.

Die Schalotten schälen und fein hacken. Die Tofumasse mit dem Ei, den Schalotten, Vollkornbröseln und den Kräutern mit dem Handrührgerät gründlich verrühren. Den Teig ruhen lassen, bis das Gemüse vorbereitet ist.

Den Rosenkohl und den Sellerie waschen und putzen. Den Strunk der Kohlröschen einschneiden, große Röschen halbieren. Den Sellerie in feine Stifte schneiden. Die Kartoffeln waschen, schälen und würfeln.

Im Suppentopf 1 3/4 l Wasser mit den Brühwürfeln aufkochen. Den Sellerie und die Kartoffeln hineingeben. Mit zwei nassen Teelöffeln von der Tofumasse Klößchen abstechen und in die Brühe gleiten lassen. Den Rosenkohl hinzufügen und 8–10 Minuten bei schwacher Hitze sieden lassen.

Inzwischen die Möhren waschen und sauber bürsten, fein raspeln. Den Topf von der Kochstelle nehmen. Die Möhren und die Butter in die Suppe rühren und mit wenig Muskat abschmecken.

Gemüsebrühe mit Kräutereierstich

Braucht etwas Zeit

Zutaten für 4 Personen
1 kg gemischtes Gemüse (z.B. Möhren, Petersilienwurzeln, Lauch, Sellerie, Zwiebeln, Zucchini)
2 Lorbeerblätter
1 Eßlöffel schwarze Pfefferkörner
Salz · schwarzer Pfeffer, frisch gemahlen
Für den Eierstich:
2 Eier
75 ml Milch
75 g Sahne
2 Eßlöffel gemischte gehackte Kräuter (z.B. Petersilie, Schnittlauch, Kerbel, Estragon)
Salz · schwarzer Pfeffer, frisch gemahlen
Muskatnuß, frisch gerieben
Für die Form: Butter

Pro Portion: 260 kJ/ 60 kcal
5 g E · 4 g F · 2 g Kh
Zubereitungszeit: 1 1/2 Stunden

Für die Brühe das Gemüse waschen, putzen und klein würfeln. In einen Topf geben und etwa 2 l kaltes Wasser aufgießen. Lorbeerblätter und die Pfefferkörner zugeben.

Das Wasser aufkochen lassen, dann die Hitze reduzieren und das Gemüse bei sehr schwacher Hitze etwa 45 Minuten ziehen lassen.

Inzwischen für den Eierstich die Eier mit der Milch, der Sahne und den Kräutern verquirlen und mit Salz, Pfeffer und Muskat würzen. Eine feuerfeste Form mit Butter ausstreichen, die Eiermasse hineingießen und die Form mit Alufolie verschließen.

Ein Küchentuch in einen weiten Topf legen und die Form darauf stellen. So viel heißes Wasser in den Topf gießen, bis die Form zur Hälfte darin steht. Das Wasser einmal kurz aufkochen lassen, dann die Eiermilch bei ganz schwacher Hitze zugedeckt in etwa 20 Minuten stocken lassen.

Die Gemüsebrühe durch ein feines Sieb abgießen, wieder aufkochen und bei starker Hitze noch etwas einkochen lassen. Die Brühe mit Salz und Pfeffer abschmecken.

Den Eierstich aus der Form stürzen und in Rauten schneiden. Vor dem Servieren in die heiße Gemüsebrühe geben.

Tip!

Die Gemüsebrühe läßt sich gut vorbereiten. Verdoppeln Sie die Menge der Zutaten und frieren Sie einen Teil der Brühe als Vorrat ein. Tiefgekühlt ist sie mindestens 3 Monate haltbar.

fontina

Pikantes aus dem Ofen

Wem würde nicht schon das Wasser im Munde zusammenlaufen, wenn der Duft eines Auflaufs oder eines Gratins aus dem Backofen zieht?

Ofengerichte lassen sich problemlos vorbereiten und Sie brauchen ihnen beim Garen fast keine Aufmerksamkeit zu schenken.

Deshalb sind sie sowohl für den Alltag als auch für eine gesellige Runde sehr praktisch, denn sie lassen Ihnen mehr Zeit für Ihre Gäste.

Aufläufe und Gratins, Soufflés, pikante Pasteten, Quiches und Gemüsekuchen findet man in vielen Küchen der Welt. Gemeinsames Merkmal ist natürlich der Backofen, der mit seiner Rundum-Hitze die Zutaten gart und für die knusprige Kruste sorgt, die ja typisch für viele Ofengerichte ist.

Auflauf oder Gratin?

Bei uns ist ein Auflauf einfach ein Gericht aus Gemüse, Nudeln oder Kartoffeln, das mit Eiermilch übergossen und mit Käse bestreut im Ofen gegart wird. Der Eierguß stockt in der Hitze und verbindet die übrigen Zutaten, umhüllt sie und gibt dem fertigen Gericht den leckeren Schmelz. Der Käse sorgt für die knusprige Kruste, gibt ein pikantes Aroma und ist natürlich auch für den herrlichen Duft zuständig, der aus dem Ofen kommt.

Ein Gratin hört sich nach raffinierter französischer Kochkunst an, bezeichnet aber, streng genommen, einen bestimmten Typ der Aufläufe. Und zwar werden dafür die Zutaten bereits vorgegart, so daß sie im Ofen eigentlich nur noch einmal erhitzt werden. Damit das Gratin saftig bleibt, wird es manchmal mit Sahne oder einer Sauce befeuchtet.

Und die knusprige Kruste, die sich unter starker Hitze beim »gratinieren« verfestigt, besteht nicht immer aus Käse, sondern kann auch von Semmelbröseln und Butter gebildet werden. Ein Gratin kann also durchaus eine elegante Art der Resteverwertung sein.

Bei Auflaufformen gibt es eine Fülle von Möglichkeiten. Steingutformen, außen glasiert oder unglasiert, gibt es in unterschiedlichen Formen, Höhen und Farben. Andere sind aus feuerfestem Glas (praktisch, um den Inhalt beim Garen zu beobachten), aus Gußeisen oder Aluminium. Wählen Sie für einen Auflauf, der lange im Ofen gart, eine hohe Form, für ein Gratin, das in kurzer Zeit eine Kruste erhalten soll, eine breite, flache Form. Schieben Sie bei einem Herd mit Ober- und Unterhitze die Form eher unten in den Ofen, damit die Eiermilch gut stocken kann und die Oberfläche nicht zu rasch bräunt. Notfalls mit Alufolie oder Pergamentpapier abdecken.

Vorgaren

Sowohl für einen Auflauf als auch für ein Gratin werden viele Zutaten vorgegart. Nudeln oder Reis zum Beispiel, meist auch Kartoffeln und festes Gemüse, weil sich sonst die Garzeit so verlängern würde, daß die Oberfläche bereits verkohlt wäre, bis alles darunter weich ist. Gemüse wird gedünstet oder blanchiert. Zum Blanchieren in sprudelnd kochendem Wasser garen, dann in eiskaltem Wasser rasch abkühlen, gut abtropfen lassen. Da das Gemüse im Ofen noch gart, muß es nach dem Blanchieren ziemlich fest sein. Gedünstete oder blanchierte Gemüse müssen sehr trocken in die Form geschichtet werden, sonst sammelt sich am Boden der Form zuviel Brühe an und die Eiermilch kann nicht binden. Blattgemüse wie Spinat oder Mangold wird deshalb nach dem Abtropfen noch ausgedrückt.

Würzen Sie das Gemüse für einen Auflauf recht kräftig, sonst schmeckt es hinterher ziemlich fade. Gehen Sie aber vorsichtig mit Salz um, wenn Sie einen pikanten Käse zum Überbacken verwenden. Ein paar Butterflöckchen, vorm Backen auf die Oberfläche gesetzt, sorgen immer für eine schöne, appetitlich braune Kruste, auch wenn sie nicht im Rezept angegeben sind.

Zutaten mit längerer Garzeit wie Blumenkohl werden vorgekocht

Aufgeblasenes

Für das »Soufflé« gibt es keinen entsprechenden deutschen Begriff. Das französische Wort bedeutet etwa »Aufgeblasenes«, »Gehauchtes« (wie »soufflieren« beim Theater vorhauchen, einsagen bedeutet). Ein Soufflé ist also etwas locker-luftiges, das sich beim Backen aufbläht.

Dafür sorgt reichlich Eischnee, der unter eine stützende Grundmasse gehoben wird und der sich beim Backen gewaltig ausdehnt. Während Soufflés in Frankreich zum ganz normalen Küchenalltag gehören, trauen sich bei uns viele nicht daran. Dabei ist es gar nicht schwierig zu bereiten, ergibt mit einem großen Salat ein leichtes, schnelles Essen und kann auch Gäste entzücken.

Die wichtigste Kunst dabei ist die Zurückhaltung – nämlich die Ofentür zum Nachschauen zu öffnen. Eines mag ein Soufflé überhaupt nicht, das ist ein kalter Luftzug, solange es noch nicht durchgebacken ist. Und für ein Soufflé müssen die Esser bereits am Tisch warten, denn wenn es nicht sofort serviert wird, fällt die ganze Pracht zu einem gewöhnlichen Pfannkuchen zusammen.

Die klassische Souffléform ist rund mit geraden, hohen Wänden, an denen der Eierschaum gut hochsteigen kann.

Quiche & Pizza

Die Pizza gehört nach Spaghetti mit Tomatensauce zu den beliebtesten Gerichten bei uns. Nach den zwei raffinierten Rezepten (Seite 152/153) können Sie leicht weitere Variationen aus Vorräten entwickeln.

Eine Quiche (wird »Kisch« ausgesprochen) ist ein pikanter Kuchen, eine Art Pizza, die in der Form gebacken wird. Aber der Boden besteht nicht aus Hefe-, sondern oft aus Mürbeteig. Das ist ein fettreicher Mehl-Butterteig, der beim Backen knusprig wird. Damit er nicht so von der Füllung aufweicht, wird er meist in der Form vorgebacken. Das »Bindemittel« der Quiches besteht fast immer aus einer saftigen Eier-Sahnemischung, so daß das Ganze recht gehaltvoll und sättigend wird. Wegen der feuchten Füllung gibt es auch spezielle Quicheformen aus ofenfestem Steingut oder Metall (eine Springform eignet sich nicht unbedingt dafür), die ziemlich niedrig sind, weil die Kruste schön dunkel und knusprig werden soll. Achten Sie auf einen glatten, kratzfesten Boden, damit Sie die Quiche in der Form mit einem Messer leicht portionieren und herausheben können.

Gut behütet

Wird auf einen Auflauf ein Deckel aus Teig gelegt, so wird eine Pastete daraus. Bei der griechischen Spinatpastete (Seite 149) wird dafür Filloteig genommen, ein ganz dünner Strudelteig, den es in griechischen und türkischen Lebensmittelgeschäften (dort heißt er »Yufka«) küchenfertig in Folie eingeschweißt gibt.

Lasagne mit Mozzarella ist ein beliebtes Ofengericht

Auch die Lasagne, der italienische Auflauf aus Nudelteig und Tomatensauce, könnte man eigentlich zu den Pasteten zählen. Auf jeden Fall ergibt die Kombination aus Teig und saftiger Füllung immer etwas besonders Leckeres, denn der Deckel oder die Teigschichten dazwischen lassen das Aroma nicht entweichen und ergeben gleich die sättigende Komponente dieser Auflaufkategorie.

Tomaten mit Bulgur

Braucht etwas Zeit

Zutaten für 4 Personen
1 kg Fleischtomaten · Salz
1 Zwiebel
2 Eßlöffel Öl
200 g Bulgur
300 ml kräftige Gemüsebrühe
schwarzer Pfeffer, frisch gemahlen
1 Bund frische Kräuter wie Basilikum, Oregano, Petersilie, Schnittlauch, Thymian
2 Eier
3 Eßlöffel Crème fraîche
50 g Sojasprossen
1–2 Eßlöffel Zitronensaft
Für die Form: Fett

Pro Portion: 970 kJ/ 230 kcal
9 g E · 16 g F · 14 g Kh
Zubereitungszeit: 1 1/4 Stunden

Tomaten waschen, quer halbieren und mit einem Löffel aushöhlen, das Innere salzen. 100 g Fruchtfleisch würfeln und beiseite stellen. Rest im Mixer fein pürieren.

Zwiebel schälen, würfeln und in dem Öl glasig braten. Bulgur unter Rühren etwa 3 Minuten kräftig miträsten. Tomatenpüree und die Brühe angießen, salzen und pfeffern. Zugedeckt bei sehr schwacher Hitze etwa 15 Minuten ausquellen lassen.

Kräuter fein hacken. Eier trennen. Eigelbe, Crème fraîche, Kräuter, Sprossen und die Tomatenwürfel unter den Bulgur rühren. Mit Zitronensaft, Salz und Pfeffer abschmecken.

Backofen auf 200° vorheizen. Eine Gratinformfetten, Tomatenhälften hineinsetzen. Eiweiße steif schlagen, unter die Bulgurmasse heben und in die Tomaten füllen. Im Ofen (Mitte, Umluft 180°) etwa 20 Minuten backen.

Zucchini mit Kartoffeln

Gelingt leicht

Zutaten für 4 Personen
300 g mehlig-kochende Kartoffeln
Salz · 4 Zucchini (je etwa 250 g)
4 Eßlöffel Öl
150 g kleine Egerlinge
3 Frühlingszwiebeln (etwa 100 g)
1 Zwiebel · 1 Knoblauchzehe
1 Teelöffel Thymianblättchen
Pfeffer, frisch gemahlen
Muskatnuß, frisch gerieben
60 g Butter
1 Eßlöffel Zitronensaft · 1 Ei
50 g Weizen-Vollkornmehl
1/2 Bund Schnittlauch
2 Eßlöffel Parmesan, frisch gerieben

Pro Portion: 1900 kJ/ 450 kcal
13 g E · 32 g F · 27 g Kh
Zubereitungszeit: 1 Stunde

Kartoffeln waschen, in Salzwasser knapp garen. Die Zucchini längs halbieren und bis auf etwa 1 cm aushöhlen. Das Fruchtfleisch hacken. Zucchinihälften in 2 Eßlöffeln Öl kurz anbraten, salzen.

Pilze putzen und blättrig schneiden. Frühlingszwiebeln waschen, putzen und in dünne Ringe schneiden. Zwiebel und den Knoblauch schälen und fein hacken.

Das übrige Öl erhitzen, Zwiebel und den Knoblauch glasig dünsten. Zucchinifleisch, die Pilze und Frühlingszwiebeln mit Thymian etwa 3 Minuten mitdünsten. Mit Salz, Pfeffer und Muskat würzen.

Kartoffeln heiß pellen und durch die Kartoffelpresse drücken. Mit 50 g Butter, dem Zitronensaft, dem Ei und Mehl verrühren. Den Schnittlauch in feine Röllchen schneiden. Mit der Pilzmischung unter die Kartoffelfarce mischen, abschmecken und in die Zucchini füllen, mit Parmesan bestreuen.

Den Backofen auf 200° vorheizen. Die Zucchini in eine gefettete Gratinform setzen. Mit der übrigen Butter flöckchenweise belegen. Im Backofen (Mitte, Umluft 180°) etwa 20 Minuten backen.

Im Bild oben:
Zucchini mit Kartoffeln
Im Bild unten:
Tomaten mit Bulgur

Gratinierte Kartoffelbällchen

Gelingt leicht

Zutaten für 4 Personen
900 g ältere, mehlig-kochende Kartoffeln
1 Teelöffel Kümmel
2 Eier
8 Eßlöffel Sahne
4 Eßlöffel Parmesan oder Sbrinz, frisch gerieben
1–2 Teelöffel Kräutersalz
1/2 Teelöffel Pastetengewürz (»Delikata«, Reformhaus)
1/2 Teelöffel Muskatnuß, frisch gerieben
2 Eßlöffel Mandelblättchen
Butter für die Form

Pro Portion: 1400 kJ/ 330 kcal
13 g E · 16 g F · 36 g Kh
Zubereitungszeit: 50 Minuten
Backzeit: 20 Minuten

Die Kartoffeln waschen und mit dem Kümmel in wenig Wasser in 25–30 Minuten weich kochen. Dann schälen und heiß durch die Kartoffelpresse drücken.

Den Backofen auf 200° vorheizen. Eine flache Auflaufform (zum Beispiel eine Pizzaform) mit reichlich Butter einfetten.

Die Eier trennen. Eigelbe, Sahne, den Käse, Salz und die Gewürze unter die Kartoffeln rühren.

Die Eiweiße steif schlagen und mit einer Gabel vorsichtig unter die Kartoffelmasse ziehen.

Mit einem nassen Eisportionierer oder mit zwei Eßlöffeln Bällchen in die Form setzen und mit den Mandelblättchen bestreuen.

Die Form in den Backofen (Mitte, Umluft 180°) schieben und die Kartoffelbällchen in etwa 20 Minuten goldgelb backen.

Gewürzkartoffeln aus dem Ofen

Pikant

Zutaten für 4 Personen
2 Knoblauchzehen
1 Zweig frischer Rosmarin
4 Wacholderbeeren
8 Eßlöffel Olivenöl
1 kg vorwiegend festkochende Kartoffeln mit dünner Schale
Meersalz · schwarzer Pfeffer, frisch gemahlen
1 Eßlöffel Sesamsamen
1 Teelöffel Koriandersamen

Pro Portion: 1240 kJ/ 300 kcal
5 g E · 16 g F · 35 g Kh
Zubereitungszeit: 30 Minuten
Backzeit: 1 Stunde

Die Knoblauchzehen schälen und fein würfeln. Rosmarin waschen, die Nadeln abzupfen und hacken. Wacholderbeeren hacken. Alles mit 6 Eßlöffeln Olivenöl verrühren. Den Backofen auf 175° vorheizen.

Kartoffeln sehr gründlich waschen und mit einer Bürste säubern, längs halbieren. Schnittflächen mit dem Würzöl bestreichen und mit Salz und Pfeffer würzen.

Das übrige Öl auf einem Backblech verstreichen, Sesam und Koriander darauf streuen und die Kartoffeln mit der Schnittfläche darauf legen.

Die Kartoffeln im Backofen (Mitte, Umluft 160°) 45 Minuten garen, danach die Hitze auf 225° (Umluft 200°) erhöhen, die Kartoffeln wenden und in 10–15 Minuten fertigbacken.

Tip!

Die Gewürzkartoffeln, aromatische Beilage oder Snack, lassen sich vielfältig würzen: Versuchen Sie einmal Kümmel-, Fenchel- oder Senfsamen, fein zerbröselte Chillis oder Ingwer. An Kräutern sind getrockneter Oregano, Thymian, Majoran und sogar Lavendel für eine provenzalische Note geeignet. Statt Sesam können Sie auch Leinsamen, Kürbis- oder Sonnenblumenkerne auf das Backblech streuen.

Raclette-Kartoffeln

Für Gäste

Zutaten für 4 Personen (als Vorspeise)
500 g vorwiegend festkochende große Kartoffeln
200 g Raclette-Käse (48% Fett i.Tr.), in etwa 2 mm dicke Scheiben geschnitten
Delikateßpaprika
weißer Pfeffer, frisch gemahlen
Butter für das Blech

Pro Portion: 1300 kJ/ 310 kcal
17 g E · 16 g F · 19 g Kh
Zubereitungszeit: 30 Minuten

Das Backblech einfetten. Den Backofen auf 200° vorheizen. Die Kartoffeln sauber bürsten, längs in etwa 1 cm dicke Scheiben schneiden und auf das Backblech legen. Etwa 20 Minuten im Backofen (Mitte, Umluft 180°) backen.

Den Käse entrinden und in passende Stücke schneiden. Die Kartoffeln mit dem Käse belegen und noch etwa 5 Minuten im Backofen (oben) backen, bis der Käse zu schmelzen beginnt.

Die Kartoffeln mit Paprikapulver bestäuben, Pfeffer darüber mahlen und die Kartoffeln sofort servieren. Dazu paßt Eissalat mit Tomaten und Paprikaschoten.

Kartoffeln mit Eiern und Käse

Raffiniert

Zutaten für 4 Personen
4 große, mehlig-kochende Kartoffeln
Salz
1 kleine Zwiebel
50 g getrocknete, in Öl eingelegte Tomaten
100 g kleine Champignons
1/2 Bund Petersilie
125 g Schnittkäse (Gouda oder Tilsiter)
2 Eßlöffel Butter
schwarzer Pfeffer, frisch gemahlen
2 Eßlöffel Essig
4 Eier

Pro Portion: 1750 kJ/ 420 kcal
21 g E · 20 g F · 40 g Kh
Zubereitungszeit: 1 3/4 Stunden

Die Kartoffeln gründlich unter fließendem Wasser bürsten, etwas salzen und tropfnaß in Pergamentpapier oder Alufolie einwickeln. Auf einem Blech in den Backofen (Mitte) schieben, jetzt auf 200° (Umluft 180°) schalten und etwa 1 1/2 Stunden backen.

Nach 1 Stunde die Zwiebel schälen, würfeln. Die getrockneten Tomaten in feine Streifen schneiden. Champignons mit Küchenpapier säubern, blättrig schneiden. Die Petersilie waschen, trocknen und die Blättchen fein hacken. Den Käse hobeln oder in Scheiben schneiden.

In einer Kasserolle die Butter erhitzen, die Zwiebelwürfel bei mittlerer Hitze in etwa 5 Minuten glasig braten. Dann die Champignons zugeben und bei starker Hitze braten, bis die austretende Flüssigkeit verdampft ist. Zuletzt die Tomatenstreifen untermischen. Mit Salz, Pfeffer und der gehackten Petersilie würzen, beiseite stellen.

In einem flachen Topf etwa 5 cm hoch Wasser mit dem Essig erhitzen. Die Eier einzeln in eine Tasse aufschlagen und in die siedende Flüssigkeit gleiten lassen. Etwa 4 Minuten pochieren, mit einer Schaumkelle herausheben und abtropfen lassen.

Die garen Kartoffeln aus dem Ofen nehmen, halb auspacken, der Länge nach aufreißen und mit der Pilz-Tomatenmasse füllen. Jeweils 1 pochiertes Ei darauf setzen und den Käse darüber verteilen. Nochmals in den Ofen schieben, bis der Käse schmilzt (etwa 5 Minuten).

Tip!

Sie können für dieses Rezept auch geschnittene Champignons aus der Dose nehmen.

Brokkoli-Chicorée-Gratin

Raffiniert

Zutaten für 4 Personen
300 g Brokkoli
4 mittelgroße Stauden Chicorée
Salz
1 große Zwiebel
3 Eßlöffel Butter
4 Eßlöffel Semmelbrösel
3 Eßlöffel Haselnüsse
schwarzer Pfeffer, frisch gemahlen
1 Prise Cayennepfeffer
150 g Sahnegorgonzola
1 Kästchen Kresse
Fett für die Form

Pro Portion: 2000 kJ/ 480 kcal
17 g E · 34 g F · 22 g Kh
Zubereitungszeit: 30 Minuten
Backzeit: 20 Minuten

Den Brokkoli waschen, putzen, die Röschen abschneiden, die Stengel schälen und in Stücke schneiden.

Die Chicoréestauden längs halbieren, den bitteren Strunk von unten kegelförmig aus der Mitte herausschneiden. Den Chicorée kurz abspülen.

In einem großen Topf reichlich Salzwasser zum Kochen bringen. In einer Schüssel eiskaltes Wasser bereit stellen. Die Chicoréestauden bei starker Hitze etwa 3 Minuten im Salzwasser kochen. Mit einem Schaumlöffel herausheben und gut abtropfen lassen.

Dann Brokkoliröschen und -Stengel in dem kochenden Salzwasser in etwa 5 Minuten bißfest garen, im kalten Wasser abschrecken und gut abtropfen lassen.

Die Zwiebel schälen und sehr fein hacken. In einer Pfanne 1 Eßlöffel von der Butter erhitzen und die Zwiebelwürfel darin weich dünsten. Semmelbrösel und die Haselnüsse unterrühren und kurz mitbraten. Mit Salz, Pfeffer und dem Cayennepfeffer würzen.

Den Backofen auf 200° (Umluft 180°) vorheizen.

Eine feuerfeste Form ausfetten. Den Brokkoli und den Chicorée streifenförmig hineinlegen. Den Käse in kleine Stücke schneiden und die Hälfte davon zwischen das Gemüse streuen.

Kresse abspülen und die Blättchen mit einer Küchenschere abschneiden. Die Hälfte der Kresseblättchen zwischen das Gemüse streuen. Mit Salz und Pfeffer würzen.

Die Haselnuß-Semmelbrösel-Mischung auf dem Gemüse verteilen und den restlichen Käse darüber streuen.
Das Gratin auf dem Rost in den Backofen (Mitte) schieben und in etwa 20 Minuten goldbraun überbacken. Den Auflauf mit den übrigen Kresseblättchen bestreuen und servieren.

Tip!

Dieses Gericht ist eine köstliche Beilage oder ein Hauptgericht für 2 Personen. Sättigender wird das Gratin, wenn Sie die Chicoréestauden jeweils noch mit einer Scheibe Schnittkäse umwickeln. Statt des Sahnegorgonzolas eignet sich zum Überbacken auch ein preiswerterer Blauschimmelkäse.

Feine Beilage oder Hauptgericht für 2 Personen: Brokkoli und Chicorée mit Haselnüssen und Käse im Ofen überbacken

Zucchini-Kartoffel-Gratin

Für Ungeübte

Zutaten für 4 Personen
500 g Kartoffeln
500 g Austernpilze
1 Eßlöffel Butter · Salz
weißer Pfeffer, frisch gemahlen
1 Knoblauchzehe
600 g Zucchini
250 g Sahne · 250 ml Milch
3 Eier
100 g Roquefort
Muskatnuß, frisch gerieben
Fett für die Form

Pro Portion: 2500 kJ/ 600 kcal
21 g E · 41 g F · 28 g Kh
Zubereitungszeit: 55 Minuten
Backzeit: 25 Minuten

Die Kartoffeln mit Wasser aufsetzen, etwa 30 Minuten garen, schälen und in dickere Scheiben schneiden.

Die Austernpilze putzen und säubern, in schmale Streifen schneiden. Butter erhitzen und die Pilze darin anbraten, salzen und pfeffern. Knoblauch schälen und dazupressen. Alles etwa 8 Minuten offen dünsten.

Reichlich Salzwasser zum Kochen bringen. Zucchini waschen, putzen und längs in feine Scheiben schneiden. Im kochenden Wasser 1/2 Minute überbrühen, eiskalt abschrecken, abtropfen lassen.

Den Backofen auf 200° vorheizen. Sahne, Milch und Eier verquirlen. Käse zerbröckeln und untermischen, mit Salz, Pfeffer und Muskat würzen. Eine feuerfeste Form fetten. Kartoffeln, Zucchini und Pilze einschichten, mit der Eier-Milch übergießen. Im Backofen (Mitte, Umluft 180°) in etwa 25 Minuten braun überbacken.

Gefüllte Auberginentaschen

Gut vorzubereiten

Zutaten für 6 Personen
750 g Auberginen · Salz
500 g Champignons
1 Zwiebel
2 Eßlöffel Butter
2 Knoblauchzehen
schwarzer Pfeffer, frisch gemahlen
250 g griechischer Schafkäse
Saft von 1/2 Zitrone
2 Eßlöffel Pinienkerne
1 Bund Minze
8 Eßlöffel Olivenöl
600 g Fleischtomaten
50 g Parmesan, frisch gerieben

Pro Portion: 1400 kJ/ 330 kcal
14 g E · 27 g F · 9 g Kh
Zubereitungszeit: 1 1/4 Stunden
Backzeit: 20 Minuten

Die Auberginen waschen, putzen und längs in dünne Scheiben schneiden. Salzen, etwa 30 Minuten Saft ziehen lassen.

Inzwischen die Champignons waschen, putzen und kleinhacken. Zwiebel fein hacken. Butter in einer Pfanne erhitzen, Zwiebel darin glasig braten, Knoblauch dazupressen und die Pilze mitdünsten. Salzen und pfeffern und so lange braten, bis kaum mehr Flüssigkeit vorhanden ist.

Schafkäse mit Zitronensaft pürieren. Pinienkerne in einer Pfanne ohne Fett goldgelb rösten. Die Minze waschen, die Blättchen abzupfen und zur Hälfte mit den Pinienkernen unter den Käse mischen. Die Pilze dazugeben und die Masse mit Salz und Pfeffer abschmecken.

Die Auberginenscheiben mit Küchenpapier gut trocknen. Etwas Olivenöl erhitzen und die Auberginen portionsweise von beiden Seiten goldgelb braten, nach Bedarf Öl nachgießen. Auberginen dann salzen und pfeffern.

Den Backofen auf 200° vorheizen. Die Auberginenscheiben zur Hälfte mit jeweils etwa 1 Eßlöffel Käse-Pilz-Masse belegen und die andere Hälfte darüberklappen.

Fleischtomaten überbrühen, häuten, entkernen und grob hacken. Mit der Hälfte der Tomaten den Boden einer Auflaufform auslegen, salzen und pfeffern. Darauf die Auberginentaschen legen. Eventuell übrige Füllung auf den Auberginen verteilen. Alles mit restlichen Tomaten bedecken.

Parmesan darüber streuen und die Auberginentaschen im Backofen (Mitte, Umluft 180°) etwa 20 Minuten überbacken. Zum Servieren restliche Minze darüber streuen.

Gemüsegratin mit Erdnüssen

Exotisch

Zutaten für 4 Personen
4 hartgekochte Eier
2 Fleischtomaten (etwa 400 g)
1 gelbe Paprikaschote
1 grüne Paprikaschote
1 Zwiebel · 2 Knoblauchzehen
1 Dose Mais (200 g Inhalt)
3 Scheiben Weißbrot (etwa 120 g)
200 g Schafkäse
150 g Erdnußkerne
1 Bund glatte Petersilie
2 getrocknete Chilischoten
Salz
Saft von 1 Limette
2 Eßlöffel Erdnußbutter
einige Salatblätter und
Petersilienzweige zum Garnieren

Pro Portion: 2560 kJ/ 610 kcal
30 g E · 40 g F · 43 g Kh
Zubereitungszeit: 50 Minuten
Backzeit: 35 Minuten

Die Eier schälen. 3 Eier sechsteln, ein Ei grob hacken. Stielansätze der Tomaten entfernen. Tomaten kurz überbrühen, häuten und dann achteln.

Die Paprikaschoten waschen, halbieren, putzen und würfeln. Zwiebel und Knoblauch schälen und fein hacken. Die Maiskörner in ein Sieb gießen, abtropfen lassen.

Das Weißbrot würfeln. Schafkäse zerbröckeln. Die Erdnußkerne grob hacken. Die Petersilie waschen, die Blätter fein hacken. Die Chilischoten zerbröseln.

Die vorbereiteten Zutaten, bis auf die Eier, 2 Eßlöffel Erdnüsse und 50 g Schafkäse, vermischen und mit etwas Salz und Limettensaft abschmecken.

Den Backofen auf 200° vorheizen. Eine Auflaufform mit Erdnußbutter ausstreichen, Gemüsemischung hineinfüllen. Die Eisechstel in die Gemüsemischung drücken.

Das gehackte Ei, Erdnüsse und den Schafkäse vermengen und auf die Gemüsemischung streuen. Den Auflauf im Backofen (Mitte, Umluft 180°) 30–40 Minuten backen. Mit Salatblättern und Petersilienzweigen garnieren.

Nudelauflauf mit Brokkoli

Gelingt leicht

Zutaten für 4 Personen
150 g Hörnchennudeln · Salz
600 g Brokkoli · 150 g Tomaten
1 Bund Petersilie
weißer Pfeffer, frisch gemahlen
Muskatnuß, frisch gerieben
4 Eier · 250 g Frischkäse
75 g Emmentaler, frisch gerieben

Pro Portion: 1600 kJ/ 380 kcal
30 g E · 16 g F · 30 g Kh
Zubereitungszeit: 1 1/2 Stunden

Nudeln in Salzwasser knapp »al dente« garen. Kalt abschrecken, abtropfen lassen.

Brokkoli waschen und putzen, in kochendem Salzwasser etwa 2 Minuten blanchieren, abschrekken und abtropfen lassen.

Backofen auf 200° vorheizen. Tomaten häuten und würfeln. Die Petersilie waschen, fein hacken. Gemüse mit Nudeln und Petersilie mischen, mit Salz, Pfeffer und Muskat abschmecken.

Eier trennen. Eigelbe mit Frischkäse und Emmentaler unter die Gemüsemasse mischen. Eiweiße steif schlagen und unterheben.

Auflauf im Backofen (Mitte, Umluft 180°) etwa 45 Minuten backen, bis er schön gebräunt ist.

lekker met pasta
erg zwaar

Gratinierte Pilz-Brot-Klößchen

Braucht etwas Zeit

Zutaten für 3 Personen
300 g Champignons
1 Knoblauchzehe
1/2 Bund frischer Thymian
1 Ei · 1 Eigelb
100 g altbackenes Vollkornbrot, frisch gerieben
30 g Parmesan, frisch gerieben
Salz
weißer Pfeffer, frisch gemahlen
Muskatnuß, frisch gerieben
2 dünne Stangen Lauch
100 g Crème fraîche
2 Eßlöffel Zitronensaft
100 g Roquefort
1 Bund Schnittlauch

Pro Portion: 1800 kJ/ 430 kcal
21 g E · 30 g F · 20 g Kh
Zubereitungszeit: 45 Minuten
Backzeit: 30 Minuten

Pilze putzen und sehr klein würfeln. Knoblauch durch die Presse drücken. Thymian waschen, Blättchen von den Stielen streifen.

Die Pilze mit Knoblauch, Thymian, Ei und Eigelb, Brot und Käse verkneten, mit Salz, Pfeffer und Muskat würzen. Aus der Masse etwa walnußgroße Bällchen formen.

Den Lauch putzen, gründlich waschen und mit dem zarten Grün in feine Ringe schneiden. Lauch mit Crème fraîche und Zitronensaft in einer Auflaufform mischen, mit Salz und Pfeffer würzen. Die Pilzklößchen darauf legen.

Den Roquefort in feine Scheiben schneiden und auf den Klößchen verteilen. Die Form in den Backofen (Mitte) stellen. Den Ofen auf 220° (Umluft 200°) schalten und die Klößchen in etwa 30 Minuten schön bräunen.

Schnittlauch in feine Röllchen schneiden. Die Klößchen damit bestreut servieren. Dazu schmekken Pellkartoffeln.

Gratinierter Blumenkohl

Gelingt leicht

Zutaten für 3 Personen
Salz
1 Blumenkohl (etwa 800 g)
2 Knoblauchzehen
2 Bund Basilikum
1 Bund frischer Thymian
50 g Olivenöl, kaltgepreßt
75 g Parmesan, frisch gerieben
Salz
weißer Pfeffer, frisch gemahlen
400 g Tomaten
75 g Sonnenblumenkerne

Pro Portion: 2100 kJ/ 500 kcal
25 g E · 36 g F · 18 g Kh
Zubereitungszeit: 30 Minuten
Backzeit: 45 Minuten

Salzwasser zum Kochen bringen. Blumenkohl waschen und in Röschen teilen. Blumenkohl im sprudelnd kochendem Wasser etwa 3 Minuten blanchieren, kalt abschrecken, abtropfen lassen.

Den Knoblauch durch die Presse drücken. Basilikum fein hacken, die Thymianblättchen von den Stielen streifen. Die Kräuter mit Öl, Knoblauch und dem Parmesan verrühren, mit wenig Salz und reichlich Pfeffer abschmecken.

Stielansätze der Tomaten entfernen. Tomaten kurz überbrühen, häuten und würfeln.

Eine Auflaufform schichtweise mit Blumenkohl und Tomaten füllen, dabei jeweils etwas Kräuterpaste darauf verteilen, die Tomaten salzen und pfeffern. Sonnenblumenkerne darüber verteilen.

Die Form in den Ofen (Mitte) stellen. Den Backofen auf 180° (Umluft 160°) schalten und das Gratin etwa 45 Minuten garen, bis der Blumenkohl bißfest ist.

Im Bild oben:
Gratinierte Pilz-Brot-Klößchen
Im Bild unten:
Gratinierter Blumenkohl

Spinat-Quark-Auflauf mit Sesam

Braucht etwas Zeit

Zutaten für 4 Personen
500 g frischer Blattspinat
Salz
2 Zwiebeln
2 Eßlöffel Butter
3 Knoblauchzehen
Pfeffer, frisch gemahlen
Muskatnuß, frisch gerieben
750 g Speisequark (20% Fett)
2 Eier
2 Eigelbe
Fett für die Form
4 Eßlöffel Sesamsaat

Pro Portion: 2100 kJ/ 500 kcal
36 g E · 35 g F · 14 g Kh
Zubereitungszeit: 50 Minuten
Backzeit: 40 Minuten

Den Spinat verlesen, waschen und harte Stiele entfernen. In kochendem Salzwasser kurz blanchieren, abschrecken und in einem Sieb gut abtropfen lassen.

Die Zwiebeln schälen und fein hacken. Die Butter zerlassen, die Zwiebelwürfel darin weich dünsten. Den Knoblauch schälen und durch die Presse dazudrücken. Den Spinat dazugeben und dünsten, bis die Flüssigkeit verdampft ist. Mit Salz, Pfeffer und Muskat würzen. Den Quark mit Eiern und Eigelben verrühren. Den Spinat untermischen, abschmecken.

Backofen auf 200° vorheizen. Eine feuerfeste Form fetten, mit etwas Sesam ausstreuen. Spinatmasse einfüllen, mit restlichem Sesam bestreuen. Im Backofen (Mitte, Umluft 180°) in etwa 40 Minuten goldgelb backen.

maar niet zwaar wel
lijkt op lasagne
zwaar, pannekoekjes
lekker

Eierkuchenauflauf mit Edelpilzkäse

Preiswert

Zutaten für 4 Personen
150 g Mehl
4 Eßlöffel gemahlene Mandeln
250 ml Milch
125 ml Mineralwasser
4 Eier
Salz
200 g milder Edelpilzkäse (Bavaria Blu, Bleu de Bresse, Gorgonzola)
2 Zwiebeln
1 Knoblauchzehe
4 Eßlöffel Butterschmalz
2 Dosen Pizza-Tomaten (je 400 g)
Thymian, getrocknet
Tabasco
1 Bund Petersilie
4 Eßlöffel Semmelbrösel
35 g Butter

Pro Portion: 3000 kJ/ 720 kcal
28 g E · 47 g F · 45 g Kh
Zubereitungszeit: 45 Minuten
Backzeit: 25 Minuten

Das Mehl und die Mandeln mit Milch und Mineralwasser, dann mit den Eiern und Salz verrühren, einige Minuten quellen lassen.

Den Edelpilzkäse in dünne Scheiben schneiden oder zerbröseln.

Zwiebeln und Knoblauch schälen und fein würfeln, in 1 Eßlöffel Butterschmalz andünsten. Die Tomaten unterrühren, mit Salz, Thymian und Tabasco würzen, zu einer dicken Sauce einkochen. Den Backofen auf 75° vorheizen.

Inzwischen in einer beschichteten Pfanne etwas Butterschmalz erhitzen, und nach und nach 6–8 recht dünne Eierkuchen backen; fertige im Ofen warmhalten.

Den Käse auf den Eierkuchen verteilen, diese aufrollen und in 5 Zentimenter breite Stücke schneiden. Senkrecht in eine flache Auflaufform setzen. Den Backofen auf 220° schalten.

Die Petersilie waschen, trocknen und hacken. Unter die Tomatensauce rühren. Die Sauce um und über die Pfannkuchenrollen gießen, die Semmelbrösel darüber streuen. Die Butter in kleinen Flöckchen auf die Oberfläche setzen. Den Auflauf in den Backofen (Mitte, Umluft 200°) schieben und in etwa 25 Minuten goldbraun überbacken.

Grüner Ofenkuchen

Preiswert

Zutaten für 4 Personen
Für die Ofenkuchen:
3 Eier
150 ml Milch
150 g Mehl
2 Handvoll Kräuter (Petersilie, Schnittlauch, Borretsch, Kerbel, Zitronenmelisse)
200 g junger Spinat
4 Eßlöffel Butter
100 ml Mineralwasser · Salz
weißer Pfeffer, frisch gemahlen
Muskatnuß, frisch gerieben
Außerdem:
100 g geriebener Edamer
2 Eier
100 g Sahne
100 g Dickmilch
Butter für die Form

Pro Portion: 2150 kJ/ 510 kcal
21 g E · 33 g F · 35 g Kh
Zubereitungszeit: 45 Minuten
Backzeit: 25 Minuten

Für die Ofenkuchen Eier, Milch und Mehl verrühren und den Teig 30 Minuten quellen lassen.

Kräuter und den Spinat gründlich waschen, gut abtropfen lassen. Grobe Stiele entfernen. 2 Eßlöffel Butter erhitzen. Kräuter und Spinat dazugeben und zusammenfallen lassen. Herausnehmen, in einem Tuch leicht ausdrücken, dann hacken. Mit Mineralwasser unter den Pfannkuchenteig rühren und mit Salz, Pfeffer und Muskat abschmecken.

1 Eßlöffel Butter in einer Pfanne erhitzen. Die Hälfte des Teigs darin verstreichen, auf beiden Seiten backen. Auf diese Weise auch den zweiten Pfannkuchen backen.

Die Pfannkuchen zerpflücken, in eine gebutterte Gratinform geben und mit dem Käse bestreuen. Den Backofen auf 200° vorheizen. Eier, Sahne und Dickmilch verquirlen, mit Salz und Pfeffer würzen. Den Auflauf damit begießen und im Backofen (Mitte, Umluft 180°) in 20–30 Minuten goldgelb backen.

Schafkäse in Folie

Schnell

Zutaten für 4 Personen
4 Eßlöffel Olivenöl
600 g griechischer Schafkäse
4 kleine Tomaten
2 kleine Zwiebeln
16 grüne Oliven
4 eingelegte grüne Peperoni
je 1/2 Teelöffel getrockneter Thymian und Oregano
1 Prise gemahlener Kreuzkümmel
Salz · schwarzer Pfeffer, frisch gemahlen

Pro Portion: 2100 kJ/ 500 kcal
22 g E · 43 g F · 3 g Kh
Zubereitungszeit: 25 Minuten

Backofen mit dem Backblech auf 200° vorheizen. Vier etwa 40 cm lange Stücke Alufolie abschneiden und auf der glänzenden Seite mit 1/2 Eßlöffel Öl bestreichen. Den Schafkäse in vier gleichgroße Stücke teilen, in die Mitte der Folienstücke legen.

Tomaten waschen, den Strunk keilförmig herausschneiden. Die Früchte in Scheiben schneiden, auf dem Käse verteilen. Die Zwiebeln schälen, in dünne Scheiben schneiden oder hobeln, darüber geben. Die Oliven und die Peperoni darum herum anordnen.

Das Ganze würzen mit Thymian, Oregano und Kreuzkümmel, sparsam salzen, kräftig pfeffern und das restliche Olivenöl darüber träufeln. Die Folien zu Päckchen falten, gut verschließen.

Die Alupäckchen im Ofen (Mitte, Umluft 180°) etwa 15 Minuten backen. Heiß in der Folie servieren. Jeder öffnet sich sein Päckchen selbst. Dazu paßt frisches Bauernbrot oder Baguette.

Tip!

Statt Alufolie können Sie auch Strudelteig nehmen (gibt es fertig im Kühlregal). Am besten vorher unter einem feuchten Tuch weicher werden lassen, dann bricht er nicht so leicht beim Falten.

Spargelgratin

Für Gäste

Zutaten für 4 Personen
750 g möglichst gleich große mehlig-kochende Kartoffeln
750 g grüner Spargel · Salz
300 g geräucherter Tofu
Fett für die Form
2 Eßlöffel Butter
2 Eßlöffel Mehl
250 ml Milch
100 g mittelalter Gouda, frisch gerieben
weißer Pfeffer, frisch gemahlen
Muskatnuß, frisch gerieben
Zitronensaft
4 Eßlöffel Schnittlauchröllchen

Pro Portion: 1900 kJ/ 450 kcal
21 g E · 18 g F · 38 g Kh
Zubereitungszeit: 40 Minuten
Backzeit: 20 Minuten

Die Kartoffeln in etwa 30 Minuten garen, schälen und in Scheiben schneiden.

Das untere Drittel des Spargels schälen, die Enden abschneiden. Den Spargel etwa 10 Minuten in kochendem Salzwasser garen. Herausnehmen, abschrecken, gut abtropfen lassen.

Den geräucherten Tofu in schmale Streifen schneiden. Eine feuerfeste Form ausfetten. Kartoffeln, Tofu und Spargel einschichten. Jede Schicht salzen und pfeffern.

Die Butter in einem Topf zerlassen, das Mehl einrühren, kurz anschwitzen, die Milch aufgießen, aufkochen und etwa 5 Minuten köcheln lassen, dabei öfter umrühren. Käse einstreuen, die Sauce mit Salz, Pfeffer, Muskat und Zitronensaft abschmecken.

Den Backofen auf 200° vorheizen. Die Sauce über das Gratin gießen, den Schnittlauch darüber streuen. Das Gratin im Backofen (oben, Umluft 180°) in 20–25 Minuten goldgelb überbacken.

Maissoufflé mit Edelpilzkäse

Gelingt leicht

Zutaten für 4 Personen
2 Eßlöffel Butter
2 Eßlöffel Mehl
1/2 l Milch
200 g Edelpilzkäse (Roquefort, Gorgonzola)
Salz
weißer Pfeffer, frisch gemahlen
Muskatnuß, frisch gerieben
2 Eier
425 g Maiskörner aus der Dose, abgetropft
2 Eßlöffel gemahlene Haselnüsse
Fett für die Form

Pro Portion: 2600 kJ/ 620 kcal
23 g E · 42 g F · 37 g Kh
Zubereitungszeit: 40 Minuten
Backzeit: 20 Minuten

Die Butter in einem Topf zerlassen. Das Mehl einstreuen und unter Rühren goldgelb anschwitzen. Die Milch langsam mit dem Schneebesen unterschlagen. Aufkochen und etwa 10 Minuten köcheln lassen, dabei immer wieder umrühren.

Den Käse zerbröckeln, unter die Sauce rühren und auflösen lassen. Die Sauce mit Salz, Pfeffer und einer Prise Muskat würzen.

Die Eier in Eigelbe und Eiweiße trennen. Maiskörner und die Eigelbe im Mixer pürieren, dann in eine Schüssel geben. Die Käsesauce untermischen.

Den Backofen auf 220° vorheizen.

Die Eiweiße mit einer Prise Salz steif schlagen und zum Schluß unter die Maismasse heben.

Den Boden einer feuerfesten Souffléform ausfetten und mit den gemahlenen Haselnüssen ausstreuen. Die Masse in die Form füllen und in den Backofen (Mitte, Umluft 200°) stellen. Das Soufflé in 20–25 Minuten goldgelb backen. Sofort servieren, sonst fällt es zusammen.

Im Bild oben: Spargelgratin
Im Bild unten: Maissoufflé mit Edelpilzkäse

Selleriesoufflé mit Kräutersauce

Raffiniert

Zutaten für 4 Personen
Für das Soufflé:
400 g Staudensellerie
1 Bund Petersilie
Salz · schwarzer Pfeffer, frisch gemahlen
1 Prise gemahlener Koriander
30 g Weizenvollkornmehl
250 ml Milch
3 Eier
50 g Parmesan, frisch gerieben
Für die Form: etwas Butter
Für die Sauce:
1 Bund Dill
1 Bund Petersilie
1 Bund Schnittlauch
1/2 Bund Zitronenmelisse
1/2 Bund Schnittlauch
1 Knoblauchzehe
1/2 frische grüne Pfefferschote
1/2 Eßlöffel scharfer Senf
100 ml Olivenöl, kaltgepreßt
100 ml Gemüsebrühe
Salz
weißer Pfeffer, frisch gemahlen

Pro Portion: 1900 kJ/ 450 kcal
17 g E · 36 g F · 14 g Kh
Zubereitungszeit: 50 Minuten
Backzeit: 40 Minuten

Den Sellerie waschen, die harten Fasern am unteren Ende abziehen. Die Stangen quer in hauchdünne Streifen schneiden. Die Petersilie waschen, trocknen und die Blätter sehr fein hacken. Den Sellerie mit der Petersilie mischen und mit Salz, Pfeffer und dem Koriander abschmecken.

Das Vollkornmehl in einen Topf geben und bei mittlerer Hitze unter Rühren anrösten, bis es würzig duftet. Die Milch unter ständigem Weiterrühren angießen.

Die Sauce bei schwacher Hitze etwa 10 Minuten köcheln lassen, bis sie dickflüssig ist. Dabei öfter umrühren. Mit Salz und Pfeffer abschmecken. Eine hohe Souffléform nur am Boden mit etwas Butter ausstreichen.

Die Eier trennen. Die Eigelbe mit dem Käse unter die etwas abgekühlte Mehlsauce mischen, dann mit der Selleriemischung vermengen. Die Eiweiße mit 1 Prise Salz steif schlagen und vorsichtig unterheben. Die Masse in die vorbereitete Form füllen.

Die Souffléform auf den Rost in den Backofen (Mitte) stellen. Den Ofen auf 200° (Umluft 180°) schalten. Das Soufflé etwa 40 Minuten garen, bis es schön aufgegangen und gebräunt ist. Dabei während der ersten Hälfte der Backzeit die Backofentür keinesfalls öffnen, sonst fällt das Soufflé wieder zusammen.

Inzwischen für die Sauce die Kräuter waschen und trocknen. Die Kräuter von den groben Stielen befreien und sehr fein hacken. Den Knoblauch ebenfalls sehr fein hacken. Die Pfefferschotenhälfte vom Stielansatz und allen Kernen befreien, waschen und in feine Streifen schneiden.

Die Kräuter mit Knoblauch, der Pfefferschote, Senf, Öl und der Gemüsebrühe gründlich verrühren. Die Sauce mit Salz und Pfeffer abschmecken und bis zum Servieren zugedeckt beiseite stellen.

Das Soufflé aus dem Ofen nehmen und auf Portionsteller verteilen, sofort auftragen. Die Sauce getrennt dazu servieren. Dazu passen Kartoffeln oder Brot.

Tip!

Falls Sie das Soufflé in ein Menü einbauen möchten, reicht die Menge auch für 8 Personen. Lassen Sie dann die Beilage weg. Statt Sellerie können Sie für dieses Soufflé auch Fenchel, ebenfalls sehr fein geschnitten, geraspelte rote Beten, Kartoffeln und Zucchini oder auch fein gewürfelte Paprikaschoten nehmen. Statt der Kräutersauce schmeckt auch eine kalte Tomatensauce aus fein gewürfelten Tomaten, gehackter weißer Zwiebel und reichlich Kräutern.

Zucchinisoufflé

Preiswert

Zutaten für 4 Personen
1 mittelgroße Zwiebel
2 Eßlöffel Butter
750 g Zucchini
2 Knoblauchzehen
1 Bund glatte Petersilie, frisch feingehackt
250 g Sahnequark (40%)
5 Eier · Salz
weißer Pfeffer, frisch gemahlen
Muskatnuß, frisch gerieben
1 Messerspitze Cayennepfeffer
1 Messerspitze Backpulver
2 Eßlöffel Parmesan, frisch gerieben

Pro Portion: 1300 kJ/ 310 kcal
20 g E · 23 g F · 8 g Kh
Zubereitungszeit: 40 Minuten
Backzeit: 40 Minuten

Zwiebel schälen und fein hacken. 1 Eßlöffel Butter in einer Pfanne erhitzen und die Zwiebel darin weich braten. Zucchini waschen, putzen und mittelfein raspeln. Unter die Zwiebel mischen, etwa 5 Minuten dünsten. Die Hälfte davon in eine Schüssel füllen. Knoblauch schälen und in die Pfanne pressen. Alles zusammen noch 5 Minuten dünsten. Dann im Mixer pürieren und leicht abkühlen lassen.

Die Eier trennen. Petersilie und den Quark zu den Zucchiniraspeln geben. Das Zucchinipüree und die Eigelbe zugeben. Alles gut vermischen und mit Salz, Pfeffer, einer Prise Muskat und Cayennepfeffer kräftig würzen.

Den Backofen auf 180° vorheizen. Eiweiße mit Backpulver sehr steif schlagen und gleichmäßig unter die Masse heben. Eine große Souffléform mit der restlichen Butter fetten und den Boden mit dem Parmesan ausstreuen. Die Soufflémasse hineinfüllen und im Backofen (unten) etwa 40 Minuten garen. Das Soufflé sofort servieren.

Risottoauflauf

Braucht etwas Zeit

Zutaten für 4 Personen
1 l Gemüsefond (Glas)
1 Zwiebel
3 Eßlöffel Öl
200 g Risottoreis (am besten Arborio)
200 ml trockener Weißwein (ersatzweise Gemüsebrühe)
Salz · schwarzer Pfeffer, frisch gemahlen
125 g Mozzarella
50 g Gorgonzola
70 g Parmesan
2 Eier · Butter für die Form

Pro Portion: 2850 kJ/ 680 kcal
29 g E · 27 g F · 71 g Kh
Zubereitungszeit: 1 Stunde
Backzeit: 1 Stunde

Für den Risotto den Fond aufkochen lassen. Die Zwiebel schälen und würfeln. Das Öl erhitzen, die Zwiebelwürfel darin glasig dünsten. Den Reis dazugeben und unter Rühren glasig dünsten.

Die Hälfte des heißen Fonds zum Reis gießen und bei schwacher Hitze unter Rühren einkochen lassen. Dann den übrigen Fond angießen und einkochen lassen, mit dem Wein ebenso verfahren. Das dauert etwa 30 Minuten.

Inzwischen Mozzarella und Gorgonzola würfeln, den Parmesan grob reiben. Alles miteinander mischen.

Kurz bevor der Reis gar ist, die Eier trennen und die Eiweiße steif schlagen. Die Eigelbe unter den Risotto rühren, den Eischnee unterheben. Den Backofen auf 200° vorheizen.

Eine hohe Auflaufform (20 cm Durchmesser) mit Butter ausstreichen. Ein Viertel des Risottos hineinfüllen. Ein Drittel der Käse-Mischung darauf verteilen. Auf diese Weise die Form schichtweise füllen, die letzte Schicht sollte aus Risotto bestehen.

Den Auflauf im Backofen (Mitte, Umluft 180°) in 1 Stunde goldgelb backen, dabei die letzten 15 Minuten mit Alufolie abdecken. Sofort heiß servieren.

Lasagne mit Auberginen und Tomaten

Für Gäste

Zutaten für 6 Personen
250 g Weizenvollkorn- oder Dinkelmehl · Salz
1 Ei
1 Eigelb
1 Eßlöffel Olivenöl, extra nativ
2 kleine Auberginen (etwa 400 g)
600 g vollreife Tomaten
300 g kleine Zucchini
1/2 Bund frischer Rosmarin
Für die Sauce:
50 g Weizenvollkorn- oder Dinkelmehl
1/2 l Milch
200 g Sahne
100 g Parmesan, frisch gerieben
weißer Pfeffer, frisch gemahlen
Cayennepfeffer
Für die Arbeitsfläche: etwas Mehl
150 g Mozzarella

Pro Portion: 2200 kJ/ 530 kcal
24 g E · 26 g F · 47 g Kh
Zubereitungszeit: 2 1/4 Stunden

Für den Nudelteig Mehl mit etwas Salz in einer Schüssel mischen. Ei, Eigelb und das Öl dazugeben und alles mit den Händen oder den Knethaken des Handrührgerätes zu einem glatten, geschmeidigen Teig verkneten. Der Teig soll weich sein, aber nicht an den Händen kleben. Bei Bedarf etwas lauwarmes Wasser oder Mehl unterarbeiten.

Den Teig zu einer Kugel formen, in Pergamentpapier wickeln und bei Zimmertemperatur ruhen lassen, bis die restlichen Zutaten vorbereitet sind.

Die Auberginen waschen, putzen und längs in dünne Scheiben schneiden. Die Stielansätze der Tomaten entfernen. Tomaten kurz überbrühen, häuten und in kleine Würfel schneiden. Die Zucchini waschen, putzen und längs in Scheiben schneiden. Den Rosmarin waschen, die Nadeln abzupfen und fein hacken.

Für die Sauce das Mehl in einem Topf bei mittlerer Hitze ohne Fett anrösten, bis es würzig duftet. Die Milch unter kräftigem Rühren langsam dazugießen. Die Sauce bei schwacher Hitze etwa 10 Minuten köcheln lassen, bis sie gebunden ist. Dann die Sahne und die Hälfte des Parmesans untermischen. Die Sauce so lange unter Rühren weitergaren, bis der Käse geschmolzen ist. Die Sauce mit Salz, Pfeffer und Cayennepfeffer pikant abschmecken.

Den Nudelteig noch einmal durchkneten und in Portionen teilen. Teig auf der leicht bemehlten Arbeitsfläche oder in der Nudelmaschine zu dünnen Platten ausrollen. Wenn Sie die Nudelmaschine verwenden, geben Sie den Teig durch die weiteste Walzenöffnung, bis er glatt ist. Formen Sie ihn dann, etwa 4 Stufen enger gestellt, zu Platten.

Eine größere feuerfeste Form mit etwas Sauce ausgießen. Die Form mit Teigplatten auslegen und diese mit einigen Zucchini- und Auberginenscheiben belegen. Auf das Gemüse einige Tomatenwürfel geben, mit Salz und Pfeffer würzen und mit etwas Rosmarin bestreuen. Das Gemüse mit etwas Sauce beträufeln.

Auf diese Weise alle Zutaten in die Form schichten. Dabei mit Nudelblättern abschließen. Die restliche Sauce über die eingeschichteten Zutaten füllen. Den Mozzarella abtropfen lassen und in dünne Scheiben schneiden. Den Mozzarella und den restlichen Parmesan auf der Oberfläche der Lasagne verteilen.

Die Form in den Backofen (Mitte) stellen. Den Ofen auf 220° (Umluft 200°) schalten und die Lasagne etwa 45 Minuten backen, bis sie schön gebräunt ist.

Tip!

Wenn Sie es eilig haben, können Sie auch fertig gekaufte Lasagneplatten nehmen. Entsprechend der Packungsangabe vorbereiten.

Ein herzhafter Genuß: Lasagne aus Vollkornmehl mit viel Gemüse

Cannelloni mit Mozzarella und Tomaten

Braucht etwas Zeit

Zutaten für 6 Personen
250 g Weizenvollkorn- oder Dinkelmehl
1 Ei
1 Eigelb
1 Eßlöffel Olivenöl, extra nativ
Salz
800 g Tomaten
2 Bund Basilikum
1 Bund frischer Thymian
4 Knoblauchzehen
450 g Mozzarella
weißer Pfeffer, frisch gemahlen
Für die Arbeitsfläche: etwas Mehl
50 g Parmesan, frisch gerieben

Pro Portion: 1700 kJ/ 410 kcal
26 g E · 18 g F · 35 g Kh
Zubereitungszeit: 1 1/4 Stunden
Backzeit: 45 Minuten

Für den Teig das Mehl mit Ei, dem Eigelb, Öl und einer kräftigen Prise Salz in eine Schüssel geben, mit 5 Eßlöffeln lauwarmem Wasser vermischen und alles zu einem glatten, geschmeidigen Teig verkneten. Der Teig soll weich sein, darf aber nicht an den Fingern kleben. Ist er zu trocken, noch etwas lauwarmes Wasser untermischen; ist er zu weich, noch etwas Mehl unterarbeiten.

Den Teig zu einer Kugel formen, in Pergamentpapier wickeln und bei Zimmertemperatur etwa 30 Minuten ruhen lassen.

Stielansätze der Tomaten entfernen. Tomaten kurz überbrühen, häuten und in kleine Würfel schneiden. Die Kräuter waschen und trocknen.

Einen Teil des Basilikums zum Bestreuen des fertigen Gerichtes beiseite legen, das restliche Basilikum ohne die groben Stiele fein hacken. Die Thymianblättchen von den Stielen streifen. Die Knoblauchzehen schälen und sehr fein hacken. Den Mozzarella abtropfen lassen und in kleine Würfel schneiden.

Die Tomaten mit dem gehackten Basilikum, dem Thymian, dem Knoblauch und dem Mozzarella mischen. Die Masse mit Salz und Pfeffer pikant abschmecken.

Den Nudelteig noch einmal durchkneten, dann in Portionen teilen. Den Teig auf der leicht bemehlten Arbeitsfläche oder in der Nudelmaschine zu dünnen Platten ausrollen. Platten in etwa 15 x 10 cm große Stücke schneiden.

Die Teigplatten jeweils mit etwas Füllung belegen und zusammenrollen. Die Rollen mit der Nahtstelle nach unten nebeneinander in eine längliche feuerfeste Form geben.

Die restliche Füllung mit dem Parmesan mischen und über den Nudelrollen verteilen.

Die Form in den Backofen (Mitte) geben. Den Backofen auf 200° (Umluft 180°) schalten und die Cannelloni etwa 45 Minuten backen, bis die Oberfläche schön gebräunt ist.

Kurz vor Ende der Garzeit das restliche Basilikum fein hacken. Die Cannelloni damit bestreuen und servieren.

Tip!

In Mozzarella und Tomaten steckt doch mehr als nur eine Vorspeise. In Nudelteig gerollt werden sie zu einer pikanten Cannelloni-Variation. Dieses Nudelgericht schmeckt aber am besten, wenn Sie dafür sonnengereifte Tomaten aus dem Freilandanbau verwenden. Im Sommer schmeckt auch das Basilikum am besten. Um das Aroma zu erhalten, die Blättchen möglichst nur mit Küchenpapier vorsichtig abreiben.

Spinatpastete

Aus Griechenland

Zutaten für 4 Personen (für eine Springform von 28–30 cm Ø)
1 kg Spinat
1 Kopfsalat
1 Bund Frühlingszwiebeln
4 Eßlöffel Olivenöl
1 Bund Dill
1 Bund glatte Petersilie
2 Eier
Salz · schwarzer Pfeffer, frisch gemahlen
1 Prise gemahlener Anis
150 g Schafkäse (Feta)
5 Blätter Filloteig (etwa 300 g; ersatzweise tiefgefrorener Blätterteig, aufgetaut)
50 g Butter
125 ml Milch
1 Eigelb
Fett für die Form

Pro Portion: 4400 kJ/ 1050 kcal
25 g E · 82 g F · 49 g Kh
Zubereitungszeit: 1 1/2 Stunden
Backzeit: 35 Minuten

Den Spinat waschen, die groben Stiele entfernen. Den Kopfsalat putzen und waschen, die Blätter grob zerschneiden.

Den Spinat und die Kopfsalatblätter tropfnaß in einen großen Topf geben und bei starker Hitze zugedeckt in etwa 5 Minuten zusammenfallen lassen. Zwischendurch das Gemüse wenden, dann in ein Sieb abgießen.

Die Frühlingszwiebeln putzen, mit dem zarten Grün in Ringe schneiden. In einer Pfanne das Olivenöl erhitzen und die Frühlingszwiebeln darin glasig dünsten. Spinat und Kopfsalat ausdrücken, kleinhacken und 5–7 Minuten mitgaren, dann die Pfanne von der Kochstelle nehmen.

Dill und Petersilie abspülen, trocknen und ohne die groben Stiele fein hacken. Mit Eiern, Salz, Pfeffer und dem Anis unter das leicht abgekühlte Gemüse mischen. Den Schafkäse zerbröckeln und vorsichtig unterheben.

Die Teigblätter nebeneinander auf die Arbeitsfläche legen. Das erste Teigblatt mit Wasser besprenkeln. Die Springform ausfetten. Das angefeuchtete Teigblatt hineinlegen, die Ränder überhängen lassen. Die Butter mit der Milch erwärmen. Das Teigblatt mit einem Teil davon gut bepinseln.

Das zweite Teigblatt mit Wasser besprenkeln, halbieren und zuerst die eine, dann die andere Hälfte auf das erste Blatt auf dem Boden der Form legen. Beide Hälften jeweils wieder mit der Milch-Butter-Mischung bepinseln. Mit dem dritten Teigblatt genauso verfahren, dabei die Hälften immer kreuz und quer legen.

Die Füllung in die Form geben, überhängende Teigränder darüber klappen, mit der Milch-Butter-Mischung bepinseln. Die übrigen beiden Teigblätter halbieren, mit Wasser besprenkeln und die Pastete damit abdecken. Jedes Teigblatt jeweils mit der Milch-Butter-Mischung bepinseln, überhängende Ränder abschneiden.

Den Backofen auf 200° vorheizen. Die Pastete in etwa 7 x 7 cm große Quadrate schneiden. Die Oberfläche mit der restlichen Milch-Butter-Mischung bepinseln. Das Eigelb verquirlen und die Oberfläche der Pastete damit bestreichen. Die Pastete im Backofen (Mitte) in etwa 35 Minuten goldgelb backen.

Tip!

Wenn Sie diese griechische Spinatpastete mit Blätterteig zubereiten möchten, legen Sie für das untere, größere Teigblatt 3 aufgetaute Blätterteigplatten nebeneinander und rollen sie in der gewünschten Größe (etwas größer als die Form) aus. Für die weiteren Blätter rollen Sie jeweils 2 Blätterteigplatten in Formgröße aus.
Übrigens: Wer es noch herzhafter mag, gibt noch gehackte, kräftig angebratene Zwiebeln unter die Füllung und würzt kräftig.

Mangoldquiche mit Schafkäse

Gelingt leicht

Zutaten für 6 Personen
250 g Mehl
Salz
125 g kalte Butter
Mehl zum Ausrollen
500 g Mangold
250 g Schafkäse (Feta)
1 Zweig Rosmarin
etwa 15 Salbeiblätter
200 g Sahne
4 Eier
weißer Pfeffer, frisch gemahlen
Cayennepfeffer
2 Knoblauchzehen

Pro Portion: 2400 kJ/ 570 kcal
15 g E · 41 g F · 35 g Kh
Zubereitungszeit: 1 1/4 Stunden
Backzeit: 50 Minuten

Das Mehl mit einer kräftigen Prise Salz in einer Schüssel vermischen, die Butter in Flöckchen zerteilen und daraufsetzen, eine Mulde eindrücken und etwa 3 Eßlöffel kaltes Wasser hineingießen.

Alles rasch zu einem glatten Teig verkneten, zu einer Kugel formen und auf wenig Mehl etwas größer als die Form ausrollen.

Mit dem Teig eine Spring- oder eine Tarteform von etwa 28 cm Ø auskleiden, dabei einen Rand von etwa 2 cm hochziehen. Den Teig in der Form etwa 1 Stunde kühl stellen.

Inzwischen den Mangold gründlich waschen und abtropfen lassen. Die Blätter von den Rippen schneiden und grob hacken. Die Stiele und Rippen in etwa 1 cm breite Stücke schneiden.

In einem Topf reichlich Wasser zum Kochen bringen und salzen. Den Mangold darin etwa 3 Minuten blanchieren, in ein Sieb schütten, kalt abschrecken und gründlich abtropfen lassen.

Den Schafkäse in Würfel schneiden. Den Rosmarin und den Salbei waschen, trocknen und die Blätter fein hacken.

Die Sahne mit den Eiern verquirlen, mit Salz, Pfeffer und Cayennepfeffer abschmecken. Den Backofen auf 180° vorheizen.

Den Mangold mit Schafkäse und Kräutern mischen. Den Knoblauch schälen, durch die Presse dazudrücken und unterrühren. Die Gemüsemischung mit Pfeffer abschmecken.

Den Mangold auf dem Teig verteilen. Die Eiersahne darüber gießen. Die Quiche im heißen Ofen (Mitte, Umluft 160°) etwa 50 Minuten backen, bis sie appetitlich gebräunt ist.

Tip!

Schafkase – oft auch als »Feta« angeboten – ist je nach Herkunftsland unterschiedlich stark gesalzen. Bulgarische und französische Käse sind meist milder als die Schafkäse aus Griechenland und der Türkei. Am besten lassen Sie sich von Ihrem Händler beraten und probieren die unterschiedlichen Käsesorten, bevor Sie sich entscheiden.
Falls Sie nur fertig abgepackten erhalten und dieser zu salzig ist, können Sie ihn ein bis zwei Stunden in kaltes Wasser legen, dann wird er milder.

Läßt sich leicht zubereiten und schmeckt besonders würzig: die Mangoldquiche mit Schafkäse

Lauchkuchen

Preiswert

Zutaten für 4 Personen
120 g weiche Butter
250 g Mehl
1 Ei · Salz
900 g Lauch
1 Bund Petersilie
weißer Pfeffer, frisch gemahlen
150 g Crème fraîche
100 g Sahne
100 g Emmentaler, frisch gerieben

Pro Portion: 3000 kJ/ 720 kcal
10 g E · 50 g F · 56 g Kh
Zubereitungszeit: 1 Stunde
Backzeit: 40 Minuten

100 g Butter mit Mehl, Ei, etwas Salz und etwa 4 Eßlöffeln kaltem Wasser zu einem glatten Teig verkneten. Eine Form von 28 cm Ø damit auskleiden, dabei einen Rand von etwa 3 cm hochziehen. Teig in der Form etwa 1 Stunde kühl stellen.

Lauch putzen, längs aufschlitzen, waschen und in feine Ringe schneiden. Restliche Butter in einer Pfanne erhitzen. Lauch darin bei mittlerer Hitze unter gelegentlichem Wenden etwa 5 Minuten dünsten. Dann abkühlen lassen.

Die Petersilie waschen und fein hacken. Zum Lauch geben und alles mit Salz und Pfeffer pikant würzen. Den Backofen auf 200° vorheizen.

Die Lauchmischung auf dem Teigboden verteilen. Crème fraîche mit der Sahne und dem Käse verquirlen, mit Salz und Pfeffer würzen. Auf die Lauchmasse gießen.

Lauchkuchen im heißen Ofen (Mitte, Umluft 180°) etwa 40 Minuten backen, bis er gebräunt ist.

Zucchini-Grieß-Kuchen

Raffiniert

Zutaten für 6 Personen
700 ml Milch · Salz
150 g Weizengrieß
3 Eier · 50 g Butter
75 g Parmesan, frisch gerieben
weißer Pfeffer, frisch gemahlen
Muskatnuß, frisch gerieben
400 g junge Zucchini
Für die Form: Butter

Pro Portion: 1300 kJ/ 310 kcal
15 g E · 17 g F · 24 g Kh
Zubereitungszeit: 30 Minuten
Backzeit: 30 Minuten

Die Milch mit etwas Salz zum Kochen bringen. Den Grieß mit einem Schneebesen einrühren und bei schwächster Hitze unter Rühren in etwa 10 Minuten ausquellen lassen.

Die Eier trennen. Den Grieß von der Herdplatte nehmen, 30 g Butter, 60 g Käse und die Eigelbe untermischen. Die Masse mit Salz, Pfeffer und Muskat pikant abschmecken. Die Eiweiße steif schlagen und unterheben.

Den Backofen auf 220° vorheizen. Eine Form von 28 cm Ø mit Butter ausstreichen. Grieß einfüllen. Die Zucchini putzen, waschen und in etwa 1/2 cm dicke Scheiben schneiden. Die Scheiben dachziegelartig auf dem Grieß anordnen und mit Salz und Pfeffer würzen. Die restliche Butter in Flöckchen schneiden und mit dem restlichen Käse über die Zucchini streuen.

Den Grießkuchen im Backofen (Mitte, Umluft 200° etwa 30 Minuten backen, bis die Zucchini gebräunt sind.

Pizza mit Pilzen und Artischocken

Raffiniert

Zutaten für 4 Personen
Für den Teig:
300 g Mehl · Salz
1/2 Würfel Hefe (20 g)
2 Eßlöffel Olivenöl
Für den Belag:
600 g Dosentomaten
(1 1/2 kleine Dosen)
200 g Mozzarella
4 getrocknete, in Öl eingelegte Tomaten
12 Artischockenherzen in Öl
12 Pilze in Öl

1 Bund Basilikum
100 g schwarze Oliven
1 Eßlöffel Kapern
1 Teelöffel Oregano
weißer Pfeffer, frisch gemahlen
4 Eßlöffel Olivenöl
Für das Backblech: Olivenöl
Für die Arbeitsfläche: Mehl

Pro Portion: 3300 kJ/ 790 kcal
26 g E · 46 g F · 64 g Kh
Zubereitungszeit: 50 Minuten
Ruhezeit: 50 Minuten
Backzeit: 20 Minuten

Das Mehl mit 1/2 Teelöffel Salz in einer Schüssel mischen, eine Mulde eindrücken. Die Hefe zerbröckeln, mit 190 ml lauwarmem Wasser verrühren und mit dem Olivenöl zum Mehl geben. Alles kräftig verkneten. Den Teig zugedeckt etwa 30 Minuten an einem warmen Platz gehen lassen, bis sich sein Volumen verdoppelt hat.

Inzwischen die Dosentomaten abtropfen lassen und mit einer Gabel zerdrücken. Mozzarella in dünne Scheiben schneiden. Die getrockneten Tomaten in kleine Stücke schneiden. Artischockenherzen abtropfen lassen und vierteln, die Pilze ebenfalls abtropfen lassen und halbieren. Die Blättchen vom Basilikum etwas kleinschneiden. Die Oliven entkernen. Backofen auf 220° vorheizen.

Nach der Ruhezeit 2 Pizzen von je etwa 24 cm Ø ausrollen und auf ein gefettetes Backblech geben. Die Pizzaböden mit den Tomaten bestreichen, mit Mozzarella belegen. Alle vorbereiteten Zutaten, die Oliven und die Kapern darauf verteilen. Mit Oregano, Pfeffer und wenig Salz bestreuen. Mit Öl beträufeln und im Backofen (unten, Umluft 200°) 20–25 Minuten backen.

Pizza mit Pesto

Raffiniert

Zutaten für 4 Personen
Für den Teig:
300 g Mehl · Salz
1/2 Würfel Hefe (20 g)
2 Eßlöffel Olivenöl
Für den Belag:
4 Bund Basilikum (groß)
4 Knoblauchzehen
2 Eßlöffel Pinienkerne
weißer Pfeffer, frisch gemahlen
125 ml Olivenöl, kaltgepreßt
80 g Pecorino (Schafkäse), frisch gerieben
3 Eßlöffel Olivenöl
Für das Backblech: Olivenöl
Für die Arbeitsfläche: Mehl

Pro Portion: 2800 kJ/ 670 kcal
13 g E · 44 g F · 59 g Kh
Zubereitungszeit: 45 Minuten
Ruhezeit: 50 Minuten
Backzeit: 25 Minuten

Das Mehl mit 1/2 Teelöffel Salz in einer Schüssel mischen, eine Mulde eindrücken. Die Hefe zerbröckeln, mit 190 ml lauwarmem Wasser verrühren und mit dem Olivenöl zum Mehl geben. Alles kräftig verkneten. Den Teig zugedeckt etwa 30 Minuten an einem warmen Platz gehen lassen, bis sich sein Volumen verdoppelt hat.

Inzwischen das Basilikum grob zerschneiden. Den Knoblauch schälen und durchpressen. Die Pinienkerne fein hacken. Das Basilikum mit etwas Salz im Mörser verreiben, Pfeffer, Knoblauch und die Pinienkerne dazugeben. Alles fein zerdrücken, dabei löffelweise das Öl und den Käse hinzufügen, bis der Pesto cremig wird. Sollte er zu fest sein, noch etwas Wasser einrühren. (Wenn Sie keinen Mörser haben, können Sie den Pesto auch mit dem Pürierstab oder im Mixer zubereiten).

Den Backofen auf 220° vorheizen. Die Tomaten in dünne Scheiben schneiden.

Nach der Ruhezeit 2 Pizzen von je etwa 24 cm Ø ausrollen und auf ein gefettetes Backblech geben. Die Pizzaböden mit den Tomaten belegen, mit den 3 Eßlöffeln Öl bestreichen und im Backofen (unten, Umluft 200°) etwa 20 Minuten backen. Dann schnell mit dem Pesto bestreichen und in etwa 5 Minuten fertigbacken.

Nudeln, Reis & Körner

Erst durch die italienische Pasta sind wir darauf gekommen, daß Nudeln auf dem Teller auch eine Hauptrolle spielen können.

Das gilt auch für den Reis, der nicht nur in Italien mehr ist als eine Beilage. Überhaupt sind die ganzen Körnergerichte nicht nur gesund, sondern schmecken auch.

Nicht zu vergessen die Hülsenfrüchte, die zwar nicht zu den Zerealien zählen, aber für die vegetarische Küche genau so wichtig sind.

Lange Zeit wußte niemand mehr, wie eigentlich ein Getreidekorn aussieht. Das Weißmehl in Brötchen, Brot und Kuchen läßt ja nicht erahnen, daß es aus vollem Korn gemahlen wurde. Erst in den letzten Jahren kamen Getreide und Getreideprodukte aus Weizen, Hafer, Gerste, Mais und Reis zu neuen Ehren. Und da »Erzeugnisse aus Körnern« nicht gerade lecker klingt, wurde dafür das wunderbare Wort »Zerealien« geprägt, nach der römischen Göttin Ceres, der Beschützerin der Feldfrüchte.

Körnergerichte sind der ideale Ausgleich für die Ernährungsfehler, die viele Menschen heute begehen. Sie sind reich an Ballaststoffen und komplexen Kohlenhydraten, enthalten viel pflanzliches Eiweiß, wertvolle B-Vitamine, Mineralstoffe und sekundäre Pflanzenstoffe wie die Phytinsäure. Außerdem wirken sie sich günstig auf einen zu hohen Cholesterinspiegel aus.

Nudeln oder Pasta

Mit oder ohne Ei, das ist der Unterschied. Italienische Pasta wird vor allem aus Hartweizen (zum Beispiel Durum-Weizen) hergestellt, der genügend Klebereiweiß enthält, so daß keine zusätzlichen Eier zum Binden nötig sind. Hartweizen enthält von Natur aus Karotinoide, die der Pasta eine schöne gelbe Farbe geben. Diese Nudeln kochen kernig und bißfest, »al dente«. Weil Hartweizen in unserem Klima nicht recht gedeiht, wurden die Nudeln bei uns vorwiegend aus Weichweizenmehl und Eiern hergestellt.

Vollkornnudeln enthalten mehr Ballaststoffe, Vitamine, Mineralstoffe und Eiweiß als solche aus Weißmehl. Inzwischen gibt es sie in vielen Formen (bis hin zu gefüllten Teigtaschen wie Tortellini) und aus verschiedenen Getreidesorten (besonders beliebt sind Dinkel- und Grünkernnudeln). Manche sind noch mit Weizenkeimen oder Sojamehl angereichert. Allerdings kochen nicht alle Vollkornnudeln so, wie Sie es von Hartweizennudeln gewöhnt sind. Manche sind hinterher kleistrig oder außen weich und innen noch hart.

Selbstgemachte Nudeln

Am besten schmecken natürlich selbst gemachte Nudeln. Grundrezept für 4 Portionen: 200 g Mehl (Type 550 oder höher) mit 100 g Hartweizengrieß und einer guten Prise Salz vermischen, 2 Eier, 1 Eßlöffel Öl und 2–3 Eßlöffel Wasser zugeben und alles zu einem glatten, festen Teig kneten. Je höher der Vollkornanteil ist, desto mehr Wasser müssen Sie zugeben. Für die Nudelmaschine kann der Teig recht fest sein, wenn Sie ihn mit dem Nudelholz ausrollen, muß er weich und geschmeidig scin. Den Teig in Folie oder ein feuchtes Tuch wickeln und 30 Minuten ruhen lassen. Dann dünn ausrollen (mit dem Nudelholz oder der Maschine) und zu beliebigen Nudeln schneiden. Vorm Kochen nach Möglichkeit auf einem Tuch etwas antrocknen lassen, dann garen sie kerniger. Garzeit: 3–5 Minuten.

Tortellini und Ravioli sind aus diesem Teig ganz einfach herzustellen: Die Hälfte der Teigplatten mit kleinen Häufchen der Füllung belegen (Abstand lassen), die Zwischenräume mit etwas Wasser anfeuchten und die anderen Teigplatten darüber legen. Mit der Handkante den Teig zwischen der Füllung fest andrücken und die Teigtaschen mit einem Teigrädchen oder dem Messer ausschneiden (Rezepte Seite 168).

Und nicht vergessen: Alle Nudeln lieben viel kräftig kochendes Wasser, sonst kleben sie zusam-

Für Nudelfans lohnt sich eine Nudelmaschine auf jeden Fall

Für Ravioli den gefüllten Nudelteig schön ausradeln

men und garen ungleichmäßig. Und während des Kochens ab und zu umrühren, sonst kleben sie am Ende doch noch aneinander.

Kurz oder lang

Zwei wichtige Gruppen gibt es beim Reis: Die eine hat lange, schlanke Körner, das ist Langkornreis. Die andere hat dicke, runde oder ovale Körner und wird Rundkornreis genannt. Dazwischen liegt der Mittelkornreis. Alle Sorten erhalten Sie geschält oder ungeschält, das heißt, noch mit dem Silberhäutchen, in dem wertvolle Mineralstoffe, Vitamine, Öle und Ballaststoffe konzentriert sind. Beim Schälen gehen diese verloren, allerdings ist die Garzeit erheblich kürzer.

Für italienischen Risotto benötigen Sie Rundkornreis. Beliebteste Sorte ist der Arborio mit großen Körnern, nicht zu verwechseln mit dem Avorio, einem Parboiled-Mittelkornreis (ein Verfahren, bei dem die Inhaltsstoffe des Silberhäutchens zum Teil ins Innere des Reiskorns gepreßt werden).

Basmati-Reis gilt als König der Reissorten. Er kommt aus Indien und ist eine der teuersten Langkornsorten, kocht besonders würzig-aromatisch und körnig.

Die Garzeit bei ungeschältem Reis beträgt etwa 45 Minuten, Arborio braucht 25–30 Minuten, normaler Langkornreis ist in 15–20 Minuten und der Basmati bereits in 12 Minuten fertig.

Hülsenfrüchte

Besonders viele Ballaststoffe enthalten Hülsenfrüchte (Erbsen, Bohnen und Linsen). Sie liefern außerdem reichlich Kohlenhydrate und pflanzliches Eiweiß. Die Eiweißqualität ist nicht besonders hoch, kann aber aufgewertet werden, wenn Sie dazu Getreide oder Milchprodukte essen. Getrocknete Hülsenfrüchte haben eine lange Garzeit und müssen vor dem Kochen in kaltem Wasser eingeweicht werden, sonst werden sie nicht weich. Nehmen Sie dazu kalkarmes (abgekochtes oder gefiltertes) Wasser und lassen Sie die Hülsenfrüchte am besten über

Hülsenfrüchte wie Linsen enthalten die meisten Ballaststoffe

Nacht darin quellen. Das Einweichwasser – vor allem von Bohnen – sollten Sie weggießen und zum Kochen frisches nehmen, da es ungünstige Stoffe enthält.

Sprossen & Keime

Theoretisch läßt sich jeder Samen zum Keimen bringen, aber Sie sollten nur spezielle Keimsaat aus biologischem Anbau nehmen. Die Technik ist ganz einfach: Samen waschen und 6 bis 15 Stunden (je nach Größe) einweichen. Dann abspülen und feucht in ein Keimgefäß oder in ein Einmachglas füllen (das Gefäß darf höchstens zu einem Drittel gefüllt sein). Einmachgläser mit einem Mulltuch verschließen. Wichtig: Die Samen zweimal täglich abspülen, damit sich kein Schimmel bildet. Nicht zu hell und nicht zu warm aufstellen, dann zeigen sich in wenigen Tagen die leckeren Sprossen.

Nudeln mit Tomaten und Mozzarella

Aus Italien

Zutaten für 4 Personen
500 g reife Tomaten, möglichst Eiertomaten
200 g Mozzarella (möglichst aus Büffelmilch)
2 Knoblauchzehen
1 großes Bund Basilikum
2 Eßlöffel Olivenöl, extra nativ
Salz
2 Prisen gemahlener Peperoncino (kleine scharfe Pfefferschote), ersatzweise Cayennepfeffer
400 g Ditali (sehr kurze Röhrennudeln) oder Hörnchennudeln
3 Eßlöffel Parmesan, frisch gerieben
2 Eßlöffel Butter

Pro Portion: 2800 kJ/ 670 kcal
29 g E · 28 g F · 71 g Kh
Zubereitungszeit: 45 Minuten

Die Tomaten mit kochendem Wasser überbrühen, häuten und vierteln. Dabei die Stielansätze und die Kerne entfernen. Das Fruchtfleisch klein würfeln. Den Mozzarella in sehr kleine Würfel schneiden. Die Knoblauchzehen schälen. Das Basilikum ohne die Stiele kleinschneiden.

In einer breiten Kasserolle (in der das Gericht auch serviert werden kann) das Öl erhitzen. Die Knoblauchzehen bei mittlerer Hitze darin braten, bis sie braun sind, dann herausnehmen. Die Tomaten ins Öl geben, mit Salz und dem Peperoncino würzen. Bei schwacher Hitze zugedeckt etwa 15 Minuten dünsten.

Die Nudeln in Salzwasser »al dente«, bißfest, garen und abtropfen lassen. Mit dem Mozzarella zu den Tomaten geben. So lange rühren, bis der Käse geschmolzen ist. Dann den Parmesan, die Butter und das Basilikum untermischen.

Spaghetti mit Kräutern und Tomaten

Braucht etwas Zeit

Zutaten für 4 Personen
600 g reife feste Tomaten, möglichst Eiertomaten
1 Stange Staudensellerie
1/2 Zwiebel
2 Knoblauchzehen
1 großes Bund Basilikum
1 Bund Petersilie
1 Teelöffel frische Oreganoblättchen
5 Eßlöffel Olivenöl, extra nativ
Salz · schwarzer Pfeffer, frisch gemahlen
400 g Spaghetti

Pro Portion: 2000 kJ/ 480 kcal
16 g E · 13 g F · 74 g Kh
Zubereitungszeit: 30 Minuten
Marinierzeit: 4 Stunden

Die Tomaten mit Wasser überbrühen, häuten, vierteln, dabei die Stielansätze und die Kerne entfernen. Fruchtfleisch klein würfeln.

Den Sellerie putzen, mit der halben Zwiebel und dem Knobauch zusammen sehr fein hacken. Das Basilikum, die Petersilie und den Oregano ohne die groben Stiele fein schneiden.

In einer großen Schüssel Tomatenwürfel, den Sellerie, Zwiebel, Knoblauch und die Kräuter gut mit dem Olivenöl mischen, mit Salz und viel Pfeffer kräftig würzen. Die Gemüsemischung zugedeckt etwa 4 Stunden bei Zimmertemperatur marininieren lassen.

Dann die Nudeln in Salzwasser »al dente«, bißfest, kochen. In einem Sieb kurz abtropfen lassen. In die Schüssel geben und gründlich mit der Gemüsemischung vermischen. Dieses Gericht wird ohne Käse serviert.

Im Bild oben:
Spaghetti mit Kräutern und Tomaten
Im Bild unten:
Nudeln mit Tomaten und Mozzarella

Spaghetti mit Knoblauch

Klassiker

Zutaten für 4 Personen
400 g Spaghetti
Salz
5 Knoblauchzehen
1 Bund Petersilie
6 Eßlöffel Olivenöl, extra nativ
1 cm getrockneter Peperoncino (kleine scharfe Pfefferschote), ersatzweise Chilischote
4 Eßlöffel Pecorino (Schafkäse) oder Parmesan, frisch gerieben

---

Pro Portion: 2200 kJ/ 530 kcal
20 g E · 19 g F · 68 g Kh
Zubereitungszeit: 30 Minuten

In einem großen Topf in reichlich Salzwasser die Spaghetti »al dente«, bißfest, kochen.

Inzwischen die Knoblauchzehen schälen und mit einer Gabel oder einer breiten Messerklinge zerdrücken. Die Petersilie waschen, trocknen und ohne die groben Stiele fein hacken. Eine Schüssel für die Nudeln vorwärmen.

In einer kleinen Pfanne das Öl erhitzen, den Knoblauch und den Peperoncino dazugeben. Bei mittlerer Hitze braten, bis die Knoblauchzehen goldbraun sind, dann den Knoblauch und den Peperoncino aus dem Pfännchen heben.

Die Nudeln abgießen, dabei einige Eßlöffel Nudelkochwasser auffangen. Die Teigwaren in einem Sieb abtropfen lassen und in die vorgewärmte Schüssel geben.

Das heiße Knoblauchöl über die Nudeln gießen. 2–3 Eßlöffel Nudelkochwasser dazugeben. Die Nudeln mit der Petersilie bestreuen, gut durchmischen und sofort auftragen. Den Käse extra dazu servieren.

Dünne Nudeln in Basilikumsauce

Schnell

Zutaten für 4 Personen
3 große Bund Basilikum
Salz
400 g Vermicelli oder Linguine (dünne Spaghetti)
100 g Butter
250 ml Sahne
weißer Pfeffer, frisch gemahlen
40 g Pecorino (harter Schafkäse), frisch gerieben

Pro Portion: 3300 kJ/ 790 kcal
20 g E · 46 g F · 72 g Kh
Zubereitungszeit: 30 Minuten

Das Basilikum mit Küchenpapier abwischen, nur wenn nötig kurz abbrausen (durch Waschen verliert es an Aroma). Die Blätter abzupfen (schlechte Blätter aussortieren) und fein hacken.

In einem großen Topf in reichlich Salzwasser die Nudeln »al dente«, bißfest, kochen.

Inzwischen in einem Pfännchen bei schwacher Hitze die Butter schmelzen lassen (sie darf dabei nicht braun werden). In einem zweiten Pfännchen die Sahne leicht erwärmen.

Die Nudeln in ein Sieb gießen und gut abtropfen lassen. In eine hitzefeste Servierschüssel oder eine Kasserolle (die man auch zu Tisch bringen kann) füllen.

Die Nudeln mit der geschmolzenen Butter, der erwärmten Sahne, dem Basilikum, reichlich Pfeffer, falls nötig, etwas Salz und dem Käse gründlich vermischen. Zugedeckt auf der noch warmen (nicht heißen!) Kochplatte etwa 5 Minuten ziehen lassen.

Tip!

Vermicelli sind eigentlich nur dünnere Spaghetti. Man serviert sie in Italien mit Gemüsesaucen und schwenkt sie gerne, bereits mit der Sauce vermischt, vor dem Servieren noch einmal kurz in der Pfanne. Sie können die Sauce auch mit der gleichen Menge glattblättriger Petersilie statt Basilikum zubereiten. Wer mag, würzt die Sahne mit ein wenig frisch gemahlener Muskatnuß.

Penne arrabbiata

Scharf

Zutaten für 4 Personen
3–4 getrocknete, in Öl eingelegte Tomaten
1 Zwiebel
2 Knoblauchzehen
3 Eßlöffel Olivenöl
2 getrocknete rote Chilischoten
1 Dose Pizza-Tomaten (400 g)
50 ml trockener Rotwein (ersatzweise Tomatensaft)
Salz
350 g Penne (kurze Röhrennudeln, möglichst »rigate«, gerillte)
3 Zweige Basilikum
1/2 Teelöffel Pimentkörner
Pfeffer, frisch gemahlen
75 g Pecorino, frisch gerieben

Pro Portion: 2500 kJ/ 590 kcal
27 g E · 15 g F · 92 g Kh
Zubereitungszeit: 30 Minuten

Die getrockneten Tomaten in feine Streifen schneiden. Zwiebel und Knoblauchzehen schälen und klein würfeln.

In einem Schmortopf 2 Eßlöffel Öl erhitzen. Zwiebeln und Knoblauch darin hellgelb anbraten, die Tomatenstreifen unterrühren und kurz andünsten. Die Chillies zerbröseln, mit Pizza-Tomaten und Rotwein dazugeben. Zugedeckt bei schwacher Hitze etwa 15 Minuten köcheln lassen.

Reichlich Salzwasser mit 1 Eßlöffel Öl erhitzen. Die Nudeln darin »al dente«, bißfest, garen. Das Basilikum mit Küchenpapier abreiben, nur im Notfall waschen und trocknen. Die Blättchen abzupfen und fein hacken. Den Piment im Mörser zerstoßen. Beides unter die Sauce rühren. Mit Salz und Pfeffer abschmecken.

Die garen Nudeln abgießen, kalt abschrecken und abtropfen lassen. Mit der Sauce vermischen. Den Käse extra dazu servieren.

Nudeln mit Mandel-Sauce

Raffiniert

Zutaten für 4 Personen
Salz
500 g Spaghetti
250 g vollreife feste Tomaten
1 Bund Basilikum
3 Knoblauchzehen
100 g gehäutete Mandeln
1 Eßlöffel Olivenöl, extra nativ
weißer Pfeffer, frisch gemahlen

Pro Portion: 2600 kJ/ 620 kcal
22 g E · 20 g F · 93 g Kh
Zubereitungszeit: 15 Minuten

In einem großen Topf reichlich Salzwasser zum Kochen bringen. Die Nudeln darin in etwa 8 Minuten »al dente«, bißfest, kochen.

Inzwischen die Tomaten mit kochendem Wasser überbrühen, häuten und grob zerkleinern, dabei die Stielansätze entfernen.

Das Basilikum mit Küchenpapier abwischen, nur wenn nötig kurz abbrausen und trocknen. Die Blätter abzupfen und fein hacken. Den Knoblauch schälen.

Den Knoblauch und die Mandeln mit Salz im Mixer mittelfein zerkleinern. Tomaten, Basilikum und das Öl hinzufügen und nochmals durchmixen. Mit Salz und Pfeffer abschmecken.
Die Nudeln in einem Sieb abtropfen lassen und in vorgewärmte Teller verteilen. Die Sauce hinzufügen und sofort servieren.

Tip!

Für einen sommerlichen Nudelsalat können Sie die Nudeln auch nach dem Garen kalt abbrausen und gut abtropfen lassen, dann gleich mit 1 Eßlöffel Olivenöl zusätzlich vermischen, damit sie nicht zusammenkleben. Abgekühlt mit der kalten Sauce vermischen, zusätzlich noch rohe Tomatenwürfel und einige gehackte Basilikumblätter unterheben.

Spiralnudeln mit Spinat

Preiswert

Zutaten für 4 Personen
1 Bund Petersilie
1 Bund Basilikum
750 g junger Spinat
400 g Fusilli (Spiralnudeln)
Salz
60 g Butter
2 Eßlöffel Olivenöl, extra nativ
1 Prise Muskatnuß, frisch gerieben
250 ml Sahne
80 g Parmesan, frisch gerieben

Pro Portion: 3400 kJ/ 810 kcal
27 g E · 45 g F · 72 g Kh
Zubereitungszeit: 1 Stunde

Petersilie und Basilikum nur kurz waschen, trocknen und fein schneiden. Den Spinat putzen, dicke Stiele entfernen. Die Blätter mehrmals gründlich in kaltem Wasser waschen.

Spinat tropfnaß in eine Kasserolle geben und zugedeckt bei schwacher Hitze garen bis die Blätter zusammenfallen. Spinat in ein Sieb geben und auskühlen lassen. Dann die Blätter gut auspressen und fein hacken.

Die Nudeln in reichlich Salzwasser »al dente«, bißfest, kochen.

Butter und Öl etwas erhitzen. Die Kräuter 2–3 Minuten bei schwacher Hitze andünsten, den Spinat untermischen. Alles mit Salz und Muskat würzen, umrühren und zugedeckt etwa 5 Minuten ziehen lassen. Die Sahne zum Spinat gießen und heiß werden lassen. Die Kasserole vom Herd nehmen. Eine Schüssel vorwärmen.

Die Nudeln abgießen und abtropfen lassen. In der vorgewärmten Schüssel mit Spinat und dem Parmesan verrühren. Die Schüssel zudecken und 3–4 Minuten ziehen lassen. Nach Belieben eine Pfeffermühle dazu bereitstellen.

Nudeln mit Spargelsauce

Für Gäste

Zutaten für 4 Personen
1 Stange Staudensellerie
1 kleine Möhre
1 kleine Zwiebel
400 g Dosentomaten
750 g grüner Spargel
75 g Butter
Salz
weißer Pfeffer, frisch gemahlen
400 g Penne (kurze Hohlnudeln)
50 g Parmesan, frisch gerieben

Pro Portion: 2400 kJ/ 570 kcal
23 g E · 22 g F · 75 g Kh
Zubereitungszeit: 1 Stunde

Die Selleriestange, die Möhren und die Zwiebel fein hacken. Die Tomaten leicht abtropfen lassen (den Saft dabei auffangen), dann grob zerkleinern.

Die Enden der Spargelstangen abschneiden. Dickere Stangen im unteren Drittel eventuell schälen. Den Spargel in etwa 4 cm lange Stücke schneiden. Die Spargelköpfe etwa 4–5 cm lang lassen.

Die Butter erhitzen, das gehackte Gemüse bei mittlerer Hitze unter Rühren darin etwa 10 Minuten braten. Dann die Spargelstücke dazugeben und etwa 5 Minuten mitbraten. Die Tomaten untermischen, alles mit Salz und Pfeffer würzen und zugedeckt bei schwacher Hitze 15–20 Minuten garen. Bei Bedarf Tomatensaft dazugeben. Eine Schüssel vorwärmen.

Inzwischen die Nudeln in reichlich Salzwasser »al dente«, bißfest, kochen. Gut abtropfen lassen und in der Schüssel mit der Spargelsauce vermischen. Die Nudeln 2–3 Minuten zugedeckt ziehen lassen. Den geriebenen Käse extra dazu reichen.

Im Bild oben:
Spiralnudeln mit Spinat
Im Bild unten:
Nudeln mit Spargelsauce

Nudeln in Gorgonzolasauce

Raffiniert

Zutaten für 4 Personen
400 g Penne (kurze abgeschrägte Röhrennudeln) oder Bucatini (dünne Makkaroni), in Stücke gebrochen
Salz
200 g nicht zu reifer Gorgonzola
6 frische Salbeiblätter
30 g Butter
250 g Sahne
weißer Pfeffer, frisch gemahlen

Pro Portion: 3300 kJ/ 790 kcal
25 g E · 45 g F · 69 g Kh
Zubereitungszeit: 30 Minuten

In einem großen Topf die Nudeln in reichlich Salzwasser »al dente«, bißfest, garen.

Inzwischen den Gorgonzola entrinden und in kleine Würfel schneiden. Die Salbeiblätter waschen und trocknen.

In einer großen Pfanne, die man auch zu Tisch bringen kann, die Butter bei schwacher Hitze zerlassen. Die Salbeiblätter kurz darin ziehen lassen, dann herausnehmen. Anschließend die Käsewürfelchen unter Rühren bei schwacher Hitze so lange in der Butter erhitzen, bis der Gorgonzola geschmolzen ist. Dabei nach und nach etwa zwei Drittel der Sahne dazugeben.

Die Käsesauce vorsichtig salzen und reichlich mit Pfeffer würzen. Die Sauce offen bei schwacher Hitze etwas eindicken lassen.

Die Nudeln in einem Sieb abtropfen lassen, dann in die Pfanne geben und kräftig mit der Gorgonzolasauce vermischen. Wenn das Gericht zu trocken sein sollte, das restliche Drittel der Sahne hinzugießen. Nach Belieben am Tisch eine Pfeffermühle bereitstellen.

Bandnudeln mit Zucchini-Ricotta-Sauce

Gelingt leicht

Zutaten für 4 Personen
1 Zucchino
4 Frühlingszwiebeln
1/2 Bund Majoran
Salz
400 g Fettucine (dünne Bandnudeln)
2 Eßlöffel Olivenöl
weißer Pfeffer, frisch gemahlen
Muskatnuß, frisch gerieben
150 g weicher Ricotta (italienischer Frischkäse)

Pro Portion: 2110 kJ/ 500 kcal
19 g E · 10 g F · 84 g Kh
Zubereitungszeit: 25 Minuten

Den Zucchino waschen und putzen. Der Länge nach in dünne Scheiben, dann in feine Streifen schneiden. Die Frühlingszwiebeln putzen und gründlich waschen. Das dunkle Grün abschneiden, die Frühlingszwiebeln ebenfalls der Länge nach in feine Streifen teilen. Den Majoran waschen, die Blättchen abzupfen.

Für die Nudeln reichlich Salzwasser zum Kochen bringen. Die Nudeln nach Packungsaufschrift »al dente«, bißfest, kochen.

Inzwischen das Öl in einer Pfanne erhitzen. Zucchini- und Zwiebelstreifen mit dem Majoran darin unter Rühren in 5 Minuten bißfest garen. 4–5 Eßlöffel Nudelkochwasser untermischen, die Sauce mit Salz, Pfeffer und Muskat abschmecken und auf der abgeschalteten Kochplatte warm halten, bis die Nudeln gar sind. Dann den Ricotta unterrühren.

Die Nudeln in ein Sieb abgießen und abtropfen lassen. In die Pfanne geben und alles gründlich mischen. In vorgewärmten Tellern servieren.

Tip!

Um Teller vorzuwärmen müssen Sie nicht extra den Backofen anheizen. Es genügt, wenn Sie das Spülbecken mit heißem Wasser füllen und die Teller bis zum Servieren hineinlegen.

Penne mit Zucchini

Schnell

Zutaten für 4 Personen
Salz
500 g Penne (kurze Röhrennudeln)
300 g junge Zucchini
200 g schnittfester Schafkäse
4 Zweige frische Minze
4 Eßlöffel Olivenöl, extra nativ
weißer Pfeffer, frisch gemahlen
1 Eßlöffel Zitronensaft

Pro Portion: 2700 kJ/ 650 kcal
25 g E · 23 g F · 89 g Kh
Zubereitungszeit: 15 Minuten

Für die Nudeln reichlich Salzwasser zum Kochen bringen. Die Penne darin in etwa 8 Minuten bißfest kochen.

Die Zucchini waschen, putzen und würfeln. Den Schafkäse ebenfalls würfeln. Minze waschen, trocknen und die Blättchen abzupfen.

Das Öl in einer Pfanne erhitzen. Die Zucchini darin unter Rühren bei mittlerer Hitze etwa 5 Minuten braten, bis sie gebräunt sind. Die Minze untermischen. Zucchini mit Salz, Pfeffer und Zitronensaft abschmecken.

Die Nudeln in einem Sieb abtropfen lassen und mit dem Schafkäse in die Pfanne zu den Zucchini geben. Kurz mischen, dann in vorgewärmten Tellern servieren.

Nudelnester mit Tomaten und Champignons

Aus Italien

Zutaten für 4 Personen
1 Zwiebel
1 Knoblauchzehe
2 Eßlöffel Olivenöl
1 große Dose geschälte Tomaten (800 g Inhalt)
Salz · schwarzer Pfeffer, frisch gemahlen
1 Prise Zucker
100 g Champignons
1 Eßlöffel Butter
3 Zweige Basilikum
250 g frische grüne, schmale Bandnudeln
250 g frische gelbe, schmale Bandnudeln

Pro Portion: 2635 kJ/ 630 kcal
21 g E · 16 g F · 103 g Kh
Zubereitungszeit: 35 Minuten

Zwiebel und Knoblauch schälen, beides fein hacken. In einem flachen Topf das Öl erhitzen, Zwiebel und Knoblauch darin bei mittlerer Hitze andünsten, aber nicht braun werden lassen.

Die Tomaten samt Saft hinzufügen, die Tomaten mit einer Gabel zerdrücken. Das Ganze mit Salz, Pfeffer und Zucker würzen und bei mittlerer Hitze unter gelegentlichem Rühren 20 Minuten offen köcheln lassen.

Inzwischen die Pilze mit Küchenpapier abreiben und in Scheiben schneiden. Butter bei mittlerer Hitze schmelzen lassen, Pilze darin goldgelb braten.

Basilikumblätter mit Küchenpapier abreiben und von den Stengeln zupfen, große Blätter in Stücke zerpflücken.

In einem großen Topf die Nudeln in reichlich Salzwasser nach Packungsangabe in 8–9 Minuten »al dente« kochen.

In der Zwischenzeit die Tomatensauce durch ein Sieb streichen, wieder erhitzen. Die Hälfte des Basilikums unterrühren und die Sauce mit Salz und Pfeffer abschmecken.

Die Nudeln abgießen, nur kurz abtropfen lassen. Mit Hilfe von Gabel und Löffel zu Nestern drehen und in tiefe Teller setzen. Die Tomatensauce und die Pilze löffelweise darüber verteilen und mit restlichem Basilikum bestreuen.

Tip!

Statt der Champignons können Sie auch tiefgekühlte Erbsen nehmen, die in der Sauce nur ein paar Minuten mitköcheln müssen.

Bandnudeln mit Pilzen

Gelingt leicht

Zutaten für 4 Personen
Salz
250 g grüne Bandnudeln
2 Zwiebeln
6 Knoblauchzehen
500 g Austernpilze
500 g Champignons
4 Eßlöffel Olivenöl
schwarzer Pfeffer, frisch gemahlen
2 Teelöffel Thymianblättchen
100 ml trockener Weißwein
250 g Crème fraîche
2 Eßlöffel Tomatenmark
1 großes Bund Petersilie
4 Eßlöffel Parmesan, frisch gerieben

Pro Portion: 2900 kJ/ 690 kcal
21 g E · 40 g F · 52 g Kh
Zubereitungszeit: 30 Minuten

Reichlich Salzwasser zum Kochen bringen. Die Nudeln nach Packungsanweisung in 10–12 Minuten bißfest garen. In ein Sieb gießen und gut abtropfen lassen.

Während die Nudeln garen, Zwiebeln und Knoblauch schälen und fein hacken. Pilze kurz abbrausen und putzen. Austernpilze in fingerbreite Streifen, die Champignons blättrig schneiden. Das Olivenöl in einer Pfanne erhitzen, Zwiebel und Knoblauch darin bei schwacher Hitze weich dünsten.

Die Pilze in die Pfanne geben und bei mittlerer Hitze etwa 8 Minuten braten, bis fast alle Flüssigkeit verdampft ist. Mit Salz, Pfeffer und Thymian würzen. Weißwein, Crème fraîche und Tomatenmark unterrühren und alles noch etwa 3 Minuten bei mittlerer Hitze kochen lassen.

Die Petersilie waschen, trocknen, die Blättchen grob hacken und unter die Pilze mischen. Die Pilzsauce mit den heißen Nudeln in einer großen Schüssel gut vermischen. Parmesan dazu reichen.

Ravioli in Salbeibutter

Schnell

Zutaten für 4 Personen
4 Portionen Ravioli (Fertigfrischprodukt, 500 g)
Salz
2 Schalotten
2 Knoblauchzehen
3 Eßlöffel Butter
3–4 Teelöffel frischer Salbei, gehackt
schwarzer Pfeffer, frisch gemahlen
4 Eßlöffel Parmesan, frisch gerieben

Pro Portion: 2200 kJ/ 530 kcal
16 g E · 24 g F · 61 g Kh
Zubereitungszeit: 20 Minuten

Für die Nudeln reichlich Salzwasser in einem Topf erhitzen. Die Ravioli darin nach Packungsanweisung nicht zu weich kochen.

Inzwischen die Schalotten schälen und sehr fein hacken. Die Knoblauchzehen schälen und durch die Knoblauchpresse drücken. Die Butter in einem Topf erhitzen. Die Schalotte und den Knoblauch bei schwacher Hitze etwa 5 Minuten darin dünsten. Den gehackten Salbei hinzufügen und alles mit Salz und Pfeffer abschmecken.

Die Ravioli in ein Sieb abgießen und gut abtropfen lassen. Auf vorgewärmte Teller verteilen und mit der Buttersauce übergießen. Zum Schluß den Parmesan darüber streuen. Dazu paßt Tomatensalat mit Basilikum.

Tip!

Frische, fleischlos gefüllte Ravioli oder Tortellini (mit Spinat, Pilzen und Käse oder Ricotta) finden Sie in vielen Kühlregalen der Supermärkte bei den Frischteignudeln. Oder Sie bereiten sie selbst nach dem Rezept auf Seite 168 zu.

Im Bild oben:
Ravioli in Salbeibutter
Im Bild unten:
Bandnudeln mit Pilzen

Ravioli mit Ricottafüllung

Braucht etwas Zeit

Zutaten für 4 Personen
160 g Mehl
160 g Hartweizengrieß
4 kleine Eier
Salz
1 Eßlöffel Olivenöl
100 g Blattspinat
2 Knoblauchzehen
400 g weicher Ricotta
Muskatnuß, frisch gerieben
weißer Pfeffer, frisch gemahlen
4 Zweige frischer Salbei
6 Eßlöffel Butter
Außerdem: Parmesan, frisch gerieben

Pro Portion: 2300 kJ/ 550 kcal
20 g E · 28 g F · 58 g Kh
Zubereitungszeit: 2 Stunden

Für den Teig das Mehl mit dem Grieß mischen. Mit Eiern, einer kräftigen Prise Salz und dem Öl zu einem glatten, geschmeidigen Teig verkneten. Zu einer Kugel formen, in ein feuchtes Tuch oder in Folie wickeln und etwa 30 Minuten ruhen lassen.

Den Spinat verlesen und in stehendem kaltem Wasser gründlich waschen. Dann in kochendem Salzwasser etwa 1 Minute blanchieren. Spinat kalt abschrecken, abtropfen lassen und die Flüssigkeit mit den Händen so gut wie möglich ausdrücken.

Den Spinat dann fein hacken. Die Knoblauchzehe schälen und durch die Presse drücken.

Den Ricotta mit gehacktem Spinat und Knoblauch vermischen und mit Salz, Muskat und Pfeffer pikant abschmecken.

Den Nudelteig noch einmal kräftig durchkneten, dann in Portionen teilen und mit dem Nudelholz oder in der Nudelmaschine zu dünnen Platten ausrollen. Die Teigstücke, die noch nicht in Arbeit sind, im feuchten Tuch oder in der Folie lassen, sonst trocknen sie aus.

Jeweils eine Teigplatte in Abständen von etwa 4 cm mit je 1 Teelöffel Füllung belegen. Die Ränder dazwischen leicht anfeuchten. Mit einer zweiten Teigplatte abdekken. Den Teig um die Füllung herum mit dem Finger andrücken und mit einem Teigrädchen oder Messer Nudeltaschen ausschneiden. Die Ränder mit einer Gabel etwas zusammendrücken.

Für die Sauce den Salbei waschen und trocknen. In einem großen Topf reichlich Salzwasser zum Kochen bringen. Tiefe Teller vorwärmen (siehe Tip auf Seite 164).

Die Ravioli im kochenden Wasser etwa 3 Minuten garen. Inzwischen die Butter schmelzen und leicht braun werden lassen. Die Salbeiblätter darin schwenken.

Die Ravioli abtropfen lassen, in vorgewärmte Teller geben und mit der Salbeibutter übergießen. Mit dem frisch geriebenen Parmesan servieren.

Nudeltaschen mit Joghurt

Aus der Türkei

Zutaten für 4 Personen
300 g Mehl
100 g Hartweizen-Grieß
4 Eier
Salz
2 Eßlöffel Öl
150 g Doppelrahm-Frischkäse
30 g Hartkäse, frisch gerieben
50 g Sonnenblumenkerne
4 Eßlöffel frisch gehackte Minze
2 Eßlöffel Semmelbrösel
Pfeffer, frisch gemahlen
400 g Sahnejoghurt
4 Eßlöffel Mineralwasser
4 Knoblauchzehen
80 g Butter
2 Eßlöffel türkische Paprikaflocken
2 Prisen Paprikapulver, rosenscharf

Pro Portion: 3900 kJ/ 930 kcal
31 g E · 52 g F · 84 g Kh
Zubereitungszeit: 1 1/4 Stunden

Für den Teig das Mehl mit dem Grieß, 2 Eiern, 8 Eßlöffeln warmem Wasser (etwas mehr, wenn der Teig mit der Hand ausgerollt werden soll), Salz und Öl mischen, zu einem elastischen Teig kneten. In Folie wickeln, etwa 30 Minuten ruhen lassen.

1 Ei trennen. Frischkäse, Hartkäse, die gehackten Sonnenblumenkerne und die Minze mit 1 Ei, 1 Eigelb und den Semmelbröseln verrühren, mit Salz und Pfeffer abschmecken, quellen lassen.

Inzwischen den Teig mit der Nudelmaschine (oder dem Nudelholz) zu dünnen Streifen ausrollen. Mit einem Teigrädchen etwa 5 x 5 cm große Quadrate ausschneiden, jeweils 1/2 Teelöffel Füllung in die Mitte geben, die Ränder mit Eiweiß bestreichen und zu dreieckigen Taschen falten, Ränder fest zusammendrücken.

Reichlich Salzwasser zum Kochen bringen. Die Nudeln darin etwa 12 Minuten garen. Inzwischen den Joghurt mit dem Mineralwasser, Salz und Pfeffer verrühren. Die Knoblauchzehen schälen und durch die Presse dazu drücken.

Die Butter erhitzen, Paprikaflocken und -pulver darin andünsten. Nudeltaschen in einem Sieb abtropfen lassen und auf Tellern anrichten, mit Joghurt übergießen und die rote Paprikabutter darüber träufeln.

Grünkernspätzle mit Käse

Gelingt leicht

Zutaten für 4 Personen
300 g Weizenmehl
100 g Grünkernmehl
2 Eier
Salz
200 g Käse (1/3 milder Butterkäse oder junger Gouda, 1/3 würziger Schnittkäse wie Raclette, 1/3 Hartkäse wie Parmesan oder Gruyère)
4 Zwiebeln (etwa 250 g)
3 Eßlöffel Butter
schwarzer Pfeffer, frisch gemahlen

Pro Portion: 2800 kJ/ 670 kcal
27 g E · 29 g F · 74 g Kh
Zubereitungszeit: 1 Stunde

Für den Spätzleteig beide Mehlsorten mit 1/4 l Wasser, den Eiern und Salz verrühren. Etwa 30 Minuten quellen lassen.

Die Käsesorten raspeln oder in dünne Scheiben hobeln. Die Zwiebeln schälen und in dünne Scheiben schneiden.

In einer Pfanne die Butter zergehen lassen. Mit einem Teil davon eine mittelhohe Auflaufform ausfetten, im Rest die Zwiebelringe bei mittlerer Hitze langsam braun braten, dabei öfter umwenden. Leicht salzen, zur Seite stellen.

Die Auflaufform in den Backofen stellen, auf 180° erhitzen. In einem großen Topf mindestens 2 l Salzwasser zum Kochen bringen.

Spätzleteig durchrühren, ein Viertel davon auf ein nasses Brett streichen und mit dem Messer schmale Streifen ins kochende Wasser schaben.

Sobald eine Portion geschabt und gekocht ist, die Spätzle mit einer Schaumkelle in die Form heben, mit einem Teil Zwiebeln und Käse bedecken, mit Pfeffer bestreuen. So fortfahren, bis die ganzen Spätzle gekocht sind. Die Form noch etwa 10 Minuten im Ofen lassen, dann auftragen.

Variante

Für Spinatspätzle 1 kleines Päckchen tiefgefrorenen Spinat (150 g) auftauen und in einem Sieb gut abtropfen lassen. Aus 300 g Mehl, 3 Eiern und einer guten Prise Salz einen Spätzleteig rühren, den Spinat untermischen. Wenn der Teig zu fest ist, noch etwas Wasser untermischen. Quellen lassen und wie die Grünkernspätzle kochen. Zur Abwechslung können Sie auch einmal einen Frischkäse in kleinen Flöckchen untermischen.

Risotto mit Rucola

Preiswert

Zutaten für 4 Personen
Für den Risotto:
750 ml kräftige Gemüsebrühe
1 kleine Zwiebel
4 Eßlöffel Butter
400 g Risotto-Reis (Arborio, Carnaroli oder Vialone Nano)
100 ml trockener Weißwein
50 g Parmesan, frisch gerieben
Salz · schwarzer Pfeffer, frisch gemahlen
Außerdem:
100 g Rucola
Parmesan zum Bestreuen

Pro Portion: 2350 kJ/ 560 kcal
17 g E · 15 g F · 82 g Kh
Zubereitungszeit: 35 Minuten

Die Gemüsebrühe erhitzen. Die Zwiebel schälen und fein hacken. In einem breiten, flachen Topf 3 Eßlöffel Butter erhitzen. Die Zwiebel darin bei schwächer Hitze hellgelb andünsten.

Den trockenen Reis (auf keinen Fall vorher waschen) nach und nach zur Zwiebel rühren und etwa 3 Minuten andünsten. Dabei ständig rühren, die Reiskörner sollten alle glänzen, vom Fett überzogen sein und fast glasig aussehen. Sie dürfen dabei keinesfalls braun werden.

Den Wein zum Reis geben, unter Rühren völlig einkochen lassen. Anschließend so viel heiße Brühe dazu gießen, daß der Reis gerade davon bedeckt ist. Unter ständigem Rühren leise brodelnd köcheln lassen, bis die Flüssigkeit fast verdampft ist.

Wieder etwas heiße Brühe aufgießen und weiter unter Rühren einköcheln lassen. Diesen Vorgang wiederholen, bis der Reis gar ist, das dauert je nach Reissorte und Korngröße 15–20 Minuten. Die Körner müssen außen weich sein, sollten innen aber noch einen winzigen bißfesten Kern haben. Falls die Brühe aufgebraucht, der Reis aber noch nicht gar ist, heißes Wasser zum Aufgießen nehmen (die Würze der Brühe steckt ja bereits in dem Risotto). Das Ganze nicht zu trokken werden lassen, ein perfektes Risotto soll richtig saftig und fließend sein.

Kurz vor Garzeitende den Rucola waschen, trocknen und in Stücke zupfen. Drei Viertel der Rucolablätter unter den Risotto heben und noch 2 Minuten mitgaren.

Den Topf vom Herd ziehen, die restliche Butter in Stückchen, den Käse und den restlichen Rucola unter den Reis ziehen. Mit Salz und Pfeffer abschmecken. Den Risotto einmal ganz kräftig durchrühren und noch 2 Minuten zugedeckt ziehen lassen, mit Parmesan bestreuen, dann sofort servieren.

Tip!

Diesen Risotto können Sie auch als Vorspeise servieren. Dann reicht die Menge für etwa 8 Personen. Als Beilage für 6–8 Personen schmeckt der Risotto (auch ohne Rucola) zu geschmortem Gemüse, gebratenen Pilzen und Gemüsespießen (Seite 206). Anstelle von Rucola können Sie ein Bund fein gehackte Petersilie oder 3–4 EL gemischte, fein gehackte Kräuter untermischen. Sehr gut schmeckt auch Risotto mit Radicchio: Mit Rotwein statt mit Weißwein aufgießen und zum Schluß 1 kleinen Radicchio in Streifen untermischen.

Mit wenigen Zutaten ein köstliches Reisgericht zubereiten: Risotto mit Rucola

Spargelrisotto

Raffiniert

Zutaten für 4 Personen
750 g weißer Spargel
250 g dünne Bundmöhren
200 g Zuckerschoten
1 mittelgroße Gemüsezwiebel
1 Knoblauchzehe
3 Eßlöffel Öl
250 g Risottoreis (Arborio, Carnaroli, Vialone Nano oder Langkornreis)
1/2 Teelöffel Salz
1 Teelöffel Zucker
1/2 Eßlöffel Butter
1/2 Bund Kerbel
6 Stiele glatte Petersilie
14 Blätter Estragon
50 g Sahne

Pro Portion: 1700 kJ/ 410 kcal
11 g E · 12 g F · 63 g Kh
Zubereitungszeit: 1 Stunde

Den Spargel putzen und schälen. Schalen waschen und mit 1 1/2 l Wasser aufsetzen, etwa 15 Minuten offen kräftig kochen lassen. Die Spargelstangen schräg in 5 cm lange Stücke schneiden.

Die Möhren putzen und in etwa 1/2 cm dicke Scheiben schneiden. Die Zuckerschoten putzen. Den Spargelfond durch ein Sieb gießen, 1/2 l abmessen und nochmals aufkochen lassen. Den Rest beiseite stellen.

Zwiebel und Knoblauchzehe schälen und fein hacken. Das Öl erhitzen und die Zwiebel und den Knoblauch darin glasig braten. Den Reis zugeben, unter Rühren glasig werden lassen und mit dem 1/2 l kochendem Spargelfond aufgießen. Bei schwacher Hitze im offenen Topf 8–10 Minuten einkochen lassen, bis an der Reisoberfläche kleine Löcher entstehen. Dann zugedeckt bei schwacher Hitze 10–12 Minuten ausquellen lassen, bis der Reis körnig-gar ist. Dann warm stellen.

Den restlichen Spargelfond in einem Topf mit Salz, Zucker und Butter aufkochen lassen. Den Spargel darin in 10–15 Minuten bei mittlerer Hitze bißfest garen. Mit einer Schaumkelle herausheben. Möhren im Fond 5–7 Minuten und anschließend die Zuckerschoten 3–5 Minuten köcheln lassen. Das Gemüse abtropfen lassen und auf den Reis geben.

Während das Gemüse gart, die Kräuter waschen. Einige Kerbelblättchen zum Dekorieren beiseite legen. Die Kräuter fein hacken. Die Sahne steif schlagen.

Den Reis mit dem Gemüse, den gehackten Kräutern und Sahne vorsichtig mischen und mit Kerbelblättchen garnieren.

Rotweinrisotto mit Pilzen

Für Gäste

Zutaten für 4 Personen
10 g getrocknete Steinpilze
1/2 l Rotwein
1/2 Bund Frühlingszwiebeln
3 Möhren
4 Eßlöffel Olivenöl
250 g Reis (Arborio oder Vialone)
300 ml Gemüsefond
1/2 Teelöffel getrockneter Thymian
Salz · schwarzer Pfeffer, frisch gemahlen
2 Eßlöffel Aceto balsamico
4 Eßlöffel Parmesan oder alter Gouda, frisch gerieben
2 Riesenchampignons (oder 50 g normale Champignons)

Pro Portion: 2100 kJ/ 500 kcal
12 g E · 12 g F · 66 g Kh
Einweichzeit: 2 Stunden
Zubereitungszeit: 50 Minuten

Die Steinpilze unter fließendem Wasser abbrausen, in 1/8 l Rotwein etwa 2 Stunden einweichen. Die Frühlingszwiebeln putzen und waschen. Die weißen Teile klein hacken, die grünen in feine Ringe schneiden. Eine der Möhren putzen und winzig klein würfeln.

In einem breiten Topf 3 Eßlöffel Olivenöl erhitzen. Die weißen Zwiebel- und die Möhrenwürfel anbraten, den Reis hineinschütten und gut mit dem Öl vermischen.

Den Gemüsefond erhitzen. Den Reis mit dem Thymian würzen, etwa 1/8 l Rotwein angießen, zum Köcheln bringen und dabei ständig rühren. Nach und nach den Gemüsefond und den restlichen Wein angießen, dabei so oft wie möglich rühren.

Die Steinpilze abtropfen lassen, den Sud (ohne sandigen Bodensatz) zum Reis gießen. Die Pilze etwas zerkleinern und unter den Reis mischen. Salzen und pfeffern. Den Risotto unter Rühren fertiggaren – insgesamt dauert das 25–30 Minuten.

Die restlichen Möhren putzen, längs in dünne Scheiben und diese in Streifen schneiden. In einer Pfanne 1 Teelöffel Olivenöl erhitzen. Die Möhrenstreifen und die grünen Zwiebelringe einrühren, kurz anbraten. Mit dem Aceto balsamico ablöschen, mit Salz und Pfeffer würzen.

Die Hälfte des geriebenen Käses unter den Reis mischen. Die Möhrenmischung aufstreuen. Die Champignons putzen und halbieren. In hauchdünne Scheibchen hobeln oder schneiden und auf dem Reis verteilen. Mit dem restlichen Käse bestreuen und den Risotto sehr heiß servieren.

Gemüserisotto

Raffiniert

Zutaten für 4 Personen
2 kleine Zucchini (etwa 150 g)
1 Stück frischer Kürbis (etwa 300 g)
1 reife Fleischtomate (etwa 100 g)
1 Zwiebel
2 Knoblauchzehen
1 l heiße Gemüsebrühe
2 Eßlöffel Olivenöl
250 g Reis (Arborio oder Vialone)
1 Teelöffel Anissamen
1 Schuß trockener Sherry
4 eingelegte Artischockenherzen aus dem Glas
Salz · Zitronenpfeffer
1/2 Bund glatte Petersilie

Pro Portion: 1300 kJ/ 310 kcal
8 g E · 5 g F · 60 g Kh
Zubereitungszeit: 1 Stunde

Die Zucchini waschen, putzen, in etwa 1/2 cm dicke Scheiben, dann in Streifen, schließlich in Würfelchen schneiden. Den Kürbis schälen, etwa vorhandene Kerne entfernen, das Fruchtfleisch in etwas größere Würfel schneiden.

Stielansatz der Tomate entfernen. Tomate kurz überbrühen, häuten und vierteln, die Kerne entfernen und das Fruchtfleisch in kleine Würfelchen schneiden. Zwiebel und Knoblauchzehe schälen und fein hacken.

In einem Topf die Gemüsebrühe erhitzen und am Köcheln halten. In einer großen Pfanne das Olivenöl erhitzen.

Die gehackte Zwiebel in das Öl rühren und glasig werden lassen. Den Reis zugeben, gründlich unter das Öl mischen und bei schwacher Hitze unter Rühren glasig werden lassen.

Knoblauch und Anissamen einrühren, mit dem Sherry ablöschen. Mit einer kleinen Suppenkelle nach und nach von der heißen Gemüsebrühe zum Reis gießen, unter ständigem Rühren etwa 20 Minuten bei mittlerer Hitze offen garen.

Die Zucchini- und Kürbiswürfel und die restliche Brühe untermischen, alles zusammen nochmals 5–10 Minuten garen, bis der Reis gar, aber noch bißfest ist. Dabei den Reis nur noch vorsichtig umrühren. Die Artischockenherzen abtropfen lassen, halbieren oder vierteln und zum Schluß dazugeben, kurz heiß werden lassen.

Den Risotto mit Salz und Zitronenpfeffer kräftig abschmecken, die rohen Tomatenwürfel darüber streuen. Die Petersilie waschen, trocknen und den Risotto mit kleinen Petersilienblättchen garnieren. Heiß servieren.

Mandel-Rosinen-Reis

Aus Arabien

Zutaten für 4 Personen
100 g ungeschälte Mandeln
50 g Butter
350 g Langkornreis
1/2 Teelöffel gemahlener Zimt
100 g Rosinen
Salz

Pro Portion: 2600 kJ/ 620 kcal
12 g E · 26 g F · 83 g Kh
Zubereitungszeit: 35 Minuten

Die Mandeln mit kochendem Wasser überbrühen, in ein Sieb geben, kalt abschrecken und die Häute abziehen.

Die Butter in einem Topf erhitzen und die Mandeln darin anrösten. Den Reis und den Zimt dazugeben und unter Rühren bei schwacher Hitze mitrösten, bis die Reiskörner glasig ist.

Nach und nach 1/2 l Wasser angießen und die Rosinen zugeben. Den Reis mit Salz würzen und zugedeckt bei schwacher Hitze etwa 20 Minuten quellen lassen, bis er die ganze Flüssigkeit aufgenommen hat.

Variante

Für Reis mit Datteln und Aprikosen anstelle der Mandeln und Rosinen 50 g klein geschnittene, getrocknete Aprikosen und 100 g klein geschnittene Datteln zum Reis geben.

Safranreis mit Nüssen

Raffiniert

Zutaten für 4 Personen
50 g Butter
350 g Langkornreis
50 g gehackte Walnußkerne
50 g gehackte Pinienkerne
50 g gehackte Haselnußkerne
50 g gehackte Pistazien
50 g gehackte Mandeln
8 Safranfäden oder 1/2 Teelöffel Kurkumapulver (Gelbwurz)
Salz

Pro Portion: 3300 kJ/ 790 kcal
17 g E · 48 g F · 73 g Kh
Zubereitungszeit: 30 Minuten

Die Butter in einem Topf zerlassen. Den Reis, die Nüsse und die Safranfäden oder das Kurkumapulver dazugeben und alles bei schwacher Hitze unter Rühren braten, bis die Reiskörner glasig geworden sind.

Nach und nach 1/2 l Wasser angießen, den Reis mit Salz würzen und zugedeckt bei schwacher Hitze etwa 20 Minuten quellen lassen, bis keine Flüssigkeit mehr vorhanden ist.

Tip!

Der Mandel-Rosinen-Reis und der Safranreis mit Nüssen sind in arabischen Ländern eine beliebte Beilage zu opulenten Festessen. Gut passen dazu Gemüsespieße (Seite 206) oder Chakchouka (Seite 217), Kürbis-Kartoffelcurry (Seite 224) und Auberginen mit Kreuzkümmel (Seite 229). Stilvoll serviert werden sie auf einer reich verzierten Silber- oder Messingplatte. Am schönsten sehen sie aus, wenn Sie sie pyramidenförmig anrichten.

Im Bild oben:
Safranreis mit Nüssen
Im Bild unten:
Mandel-Rosinen-Reis

Granatapfelreis

Aus Mexiko

Zutaten für 4 Personen
2 mittelgroße Fleischtomaten (etwa 300 g)
1/2 l Gemüsebrühe
1 Zwiebel
3 Eßlöffel Öl
2 Knoblauchzehen
150 g Langkornreis
Salz · schwarzer Pfeffer, frisch gemahlen
1 Granatapfel
1 Banane
Zitronensaft
1 Zweig frischer Koriander oder glatte Petersilie

Pro Portion: 1000 kJ/ 240 kcal
5 g E · 8 g F · 42 g Kh
Zubereitungszeit: 40 Minuten

Die Tomaten mit kochendem Wasser überbrühen, häuten, entkernen, dabei die Stielansätze entfernen. Das Fruchtfleisch fein hacken. Die Gemüsebrühe aufkochen lassen und die Tomatenstückchen einlegen.

Die Zwiebel schälen und fein hacken. In einem Topf das Öl erhitzen, die Zwiebeln darin glasig dünsten. Den Knoblauch schälen und dazu pressen. Den Reis hineinstreuen und umrühren, bis alle Körnchen von einem Ölfilm umgeben sind.

Mit der Gemüsebrühe aufgießen, salzen, pfeffern und zugedeckt bei schwacher Hitze in 20–25 Minuten ausquellen lassen.

Inzwischen den Granatapfel quer halbieren und die Kerne herauslösen. Die Banane schälen, in dünne Scheiben schneiden und sofort mit etwas Zitronensaft beträufeln.

Die Granatapfelkerne und zwei Drittel der Bananenscheiben unter den Reis heben. Mit dem Korianderzweig und restlichen Bananenscheiben garniert servieren.

Kokosreis

Aus der Karibik

Zutaten für 4 Personen
200 g Basmati-Reis (ersatzweise Langkornreis)
1 kleine Möhre
1 Zwiebel
1 Stück Ingwer (etwa 2 cm)
2 Knoblauchzehen
3 Eßlöffel Erdnußöl
4 Tomaten
1 grüne Paprikaschote
2 frische grüne Chilischoten
1 Eßlöffel Tomatenmark
60 g Kokospaste (Asienregal)
Salz

Pro Portion: 1500 kJ/ 360 kcal
7 g E · 12 g F · 57 g Kh
Zubereitungszeit: 50 Minuten

Den Reis unter fließendem Wasser waschen, bis das Wasser klar bleibt. In einem Sieb abtropfen lassen.

Die Möhre waschen, schälen und in sehr kleine Würfelchen schneiden. Die Zwiebel pellen und klein würfeln. Den Ingwer schälen und klein würfeln. Knoblauch pellen.

Das Öl in einem Topf erhitzen. Möhren-, Zwiebel- und Ingwerwürfel darin etwa 8 Minuten bei schwacher Hitze unter Rühren dünsten, dann den Knoblauch dazu pressen und kurz mitdünsten.

Die Tomaten mit kochendem Wasser überbrühen, häuten und entkernen. Paprikaschote waschen, vom Kerngehäuse befreien und klein würfeln. Die Chilischoten längs aufschlitzen, entkernen und in dünne Streifen schneiden, anschließend die Hände waschen. Tomaten, Paprika und Chilischoten zu den Zwiebeln geben. Tomatenmark, 400 ml Wasser und die Kokospaste hinzufügen, salzen.

Den Reis in den Topf geben. Alles aufkochen und bei schwacher Hitze zugedeckt etwa 25 Minuten köcheln lassen, bis der Reis gar, aber noch körnig ist.

Reis mit roten Bohnen

Aus Kuba

Zutaten für 4 Personen
250 g Langkornreis
1 Zwiebel
1 grüne Paprikaschote
2 Tomaten (etwa 250 g)
2 Knoblauchzehen
20 g Butterschmalz
1 Dose rote Bohnen (270 g Abtropfgewicht)
Salz · schwarzer Pfeffer, frisch gemahlen

Pro Portion: 2200 kJ/ 530 kcal
20 g E · 8 g F · 90 g Kh
Zubereitungszeit: 40 Minuten

Den Reis in ein Sieb geben und unter fließendem Wasser waschen, bis das Wasser klar bleibt. Abtropfen lassen.

Die Zwiebel pellen und klein würfeln. Die Paprikaschote waschen, putzen und ebenfalls klein würfeln. Die Tomaten mit kochendem Wasser überbrühen, häuten, entkernen und in kleine Würfel schneiden, dabei die Stielansätze entfernen. Den Knoblauch pellen.

Das Schmalz in einem Topf erhitzen und die Zwiebelwürfel darin goldbraun braten. Die Paprikawürfel und die Tomaten hinzufügen, den Knoblauch dazupressen und kurz mitbraten. Den Reis und die Bohnen dazugeben und 450 ml Wasser angießen. Mit Salz und Pfeffer würzen, umrühren und aufkochen lassen. Alles zugedeckt bei schwacher Hitze etwa 25 Minuten köcheln lassen, bis der Reis gar, aber noch körnig ist.

Tip!

Reis mit Bohnen ist eines der beliebtesten Gerichte in der Karibik und wird als Beilage oder mit Spiegeleiern und gebratenen reifen Kochbananen als Hauptgericht gegessen.

Gemüse-Safran-Reis

Aus Indien

Zutaten für 4 Personen
400 g Basmatireis
2 Döschen gemahlener Safran (0,2 g)
25 g Cashewkerne
6 Eßlöffel Ghee oder Butterschmalz
2 Zimtrinden (je etwa 5 cm groß)
5 grüne Kardamomkapseln
5 Gewürznelken
3 Lorbeerblätter · 20 g Rosinen
250 g tiefgefrorenes Möhren-Erbsen-Gemüse
25 g Mandelstifte
2 Eßlöffel Zucker · Salz

Pro Portion: 3200 kJ/ 760 kcal
12 g E · 38 g F · 92 g Kh
Zubereitungszeit: 45 Minuten

Den Reis in einem Sieb waschen und abtropfen lassen. Den Safran in eine Schüssel geben und mit 3 Eßlöffeln kochendem Wasser übergießen. Die Cashewkerne kleinschneiden.

In einem großen Topf Ghee oder Butterschmalz bei mittlerer Hitze erwärmen. Die Zimtrinden, Kardamom, Nelken und die Lorbeerblätter in das Fett geben und etwa 2 Minuten anbraten.

Reis, Rosinen und das Gemüse hinzugeben und etwa 3 Minuten mitbraten. Safran, Mandeln, die Cashewkerne, Salz und den Zucker hinzufügen und alles gut vermischen.

1 l Wasser angießen und schnell zum Kochen bringen. Die Temperatur reduzieren, den Elektroherd sogar ganz ausschalten. Den Reis etwa 15 Minuten bei geschlossenem Topf quellen lassen, bis er weich ist und alle Flüssigkeit aufgesogen hat. Dabei nicht mehr umrühren.

Tip!

Basmatireis stammt vom Fuße des Himalayagebirges und wird auch »Duftreis« genannt – wegen seines köstlichen Aromas, das er schon beim Kochen verbreitet. Sein Geschmack ist fein und zartwürzig, die Garzeit sehr kurz.

Polentagratin

Braucht etwas Zeit

Zutaten für 4 Personen
Salz
150 g Maisgrieß (Polenta)
600 g Tomaten
1 mittelgroße Fenchelknolle
1 Stange Lauch
2 Möhren
1 Stück Knollensellerie (etwa 100 g)
2 Zwiebeln
1 Knoblauchzehe
1 Eßlöffel Olivenöl, extra nativ
1 Bund Petersilie
1/2 Bund frischer Thymian
weißer Pfeffer, frisch gemahlen
Cayennepfeffer
100 g Emmentaler, frisch gerieben
20 g Butter

Pro Portion: 1700 kJ/ 410 kcal
17 g E · 17 g F · 46 g Kh
Zubereitungszeit: 2 Stunden

In einem hohen Topf knapp 3/4 l Wasser mit 1/2 Teelöffel Salz aufkochen. Den Maisgrieß gleichmäßig einrühren und aufkochen. Die Hitze zurückschalten und den Topf kurz von der Kochstelle ziehen, damit der Brei nicht zu stark spritzt. Den Maisgrieß zugedeckt bei schwächster Hitze in etwa 20 Minuten ausquellen lassen. Dabei gelegentlich umrühren.

Ein Backblech kurz kalt ausspülen, den Brei darauf streichen und die Polenta etwa 30 Minuten abkühlen und trocknen lassen, bis sie sich schneiden läßt.

Die Tomaten mit kochendem Wasser überbrühen, häuten und in kleine Würfel schneiden, dabei die Stielansätze entfernen. Den Fenchel gründlich waschen, putzen und ohne den Strunk in kleine Würfel schneiden. Das zarte Fenchelgrün dabei mitverwenden. Den Lauch putzen, längs aufschneiden, gründlich waschen und mit dem zarten Grün in feine Ringe schneiden. Die Möhren und den Sellerie schälen und sehr klein würfeln. Zwiebeln und Knoblauch schälen und fein hacken.

Das Öl in einer größeren Pfanne erhitzen. Zwiebeln und Knoblauch darin glasig dünsten. Das Gemüse (außer den Tomaten) hinzufügen und unter Rühren bei mittlerer Hitze etwa 3 Minuten garen. Dann die Tomaten untermischen und alles unter Rühren weitergaren, bis die Flüssigkeit verdampft ist.

Die Kräuter waschen und trocknen. Einen Teil der Petersilie beiseite legen, restliche Petersilie fein hacken. Die Thymianblättchen von den Stielen streifen.

Die Kräuter unter die Tomatenmasse mischen und diese mit Salz, Pfeffer und Cayennepfeffer pikant abschmecken.

Die Polenta in längliche Stücke schneiden. Eine feuerfeste Form mit der Hälfte der Polentascheiben auslegen. Die Gemüsemasse daraufgeben und mit den restlichen Polentascheiben abdecken. Den Käse darüber streuen. Die Butter in kleine Stücke schneiden und auf der Oberfläche verteilen.

Die Form auf den Rost in den Backofen (Mitte) stellen. Ofen auf 220° (Umluft 200°) schalten und das Gratin etwa 25 Minuten backen, bis die Oberfläche schön gebräunt ist.

Kurz vor Ende der Garzeit die restliche Petersilie fein hacken. Das Gratin mit der Petersilie bestreut servieren.

Tip!

Polenta ist gröber oder feiner geschroteter Mais. Je nach Korngröße kann es noch etwas länger dauern, bis der Grieß weich ist. Schneller geht es mit Instant-Polenta, vorgegartem Grieß, der schon nach etwa 5 Minuten fertig ist.

Ein Polentagratin sieht nicht nur verführerisch aus, es schmeckt auch köstlich. Ein schönes Gericht, wenn Gäste kommen

Sommergemüse mit Käsepolenta

Gelingt leicht

Zutaten für 4 Personen
500 g Zucchini
1 mittelgroße Aubergine
1 mittelgroße gelbe oder rote Paprikaschote
1 mittelgroße Zwiebel
2 Eßlöffel Olivenöl
1 große Dose geschälte Tomaten (800 g) · Salz
weißer Pfeffer, frisch gemahlen
1 Teelöffel getrocknete Kräuter der Provence
2 Knoblauchzehen
200 g Instant-Polenta (vorgegarte Polenta)
50 g Parmesan, frisch gerieben
1 Eßlöffel Butter

Pro Portion: 1500 kJ/ 360 kcal
14 g E · 12 g F · 49 g Kh
Zubereitungszeit: 30 Minuten

Zucchini und die Aubergine waschen, putzen und würfeln. Die Paprikaschote waschen, halbieren und putzen, in Stücke schneiden. Die Zwiebel schälen und hacken.

Das Öl in einem Topf erhitzen. Die Auberginenwürfel darin anbraten. Zucchini, Paprikaschote und die Zwiebel zugeben und kurz mitbraten. Die Tomaten untermischen. Das Gemüse mit Salz, Pfeffer und den Kräutern abschmecken. Den Knoblauch schälen und durch die Presse dazudrücken.

Das Gemüse zugedeckt bei mittlerer Hitze in 10–15 Minuten garen.

Inzwischen 1/2 l Wasser mit einer kräftigen Prise Salz aufkochen. Die Polenta unter Rühren einrieseln lassen und bei sehr schwacher Hitze etwa 5 Minuten garen. Dabei immer wieder durchrühren.

Käse und Butter gleichmäßig in die Polenta einrühren. Die Polenta zum Gemüse servieren.

Maisküchlein mit Sahnekartoffeln

Preiswert

Zutaten für 4 Personen
1 kg mehlig-kochende Kartoffeln
Salz
2 Gläser Gemüsemais (à 230 g Inhalt)
1 Teelöffel getrocknete Kräuter der Provence
2 Eier
4 Eßlöffel Mehl
weißer Pfeffer, frisch gemahlen
1 Prise Cayennepfeffer
1 Bund Petersilie
2 Eßlöffel Butterschmalz
4 Eßlöffel Schmand

Pro Portion: 2000 kJ/ 480 kcal
14 g E · 16 g F · 66 g Kh
Zubereitungszeit: 25 Minuten

Die Kartoffeln waschen, schälen und in mundgerechte Würfel schneiden. In einen Topf geben, etwa 2 cm hoch Wasser angießen, salzen und zum Kochen bringen. Die Kartoffeln zugedeckt bei mittlerer Hitze in 15–20 Minuten weich garen.

Inzwischen die Maiskörner in einem Sieb gründlich abtropfen lassen. Die Körner in einer Schüssel mit Kräutern der Provence, Eiern, Mehl, Salz, Pfeffer und einer guten Prise Cayennepfeffer verrühren.

Die Petersilie waschen, Blättchen fein hacken und beiseite stellen.

Das Butterschmalz in einer großen Pfanne zerlassen. Mit einem Eßlöffel etwa 12 kleine Küchlein von der Maismischung in die Pfanne setzen und bei mittlerer Hitze 2–3 Minuten braten, bis die Unterseite gebräunt ist. Die Küchlein wenden und auf der anderen Seite ebenfalls 2–3 Minuten braten. Auf der abgeschalteten Herdplatte warm halten.

Von den gegarten Kartoffeln das Kochwasser abgießen. Die Kartoffeln mit der Petersilie und dem Schmand vermischen und noch einmal mit Salz und Pfeffer würzen. Zusammen mit den Maisküchlein servieren. Dazu schmeckt eine große Schüssel mit bunt gemischtem Salat.

Gemüsehirse

Gelingt leicht

Zutaten für 4 Personen
700 g gemischtes Gemüse (z.B. Möhren, Staudensellerie und Wirsing)
300 g Hirse
3–4 Eßlöffel gekörnte Gemüsebrühe
4 Liebstöckelblätter, frisch gehackt
400 g reife, aromatische Tomaten
2 Teelöffel getrockneter Majoran
40 g Butter
4 Eßlöffel Petersilie, frisch gehackt
eventuell frisch geriebener Parmesan oder Bergkäse

Pro Portion: 1700 kJ/ 410 kcal
12 g E · 12 g F · 61 g Kh
Zubereitungszeit: 40 Minuten

Das Gemüse waschen und putzen, Wurzelgemüse schälen. Möhren klein würfeln, Sellerie und Wirsing in Streifen schneiden.

1 l Wasser zum Kochen aufsetzen. Die Hirse in ein Sieb geben und mit heißem Wasser abspülen, abtropfen lassen.

Die Hirse mit Gemüse, gekörnter Brühe und dem Liebstöckel ins kochende Wasser geben. Bei schwacher Hitze 10–12 Minuten zugedeckt kochen.

Die Tomaten waschen und klein würfeln, dabei die Stielansätze ausschneiden. Mit dem Majoran unter die Hirse mischen und noch 3–4 Minuten ziehen lassen.

Die Butter und die Petersilie unter die Hirse mischen. Nach Wunsch geriebenen Käse zu der Gemüsehirse servieren. Dazu schmeckt ein gemischter Blattsalat.

Hirse-Äpfel auf Sahnekraut

Raffiniert

Zutaten für 4 Personen
70 g Hirse
1 Zwiebel
2 Eßlöffel Pflanzenöl
600 g Sauerkraut
100 ml Gemüsebrühe
1 Teelöffel Honig
1 Eßlöffel Butter
300 ml leichte Gemüsebrühe
4 große säuerliche Äpfel
75 g mildwürziger Schnittkäse (mittelalter Gouda, Edamer, Elbo)
2 Zweige frisches Basilikum
200 g Sahne
1 Teelöffel Kümmel

Pro Portion: 2100 kJ/ 500 kcal
11 g E · 31 g F · 42 g Kh
Zubereitungszeit: 1 Stunde

Die Hirse in ein Sieb geben und mit heißem Wasser abspülen. Gut abtropfen lassen.

Die Zwiebel schälen und nicht zu fein würfeln. Im Öl anbraten und leicht bräunen. Das Sauerkraut und die Brühe zugeben, den Honig einrühren. Zugedeckt etwa 20 Minuten garen.

Inzwischen die Hirse in der Butter sanft anrösten, die leichte Gemüsebrühe aufgießen, zugedeckt bei schwacher Hitze etwa 20 Minuten leise köcheln lassen.

Die Äpfel waschen, Kerngehäuse und einen Teil des Fruchtfleisches mit einem Kugelausstecher entfernen, die Apfelschnipsel zum Sauerkraut geben.

Den Käse entrinden und in Würfel schneiden. Basilikum waschen, trocknen, die Blättchen hacken. Beides unter die Hirse rühren und die Masse in die Äpfel füllen.

Sahne und den Kümmel zum Kraut geben, die Äpfel darauf setzen. Zugedeckt noch etwa 15 Minuten garen. Auf dem Kraut servieren. Dazu paßt Kartoffelpüree.

Tip!

Hirse vor der Zubereitung immer heiß abspülen, sonst kann sie bitter oder ranzig schmecken. Hirse quillt stark auf, darum muß der Topf ziemlich groß sein.

Gerstenauflauf mit Sellerie

Gelingt leicht

Zutaten für 4 Personen
200 g Nacktgerste (Sprießkorngerste), sehr grob geschrotet (aus Reformhaus oder Naturkostladen)
1 1/2 Würfel Gemüsebrühe
500 g Staudensellerie
1 Zwiebel (etwa 70 g)
30 g Butter
Meersalz
70 g kräftiger Edelpilzkäse (Danablu oder Gorgonzola)
8 Eßlöffel Sahne (etwa 100 g)
2 Eier
1/2 Teelöffel Schabzigerklee (Reformhaus)
schwarzer Pfeffer, frisch gemahlen
3 Teelöffel frische Thymianblättchen
150 g Mozzarella
3 Eßlöffel Greyerzer Käse, frisch gerieben
Für die Form: ungehärtetes Kokosfett

Pro Portion: 2400 kJ/ 570 kcal
24 g E · 37 g F · 32 g Kh
Zubereitungszeit: 45 Minuten
Backzeit: 30 Minuten

Die Gerste und die Brühwürfel in einem Topf mit 270 ml Wasser verrühren. Unter Umrühren aufkochen, dann auf der ausgeschalteten Kochstelle etwa 15 Minuten ausquellen lassen, bis die Flüssigkeit aufgesogen ist. Wenn die Gerste noch nicht ganz weich ist, schadet es nichts, sie quillt während des Backens noch aus.

Inzwischen die Selleriestangen waschen. Wenn nötig, harte Fäden auf der Oberseite abziehen, die Sellerieblättchen beiseite legen. Die Stangen in etwa 2 cm lange Stücke schneiden, breite Stangen vorher längs halbieren.

Die Zwiebel würfeln und in 15 g Butter glasig dünsten. Die Selleriestücke und 5 Eßlöffel Wasser dazugeben, salzen und bei schwacher Hitze in etwa 10 Minuten bißfest garen. Den Backofen auf 220° vorheizen.

Inzwischen den Käse würfeln und mit der Sahne, der restlichen Butter und den Eiern unter die warme Gerste rühren. Die Sellerieblättchen grob hacken und mit dem gedünsteten Sellerie unter das Getreide mengen. Mit Schabzigerklee, Pfeffer und einer Prise Salz abschmecken.

Eine Auflaufform mit mittelhohem Rand mit Kokosfett einfetten. Die Masse hineinfüllen, die Oberfläche etwas glattstreichen.

Die Thymianblättchen über den Auflauf streuen. Den Mozzarella in dünne Scheiben schneiden und auflegen, dann mit dem geriebenen Greyerzer bestreuen.

Den Auflauf in den Backofen (Mitte, Umluft 200°) schieben und 25–30 Minuten backen, bis die Oberfläche goldgelb ist. In der Form servieren. Dazu schmeckt ein Ragout aus Champignons und Austerpilzen mit Lauchstreifen und Sahne oder die Gurken in Kerbelsahne (Seite 197).

Tip!

Probieren Sie dieses einfache, aber leckere Gericht auch mal mit anderen Gemüsesorten. Gut passen zum Beispiel Blumenkohl, Brokkoli, Topinambur, Möhren, Knollensellerie, Lauch und Rosenkohl. Noch kräftiger wird der Auflauf, wenn Sie statt Nacktgerste Grünkern nehmen.

Gerste, Sellerie und Käse harmonieren gut und schmecken knusprig gebacken aus dem Ofen ganz besonders köstlich

0,5

Kohlrabi mit Sprossen

Preiswert

Zutaten für 4 Personen
200 g Nacktgerste (Sprießkorngerste)
1 kg Kohlrabi
2 Würfel Gemüsebrühe
100 g Haselnüsse
40 g Butter
160 g Crème fraîche
1 Teelöffel Pastetengewürz (»Delikata«, Reformhaus)
Muskatnuß, frisch gerieben
weißer Pfeffer, frisch gemahlen
Meersalz
1 gute Handvoll Kerbel oder Petersilie

Pro Portion: 2600 kJ/ 620 kcal
15 g E · 41 g F · 44 g Kh
Zeit zum Keimen: 4 Tage
Zubereitungszeit: 25 Minuten

Die Gerste 3–4 Tage keimen lassen (siehe Seite 156/157).

Dann die Kohlrabi putzen. Die zarten Blättchen beiseite legen. Die Knollen schälen und in 1 cm dicke Stäbchen schneiden. 200 ml Wasser mit Brühwürfeln aufkochen. Das Gemüse darin in 3–5 Minuten zugedeckt bei schwacher Hitze bißfest garen.

Inzwischen die Gerstensprossen heiß abbrausen und abtropfen lassen. Dann mit den Nüssen im Blitzhacker mittelgrob hacken. Butter, Crème fraîche und die Sprossenmischung unter die Kohlrabi ziehen. Gemüse mit Pastetengewürz, Muskat, Pfeffer und Salz würzen. Vorsichtig erhitzen.

Die Kohlrabiblättchen und den Kerbel oder die Petersilie hacken und unter das Gemüse mischen.

Sellerie mit Buchweizen

Braucht etwas Zeit

Zutaten für 4 Personen
2 große Sellerieknollen (etwa 1,5 kg)
Salz
1 Zwiebel
2 Eßlöffel Öl
100 g Buchweizengrütze
625 ml Gemüsebrühe
schwarzer Pfeffer, frisch gemahlen
1 Möhre (etwa 100 g)
1 kleine Stange Lauch (etwa 100 g)
2–3 Eßlöffel Zitronensaft
1 Scheibe Vollkorntoast
30 g Haselnußkerne
1 Bund glatte Petersilie
1 Eiweiß
125 g Crème fraîche

Pro Portion: 1600 kJ/ 380 kcal
12 g E · 20 g F · 36 g Kh
Zubereitungszeit: 1 Stunde
Backzeit: 30 Minuten

Die Sellerieknollen gründlich waschen, quer halbieren und mit Salzwasser bedeckt etwa 30 Minuten garen.

Die Zwiebel abziehen, fein würfeln und in dem Öl glasig braten. Den Buchweizen kurz mitrösten. 1/4 l heiße Brühe einrühren, zugedeckt bei schwacher Hitze etwa 15 Minuten ausquellen lassen, salzen und pfeffern.

Die Möhre waschen, schälen und würfeln. Den Lauch putzen, längs aufschneiden und gründlich waschen. Den hellen Teil in Ringe schneiden.

Den Backofen auf 200° vorheizen. Den gegarten Sellerie schälen und bis auf einen etwa 1 1/2 cm breiten Rand aushöhlen. Mit Zitronensaft, Salz und Pfeffer würzen. Die Hälfte des ausgelösten Selleries klein würfeln.

Das kleingeschnittene Gemüse in einer Auflaufform verteilen. Die Selleriehälften darauf setzen, die Grütze hineinfüllen. Die übrige Brühe angießen. Zugedeckt im Backofen (Mitte, Umluft 180°) etwa 20 Minuten backen.

Inzwischen das Toastbrot würfeln. Die Haselnußkerne hacken. Die Petersilie waschen, trocknen und die Blätter hacken. Brotwürfel mit Nüsse und der Hälfte der Petersilie vermischen, salzen und pfeffern. Das Eiweiß unterrühren.

Die Nußmischung auf den Sellerie streichen, in weiteren 10 Minuten knusprig überbacken.

Den Sellerie aus der Form nehmen. Das Gemüse mit der Crème fraîche einmal aufkochen lassen, mit der restlichen Petersilie bestreut zum Sellerie reichen.

Gekochte Weizengrütze

Aus der Türkei

Zutaten für 4 Personen
250 g Bulgur (vorgegarter Weizenschrot)
2 mittelgroße Zwiebeln
3 milde oder scharfe Peperoni
3 mittelgroße Tomaten
40 g Butter
750 ml Gemüsebrühe
1 gehäufter Eßlöffel milde oder scharfe Salça (Paprikapaste; türkisches Spezialgeschäft)
Salz

Pro Portion: 1300 kJ/ 310 kcal
9 g E · 11 g F · 14 g Kh
Zubereitungszeit: 1 Stunde

Den Bulgur in ein Sieb geben, kalt abbrausen und abtropfen lassen. Die Zwiebeln schälen und fein würfeln. Die Peperoni von Stielen und Stielansätzen befreien, längs halbieren. Die Kerne und Rippen entfernen. Die Schoten waschen und kleinschneiden.

Stielansätze der Tomaten entfernen. Die Tomaten kurz überbrühen, häuten und fein würfeln.

Die Butter in einem Topf zerlassen. Zuerst die Zwiebeln, dann die anderen Gemüse darin anbraten. Den Bulgur, die Gemüsebrühe und die Paprikapaste zugeben. Alles gut verrühren und zum Kochen bringen. Die Hitze reduzieren. Den Bulgur bei mittlerer Hitze im offenen Topf etwa 15 Minuten kochen. Die Hitze reduzieren und den Bulgur zugedeckt noch etwa 30 Minuten garen und ausquellen lassen. Mit Salz abschmecken.

Roggengrütze mit Sonnenblumenkernen

Schnell

Zutaten für 4 Personen
250 g sehr grober Roggenschrot
1 Lorbeerblatt
1 Eßlöffel gekörnte Gemüsebrühe
8 Eßlöffel Sonnenblumenkerne
2 Teelöffel Thymianblättchen
30 g Butter
2 Eßlöffel Petersilie, frisch gehackt

Pro Portion: 1400 kJ/ 330 kcal
11 g E · 17 g F · 36 g Kh
Zubereitungszeit: 30 Minuten

Den Roggen mit dem Lorbeerblatt, 1/2 l Wasser und der gekörnten Brühe in einem Topf mischen und erhitzen, bei schwacher Hitze 10–20 Minuten zugedeckt kochen. Dabei gelegentlich umrühren, da geschrotetes Getreide leicht anhängt. Eventuell noch 2–3 Eßlöffel Wasser zugießen. Dann das Getreide auf der ausgeschalteten Kochstelle 10–20 Minuten ausquellen lassen.

Inzwischen die Sonnenblumenkerne in einer Pfanne ohne Fett bei mittlerer Hitze unter Rühren goldgelb rösten.

Die gare Grütze ohne Deckel etwas ausdampfen lassen. Den Thymian und die Butter in Flöckchen mit einer Gabel locker unterheben. Zum Schluß die Sonnenblumenkerne und die gehackte Petersilie unterziehen.

Tip!

Zu der Grütze schmeckt Sommergemüse aus Lauch, Gurken und Tomaten oder – im Winter – Mangold, Wirsing oder Grünkohl. Nach diesem Rezept können Sie auch Nacktgerste (Sprießkorngerste), Dinkel, Weizen, Grünkern und Buchweizen (letzteren ungeschrotet) zubereiten.

Kichererbsen mit Kokosnuß

Aus Indien

Zutaten für 4 Personen
200 g geschälte und halbierte Kichererbsen (Chana Dal, gibt es in indischen Spezialitätenläden)
2 frische Chilischoten
2 Eßlöffel Ghee oder Butterschmalz
1 Teelöffel Kreuzkümmelsamen (Cumin)
2 Lorbeerblätter
1 Teelöffel Kurkuma, gemahlen
1 Teelöffel Paprikapulver, edelsüß
Salz
1/2 Teelöffel Zucker
80 g Kokosraspeln

Pro Portion: 1500 kJ/ 360 kcal
11 g E · 16 g F · 43 g Kh
Zubereitungszeit: 40 Minuten

Die Kichererbsen mit 1/2 l Wasser in einem Topf mischen und zum Kochen bringen. Dann bei schwacher Hitze in etwa 25 Minuten zugedeckt weich kochen.

Die Chilischoten waschen, die Stiele entfernen, die Schoten aber ganz lassen.

In einem anderen Topf Ghee oder Butterschmalz bei mittlerer Hitze erwärmen. Kreuzkümmelsamen, Lorbeerblätter, Chilischoten, Kurkuma, Paprikapulver, Salz, Zucker und die Kokosraspeln dazugeben und alles unter ständigem Rühren etwa 3 Minuten anrösten, bis die Gewürze aromatisch duften. Die Gewürzmischung zu den garen Kichererbsen geben und gut unterrühren.

Rote Linsen mit frischem Koriander

Schnell

Zutaten für 4 Personen
175 g rote Linsen (Masoor Dal, gibt es in indischen Läden, Reformhäusern und Bioläden)
1/2 Teelöffel frischer Ingwer
1 Teelöffel Kurkuma, gemahlen
Salz
2 Eßlöffel Ghee oder Butterschmalz
1 Teelöffel Kreuzkümmelsamen (Cumin)
1 Teelöffel Koriander, gemahlen
1 kleine Prise Asafötida (etwa 1/8 Teelöffel)
1/4 Teelöffel Chili, gemahlen
2 Eßlöffel frisch gehacktes Koriandergrün (Cilantro)

Pro Portion: 940 kJ/ 220 kcal
10 g E · 11 g F · 23 g Kh
Zubereitungszeit: 20 Minuten

Die roten Linsen mit 1/2 l Wasser in einem Topf mischen und zum Kochen bringen. Den Ingwer schälen, fein reiben oder sehr fein hacken und zusammen mit dem Kurkuma und Salz zu den Linsen geben. Die Linsen bei mittlerer Hitze etwa 10 Minuten zugedeckt kochen lassen, bis sie weich sind. Den Topf dann vom Herd nehmen.

Ghee oder Butterschmalz in einer kleinen Pfanne bei mittlerer Hitze erwärmen. Kreuzkümmel, gemahlenen Koriander, Asafötida und das Chilipulver dazugeben und etwa 1 Minute unter ständigem Rühren anbraten, bis die Gewürze aromatisch duften. Das Ganze zu den Linsen geben und gut untermischen. Mit Koriandergrün bestreuen und gleich servieren.

Tip!

Würzige Gerichte aus Hülsenfrüchten, in Indien »Dal« genannt, gehören dort zu jedem Essen. Deshalb finden Sie in den indischen Spezialitätengeschäften eine große Auswahl daran. Geschälte und gespaltene Kichererbsen (Chana Dal) und rote Linsen (Masoor Dal) sind wesentlich schneller gar als die ungeschälten Sorten. Wenn Sie kein Koriandergrün erhalten, können Sie auch Petersilie nehmen. Und Asafötida (Teufelsdreck) können Sie auch einfach weglassen.

Im Bild oben:
Rote Linsen mit frischem Koriander
Im Bild unten:
Kichererbsen mit Kokosnuß

Auberginen-pfanne

Raffiniert

Zutaten für 4 Personen
300 g Kichererbsen
2 Lorbeerblätter
Kräutersalz
300 g Zwiebeln
4 Knoblauchzehen
10 Eßlöffel Olivenöl, extra nativ
1/2 Teelöffel Kurkuma
1 Prise Piment
1 Prise Kardamom
1/2 Teelöffel Kreuzkümmel (Mutterkümmel, Cumin)
1 Prise Cayennepfeffer
400 g Auberginen
2–3 Teelöffel getrockneter Oregano
schwarzer Pfeffer, frisch gemahlen
600 g reife, aromatische Tomaten
4 Teelöffel frische Thymian-blättchen

Pro Portion: 2200 kJ/ 530 kcal
19 g E · 28 g F · 50 g Kh
Quellzeit: 12 Stunden
Zubereitungszeit: 1 1/4 Stunden

Die Kichererbsen am Vorabend mit dem Lorbeerblatt in 700 ml kaltem Wasser einweichen.

Am nächsten Tag salzen und im Einweichwasser bei schwacher Hitze zugedeckt 40–50 Minuten kochen (je nach Alter der Kichererbsen kann es auch 1 1/2 Stunden dauern, bis die Hülsenfrüchte weich sind). In einem Sieb abtropfen lassen, dabei die Brühe auffangen. Lorbeerblatt entfernen.

Die Zwiebeln halbieren und in Streifen schneiden. Knoblauch fein hacken. Beides in 4 Eßlöffeln Öl goldgelb braten. Alle Gewürze zum Schluß kurz mitrösten. Alles unter die Kichererbsen mischen und mit Salz abschmecken.

Die Auberginen quer in 1 cm dicke Scheiben schneiden. 4 Eßlöffel Öl in einer großen Pfanne erwärmen, die Auberginen darin wenden und nebeneinander legen. Mit etwas Salz, der Hälfte des Oreganos und mit Pfeffer würzen.

Die Kichererbsen auf den Auberginen verteilen, 4 Eßlöffel Kochbrühe dazugeben. Zugedeckt etwa 5 Minuten dünsten. Die Tomaten in Scheiben schneiden, auf die Kichererbsen legen, leicht salzen. Mit dem restlichen Oregano und dem Thymian bestreuen. Das restliche Öl darüber träufeln. Noch etwa 5 Minuten dünsten.

Tip!

Kombinieren Sie Kichererbsen auch mal mit Paprikaschoten, Zucchini, Lauch oder Sellerie. Als Kräuter passen dazu Bohnenkraut, Thymian, Majoran, Oregano, Rosmarin und Salbei.

Nudeln mit Koriander

Aus Apulien

Zutaten für 4 Personen
160 g getrocknete grüne Linsen
3 Zwiebeln · 2 Knoblauchzehen
6 Stangen Staudensellerie
8 Eßlöffel Olivenöl
1 l Gemüsebrühe
200 ml trockener Rotwein (ersatzweise Gemüsebrühe)
4 Eßlöffel Aceto balsamico
Salz · schwarzer Pfeffer, frisch gemahlen
3 getrocknete rote Chilischoten
7 Pimentkörner
1 Teelöffel Korianderkörner
500 g Tomaten
300 g Spaghetti
2 Eßlöffel Tomatenmark
2 Eßlöffel frisch gehackte glatte Petersilie

Pro Portion: 2300 kJ/ 550 kcal
20 g E · 21 g F · 72 g Kh
Einweichzeit: 12 Stunden
Zubereitungszeit: 1 Stunde

Die Linsen abspülen und in reichlich kaltem Wasser 8 Stunden, besser über Nacht einweichen. Am nächsten Tag in ein Sieb gießen und abtropfen lassen.

Zwiebeln und Knoblauch schälen, fein würfeln. Den Staudensellerie waschen. 2 Stangen in Streifen schneiden. In einem großen Topf 2 Eßlöffel Öl erhitzen, Zwiebel, Knoblauch und Sellerie darin anbraten. Linsen und Brühe dazugeben. Zugedeckt 30–40 Minuten bei schwacher Hitze köcheln lassen. Wein und Aceto balsamico darunterrühren. Eventuell noch etwas Wasser dazugießen, das Gemüse soll suppig sein. Chillies, Piment und Koriander zerstoßen, in die Mischung rühren. Salzen und pfeffern.

Restliche Selleriestangen in Streifen schneiden, die Tomaten würfeln. Spaghetti in etwa 3 cm lange Stücke brechen. Alles zu den Linsen geben. Tomatenmark einrühren. Alles noch etwa 10 Minuten köcheln lassen. Mit Salz und Pfeffer abschmecken, mit restlichen Olivenöl beträufeln und mit der Petersilie bestreut servieren.

Schwarze Bohnen

Raffiniert

Zutaten für 4 Personen
200 g getrocknete schwarze Bohnen
1 Zwiebel
1 rote Paprikaschote
4 Knoblauchzehen
3 Eßlöffel Öl · Salz
1 Teelöffel Zucker
1 Teelöffel Kreuzkümmel

Pro Portion: 1010 kJ/ 240 kcal
12 g E · 6 g F · 36 g Kh
Einweichzeit: 12 Stunden
Zubereitungszeit: 2 1/2 Stunden

Die Bohnen 12 Stunden, besser über Nacht, in kaltem Wasser einweichen. Am nächsten Tag in frischem Wasser (es soll etwa 5 cm über den Bohnen stehen) aufsetzen und in 2 Stunden zugedeckt weich köcheln.

Zwiebel pellen und fein würfeln. Paprikaschote waschen, halbieren, putzen, fein würfeln. Den Knoblauch schälen. Das Öl erhitzen und die Zwiebelwürfel darin unter Rühren goldbraun braten. Dann die Paprikaschote hinzufügen und den Knoblauch dazupressen. Die Bohnen abtropfen lassen und untermischen. Mit Salz, Zukker und Kreuzkümmel würzen.

Bohnen mit Kürbis

Braucht etwas Zeit

Zutaten für 6 Personen
200 g getrocknete weiße Bohnen
1 Zwiebel
300 g Kürbisfleisch
4 Tomaten
1 kleine Dose Maiskörner (370 g)
3 Eßlöffel Olivenöl · Salz
1 Teelöffel schwarzer Pfeffer
1 Teelöffel getrockneter Oregano
1 Teelöffel Paprika, edelsüß

Pro Portion: 1000 kJ/ 240 kcal
10 g E · 8 g F · 35 g Kh
Einweichzeit: 6 Stunden
Zubereitungszeit: 2 1/2 Stunden

Die Bohnen mindestens 6 Stunden, besser über Nacht, in kaltem Wasser einweichen. Dann mit frischem Wasser aufsetzen und zugedeckt bei schwacher Hitze 2 Stunden kochen lassen, bis sie weich sind. Eventuell etwas Wasser nachgießen: Die Bohnen sollen immer knapp bedeckt sein.

Die Zwiebel pellen und fein würfeln. Den Kürbis schälen und die Kerne entfernen. Das Fruchtfleisch in etwa 1 cm große Würfel schneiden. Die Tomaten kurz mit kochendem Wasser überbrühen, häuten, entkernen und grob hacken, dabei die Stielansätze entfernen. Die Maiskörner abtropfen lassen.

In einem breiten Topf das Öl erhitzen, die Zwiebelwürfel darin glasig dünsten. Kürbiswürfel, Salz, Pfeffer, Oregano und Paprika hinzufügen. Alles unter Rühren 5 Minuten bei mittlerer Hitze braten. Die Bohnen mit 1/4 l Kochflüssigkeit hinzufügen, den Mais ebenfalls zu den Bohnen geben. Alles unter Rühren 5 Minuten köcheln lassen. Heiß servieren.

Tip!

Sowohl die Bohnen mit Kürbis als auch die schwarzen Bohnen werden in Südamerika mit Reis als Hauptgericht serviert.

Gemüse als Hauptgericht

Es ist erstaunlich, wie in vielen Ländern Gemüse ganz selbstverständlich als Hauptgericht serviert wird. Vor allem das Mittelmeergebiet und Indien haben da viel zu bieten.

Außer Gerichten für den Alltag finden Sie hier auch feine Sachen, mit denen Sie Gäste beeindrucken können. Vom Spargelragout über Spinatpudding mit Käsesauce bis zum Strudel mit Pilzfüllung.

Wer heute bei uns über einen Markt geht, hat wahrlich die Qual der Wahl. Nur ein Gemüsemuffel kann angesichts der angebotenen Sorten beim Einkauf widerstehen. Und Gemüse sollte auch, neben frischem Obst, im Mittelpunkt der vegetarischen Ernährung stehen.

Bunt ist gesund

Farbenfrohes Gemüse sieht nicht nur auf dem Teller appetitlich aus, sondern enthält auch eine Riesenportion an sogenannten Antioxidanzien. Dazu gehören vor allem die Vitamine C und E sowie die bioaktiven Carotinoide und Flavonoide. Sie können schädigende freie Radikale (auch »Oxidanzien« genannt) abfangen. Freie Radikale sind aggressive und reaktionsfreudige Stoffe, die die Zellen und Organe im Körper schädigen oder ganz zerstören können. Einerseits entstehen sie bereits durch den ganz normalen Stoffwechsel im Körper, stellen also eine natürliche Belastung des Körpers dar, gegen die er aber über eigene Schutzsysteme verfügt. Allerdings reicht dieser Schutz nicht aus, um die Menge an Oxidanzien, die über Luftverschmutzung und Smog, Schwermetalle und Umweltgifte auf uns einstürmt, abzuwehren. Also: Gestalten Sie Ihren Speiseplan möglichst farbenfroh und abwechslungsreich mit einer bunten Mischung aus Tomaten und Paprikaschoten, Möhren und grünem Gemüse.

Kistenweise Gemüse

So frisch wie möglich sollte das Gemüse sein, sonst hat es bis zur Zubereitung schon viele wertvolle Inhaltsstoffe, vor allem die empfindlichen Vitamine verloren. Ideal ist der Einkauf direkt beim Biobauern in der Nähe, auf Bauernwochenmärkten oder das Gemüseabo, bei dem regelmäßig eine Kiste mit frischem Gemüse zusammengestellt und ausgeliefert wird. Der Vorteil dabei: Sie bekommen wirklich saisongerechtes Gemüse zu günstigen Preisen, ermöglichen den Bioerzeugern eine bessere Planung und tragen durch kurze Transport- und Einkaufswege aktiv zum Umweltschutz bei.

Grün für gute Laune

Grüne Gemüsesorten wie Spinat und Mangold, Wirsing, Rosenkohl, grüne Paprikaschoten und Brokkoli erhalten ihre Farbe durch Blattgrün (Chlorophyll), das reichlich Magnesium liefert (aktiviert Enzyme des Energiestoffwechsels und hilft gegen Streß) und sogar bioaktive Substanzen (Cytorphine), die stimmungsaufhellend wirken und für gute Laune sorgen. Allerdings enthält grünes Gemüse, vor allem wenn es aus dem Treibhaus oder von konventionell gedüngten Feldern stammt, auch Nitrat, das bei zu langer Lagerung oder im Körper zu Nitrit umgewandelt werden kann. Nitrit kann nicht nur für kleine Kinder gefährlich werden, sondern zusammen mit Eiweiß und hohen Temperaturen krebsfördernde Nitrosamine bilden. Deshalb nur knackig-frisches Blattgemüse aus Freilandanbau kaufen und rasch verbrauchen. Blanchieren vermindert den Nitratgehalt um die Hälfte, natürlich das Kochwasser dann weggießen.

Bohnen und andere Hülsenfrüchte nur gekocht verzehren

Gutes Tiefkühlgemüse stammt immer vom Freiland und ist erntefrisch verarbeitet. Sein Vitamingehalt ist besser als der von schlaffem Marktgemüse.

Grün sind auch frische Bohnen, Erbsen und Zuckerschoten. Sie enthalten reichlich Eiweiß und Ballaststoffe, sollen aber nie roh, sondern stets gegart gegessen werden, denn sie enthalten eine Reihe von gesundheitsschädigenden Substanzen, die aber beim Kochen zerstört werden.

Fruchtgemüse

Tomaten und bunte Paprikaschoten, Auberginen, Kürbis, Gurken und Zucchini geben vielen Hauptgerichten die Substanz und den Geschmack. Gerade die mediterranen Gemüsegerichte sind ohne sie undenkbar. Sie sind reich an bioaktiven Substanzen und Vitaminen, besonders bei den roten Tomaten hat die Natur eine Meisterstück vollbracht: Sie schützen wie kaum ein anderes Gemüse den Körper vor freien Radikalen, enthalten viel Vitamin C (genau so viel wie Äpfel) und dazu Lycopin, einen roten Farbstoff, der krebswidrig wirkt.

Während fast alle anderen Gemüsearten roh die meisten wertvollen Stoffe enthalten, machen Tomaten (und auch Möhren) eine Ausnahme: Das Lycopin wird bei ihnen erst durch das Erhitzen frei und wird vom Körper etwa dreimal besser aufgenommen als aus rohen Tomaten. Deshalb sind Dosentomaten auch durchaus ein brauchbarer Ersatz für die sonnenarmen Monate.

Den Spargel zum Kochen am besten portionsweise bündeln

Edle Sprossen

Frischer weißer oder grüner Spargel, gekocht und mit zerlassener Butter oder einer feinen Sauce serviert, ist ein Hochgenuß im Frühjahr, mit dem Sie auch Ihre anspruchsvollsten Gäste begeistern können. Außerdem ist das Sproßgemüse kalorienarm, aber reich an Ballaststoffen, etherischen Ölen und Mineralstoffen, vor allem enthält er viel Kalium, das die Nieren anregt und entwässert – ideal für die Frühjahrskur. Das Kochwasser nicht weggießen, sondern täglich ein Glas davon zur Entschlackung trinken.

Gemüse mit Hut

Pilze schmecken würzig und fein, bringen Abwechslung in die Küche und sind dank der Züchtung auf Substraten das ganze Jahr über verfügbar. Besonders beliebt sind die Champignons, deren Köpfe weiß, cremefarben oder braun sein können. Die braunen Champignons, auch Egerlinge genannt, sind die würzigsten darunter. An zweiter Stelle kommt der Austernpilz, der wegen seines aromatischen Geschmacks auch Kalbfleischpilz genannt wird. Wie alle Pilze ist er kalorienarm, enthält aber besonders hochwertiges Eiweiß, in dem alle lebensnotwendigen Aminosäuren vorhanden sind. Waschen ist bei ihm nicht notwendig, da diese Pilze nicht mit Erde in Berührung kommen. Nur die harten Stiele müssen entfernt werden, sie sind meist holzig.

Austernpilze werden auf Stroh gezüchtet und enthalten besonders hochwertiges Eiweiß

Immer beliebter werden die aromatischen Shiitake-Pilze, ebenfalls aus der Pilzzucht, die den Cholesterinspiegel senken und die Abwehrkräfte stärken sollen. Die dunkelbraunen Kappen nur mit Küchenkrepp abreiben. Die unteren Stielabschnitte sind recht zäh, eignen sich aber als Würze.

Steinpilze und Pfifferlinge lassen sich nicht kultivieren und gehören zu den edlen Speisepilzen. Möglichst immer trocken mit einer kleinen Bürste putzen, sonst saugen sie sich sofort voll Wasser.

Spargelragout mit Frühlingszwiebeln

Für Gäste

Zutaten für 4 Personen
100 g geröstete, ungesalzene Erdnüsse
500 g weißer Spargel
500 g grüner Spargel
40 g Butter
4 1/2 Teelöffel gekörnte Gemüsebrühe
200 g Frühlingszwiebeln
Meersalz
2 Eßlöffel Grünkern- oder Weizenmehl
120 g Crème fraîche
2 Eßlöffel Petersilie, frisch gehackt

Pro Portion: 1600 kJ/ 380 kcal
12 g E · 33 g F · 11 g Kh
Zubereitungszeit: 1 1/2 Stunden

Die Erdnüsse schälen, dabei auch die braunen Häutchen abstreifen. Die Nüsse mit einem Messer oder im Blitzhacker grob hacken.

Den Spargel waschen und schälen (beim grünen Spargel nur das untere Drittel) und holzige Enden abschneiden.

Spargelschalen und -abschnitte knapp mit Wasser bedecken, zum Kochen bringen und zugedeckt bei schwacher Hitze 15–20 Minuten auskochen.

Inzwischen die Spargelstangen in Stücke schneiden, die Spitzen extra beiseite legen. Den Backofen auf 50° vorheizen.

Die Spargelbrühe absieben und mit Wasser auf 450 ml ergänzen. Die Brühe mit 20 g Butter und 2 Teelöffeln gekörnter Brühe aufkochen. Die Spargelabschnitte darin zugedeckt bei schwacher Hitze etwa 8 Minuten garen. Dann die Spargelköpfe dazugeben und noch etwa 2 Minuten kochen.

Inzwischen die Frühlingszwiebeln waschen und putzen. Das obere Viertel des Zwiebelgrüns abschneiden und beiseite legen. Die Zwiebeln schräg in 1 cm breite Stücke schneiden.

Den Spargel mit dem Schaumlöffel aus dem Topf heben, abtropfen lassen und in eine flache Schüssel geben. Im Backofen (Umluft 40°) zugedeckt warm halten. Die Kochbrühe bei starker Hitze offen auf 350 ml einkochen.

Gleichzeitig die Frühlingszwiebeln in 20 g Butter andünsten. Die Erdnüsse dazugeben und 3–4 Minuten unter Umwenden mitbraten. Mit etwas Salz abschmecken.

Das Grünkernmehl mit 5 Eßlöffeln kaltem Wasser anrühren und mit dem Schneebesen in die Spargelbrühe schlagen. 2 1/2 Teelöffel gekörnte Brühe hinzufügen und 2–3 Minuten unter Umrühren kochen, bis die Sauce sämig wird.

Den Topf von der Kochstelle nehmen. Crème fraîche und die gehackte Petersilie unterrühren. Die Sauce abschmecken und vorsichtig unter den Spargel heben.

Die Zwiebelmischung über dem Spargel verteilen. Vom zurückbehaltenen Zwiebelgrün einige Ringe abschneiden (den Rest für einen Salat verwenden) und das Ragout damit bestreuen. Dazu schmecken neue Kartoffeln und Spinatsalat mit Radieschen- und Zucchinischeiben.

Tip!

Probieren Sie dieses Rezept auch einmal – je nach Jahreszeit – mit Schwarzwurzeln, Rosenkohl, Topinambur, Blumenkohl oder zartem Kohlrabi.

Nutzen Sie die kurze Spargelsaison für dieses köstliche Ragout aus grünem und weißem Spargel und würzigen Frühlingszwiebeln

Spargel mit Kratzete

Aus Baden

Zutaten für 4 Personen
2 kg Spargel
Salz
1/2 Teelöffel Zucker
150 g Butter
4 Eier
300 g Mehl
250 ml Milch

Pro Portion: 3300 kJ/ 780 kcal
26 g E · 40 g F · 67 g Kh
Zubereitungszeit: 1 Stunde

Die Spargelstangen waschen und mit dem Sparschäler oder einem kleinen scharfen Küchenmesser schälen. Dabei unterhalb der Spargelspitzen beginnen. Oben dünner, nach unten dicker abschälen. Die Enden abschneiden.

Reichlich Wasser in einem großen Topf zum Kochen bringen. Salz, Zucker und 1 Eßlöffel von der Butter dazugeben. Die Spargelstangen in das kochende Wasser geben. Die Hitze reduzieren und den Spargel - je nach Dicke - bei schwacher Hitze in 10-15 Minuten bißfest garen.

Für die Kratzete die Eier trennen. Eigelbe in eine große Schüssel geben. Die Eiweiße und eine Prise Salz mit den Schneebesen des Handrührgerätes steif schlagen.

Die Eigelbe mit den Schneebesen des Handrührgerätes verquirlen. Die Hälfte des Mehls dazugeben und unterrühren. Nach und nach die Milch und das restliche Mehl unterrühren. Den Teig salzen.

Den Eischnee unter den Teig heben. 1–2 Eßlöffel Butter in einer großen Pfanne zerlassen und die Hälfte des Teigs hineingeben. Einen Pfannkuchen bei mittlerer Hitze backen, bis die Unterseite goldbraun ist. Dann wenden und die zweite Seite ebenso backen.

Den Pfannkuchen mit zwei Gabeln in große Stücke reißen, auf eine vorgewärmte Platte geben und warm stellen. Den zweiten Pfannkuchen in weiteren 1–2 Eßlöffeln Butter backen.

Die restliche Butter in einem kleinen Topf bei schwacher Hitze schmelzen. In eine Saucière füllen und warm stellen.

Die Spargel portionsweise auf Teller verteilen. Die Butter und die Kratzete getrennt dazu reichen.

Tip!

Die »Kratzete«, zerzupfte Pfannkuchen, werden in Baden nicht nur zu Spargel, sondern auch zu Apfelkompott mit Zimt-Zucker gegessen.

Grüner Spargel mit Pilzen

Aus Kalifornien

Zutaten für 4 Personen
200 g frische Shiitake-Pilze (ersatzweise braune Egerlinge)
750 g zarter grüner Spargel
1 kleine unbehandelte Orange
1 Eßlöffel Butter · Salz
Cayennepfeffer

Pro Portion: 400 kJ/ 100 kcal
4 g E · 3 g F · 8 g Kh
Zubereitungszeit: 50 Minuten

Die Shiitake-Pilze kurz waschen und putzen, dann in Scheiben schneiden. Den Spargel waschen, die Stangen im nur unteren Drittel schälen. Die Stangen in 6–8 cm lange Stücke schneiden.

Die Orange heiß abwaschen, die Schale in feinen Spänen abziehen und den Saft auspressen.

Die Butter in einem Topf schmelzen lassen. Den Spargel hineingeben und unter Rühren bei mittlerer Hitze etwa 3 Minuten garen. Die Pilze dazugeben und das Gemüse unter Rühren noch etwa 2 Minuten garen.

Orangensaft und Orangenschale dazugeben, alles mit Salz und Cayennepfeffer würzen und zugedeckt noch etwa 4 Minuten garen, bis der Spargel gar, aber noch bißfest ist.

Gurken in Kerbelsahne

Gelingt leicht

Zutaten für 4 Personen
1 kg Gemüsegurken
140 g Zwiebeln
40 g Butter
4 Eßlöffel süße Sahne
120 g saure Sahne
1 Knoblauchzehe
1 Teelöffel Pastetengewürz (»Delikata«, Reformhaus)
weißer Pfeffer, frisch gemahlen
2 Teelöffel gekörnte Gemüsebrühe
50 g frische Kerbelblättchen
Meersalz

Pro Portion: 840 kJ/ 200 kcal
4 g E · 17 g F · 9 g Kh
Zubereitungszeit: 40 Minuten

Die Gurken waschen, schälen und längs vierteln. Die Kerne mit dem Küchenmesser entfernen. Das Gurkenfleisch schräg in 2 cm dikke Stücke schneiden.

Die Zwiebeln würfeln und in 20 g Butter goldgelb braten. Die Gurken dazugeben und zugedeckt bei schwacher Hitze in 8–10 Minuten bißfest dünsten. Dann die Kochstelle ausschalten.

Inzwischen die süße und die saure Sahne in einem Schüsselchen vermischen. Den Knoblauch dazupressen. Mit einer Prise Pfeffer verquirlen.

Die gekörnte Brühe und die restlichen 20 g Butter zu den Gurken geben. Die Sahnemischung vorsichtig unterheben.

Den Kerbel waschen, trocknen und die Blättchen fein hacken. Den Kerbel unter das Gemüse mischen und mit ein wenig Salz abschmecken. Dazu schmecken kleine Kartoffeln oder Reis.

Kräuterkäschen auf Tomaten

Raffiniert

Zutaten für 4 Personen
250 g Quark (20%)
2 Eier
1 Bund Schnittlauch
1 Bund Dill
Salz
weißer Pfeffer, frisch gemahlen
500 g vollreife Tomaten
1 Bund Basilikum
3 Eßlöffel Olivenöl
2 Eßlöffel Zitronensaft
Fett für die Förmchen
Pergamentpapier

Pro Portion: 800 kJ/ 190 kcal
13 g E · 13 g F · 7 g Kh
Zubereitungszeit: 35 Minuten

Den Quark in eine Schüssel geben. Die Eier trennen. Die Eigelbe unter den Quark rühren. Eiweiße steif schlagen.

Die Kräuter waschen, trocknen und fein schneiden. Dann mit dem Eischnee unter den Quark heben. Salzen und pfeffern.

Flanförmchen oder Kaffeetassen gut mit Fett ausstreichen. Die Quarkmasse einfüllen, so daß die Förmchen zu 3/4 gefüllt sind. In einen breiten Topf stellen. Bis 2 cm unter den Rand der Förmchen heißes Wasser einfüllen. Die Förmchen locker mit Pergamentpapier abdecken und den Topfdekkel auflegen.

Alles bei schwacher Hitze (das Wasser darf nicht kochen) etwa 25 Minuten garen. Inzwischen die Tomaten kurz überbrühen, häuten, die Kerne und Wurzelansätze entfernen. Das Fruchtfleisch fein hacken. Das Basilikum hacken und mit dem Olivenöl, Salz, Pfeffer sowie dem Zitronensaft unter das Tomatenfruchtfleisch rühren.

Die Flans aus dem Topf nehmen, kurz abkühlen lassen und auf Teller stürzen (die Quarkmasse am Rand mit einem spitzen Messer lösen). Die kalte Tomatensauce um die Flans gießen und nach Belieben mit Schnittlauchröllchen garnieren.

Spargel mit Knoblauch

Scharf

Zutaten für 4 Personen
4 Eier
1 1/2 kg grüner Spargel
6 Knoblauchzehen
2 getrocknete rote Chilischoten
1 Teelöffel Korianderkörner
10 Eßlöffel Olivenöl
4 Eßlöffel frisch gehackte glatte Petersilie
4 Eßlöffel Weißwein nach Belieben

Pro Portion: 1500 kJ/ 360 kcal
14 g E · 27 g F · 11 g Kh
Zubereitungszeit: 30 Minuten

Die Eier in etwa 8 Minuten hart kochen, abschrecken und abkühlen lassen.

Den Spargel im unteren Drittel schälen. Salzwasser zum Kochen bringen. Spargel darin in etwa 15 Minuten garen.

Eier schälen und hacken. Knoblauchzehen pellen und in feine Scheiben schneiden. Chilischoten zerbröseln, Koriander zerstoßen. Das Olivenöl erhitzen, Knoblauch, Chillies und Koriander darin anbraten. Petersilie kurz mitbraten, mit Weißwein ablöschen.

Spargel auf einer Platte anrichten, mit Eiwürfeln bestreuen. Mit dem Olivenöl beträufeln und servieren.

Lauch-Reis mit Schafkäse

Braucht etwas Zeit

Zutaten für 4 Personen
1,3 kg Lauch (möglichst dünne Stangen)
4 Möhren
500 g Tomaten
4 Knoblauchzehen
6 Eßlöffel Olivenöl
1/2 l Gemüsebrühe
1 Tasse Parboiled-Reis (etwa 140 g)
2 Teelöffel Zucker
2 Teelöffel türkische Paprikaflocken (Pulbiber)
je 1/2 Teelöffel getrockneter Dill, Oregano, Thymian und Basilikum
Salz · schwarzer Pfeffer, frisch gemahlen
Saft von 1 Zitrone
200 g fetter Schafkäse

Pro Portion: 2200 kJ/ 530 kcal
18 g E · 29 g F · 50 g Kh
Zubereitungszeit: 1 Stunde

Den Lauch putzen, längs aufschlitzen und gründlich waschen. Die hellen Abschnitte in 6–7 cm lange Stücke schneiden.

Die Möhren waschen, schälen und in etwa 1/2 cm dicke Scheiben schneiden. Die Tomaten kurz mit kochendheißem Wasser überbrühen, häuten und würfeln, dabei die Stielansätze entfernen. Den Knoblauch pellen und fein hacken.

Die Hälfte des Olivenöls mäßig erhitzen. Knoblauch, Lauch und Möhren darin etwa 5 Minuten dünsten, aber nicht bräunen. Die Hitze zurückschalten. Die Tomatenwürfel unterrühren. Alles zugedeckt etwa 5 Minuten bei schwacher Hitze dünsten.

Die Brühe zugießen. Reis, Zucker, Gewürze, Kräuter, Salz und Pfeffer unterrühren. Alles zugedeckt etwa 20 Minuten bei schwacher Hitze garen. Etwas abkühlen lassen. Dann das restliche Olivenöl und den Zitronensaft darüber träufeln. Den Schafkäse darüber zerbrökkeln. Lauwarm oder kalt mit Sesam-Fladenbrot servieren.

Tip!

Statt Parboiled-Reis können Sie auch Vollkornreis nehmen, diesen aber vorher etwa 30 Minuten in kochendem Wasser vorgaren. Das Gericht schmeckt natürlich auch mit frischen Kräutern.

Im Bild oben:
Spargel mit Knoblauch
Im Bild unten:
Lauch-Reis mit Schafkäse

Lauch mit Haselnüssen

Schnell

Zutaten für 4 Personen
1 kg Lauch
2 Eßlöffel Sonnenblumenöl
1 1/2 Eßlöffel gekörnte Gemüsebrühe
140 g Haselnüsse, grob gehackt
40 g Butter
1 Teelöffel Pastetengewürz (»Delikata«, Reformhaus)
1 Teelöffel getrockneter Majoran
4 Eßlöffel Petersilie, frisch gehackt

Pro Portion: 1700 kJ/ 410 kcal
10 g E · 36 g F · 13 g Kh
Zubereitungszeit: 25 Minuten

Lauch putzen, längs einschneiden und gründlich waschen. Hellen und zartgrünen Teil in 2 cm breite Streifen schneiden.

Das Öl mit 4 Eßlöffeln Wasser in einem breiten Topf erhitzen. Lauch und gekörnte Brühe dazugeben. Den Lauch zugedeckt bei mittlerer Hitze in 8–10 Minuten bißfest dünsten.

Inzwischen die Nüsse in der Butter bei mittlerer Hitze kurz rösten, dann unter den Lauch mischen. Das Gemüse mit Pastetengewürz und Majoran abschmecken. Die gehackte Petersilie darüber streuen. Dazu passen Reis, Grütze (Seite 185), Kartoffeln oder Kartoffelpüree.

Tip!

Der Lauch schmeckt auch sehr gut, wenn Sie Butter und Nüsse weglassen und dafür 100 g Crème fraîche unter das Gemüse rühren.

arg lecker

Fenchel auf italienische Art

Gelingt leicht

Zutaten für 4 Personen
8 kleine Fenchelknollen
2 grüne Paprikaschoten
4 Eßlöffel Olivenöl, extra nativ
120 ml Gemüsebrühe
8 Rosmarinnadeln, frisch gehackt
2 Teelöffel Thymianblättchen
1 Teelöffel getrockneter Oregano
Meersalz
4 reife, feste Tomaten
2 Knoblauchzehen
2 Eßlöffel Pinienkerne

Pro Portion: 890 kJ/ 210 kcal
6 g E · 14 g F · 16 g Kh
Zubereitungszeit: 35 Minuten

Von den Fenchelknollen die Stiele und den Wurzelansatz abschneiden, das Fenchelgrün beiseite legen. Die Knollen waschen, eventuell die harten Fäden auf der Oberseite abziehen. Die Knollen vierteln. Paprikaschoten waschen, von Kernen und Stiel befreien und in Stücke schneiden.

Das Öl in einem Topf erhitzen. Fenchel und die Paprikawürfel darin anbraten. Mit der Gemüsebrühe auffüllen und mit Kräutern und Salz würzen. Das Gemüse bei schwacher Hitze zugedeckt in 12–15 Minuten bißfest dünsten.

Inzwischen die Tomaten waschen und achteln, dabei Stielansätze ausschneiden, unter das Gemüse heben und den Knoblauch dazupressen. Noch etwa 5 Minuten ziehen lassen.

Die Pinienkerne bei mittlerer Hitze in einer trockenen Pfanne unter Rühren anrösten. Das Gemüse mit den Pinienkernen und dem abgezupften Fenchelgrün bestreuen. Dazu schmeckt Naturreis, Polenta, Hirse oder Kartoffeln.

Tip!

Servieren Sie das Fenchelgemüse doch einmal lauwarm als Vorspeise oder auf einem kalten Buffet mit Fladenbrot.

Kohlrabiragout mit Curryhafer

Gelingt leicht

Zutaten für 4 Personen
300 g Nackthafer
4 Teelöffel gekörnte Gemüsebrühe
1 1/2 Teelöffel Currypulver
800 g Kohlrabi
250 g Frühlingszwiebeln
30 g Butter
3 Eßlöffel Haselnüsse
3 Eßlöffel Sonnenblumenkerne
150 g Sahne
2 Eßlöffel Petersilie, frisch gehackt · Meersalz

Pro Portion: 2700 kJ/ 650 kcal
19 g E · 36 g F · 60 g Kh
Quellzeit: 10 Stunden
Zubereitungszeit: 40 Minuten

Hafer abbrausen, in 1/2 l Wasser 6–10 Stunden einweichen. Den Hafer zugedeckt etwa 10 Minuten bei schwacher Hitze kochen. 2 Teelöffel gekörnte Brühe und Curry unterrühren, den Hafer noch 10–15 Minuten quellen lassen.

Inzwischen Kohlrabi schälen und in 1 cm dicke Stifte schneiden. Die Frühlingszwiebeln schräg in 1 cm breite Ringe schneiden, das obere Drittel beiseite legen.

Butter mit 8 Eßlöffeln Wasser und restlichem Brühpulver erhitzen. Das Gemüse zugeben und bei mittlerer Hitze zugedeckt in etwa 10 Minuten bißfest dünsten.

Inzwischen die Nüsse grob hacken und mit den Sonnenblumenkernen in einer Pfanne bei mittlerer Hitze unter Rühren goldgelb rösten.

Hafer, Nußmischung, Sahne und die Petersilie unter das Gemüse mischen, mit Salz abschmecken. Zwiebelgrün in Röllchen schneiden und darüber streuen. Dazu schmeckt Eissalat mit Tomaten.

Leipziger Allerlei

Berühmtes Rezept

Zutaten für 4 Personen
200 g zarte grüne Bohnen
200 g Spargel
100 g frische Erbsen
12 junge Möhren mit Grün
1 kleiner Blumenkohl (etwa 400 g)
2 junge Kohlrabi
12 Morcheln
100 g Butter · Salz · Zucker
100 ml trockener Weißwein
200 g Sahne
weißer Pfeffer, frisch gemahlen
1 Prise Cayennepfeffer
Muskatnuß, frisch gerieben
3 Zweige Petersilie

Pro Portion: 2200 kJ/ 520 kcal
12 g E · 38 g F · 28 g Kh
Zubereitungszeit: 2 1/2 Stunden

Bohnen putzen. Spargel schälen, Enden abschneiden. Erbsen auspalen. Möhren schälen, das Grün etwa 2 cm stehenlassen.

Blumenkohl putzen, in kleine Röschen zerteilen. Kohlrabi schälen, in 4 cm lange Stifte schneiden.

Jedes Gemüse getrennt kurz waschen, abtropfen lassen. Stielenden der Morcheln abschneiden und mehrmals gründlich waschen. Mit heißem Wasser überbrühen und ausdrücken. In einer kleinen Pfanne etwa 1 Teelöffel von der Butter zerlassen und die Morcheln 5 Minuten darin andünsten.

Reichlich Wasser aufkochen. Salz, Zucker und 1 Teelöffel Butter hinzufügen. Eiskaltes Wasser bereitstellen. Das Gemüse nacheinander in etwa 10 Minuten knackig garen. Herausheben, im Eiswasser abschrecken und gut abtropfen lassen.

Etwa 1/8 l von der Kochbrühe mit dem Wein aufkochen. Sahne zugießen, alles etwa auf die Hälfte einkochen lassen. Die Sauce mit Salz, Pfeffer, Cayennepfeffer, einer Prise Zucker und Muskat pikant abschmecken.

In eine Pfanne die restliche Butter zerlassen. Nacheinander die Morcheln und jedes Gemüse für sich darin schwenken. Alles leicht salzen und pfeffern.

Auf einer großen vorgewärmten Platte das Gemüse und die Morcheln anrichten. Die Sauce seitlich und zwischen das Gemüse verteilen. Mit den Petersilienblättchen garniert servieren.

Staudensellerie in Currysauce

Für Gäste

Zutaten für 4 Personen
50 g Mandeln
800 g Staudensellerie
1 Würfel Gemüsebrühe
4 Eßlöffel Weizenvollkornmehl
200 g Doppelrahm-Frischkäse
3 Teelöffel Currypulver
3 Teelöffel abgeriebene unbehandelte Zitronenschale
2–3 Eßlöffel Zitronensaft

Pro Portion: 1200 kJ/ 290 kcal
11 g E · 23 g F · 9 g Kh
Zubereitungszeit: 40 Minuten

Die Mandeln in Stifte schneiden und in einer Pfanne ohne Fett unter Wenden hellgelb rösten.

Die Selleriestangen waschen. Wenn nötig, die harten Fäden auf der Außenseite abziehen. Die Blättchen beiseite legen. Die Selleriestangen zuerst längs, dann quer halbieren.

400 ml Wasser mit dem Brühwürfel aufkochen. Den Sellerie darin zugedeckt bei schwacher Hitze in etwa 10 Minuten bißfest garen. Die Brühe absieben. Den Sellerie warm stellen.

Das Mehl mit dem Schneebesen kräftig in die Brühe rühren. Unter Umrühren aufkochen und auf der ausgeschalteten Kochstelle etwa 3 Minuten ziehen lassen. Den zerkleinerten Frischkäse, Currypulver und die Zitronenschale mit dem Schneebesen in die Sauce rühren. Mit Zitronensaft würzen.

Die Sauce und die Mandelstifte (bis auf 1 Eßlöffel) unter den Sellerie heben. Die Sellerieblättchen in Streifen schneiden und mit den restlichen Mandeln über das Gemüse streuen. Dazu schmecken Pellkartoffeln, Reis oder Hirse.

Frühlingsgemüse mit Kräutersauce

Gelingt leicht

Zutaten für 4 Personen
400 g Zuckererbsen (Zuckerschoten)
250 g Möhren
250 g Kohlrabi
1 Teelöffel gekörnte Gemüsebrühe
Meersalz
30 g Butter
200 g Doppelrahm-Frischkäse
8 Eßlöffel Joghurt
4 Eßlöffel Sahne
1 Eßlöffel Zitronensaft
je 4 Stengel Basilikum und Petersilie

Pro Portion: 1500 kJ/ 360 kcal
12 g E · 27 g F · 14 g Kh
Zubereitungszeit: 40 Minuten

Die Zuckerschoten waschen und eventuell entfädeln. Die Möhren unter fließendem Wasser bürsten und in dünne Scheiben schneiden. Den Kohlrabi waschen und putzen, die zarten Blättchen beiseite legen. Dann schälen und in etwa 1/2 cm dicke Stäbchen schneiden.

In einem breiten Topf 1/4 l Wasser mit gekörnter Brühe, wenig Salz und der Butter aufkochen. Das Gemüse untermischen und zugedeckt bei schwacher Hitze in etwa 12 Minuten bißfest garen.

Den Frischkäse zerteilen und in einem kleinen Topf bei schwacher Hitze erwärmen. Die Kochbrühe vom Gemüse, Joghurt, Sahne und den Zitronensaft dazugeben. Mit dem Schneebesen zu einer glatten Sauce schlagen.

Die Kohlrabiblättchen, Basilikum und Petersilie ohne die groben Stiele fein hacken. Die Kräuter unter die Sauce rühren, eventuell nachwürzen. Dazu passen neue Kartoffeln.

Im Bild oben:
Staudensellerie in Currysauce
Im Bild unten:
Frühlingsgemüse mit Kräutersauce

Kräuterzucchini vom Grill

Schnell

Zutaten für 4 Personen
4 mittelgroße Zucchini
4 Teelöffel Olivenöl, extra nativ
schwarzer Pfeffer, frisch gemahlen
1 Teelöffel gekörnte Gemüsebrühe
4 Knoblauchzehen
4 Eßlöffel gehackte Gartenkräuter (z.B. Petersilie, Dill, Kerbel, Estragon)

Pro Portion: 400 kJ/ 100 kcal
4 g E · 6 g F · 6 g Kh
Zubereitungszeit: 20 Minuten

Einen Holzkohlen- oder den Elektrogrill vorheizen. Von den Zucchini die Blütenansätze und die Stielenden entfernen. Die Zucchini waschen, abtrocknen und längs halbieren. Jede Hälfte mit einer Gabel mehrmals einstechen.

Jeweils eine Zucchinihälfte mit 1/2 Teelöffel Olivenöl beträufeln. Mit Pfeffer und jeweils einer Prise gekörnter Brühe bestreuen.

Die Knoblauchzehen schälen. Jeweils 1 Knoblauchzehe durch die Presse auf eine der beiden Zucchinihälften drücken und mit einem Messer verstreichen.

Auf 4 der 8 Zucchinihälften jeweils 1 Eßlöffel Kräuter streuen. Die dazugehörigen Hälften darauf setzen. Die Zucchini in Alufolie wickeln und 8–10 Minuten grillen, dabei ab und zu wenden.

Tip!

Auf die gleiche Weise können Sie auch kleine Minikürbisse (Squash, Pâtisson) grillen. Mit einem reichhaltigen Salat ein sommerlicher Gemüsegenuß.

Gegrillte Auberginen

Preiswert

Zutaten für 4 Personen
2 Knoblauchzehen
5 Zweige Thymian
6 Eßlöffel Olivenöl, extra nativ
2 Teelöffel Rotweinessig
Salz · schwarzer Pfeffer, frisch gemahlen
2 große Auberginen

Pro Portion: 640 kJ/ 150 kcal
3 g E · 12 g F · 6 g Kh
Zubereitungszeit: 30 Minuten

Holzkohlen- oder Elektrogrill vorheizen. Den Knoblauch schälen und in eine Schüssel pressen. Vom Thymian die Blättchen abstreifen und zum Knoblauch geben. Das Olivenöl und den Essig darunterrühren, die Marinade mit Salz und Pfeffer würzen.

Die Auberginen waschen, abtrocknen und in 1–2 cm dicke Scheiben schneiden. Die Scheiben mit dem Kräuteröl bepinseln und auf oder unter dem Grill auf beiden Seiten goldbraun werden lassen. Die Auberginen schmecken gut mit Kartoffelpüree oder Butter-Reis.

Austernpilze mit Salbei

Raffiniert

Zutaten für 4 Personen
750 g Austernpilze
4 Eßlöffel Olivenöl, extra nativ
1 Teelöffel geschroteter weißer Pfeffer
2 Knoblauchzehen
1 mittelgroße Zwiebel
3 Zweige frischer Salbei (ersatzweise 1 Teelöffel getrockneter)

Pro Portion: 580 kJ/ 140 kcal
4 g E · 9 g F · 3 g Kh
Zubereitungszeit: 20 Minuten

Einen Holzkohlen- oder den Elektrogrill vorheizen. Die Austernpilze mit Küchenpapier abreiben und die zähen Stiele entfernen.

Das Olivenöl mit dem Pfeffer verrühren. Die Knoblauchzehen und die Zwiebel schälen und fein hakken. Den Salbei waschen, trocknen, die Blätter abzupfen und grob zerkleinern. Zusammen mit der Zwiebel und dem Knoblauch in das Öl einrühren.

Die Austernpilze mit dem Salbeiöl bestreichen und in eine Grillschale oder auf Alufolie legen. Die Pilze etwa 10 Minuten grillen, dabei immer wieder wenden und mit dem restlichen Öl bestreichen. Heiß servieren.

Variante

Champignonspieße vom Grill

Etwa 500 g gleich große Champignons abwechselnd mit 200 g geschälten kleinen Grillzwiebeln auf geölte Spieße stecken, mit dem gewürzten Öl bestreichen und einige Zeit marinieren. Dann in einer Grillschale oder auf Alufolie 20–25 Minuten grillen, dabei öfter wenden und mit Öl bestreichen. Dazu Joghurt oder saure Sahne, mit etwas Salz und durchgepreßtem Knoblauch gewürzt, als Dipsauce servieren.

Buchweizentopf mit Sommergemüse

Für Ungeübte

Zutaten für 4 Personen
250 g grüne Bohnen
2 große Zwiebeln (etwa 200 g)
2 Knoblauchzehen
2 Eßlöffel Olivenöl, extra nativ
150 g Buchweizen
1/2 l Gemüsebrühe
1 Teelöffel Miso oder Sojasauce
Salz · Streuwürze
weißer Pfeffer, frisch gemahlen
500 g Tomaten
250 g Zucchini
1 grüne Paprikaschote
1 Eßlöffel frische Thymian- oder Bohnenkrautblättchen oder
2–3 Salbeiblätter, frisch gehackt
3 Eßlöffel Crème fraîche

Pro Portion: 1600 kJ/ 380 kcal
10 g E · 19 g F · 41 g Kh
Zubereitungszeit: 45 Minuten

Die Bohnen waschen, putzen und in 2–3 cm lange Stücke schneiden. Die Zwiebeln und die Knoblauchzehen schälen und in kleine Würfel schneiden.

Das Öl in einem mittelgroßen Topf erhitzen. Zwiebeln und den Knoblauch darin andünsten.

Den Buchweizen hinzufügen und 1–2 Minuten leicht anrösten. Die Bohnen dazugeben, die Gemüsebrühe angießen, Miso oder die Sojasauce einrühren. Den Eintopf mit Salz, Streuwürze und Pfeffer pikant würzen und zugedeckt bei schwacher Hitze etwa 10 Minuten garen. Dabei ab und zu umrühren.

Inzwischen die Tomaten waschen und 2–3 Minuten auf die kochende Eintopfmasse legen. Dann die Tomaten etwas abkühlen lassen, häuten und kleinschneiden, dabei den Strunk entfernen.

Die Zucchini waschen, putzen und in 1/2 cm dicke Scheiben schneiden. Die Paprikaschote waschen, putzen und in 1/2 cm breite Streifen schneiden.

Tomaten, Zucchini und Paprikastreifen unter den Eintopf rühren. Die Hälfte der frischen Kräuter einrühren. Den Eintopf bei schwacher Hitze noch 7–10 Minuten köcheln lassen. Eventuell etwas Wasser nachgießen.

Den Topf vom Herd nehmen. Die Crème fraîche unter den Eintopf rühren und die restlichen Kräuter darüber streuen. Dazu Vollkorn-Toast oder Baguette servieren.

Tip!

Miso ist das älteste Würzmittel Japans und wird aus fermentierten Sojabohnen, Salz und einer weiteren Getreideart (Gerste oder Reis) hergestellt. Es gibt sie als dunklere, salzigere und hellere, leicht süßliche Würzsauce.

Gemüsespieße auf Dillsauce

Für Gäste

Zutaten für 4 Personen
2 große rote Paprikaschoten (etwa 600 g)
4 Eßlöffel Olivenöl
100 g fetter Schafkäse (griechischer Feta oder bulgarischer Schafkäse)
1 Teelöffel getrockneter Oregano
250 g Champignons
8 Schalotten
1 Zucchino (250 g)
1 Aubergine (250 g)
Salz · schwarzer Pfeffer, frisch gemahlen
1 Bund Dill
200 g Vollmilchjoghurt
200 g Sahnejoghurt (griechischer, 10% Fett i. Tr.)
1 unbehandelte Zitrone
8 Grillspieße

Pro Portion: 1100 kJ/ 260 kcal
12 g E · 18 g F · 13 g Kh
Zubereitungszeit: 1 Stunde

Die Paprikaschoten waschen, gut trocknen und längs halbieren. Kerne und helle Trennwände sorgfältig entfernen, das Fruchtfleisch längs in etwa 3 cm breite Streifen schneiden.

In einer Pfanne mit Deckel 1 Eßlöffel Olivenöl erhitzen, die Paprikastreifen (Hautseite nach unten) zugedeckt bei mittlerer Hitze darin 5–7 Minuten braten. Paprikastreifen herausnehmen, etwas abkühlen lassen und die Haut abziehen.

In der Zwischenzeit den Schafkäse in kleinfingerdicke, etwa 2 cm lange Streifen zerteilen und in dem Oregano wenden. Die Champignons mit Küchenpapier abreiben oder kurz waschen, die Stiele abschneiden. Die Schalotten schälen und längs halbieren.

Den Zucchino waschen, gut mit Küchenpapier trocknen und in etwa 1 cm dicke Scheiben schneiden, ebenso die Aubergine. Die Auberginenscheiben vierteln. Die Schafkäsestücke in die Paprikastreifen einwickeln.

Pro Person zwei Spieße ölen, darauf abwechselnd ein Stück Schalotte, eine Zucchinischeibe, ein in Paprika eingerolltes Stück Schafkäse, einen Champignon, ein Stück Aubergine und so weiter aufreihen, mit einem Schalottenstück als Halt abschließen. Das Gemüse rundum leicht salzen und pfeffern.

Das restliche Olivenöl in die Pfanne geben und die Spieße etwa 7 Minuten zugedeckt braten (falls der Deckel einen Lüftungsschieber hat, diesen öffnen), dann die Spieße wenden und noch etwa 7 Minuten braten.

Inzwischen für die Sauce den Dill waschen, trocknen und kleinschneiden. Beide Joghurtsorten mit Dill, Salz, Pfeffer, etwas geriebener Zitronenschale und Zitronensaft verrühren. Auf Teller verteilen.

Die heißen Spieße auf der kalten Sauce servieren. Dazu passen Pellkartoffeln oder knuspriges Baguette, als Getränk eine Apfelsaft-Schorle oder ein trockener Weißwein.

Tip!

Achten Sie darauf, einen nicht zu mageren Schafkäse zu nehmen, sonst zerbröckelt er beim Aufspießen. Zu fett sollte er aber auch nicht sein, sonst zerläuft er beim Braten oder Grillen - denn die Spieße kann man auch gut beim Grillfest über Holzkohle grillen. Dabei das Gemüse öfter mit Olivenöl bepinseln und bei nicht allzu starker Hitze garen, damit es nicht austrocknet. Fürs Grillen im Freien können die Spieße schon fertig vorbereitet und mit Öl bestrichen werden, die Joghurtsauce wird angerührt und in eine dicht schließende Frischhaltedose verpackt.

Heiße »Gemüse-Schaschliks« auf einer kalten Joghurtsauce mit frischem Dill serviert – ein apartes Sommergericht

Bunte Gemüsepfanne

Aus Kalifornien

Zutaten für 4 Personen
2 mittelgroße Zucchini
1 kleine Aubergine
1 rote Paprikaschote
150 g Brokkoliröschen
100 g Mungobohnensprossen
3 Frühlingszwiebeln
1 kleines Stück Ingwer
1 Knoblauchzehe
3 Eßlöffel neutrales Öl
125 ml Gemüsebrühe
3 Eßlöffel Sojasauce
schwarzer Pfeffer, frisch gemahlen

Pro Portion: 530 kJ/ 130 kcal
7 g E · 7 g F · 10 g Kh
Zubereitungszeit: 30 Minuten

Das ganze Gemüse waschen und putzen. Zucchini, Aubergine und die Paprikaschote in kleine Würfel schneiden.

Den Brokkoli in kleine Röschen zerteilen, die Stengel eventuell schälen. Die Bohnensprossen nur heiß abbrausen. Frühlingszwiebeln in schräge Ringe schneiden.

Den Ingwer und den Knoblauch schälen und hacken. Das Öl in einer großen Pfanne oder im Wok erhitzen, Ingwer, Knoblauch und die Frühlingszwiebeln darin bei recht starker Hitze unter Rühren etwa 1 Minute anbraten.

Das vorbereitete Gemüse dazugeben und alles unter Rühren etwa 5 Minuten braten.

Die Brühe und die Mungobohnensprossen dazugeben. Mit Sojasauce und Pfeffer würzen, noch 1–2 Minuten kochen lassen. Dazu paßt Vollreis oder Wildreis.

Gemüsetopf mit Pesto

Gelingt leicht

Zutaten für 4 Personen
1 mittelgroße Aubergine
2 Zucchini (etwa 350 g)
2 mittelgroße mehligkochende Kartoffeln
4 Eßlöffel Olivenöl
300 g tiefgekühlte grüne Bohnen
125 ml trockener Weißwein oder Gemüsebrühe
400 g Tomaten in Stücken (Dose oder Packung)
Salz
weißer Pfeffer, frisch gemahlen
3 Eßlöffel Pesto (aus dem Glas)

Pro Portion: 960 kJ/ 230 kcal
6 g E · 9 g F · 17 g Kh
Zubereitungszeit: 30 Minuten

Die Aubergine und die Zucchini von den Blüten- und den Stielansätzen befreien, waschen und klein würfeln. Die Kartoffeln waschen, schälen und ebenfalls in kleine Würfel schneiden.

Die Hälfte des Öls in einem breiten Topf erhitzen. Die Auberginenwürfel darin hellbraun anbraten. Zucchini und die Kartoffeln mit dem restlichen Öl dazugeben und ebenfalls anbraten.

Die Bohnen mit dem Wein oder der Brühe und den Tomaten untermischen. Alles mit Salz und Pfeffer würzen. Den Eintopf zugedeckt etwa 15 Minuten bei mittlerer Hitze garen, bis die Kartoffeln und die Bohnen weich sind.

Den Pesto untermischen. Den Eintopf eventuell noch mit etwas Salz und Pfeffer nachwürzen.

Tip!

Wie Sie Pesto aus frischem Basilikum selbst machen können, finden Sie auf Seite 153. Oder Sie probieren einmal den Pesto Rosso aus Venetien: Dafür etwa 75 g getrocknete, in Öl eingelegte Tomaten zerschneiden, in einen Blitzhacker geben. Von 30 g schwarzen Oliven das Fruchtfleisch vom Stein schneiden, zu den Tomaten geben. 2 Knoblauchzehen schälen und dazu pressen. 2–3 Eßlöffel Olivenöl zugeben und alles zu einer cremigen Masse pürieren. Mit Salz, Pfeffer und etwas gemahlenem Peperoncino pikant abschmecken.

Gebackene Artischocken

Raffiniert

Zutaten für 4 Personen
1 kleines Ei
2 Eßlöffel Olivenöl
75 ml Weißwein oder Mineralwasser
75 g Mehl
Salz
2 Gläser Artischockenherzen (je 345 g Inhalt)
Zum Ausbacken: neutrales Öl
Zum Garnieren: Zitronenspalten

Pro Portion: 1200 kJ/ 290 kcal
8 g E · 13 g F · 30 g Kh
Zubereitungszeit: 30 Minuten
Ruhezeit: 30 Minuten

In einer Schüssel das Ei mit dem Olivenöl verquirlen, dann Wein oder Mineralwasser, Mehl und knapp 1 Teelöffel Salz dazugeben. Alles mit einem Schneebesen zu einem glatten Teig verrühren und etwa 30 Minuten ruhen lassen.

Unmittelbar vor dem Zubereiten die Artischockenherzen abtropfen lassen, mit Küchenpapier trockentupfen und längs halbieren.

Reichlich Öl zum Ausbacken in einer Friteuse oder einem Topf auf 180° erhitzen. Wenn Sie einen hölzernen Kochlöffelstiel hineinhalten, müssen sofort kleine Bläschen nach oben steigen.

Nach und nach die Artischockenböden durch den Teig ziehen, in das heiße Fett geben und darin in etwa 3 Minuten goldbraun ausbacken. Mit einer Schaumkelle herausheben, auf Küchenpapier gut abtropfen lassen und gleich ganz heiß mit Zitronenspalten garniert servieren.

Kürbistopf mit Paprika und Mais

Preiswert

Zutaten für 4 Personen
1 große Zwiebel
500 g Kürbisfleisch (geputzt gewogen)
1 grüne Paprikaschote
300 g Tomaten
200 g grüne Bohnen
1 Maiskolben
2 rote Chilischoten
60 ml Olivenöl, extra nativ
1 Knoblauchzehe
350 ml Gemüsebrühe
Salz · schwarzer Pfeffer, frisch gemahlen

Pro Portion: 960 kJ/ 230 kcal
4 g E · 16 g F · 16 g Kh
Zubereitungszeit: 45 Minuten

Die Zwiebel schälen und klein würfeln. Das geputzte Kürbisfleisch in etwa 2 cm große Würfel schneiden.

Die Paprikaschote waschen, halbieren, Stielansatz, Kerne und Trennwände entfernen. Die Schote klein würfeln.

Die Tomaten mit kochendem Wasser überbrühen, häuten und die Stielansätze entfernen, Tomaten halbieren und entkernen, in kleine Stücke schneiden. Die Bohnen waschen, putzen und kleinschneiden. Den Mais waschen, die Kerne mit einem scharfen Messer vom harten Kolben abschneiden. Die Chilischoten waschen, unter fließendem Wasser aufschlitzen, Kerne, Trennwände und Strünke entfernen. Die Schoten in kleine Würfel schneiden. Danach die Hände gut waschen.

Das Olivenöl in einem großen Topf leicht erwärmen, die Zwiebel darin glasig werden lassen. Den Knoblauch schälen und durch die Presse dazu drücken.

Das Kürbisfleisch in den Topf geben und bei schwacher Hitze unter Rühren etwa 5 Minuten andünsten. Das übrige vorbereitete Gemüse dazugeben und gut unterrühren, dann die Gemüsebrühe angießen. Alles mit Salz und Pfeffer würzen und zugedeckt bei schwacher Hitze etwa 10 Minuten köcheln lassen, bis das Gemüse gar ist, aber noch Biß hat. Dazu Butter-Reis oder frisches Baguette servieren.

Pikante Käseröllchen

Pikant

Zutaten für 4 Personen
200 g fester Schafkäse (Feta)
1 Bund Petersilie
1 Bund Dill
6 Eßlöffel Sahne
weißer Pfeffer, frisch gemahlen
1 Prise gemahlener Kreuzkümmel
Salz
100 g fertiger Strudelteig (Kühltheke)
250 g Tomaten
1 Knoblauchzehe
1-2 getrocknete Chilischoten
1 Eßlöffel Olivenöl
Für das Backblech und zum Bestreichen: flüssige Butter

Pro Portion: 1200 kJ/ 290 kcal
12 g E · 21 g F · 11 g Kh
Zubereitungszeit: 30 Minuten

Den Backofen auf 220° vorheizen. Für die Füllung den Käse grob würfeln. Die Kräuter waschen, trocknen und von den groben Stielen befreien.

Den Käse und die Kräuter im Mixer oder mit dem Pürierstab zerkleinern, dabei nach und nach die Sahne hinzufügen.

Die Käsecreme mit Pfeffer, Kreuzkümmel und eventuell einer Prise Salz (Vorsicht, der Käse ist meist schon ziemlich salzig!) pikant abschmecken.

Die Strudelteigblätter in zwölf Stücke schneiden und mit der Käsecreme bestreichen. Die Teigplatten an den Rändern über der Füllung etwas nach innen schlagen und zu Röllchen aufwickeln.

Das Backblech mit Butter bestreichen. Die Käseröllchen mit den Nahtstellen nach unten auf das Blech legen und ebenfalls mit Butter bestreichen.

Die Röllchen im heißen Ofen (Mitte, Umluft 200°) in etwa 12 Minuten goldbraun backen.

Inzwischen für die Sauce die Tomaten waschen und in Würfel schneiden, dabei die Stielansätze entfernen. Den Knoblauch schälen und grob hacken. Die Chilischoten zerkrümeln.

Die Tomaten und den Knoblauch mit den Chilischoten und dem Öl im Mixer fein pürieren. Die Sauce mit Salz abschmecken und in vier kleine Schälchen verteilen.

Die heißen Käseröllchen mit der scharfen Tomatensauce servieren. Beim Essen die Röllchen in die Sauce tauchen oder die Sauce über die Röllchen träufeln.

Tip!

Fertig gekaufter Strudelteig ist zusammengefaltet und kann an den Faltstellen beim Backen auseinander brechen. Gut geeignet sind auch Fillo- oder Yufkateigplatten (vom griechischen oder türkischen Spezialitätengeschäft). Wenn Sie genügend Zeit haben, können Sie den Teig auch selbst zubereiten. Dafür 150 g Mehl mit einer Prise Salz, 75 ml lauwarmem Wasser, 2 Eßlöffeln Pflanzenöl und 1 kleinen Eigelb verkneten, etwa 30 Min ruhen lassen. Auf der leicht bemehlten Arbeitsfläche hauchdünn ausrollen. Ebenfalls gut geeignet: Tiefgekühlter Blätterteig. Auftauen lassen und dünn ausrollen.

Ein raffiniertes Gericht, von dem auch Gäste begeistert sind: Käseröllchen mit einer scharfen Tomatensauce zum Dippen

Egerlinge mit Avocado-Dip

Gelingt leicht

Zutaten für 4 Personen
Für den Dip:
1 reife Avocado
2–3 Eßlöffel Zitronensaft
5 Knoblauchzehen
150 g Joghurt
Salz
weißer Pfeffer, frisch gemahlen
1 Messerspitze Cayennepfeffer
1 Bund Schnittlauch
Für die Pilze:
500 g Egerlinge (braune Champignons)
2 Eier
1 Prise schwarzer Pfeffer, frisch gemahlen
1 Prise Muskatnuß, frisch gerieben
1 Teelöffel Sojasauce
4 Eßlöffel Mehl
100 g Semmelbrösel
Zum Fritieren: 1 l Öl

Pro Portion: 2300 kJ/ 550 kcal
14 g E · 42 g F · 30 g Kh
Zubereitungszeit: 30 Minuten

Für den Dip die Avocado längs halbieren, den Kern herauslösen und das Fruchtfleisch aus der Schale löffeln. Gleich mit dem Zitronensaft beträufeln, damit es sich nicht braun verfärbt.

Die Knoblauchzehen schälen und mit der Avocado und dem Joghurt im Mixer pürieren. Den Dip mit Salz, Pfeffer und dem Cayennepfeffer abschmecken.

Schnittlauch abbrausen, trocknen, kleinschneiden und unter den Dip mischen. Den Dip bis zum Servieren kalt stellen.

Für die ausgebackenen Pilze die Egerlinge mit Küchenpapier säubern und die Stielenden abschneiden, nur im Notfall kurz abbrausen und gut trockentupfen.

Die Eier verquirlen und mit Salz, Pfeffer, Muskat und Sojasauce würzen. Das Mehl und die Semmelbrösel jeweils auf einen extra Teller geben.

Das Öl in einem hohen Topf oder in der Friteuse auf 180° erhitzen (oder bis sich an einem hineingetauchten Holzlöffelstiel sofort kleine Bläschen bilden).

Die Pilze erst in Mehl wenden, dann durch die verquirlten Eier ziehen und zuletzt mit den Semmelbröseln panieren.

Die Pilze portionsweise im heißen Fett in etwa 1 Minute rundum goldbraun fritieren.

Mit einem Schaumlöffel herausheben und auf Küchenkrepp abtropfen lassen. Sofort heiß mit dem Avocado-Dip servieren.

Hefeknöpfle auf Filderkraut

Aus Schwaben

Zutaten für 4 Personen
Für den Teig:
250 g Mehl
1/2 Würfel Hefe (20 g)
1 Prise Zucker
125 ml lauwarme Milch
1 Ei
50 g flüssige Butter · Salz
Für das Sauerkraut:
3 Zwiebeln
2 säuerliche Äpfel
50 g Butterschmalz
800 g Sauerkraut
200 ml trockener Weißwein
5 Wacholderbeeren
1 Lorbeerblatt
5 Pfefferkörner
1 Teelöffel Kümmel

Pro Portion: 2500 kJ/ 600 kcal
15 g E · 28 g F · 56 g Kh
Zubereitungszeit: 1 Stunde
Ruhezeit: 1 1/2 Stunden

Das Mehl in eine Schüssel sieben und eine Mulde eindrücken. Die Hefe hineinbröckeln, mit Zucker bestreuen und mit Milch übergießen. Mit etwas Mehl verrühren. Die Schüssel mit einem Küchentuch zudecken und den Teig etwa 20 Minuten an einem warmen Ort gehen lassen.

Ei, Butter und eine Prise Salz zugeben, alles zu einem glatten Teig verkneten. Zugedeckt etwa 30 Minuten ruhen lassen.

Für das Sauerkraut die Zwiebeln schälen und in Scheiben schneiden. Die Äpfel schälen, achteln, von den Kerngehäusen befreien und in feine Scheiben schneiden. Butterschmalz in einem großen Topf erhitzen. Zwiebeln und Äpfel darin einige Minuten bei schwacher Hitze andünsten.

Das Sauerkraut grob zerpflücken, hinzufügen und kurz mitdünsten. Den Wein angießen. Wacholderbeeren, Lorbeerblatt, Pfefferkörner und den Kümmel dazugeben, mit Salz würzen. Das Sauerkraut zugedeckt etwa 1 Stunde bei schwacher Hitze schmoren lassen.

In der Zwischenzeit den Hefeteig auf einer bemehlten Arbeitsfläche nochmals durchkneten. Mit einem Teelöffel etwa 24 Klößchen abstechen. Auf ein bemehltes Brett legen, zugedeckt etwa 30 Minuten ruhen lassen.

Reichlich Salzwasser in einem breiten Topf zum Kochen bringen. Die »Knöpfle« hineingeben und etwa 15 Minuten bei schwacher Hitze ziehen lassen.

Das Sauerkraut nach Geschmack mit Kümmel und Salz nachwürzen und auf vorgewärmte Teller verteilen. Die abgetropften Hefeknöpfle darauf anrichten.

Semmelknödel mit Egerlingen

Preiswert

Zutaten für 4 Personen
Für die Knödel:
9 Semmeln vom Vortag oder
300 g geschnittenes Knödelbrot
250 ml heiße Milch
1 mittelgroße Zwiebel
1 Eßlöffel Butter
1 Eßlöffel Petersilie, frisch gehackt · Salz
2 Eier
weißer Pfeffer, frisch gemahlen
Zum Überstäuben: Mehl
Für die Pilze:
600 g frische Egerlinge (braune Champignons)
1 mittelgroße Zwiebel
3 Eßlöffel Butter
2 Eßlöffel Petersilie, frisch gehackt
2 Eßlöffel Mehl
250 ml trockener Weißwein
1/2 l Gemüsebrühe
200 g Sahne
Petersilienröschen für die Garnitur

Pro Portion: 2700 kJ/ 650 kcal
18 g E · 36 g F · 50 g Kh
Zubereitungszeit: 40 Minuten

Für die Knödel die Semmeln halbieren und quer in dünne Scheiben schneiden. In eine Schüssel legen, mit der heißen Milch übergießen und zudecken. Die Zwiebel schälen und hacken.

In einer Pfanne Butter erhitzen und die Zwiebelwürfel glasig braten. Die Petersilie einstreuen und die Pfanne vom Herd ziehen. Einen großen Topf mit Salzwasser zum Kochen aufstellen.

Die Semmeln mit dem Pfanneninhalt, Eiern, Salz und Pfeffer vermengen. Sollte der Knödelteig zu naß sein, leicht mit Mehl bestäuben. Aus dem Teig mit nassen Händen acht kleine Knödel formen und in das siedende Salzwasser legen. Etwa 15 Minuten ziehen, aber nicht kochen lassen!

Für die Pilze die Egerlinge putzen, größere halbieren. Die Zwiebel schälen und hacken. In einer Pfanne 1 Eßlöffel Butter zergehen lassen. Zwiebelwürfel und Egerlinge darin etwa 10 Minuten dünsten, salzen und pfeffern. Die Petersilie unterheben.

Inzwischen die restliche Butter erhitzen, das Mehl einrühren und anschwitzen. Mit Weißwein und Brühe aufgießen und aufkochen lassen. Salzen und pfeffern.

Die gedünsteten Pilze unter die Sauce mischen. Die Sahne unterrühren, nachwürzen und nicht mehr kochen lassen!

Die Rahm-Egerlinge auf vier vorgewärmte, tiefe Teller verteilen. Je 2 Knödel in die Mitte setzen und mit kleinen Petersilienröschen garniert servieren.

Kräuterfrittata

Gelingt leicht

Zutaten für 4 Personen
300 g gemischte Kräuter (z. B. Borretsch, Majoran, Rucola und Sauerampfer oder auch einige Spinatblätter)
2 mittelgroße Zwiebeln
4 Eßlöffel Olivenöl, extra nativ
8 Eier
Salz
weißer Pfeffer, frisch gemahlen

Pro Portion: 1800 kJ/ 430 kcal
28 g E · 32 g F · 5 g Kh
Zubereitungszeit: 30 Minuten

Die Kräuter waschen und gründlich trocknen. Von den groben Stielen befreien und hacken. Die Zwiebeln schälen und in kleine Würfel schneiden.

In einer größeren Pfanne 2 Eßlöffel Öl erhitzen. Die Zwiebelwürfel darin glasig braten. Die Kräuter zugeben und etwa 5 Minuten bei mittlerer Hitze unter Rühren leicht anbraten. Die Pfanne vom Herd nehmen und die Kräutermischung etwas abkühlen lassen.

Die Eier in einer Schüssel schaumig schlagen und mit Salz und Pfeffer pikant würzen. Die Kräutermasse untermischen.

Das restliche Öl in der Pfanne erhitzen. Die Eiermasse hineingießen, gleichmäßig darin verteilen und bei schwacher Hitze in etwa 10 Minuten stocken lassen.

Dann den Eierkuchen auf einen Teller gleiten lassen, auf einen zweiten Teller stürzen und mit der ungebackenen Seite nach unten wieder in die Pfanne geben. Die Frittata weitere 3 Minuten backen, dann heiß oder lauwarm servieren. Dazu schmeckt eine große Schüssel mit gemischtem Salat.

Tip!

Die Frittata ist die italienische Schwester der spanischen Tortilla. Und beide sind so variabel, daß sie sich mit den unterschiedlichsten Zutaten bereiten lassen. Ideal für einen Überraschungsbesuch, vorausgesetzt, Sie haben genügend Eier im Haus. Besonders hübsch sieht die Frittata aus, wenn Sie sie zum Servieren wie eine Torte aufschneiden.

Varianten

Zwiebelfrittata

300 g milde weiße Zwiebeln und 2 Knoblauchzehen schälen und fein hacken. In 2 Eßlöffeln Öl etwa 5 Minuten anbraten, mit der Eiermasse mischen und wie beschrieben fertig garen.

Kartoffelfrittata

400 g festkochende Kartoffeln schälen und in dünne Scheiben schneiden. 10 Salbeiblätter waschen und trocknen. Die Kartoffeln mit dem Salbei in 2 Eßlöffeln Öl etwa 10 Minuten braten, bis sie fast weich sind. Die Eiermasse darüber gießen und wie beschrieben fertig garen.

Gemüsefrittata

1 Paprikaschote, 1 Fenchelknolle und 1 Zucchino waschen, putzen und klein würfeln. Mit 1 gehackten Zwiebel in 2 Eßlöffeln Öl etwa 5 Minuten dünsten. Die Eiermasse darüber gießen und wie beschrieben fertig garen.

Artischockenfrittata

4 kleine italienische Artischocken, die im Ganzen gegessen werden können, von den äußeren Blättern und den Blattspitzen befreien und in dünne Scheiben schneiden. In 3 Eßlöffeln Olivenöl fast weich braten. 2 gehackte Knoblauchzehen und 3 Eßlöffel gehackte Petersilie hinzufügen. Die Eiermasse darüber gießen und wie beschrieben fertig garen.

Die Kräuterfrittata aus dem Friaul ist in ganz Italien berühmt. Ideal als leichtes Hauptgericht oder auch als Imbiß

Pfifferlingsküchle

Aus Schwaben

Zutaten für etwa 12 Stück:
300 g frische Pfifferlinge
1 Zwiebel
1/2 Bund Petersilie
100 g Butter
300 g Knödelbrot
125 ml heiße Milch
2 Eier
1 Teelöffel Mehl
Salz · Muskatnuß, frisch gerieben

Pro Stück: 650 kJ/ 160 kcal
4 g E · 10 g F · 14 g Kh
Zubereitungszeit: 1 Stunde

Pfifferlinge verlesen, kurz abbrausen und abtropfen lassen. In Streifen schneiden. Die Zwiebel schälen und fein hacken. Die Petersilie waschen, trocknen und fein hacken.

In einer Pfanne 40 g Butter erhitzen. Zwiebel und Pilzstreifen darin bei schwacher Hitze so lange dünsten, bis die Flüssigkeit verdunstet ist. Petersilie unterrühren und die Pfanne vom Herd nehmen.

Das Knödelbrot mit der heißen Milch übergießen und zugedeckt kurz ruhen lassen.

Den Pfanneninhalt zum Knödelbrot geben. Eier, Mehl, Salz und Muskat dazugeben, alles gründlich vermengen. Aus dem Teig mit feuchten Händen Taler formen.

Die restliche Butter in einer großen Pfanne erhitzen. Die Pfifferlingsküchle darin auf beiden Seiten bei mittlerer Hitze knusprig und goldbraun braten.

Zucchinipuffer mit Paprikasahne

Braucht etwas Zeit

Zutaten für 4 Personen
2 Eier · 2 Eigelbe
6 Eßlöffel Sahne
8 Eßlöffel trockener Weißwein
60 g Parmesan, frisch gerieben
240 g Weizenvollkornmehl
2 mittelgroße Paprikaschoten
4 kleine reife Tomaten
2 Bund Schnittlauch
1 Bund Dill
400 g saure Sahne
4 Knoblauchzehen
Kräutersalz · Cayennepfeffer
500 g junge Zucchini
1 Teelöffel Pastetengewürz (»Delikata«, Reformhaus)
30 g ungehärtetes Kokosfett
3 Eßlöffel Sesamsamen

Pro Portion: 3300 kJ/ 790 kcal
28 g E · 51 g F · 51 g Kh
Zubereitungszeit: 1 1/4 Stunden

Eier und Eigelbe, Sahne, Wein (oder Wasser und etwas Zitronensaft), Käse und Vollkornmehl zu einem dickflüssigen Teig verrühren. Den Teig zugedeckt etwa 30 Minuten quellen lassen.

Für die Paprikasahne Paprikaschoten waschen, halbieren und entkernen. Die Tomaten waschen und die Stielansätze entfernen. Tomaten halbieren und die Kerne entfernen. Paprika- und Tomatenhälften fein würfeln.

Schnittlauch und Dill (1 Zweig zum Garnieren zurücklegen) fein schneiden. Paprika- und Tomatenwürfel mit saurer Sahne und Kräutern verrühren. 2 Knoblauchzehen dazupressen.

Die Paprikasahne mit Salz und Cayennepfeffer kräftig abschmekken. Mit dem restlichen Dill garnieren und kühl stellen, bis die Puffer gebacken sind.

Für die Puffer Zucchini waschen, putzen, grob raspeln und unter den Teig mischen. Den restlichen Knoblauch dazupressen. Den Teig mit Salz und Pastetengewürz kräftig abschmecken.

In einer großen Pfanne etwas Kokosfett erhitzen. Jeweils 2 Eßlöffel Teig zu einem flachen Küchlein ausstreichen. Mit Sesam bestreuen, leicht andrücken. Die Puffer bei mittlerer Hitze auf beiden Seiten goldgelb braten. Im Backofen bei 60° warm halten, bis alle gebacken sind.

Die Paprikasahne zu den heißen Puffern servieren. Dazu schmeckt Kopfsalat mit Fenchelstreifen oder Feldsalat mit grob gehackten Walnüssen.

Chakchouka

Aus Tunesien

Zutaten für 4 Personen
2 Auberginen · Salz
2 große Gemüsezwiebeln
6 Knoblauchzehen
4 grüne Paprikaschoten
2 gelbe oder grüne Zucchini
6 Eßlöffel Olivenöl
700 g Tomaten
4 frische rote Chilischoten
2 Eßlöffel Tomatenmark
je 2 Teelöffel Korianderkörner, Pimentkörner und Kreuzkümmel
4 Gewürznelken
1 Zimtstange
1 Teelöffel schwarze Pfefferkörner
1 Teelöffel grobes Meersalz
1 1/2 Eßlöffel Zitronensaft
nach Belieben Harissa (Chilipaste)
4 frische Eier

Pro Portion: 2200 kJ/ 530 kcal
16 g E · 20 g F · 26 g Kh
Zubereitungszeit: 1 1/2 Stunden

Die Auberginen waschen, schälen und in etwa 1 cm große Würfel schneiden. Mit Salz bestreuen und etwa 15 Minuten ziehen lassen. Zwiebeln und Knoblauch schälen und würfeln. Paprikaschoten waschen, halbieren und entkernen, würfeln. Die Zucchini waschen und würfeln.

Die Auberginenwürfel gut trocknen. Das Öl erhitzen. Das Gemüse darin bei schwacher Hitze etwa 20 Minuten braten.

Die Tomaten überbrühen, häuten und in Stücke schneiden, Stielansätze entfernen. Die Chilischoten aufschlitzen, entkernen und sehr klein würfeln. Anschließend die Hände waschen. Tomaten und Chillies, 2 Tassen Wasser und das Tomatenmark zum Gemüse geben.

Koriander, Pimentkörner, Kreuzkümmel, Nelken, Zimt und Pfefferkörner mit Meersalz im Mörser zermahlen, mit dem Zitronensaft in das Gemüse rühren. Bei schwacher Hitze etwa 45 Minuten schmoren lassen. Nach Belieben mit Harissa nachwürzen. Die Eier verquirlen, unterrühren und cremig stocken lassen.

Blätterteigpastetchen mit Shiitake

Für Gäste

Zutaten für 4 Personen
500 g Shiitake-Pilze
50 g Butter
1 Eßlöffel Mehl
100 ml Milch
1 Schalotte · 1 Gewürznelke
Muskatnuß, frisch gerieben · Salz
200 g Sahne
weißer Pfeffer, frisch gemahlen
1 Bund Petersilie
4 Blätterteigpastetchen

Pro Portion: 2000 kJ/ 480 kcal
6 g E · 34 g F · 35 g Kh
Zubereitungszeit: 1 Stunde

Die Pilze putzen und waschen; die Hüte vierteln oder halbieren, die Stiele in dünne Streifchen schneiden. In einer Pfanne 20 g Butter erhitzen, die Pilze darin anbraten. Unter mehrfachem Umrühren bei starker Hitze braten, bis die austretende Pilzflüssigkeit vollständig eingekocht ist. Den Backofen auf 200° vorheizen.

In einem Topf die restliche Butter erhitzen, das Mehl darin hell andünsten und mit der Milch ablöschen. Dabei kräftig rühren, damit sich keine Klümpchen bilden. Die Schalotte schälen und mit der Gewürznelke spicken. Beides in die Mehlschwitze geben und diese etwa 7 Minuten bei schwacher Hitze köcheln lassen. Mit Muskat und Salz würzen. Die Schalotte wieder entfernen.

Die Sauce über die gebratenen Pilze gießen, Sahne angießen und aufkochen. Mit Pfeffer und Salz abschmecken und heiß halten.

Die Petersilie waschen, trocknen und die Blättchen fein hacken. Die Hälfte der Petersilie in die Pilzsauce geben.

Die Blätterteigpastetchen in den Backofen (Mitte, Umluft 180°) geben und in etwa 10 Minuten knusprig aufbacken.

Die Pilzsauce auf die Pastetchen verteilen, mit übriger Petersilie bestreuen. Sofort servieren, da der Blätterteig sonst weich wird.

Blumenkohl mit Avocadocreme

Aus Mexiko

Zutaten für 4 Personen
1 mittelgroßer Blumenkohl (etwa 800 g)
Salz
2 Limonen oder 1 Zitrone
2 reife Avocados
1 Zwiebel
1 Bund Koriander oder glatte Petersilie
5 Eßlöffel Gemüsebrühe
weißer Pfeffer, frisch gemahlen
1 Prise Cayennepfeffer

Pro Portion: 1200 kJ/ 290 kcal
7 g E · 24 g F · 8 g Kh
Zubereitungszeit: 55 Minuten

Den Blumenkohl in Röschen teilen, putzen und waschen. Reichlich Salzwasser aufkochen und die Blumenkohlröschen darin in etwa 5 Minuten knackig garen. Mit einem Schaumlöffel herausnehmen, in einem Sieb abtropfen und auskühlen lassen.

Die Limonen oder die Zitrone auspressen. Die Avocados schälen, längs halbieren und den Kern entfernen. Das Fruchtfleisch sofort mit Limonen- oder Zitronensaft beträufeln, damit es seine Farbe behält. In einer Schüssel mit einer Gabel fein zerdrücken.

Die Zwiebel schälen und sehr fein hacken. Koriander oder Petersilie waschen, die Blättchen abzupfen und fein hacken. Mit den Zwiebelwürfeln und der Gemüsebrühe unter die Avocadocreme mischen.

Die Avocadocreme mit Salz, Pfeffer und dem Cayennepfeffer kräftig abschmecken. Die Blumenkohlröschen mit der Creme auf einer Platte anrichten. Eventuell bis zum Servieren kalt stellen. Dazu Tortilla-Chips oder frisches Baguette reichen.

Zucchini mit Mais

Gelingt leicht

Zutaten für 4 Personen
400 g möglichst kleine Zucchini
1 mittelgroße rote Paprikaschote
1 Dose Gemüsemais (285 g Inhalt)
1 mittelgroße Zwiebel
3 Eßlöffel Butter
2 Knoblauchzehen
Salz · schwarzer Pfeffer, frisch gemahlen

Pro Portion: 810 kJ/ 190 kcal
5 g E · 11 g F · 19 g Kh
Zubereitungszeit: 30 Minuten

Die Zucchini waschen, von den Stielansätzen befreien und auf dem Gurkenhobel in dünne Scheiben hobeln.

Die Paprikaschote waschen, vierteln, Kerne und Trennwände entfernen. Die Schotenviertel erst längs in Streifen, dann in kleine Würfel schneiden. Mais in ein Sieb geben und abtropfen lassen.

Die Zwiebel schälen und fein hacken. Die Butter in einer breiten Pfanne mit hohem Rand erhitzen und die Zwiebel darin glasig dünsten. Die Zucchinischeiben und die Paprikawürfel dazugeben. Den Mais nach der Hälfte der Garzeit hinzufügen.

Den Knoblauch schälen und zum Gemüse pressen. Alles gut durchrühren, salzen, pfeffern und bei mittlerer Hitze etwa 10 Minuten dünsten. Abschmecken und heiß mit Butter-Reis servieren.

Tip!

Statt Mais aus der Dose schmeckt natürlich auch frischer Zuckermais, den es bei uns ab Mitte August gibt. Die Kerne der Maiskolben mit einem scharfen Messer abschneiden und von Anfang an mitgaren.

Im Bild oben:
Blumenkohl mit Avocadocreme
Im Bild unten:
Zucchini mit Mais

Rote Beten mit Polentaplätzchen

Für Gäste

Zutaten für 4 Personen
180 g Polenta (feiner Maisgrieß)
50 g Weizenvollkornmehl
1 Teelöffel gemahlener Koriander
Meersalz
25 g Butter
8 Eßlöffel süße Sahne (etwa 100 g)
8 Eßlöffel saure Sahne (etwa 100 g)
2 Teelöffel abgeriebene, unbehandelte Zitronenschale
2 Eßlöffel Zitronensaft
4 Teelöffel Meerrettich, frisch gerieben
800 g rote Beten
1 Lorbeerblatt
140 g Zwiebeln
2 Eßlöffel Sonnenblumenöl, kaltgepreßt
150 ml naturreiner roter Johannisbeersaft
20 g ungehärtetes Kokosfett
300 g säuerliche Äpfel
1 Teelöffel Birnendicksaft
2 Prisen gemahlene Nelken

Pro Portion: 2600 kJ/ 620 kcal
11 g E · 33 g F · 71 g Kh
Zubereitungszeit: 1 1/2 Stunden

Für die Polentaplätzchen Maisgrieß mit Mehl und gemahlenem Koriander in einen Topf füllen. 1/2 Teelöffel Salz und 450 ml kaltes Wasser zugeben und alles gründlich verrühren.

Die Maismischung unter Umrühren einmal aufkochen, dann auf der ausgeschalteten Herdplatte etwa 10 Minuten ausquellen lassen. Die Butter unterrühren, den Maisbrei offen auskühlen lassen.

Inzwischen die süße und die saure Sahne mit dem Handrührgerät zu einer dicken Creme schlagen. Zitronenschale, Zitronensaft und den Meerrettich unterrühren. Die Creme zugedeckt kühl stellen.

Die roten Beten unter fließendem Wasser sauber bürsten. Wurzel- und Blattansatz abschneiden. Nur harte Stellen mit dem Sparschäler schälen. Die Knollen grob raspeln. Das Lorbeerblatt im Mörser oder zwischen den Fingern zerreiben und zu den roten Beten geben.

Die Zwiebeln schälen und grob würfeln. In dem Öl glasig dünsten. Die roten Beten hinzufügen und leicht salzen. Johannisbeersaft und 4 Eßlöffel Wasser hinzugießen. Das Gemüse bei schwacher Hitze zugedeckt in etwa 15 Minuten bißfest dünsten.

Inzwischen von der Maismasse jeweils 1 Eßlöffel abstechen, zu Kugeln rollen und zu handtellergroßen Küchlein flach drücken.

Das Kokosfett in einer oder zwei großen Pfannen erhitzen und die Küchlein darin bei schwacher Hitze in 7–8 Minuten von beiden Seiten goldgelb braten.

Während die Küchlein braten, die Äpfel vierteln, vom Kerngehäuse befreien und in Scheibchen schneiden. Dann unter das Rote-Bete-Gemüse mischen und alles noch 3–4 Minuten ziehen lassen. Die Äpfel dürfen dabei nicht zerfallen. Das Gemüse mit Birnendicksaft, Nelkenpulver und eventuell wenig Salz abschmecken.

Die Polentaplätzchen mit roten Beten auf vier Tellern anrichten. Auf jede Gemüseportion 1–2 Eßlöffel Meerrettichsahne geben. Dazu schmeckt Rosenkohlsalat mit rohen Champignonscheibchen.

Tip!

Rote Bete werden in unseren Küchen oft recht vernachlässigt, obwohl sie reich an bioaktiven Substanzen sind. Sie finden sie bei uns ab September bis Februar auf dem Markt. Achten Sie beim Einkauf darauf, möglichst solche aus biologischem Anbau zu erhalten, sonst können sie einen sehr hohen Nitratgehalt haben. Übrigens können Sie auch die zarten jungen Blätter samt Stielen zu einem leckeren Blattgemüse verarbeiten (wie Spinat zubereiten).

Gefüllter Wirsing

Braucht etwas Zeit

Zutaten für 4 Personen
150 g Kichererbsen
1 Lorbeerblatt
2 1/2 Teelöffel gekörnte Gemüsebrühe
1 Wirsing (etwa 1 kg)
120 g Zwiebeln
120 g Knollensellerie
120 g Möhren
2 Eßlöffel Sonnenblumenöl
2 1/2 Teelöffel Steinpilzbrühe (Konzentrat aus dem Glas)
140 g Sahne
1 1/2 Eßlöffel Petersilie, frisch gehackt
Muskatnuß, frisch gerieben
Meersalz
10 g Butter
1 Eßlöffel Zitronensaft
3/4 Teelöffel Pastetengewürz (»Delikata«, Reformhaus)

Pro Portion: 1500 kJ/ 360 kcal
13 g E · 20 g F · 29 g Kh
Quellzeit: 12 Stunden
Zubereitungszeit: 1 1/2 Stunden

Die Kichererbsen in einem Sieb abspülen und über Nacht in 1/2 l kalkarmem Wasser (abgekochtes oder gefiltertes Leitungswasser) einweichen.

Am nächsten Tag die Kichererbsen mit dem Lorbeerblatt und der gekörnten Brühe in 50 Minuten bis 1 1/2 Stunden bei schwacher Hitze zugedeckt weich kochen.

Inzwischen den Wirsing um den Strunk herum keilförmig einschneiden und so viel von den äußeren Blättern ablösen, daß der Kopf noch etwa 750 g wiegt. Den Wirsing waschen, den Strunk gerade schneiden, so daß der Kopf gut steht.

Vom Wirsing einen Deckel von 1,5 cm Dicke abschneiden und beiseite legen. Den Kohl mit einem spitzen Messer in der Mitte 2 cm vom Rand entfernt tief einschneiden und die inneren Blätter herauslösen. Den Wirsing innen leicht salzen. 150 g der ausgelösten Blätter in schmale Streifen schneiden.

Die Zwiebeln, den Sellerie und die Möhren waschen, schälen und in kleine Würfel schneiden. Das Öl mit 6 Eßlöffeln Kichererbsenbrühe in einem breiten Topf erhitzen und sämtliches Gemüse darin bei schwacher Hitze etwa 8 Minuten zugedeckt dünsten. Die Steinpilzbrühe und 9 Eßlöffel Sahne unterrühren. Den Topf von der Kochstelle nehmen.

Die Kichererbsen auf einem Sieb abtropfen lassen, die Brühe auffangen und das Lorbeerblatt entfernen. 4 Eßlöffel Kichererbsen zum Gemüse geben. Den Rest im Blitzhacker grob zerkleinern und mit der Petersilie unter das Gemüse mischen. Mit Muskat und Salz abschmecken.

Den ausgehöhlten Wirsingkopf füllen, dabei 3 Eßlöffel der Füllung zurücklassen. Den Deckel aufsetzen und diesen leicht salzen. 200 ml Kichererbsenbrühe in einem großen Topf aufkochen. Den Wirsing hineinsetzen und etwa 15 Minuten zugedeckt bei mittlerer Hitze garen. Er soll nicht zu weich werden, damit er noch seine Form behält.

Den Wirsing vorsichtig auf eine vorgewärmte Platte heben. Die Butter auf eine Gabel spießen und den Kohlkopf damit bestreichen.

Die restliche Füllung mit der Kochbrühe, restlicher Sahne, Zitronensaft und dem Pastetengewürz mit dem Pürierstab oder im Mixer fein pürieren. Wenn nötig, noch etwas Kichererbsenbrühe oder Wasser unter die Sauce rühren, um die richtige Konsistenz zu erreichen. Salzen und den Wirsing mit der Sauce umgießen. Dazu passen kleine Kartoffeln oder Kartoffelpüree und ein frischer grüner Salat.

Tip!

Wenn Sie Gäste erwarten, können Sie den Wirsing schon so weit vorbereiten, daß er nur noch gegart werden muß. Von den ausgelösten Wirsingblättern bleibt noch etwas übrig. Da sie sehr zart sind, eignen sie sich bestens für einen Frischkostsalat.

Mangoldröllchen mit Grünkern

Raffiniert

Zutaten für 4 Personen
1 kg Mangold
Salz
1 Möhre (etwa 125 g)
1 Zwiebel
3 Eßlöffel Butter
200 g Grünkernschrot
gut 1/2 l Gemüsebrühe
schwarzer Pfeffer, frisch gemahlen
1 Bund Petersilie
3 Zweige Basilikum
60 g Vollkornbrösel
4 Eßlöffel Tahin (Sesampaste aus dem Glas, gibt es in türkischen Lebensmittelgeschäften)
2 Eier
Cayennepfeffer
2 Teelöffel Zitronensaft
250 g Sahne
2 Teelöffel Speisestärke (gestrichen)

Pro Portion: 2900 kJ/ 690 kcal
22 g E · 41 g F · 54 g Kh
Zubereitungszeit: 1 1/2 Stunden

Die Mangoldblätter vom Strunk abtrennen und waschen, die weißen Blattstiele abschneiden und beiseite legen. 10–12 große Blätter etwa 1/2 Minute in kochendes Salzwasser geben, dann kalt abschrecken und auf Küchenpapier nebeneinander auslegen, die dicken Mittelrippen flach schneiden.

Die übrigen kleineren Mangoldblätter fein hacken und für die Füllung beiseite legen. Die Mangoldstiele wie Rhabarber abziehen, die Hälfte davon in feine Streifen schneiden, die andere Hälfte fein würfeln.

Die Möhre waschen, schälen und in sehr kleine Würfel schneiden. Die Zwiebel schälen, fein würfeln und in 1 Eßlöffel Butter andünsten. Die gewürfelte Möhre und Mangoldstiele zugeben und unter Rühren etwa 3 Minuten andünsten. Den Grünkern dazugeben, kurz mitdünsten. Mit 300 ml heißer Brühe aufgießen, mit Salz und Pfeffer würzen. Den Grünkern bei schwacher Hitze zugedeckt etwa 10 Minuten ausquellen lassen.

Inzwischen die Petersilie waschen, trocknen und fein hacken. Das Basilikum kleinschneiden. Den Schrotbrei etwas abkühlen lassen, Kräuter, gehackte Mangoldblätter, Vollkornbrösel und die Sesampaste unter den Grünkern heben, dann die Eier unterrühren. Alles mit Salz, Pfeffer, 1 Prise Cayennepfeffer und dem Zitronensaft abschmecken.

Die Füllung auf die blanchierten Mangoldblätter verteilen, große Blätter eventuell vorher längs halbieren. Die Blätter wie Kohlrouladen aufrollen.

Die übrige Butter in einem breiten Topf erhitzen, die Röllchen darin sanft anbraten, wieder herausnehmen. Dann die Mangoldstiele andünsten, mit der übrigen Brühe ablöschen, die Sahne (3 Eßlöffel vorher abnehmen) einrühren. Die Röllchen einlegen und zugedeckt bei mittlerer Hitze etwa 10 Minuten schmoren lassen.

Die Röllchen aus dem Topf nehmen und warm stellen. Die Speisestärke mit der übrigen Sahne verrühren, in die Sauce einrühren und köcheln lassen, bis sie gebunden ist. Die Mangoldröllchen in der Sauce servieren.

Tip!

Statt des Grünkernschrots können Sie auch Hirse, Buchweizen- oder Hafergrütze als Grundlage für die Füllung nehmen. Auch Quinoa (sprich: Kienwa) eignet sich dafür. Die winzigen Samen müssen nur etwa 20 Minuten quellen und geben der Farce einen dezent nussigen Geschmack.

Mangold mit Grünkern – zwei Zutaten mit apartem Eigengeschmack gehen hier eine harmonische Verbindung ein

Kürbis-Kartoffel-curry

Braucht etwas Zeit

Zutaten für 4 Personen
125 g Cashewkerne
1 kg Kürbis (geputzt gewogen etwa 800 g)
300 g gelbe Paprikaschoten
4 frische grüne Chilischoten (Pfefferschoten)
200 g Zwiebeln
3 Knoblauchzehen
750 g mehlig-kochende Kartoffeln
40 g Butter
3 1/2 Eßlöffel Curry
2 Teelöffel Meersalz
abgeriebene Schale von 1 unbehandelten Zitrone
4–5 Eßlöffel Zitronensaft
2–3 Teelöffel Ingwerwurzel, frisch gerieben
2 Eßlöffel Crème fraîche
2 Eßlöffel Zitronenmelisse, frisch gehackt
einige Melisseblättchen zum Garnieren

Pro Portion: 2200 kJ/ 530 kcal
14 g E · 25 g F · 58 g Kh
Zubereitungszeit: 1 1/4 Stunden

Die Cashewkerne in einer Pfanne ohne Fett bei mittlerer Hitze unter Umwenden hellbraun rösten, in ein Schüsselchen füllen und beiseite stellen.

Den Kürbis schälen. Die Kerne und das weiche Innere mit einem Löffel herausnehmen. Das Kürbisfleisch in etwa 1 1/2 cm große Würfel schneiden.

Die Paprikaschoten waschen, vierteln, putzen und entkernen. Die Paprikaviertel zuerst längs in etwa 1 cm breite Streifen und diese schräg in Rauten schneiden.

Die Chilischoten längs aufschlitzen, die weißen Kerne und die Trennwände sorgfältig entfernen. Die Schoten abspülen und fein hacken. Danach die Hände waschen. Die Zwiebeln und den Knoblauch schälen, die Zwiebeln grob würfeln, den Knoblauch ganz fein hacken.

Die Kartoffeln unter fließendem Wasser mit einer Bürste gründlich säubern und dann ungeschält in etwa 1 1/2 cm große Würfel schneiden.

Die Butter in einem breiten Topf oder in einer großen Servierpfanne zerlassen. Zwiebeln, Knoblauch und die Kartoffeln darin bei mittlerer Hitze unter Umwenden etwa 5 Minuten anbraten.

Den Curry unterrühren und kurz anschwitzen. Das Salz und 200 ml Wasser dazugeben und alles zugedeckt etwa 5 Minuten garen.

Kürbiswürfel, Paprikarauten und die Chilischoten unter die Kartoffeln mischen und etwa 10 Minuten dünsten. Das Gemüse sollte dann noch Biß haben.

Zitronenschale, Zitronensaft, Ingwer, Crème fraîche, Zitronenmelisse und die Cashewkerne unter das Curry heben und mit Salz abschmecken. Die Melisseblättchen zum Garnieren darüber streuen. Dazu Vollreis oder Basmatireis servieren.

Tip!

Kürbisse haben kein besonders ausgeprägtes Eigenaroma, deshalb vertragen sie sich gut mit pikanten Gewürzen wie Cayennepfeffer, Curry, Ingwer, Knoblauch, Paprikapulver, geriebener Zitronenschale und Zitronensaft. Angeschnittene Kürbisse halten sich in Frischhaltefolie im Gemüsefach des Kühlschranks etwa 3 Tage. Sie können den Kürbis – in Stücke geschnitten oder in Scheibchen geraspelt – aber auch gut einfrieren. Haltbarkeit etwa 6 Monate. Zur Zubereitung einfach gefroren in einen Topf geben und mit wenig Wasser auftauen und garen.

Spinatpudding mit Käsesauce

Für Gäste

Zutaten für 4 Personen
Für den Pudding:
150 g Brötchen vom Vortag
200 ml Milch
300 g Spinat (geputzt gewogen)
150 g braune Egerlinge oder Champignons
1 Eßlöffel Zitronensaft
1 Zwiebel
1 kleines Bund Petersilie
2 Eßlöffel Butter
4 Eier
Salz · schwarzer Pfeffer, frisch gemahlen
Muskatnuß, frisch gemahlen
Fett für die Form
Für die Sauce:
1 Zwiebel
1 Knoblauchzehe
2 Eßlöffel Butter
2 Eßlöffel Mehl
250 ml Milch
150 ml trockener Weißwein
125 g Edelpilzkäse (Bavaria Blu, Danblu, Gorgonzola)
50 g saure Sahne
1 Prise getrockneter Thymian

Pro Portion: 2500 kJ/ 600 kcal
23 g E · 38 g F · 31 g Kh
Zubereitungszeit: 2 Stunden

Die Brötchen klein würfeln. Die Milch erhitzen, über die Brötchen gießen und einziehen lassen.

Die Spinatblätter in stehendem Wasser mehrmals gründlich waschen, abtropfen lassen.

Die Egerlinge mit Küchenpapier säubern und feinblättrig schneiden, sofort mit dem Zitronensaft beträufeln, damit sie sich nicht verfärben. Die Zwiebel schälen, fein würfeln. Die Petersilie waschen, trocknen und fein hakken. Die Zwiebelwürfel in der Butter hellgelb anbraten, dann die Egerlinge und die Petersilie zugeben und kurz andünsten. Zu den Brötchenwürfeln geben.

Den Spinat in etwa 1/2 Tasse kochendem Wasser mit 1 Prise Salz in 3–5 Minuten zusammenfallen lassen, in ein Sieb zum Abtropfen geben, abgekühlt fest ausdrücken. Mit einem Messer grob hacken.

Die Eier trennen. Die Eigelbe mit dem abgekühlten Spinat unter die Brötchenmasse rühren. Mit Salz, Pfeffer und Muskat würzen. Die Eiweiße mit 1 Prise Salz zu Schnee schlagen, locker unter die Masse heben.

Eine Puddingform mit Deckel (für 1 1/2 l Inhalt) innen dick ausfetten, die Spinat-Brötchenmasse einfüllen, verschließen. In einen Topf auf eine doppelte Lage Küchenpapier stellen, seitlich heißes Wasser bis etwa 3 cm unter den Rand füllen. Bei geringer Hitze zugedeckt etwa 1 1/4 Stunden leise sieden lassen.

Nach etwa 1 Stunde die Sauce zubereiten: Die Zwiebel und die Knoblauchzehe abziehen und fein würfeln. In der Butter bei mäßiger Hitze andünsten. Das Mehl darüber streuen, unterrühren. Topf kurz neben der Herdplatte abkühlen lassen, die Milch und den Weißwein zugießen, unter Rühren aufkochen, dann bei schwacher Hitze etwa 5 Minuten leise köcheln und binden lassen.

Den Käse und die saure Sahne in die Sauce rühren, mit dem Pürierstab durchmixen. Die Sauce mit Salz, Pfeffer und zerriebenem Thymian abschmecken.

Die Puddingform aus dem Wasser nehmen, Deckel abheben und die Form etwa 3 Minuten abkühlen lassen. Den Pudding auf eine Platte stürzen und mit der Käsesauce servieren.

Variante

Endivienpudding mit Schwarzbrot

Statt der Semmeln die gleiche Menge altbackenes Schwarzbrot nehmen (die Einweichzeit ist dabei länger), statt Spinat Endiviensalat (die dicken, harten Blattstrünke vorher entfernen).

Pikantes Eiercurry

Aus Indien

Zutaten für 4 Personen
4 hartgekochte Eier
1 1/2 Teelöffel Kurkumapulver
200 ml Öl
250 g festkochende Kartoffeln
4 Zwiebeln
2 Knoblauchzehen
etwa 4 cm frische Ingwerwurzel
4 Eßlöffel Ghee (Butterschmalz)
3 grüne Kardamomkapseln
3 Gewürznelken
3 Zimtrinden (je etwa 5 cm groß)
2 Lorbeerblätter
1/2 Teelöffel Chilipulver
Salz · 1 Teelöffel Garam Masala

Pro Portion: 2100 kJ/ 500 kcal
9 g E · 46 g F · 14 g Kh
Zubereitungszeit: 1 Stunde

Die Eier schälen, mehrmals einritzen und mit 1/4 Teelöffel Kurkuma bestreuen. In einer Pfanne in der Hälfte des Öls kurz anbraten, herausnehmen.

Die Kartoffeln waschen, schälen, in 3 cm große Stücke schneiden und ebenfalls mit 1/4 Teelöffel Kurkuma vermischen. In einer Pfanne in 2 Eßlöffeln Öl anbraten, wieder herausnehmen.

Die Zwiebeln und den Knoblauch schälen und fein schneiden. Den Ingwer schälen und fein reiben. Ghee erhitzen. Zwiebeln, Kardamom, Gewürznelken, Zimt und die Lorbeerblätter darin bei mittlerer Hitze etwa 5 Minuten anbraten. Übrigen Kurkuma, Chilipulver und den Ingwer hineingeben und weitere 5 Minuten braten.

Kartoffeln, Eier und 1/4 l Wasser zugeben, salzen und zugedeckt bei mittlerer Hitze etwa 20 Minuten garen, bis die Kartoffeln weich sind. Eier nach Wunsch halbieren.

In einer Pfanne Garam Masala und den Knoblauch im übrigen Öl anbraten und zu dem Curry geben.

Weißkohl mit Erbsen

Gelingt leicht

Zutaten für 4 Personen
500 g Weißkohl
250 g festkochende Kartoffeln
2 Tomaten
3 Eßlöffel Ghee (Butterschmalz)
3 Lorbeerblätter
1/2 Teelöffel Kreuzkümmelsamen (Cumin)
1 Teelöffel Kurkumapulver
1/2 Teelöffel Chili, gemahlen
1 1/2 Teelöffel gemahlener Kreuzkümmel
Salz · 1/2 Teelöffel Zucker
150 g tiefgefrorene Erbsen

Pro Portion: 990 kJ/ 240 kcal
5 g E · 15 g F · 20 g Kh
Zubereitungszeit: 50 Minuten

Weißkohl waschen, abtropfen lassen und fein hobeln oder schneiden. Kartoffeln waschen, schälen und in kleine Würfel schneiden. Die Tomaten waschen und ohne die Stielansätze kleinschneiden.

Das Ghee in einem Topf bei mittlerer Hitze erwärmen. Lorbeerblätter und Kreuzkümmelsamen hineingeben, kurz anbraten.

Den Weißkohl und die Kartoffeln dazugeben und etwa 3 Minuten unter ständigem Rühren braten.

Alle gemahlenen Gewürze, die Tomaten, Salz und den Zucker nach und nach dazugeben. Alles gut verrühren.

Das Gemüse bei schwacher Hitze etwa 15 Minuten zugedeckt garen. Die Erbsen dazugeben und alles weitere 5 Minuten zugedeckt schmoren lassen, bis das Gemüse weich ist. Bei Bedarf noch etwas Wasser hinzufügen. Zwischendurch umrühren, damit nichts anbrennt.

Im Bild oben:
Weißkohl mit Erbsen
Im Bild unten:
Pikantes Eiercurry

Kartoffelcurry mit Mohnsamen

Gelingt leicht

Zutaten für 4 Personen
1 kg festkochende Kartoffeln
4 frische Chilischoten
1 Stück frische Ingwerwurzel (etwa 4 cm lang)
6 Eßlöffel weißer Mohn (aus dem indischen Spezialitätengeschäft)
6 Eßlöffel Senföl
2 Teelöffel Kurkumapulver
2 Teelöffel Paprikapulver, edelsüß
1/2 Teelöffel Chilipulver · Salz

Pro Portion: 2400 kJ/ 570 kcal
8 g E · 44 g F · 39 g Kh
Zubereitungszeit: 35 Minuten

Die Kartoffeln waschen, schälen und in etwa 2 cm große Würfel schneiden. Die frischen Chilischoten waschen, putzen und kleinschneiden. Ingwer schälen und fein reiben. Mohnsamen in einer Kaffeemühle fein mahlen.

Das Senföl in einem Topf bei mittlerer Hitze erwärmen. Die Kartoffeln zugeben und etwa 5 Minuten unter ständigem Rühren anbraten.

Chillies, Ingwer und die gemahlenen Gewürze hineingeben und etwa 3 Minuten braten, bis die Gewürze dunkelbraun, aber nicht schwarz werden. 800 ml Wasser dazugießen, salzen und alles gut verrühren. Kurz aufkochen lassen.

Den gemahlenen Mohn darüber streuen, alles gut vermischen und bei schwacher Hitze zugedeckt so lange kochen, bis die Kartoffeln weich sind. Zwischendurch ab und zu umrühren, damit das Gemüse nicht anbrennt.

Reis-Linsen-Gemüse-Topf

Aus Indien

Zutaten für 6 Personen
1/2 Kopf Blumenkohl
200 g festkochende Kartoffeln
2 Zwiebeln
2 Tomaten
1 frische Chilischote
4 Eßlöffel Ghee (Butterschmalz)
3 Lorbeerblätter
1 Teelöffel Kurkumapulver
1 Teelöffel gemahlener Kreuzkümmel (Cumin)
1 1/2 Teelöffel Paprikapulver, edelsüß
1/4 Teelöffel Chilipulver
200 g Basmatireis
200 g Masoor Dal (geschälte rote Linsen)
100 g tiefgefrorene Erbsen
1 Teelöffel Garam Masala · Salz

Pro Portion: 1900 kJ/ 450 kcal
14 g E · 21 g F · 50 g Kh
Zubereitungszeit: 1 Stunde

Das Gemüse waschen. Blumenkohl in Röschen von etwa 3 cm Länge schneiden. Die Kartoffeln schälen und in etwa 3 cm große Stücke schneiden. Die Zwiebeln schälen, fein schneiden. Die Tomaten vierteln, die Stielansätze entfernen. Die Chilischote putzen und kleinschneiden.

2 Eßlöffel Ghee in einem Topf erhitzen und die Zwiebeln darin gut braun anbraten. Chilistücke, Lorbeerblätter und die gemahlenen Gewürze (außer dem Garam Masala) hinzufügen und alles bei schwacher Hitze etwa 3 Minuten unter Rühren anbraten.

Reis, Linsen, Kartoffeln, Blumenkohl, Tomaten und die Erbsen nach und nach dazugeben und alles gut miteinander vermischen.

Salz und 1 1/2 l Wasser hinzufügen und zum Kochen bringen. Dann die Temperatur reduzieren und alles zugedeckt etwa 25 Minuten köcheln lassen, bis das Gemüse gar ist.

Das übrige Ghee schmelzen und mit dem Garam Masala darüber geben. Gleich mit Reis servieren.

Tip!

Servieren Sie dazu pikante Pickles (fertig gekauft) , verschiedene Chutneys und Papadums (dünne Fladen zum Aufbacken, gibt es in der Asienabteilung).

Grüne Bohnen mit Limonen

Aus Mexiko

Zutaten für 4 Personen
600 g zarte grünen Bohnen (Prinzeßbohnen)
Salz
1 Bund glatte Petersilie
4 Eßlöffel Butter
2 Limonen (Limetten)
schwarzer Pfeffer, frisch gemahlen
1 Prise Zucker

Pro Portion: 740 kJ/ 180 kcal
4 g E · 13 g F · 11 g Kh
Zubereitungszeit: 25 Minuten

Die Bohnen waschen und putzen, eventuell entfädeln. Reichlich Salzwasser aufkochen und die Bohnen darin in etwa 7 Minuten knackig garen.

Inzwischen die Petersilie waschen und trocknen, Blättchen abzupfen und fein hacken.

Die Butter in einem kleinen Topf schmelzen lassen. Die Limonen auspressen und den Saft mit der Petersilie zur Butter geben. Mit Salz, Pfeffer und einer guten Prise Zucker würzen.

Die Bohnen in einem Sieb abtropfen lassen und mit der Butter-Limonen-Sauce gut mischen. Heiß servieren.

Auberginen mit Kreuzkümmel

Braucht etwas Zeit

Zutaten für 4 Personen
2 Auberginen (je etwa 350 g)
Salz
6 Eßlöffel Olivenöl
4 Tomaten
4 mittelgroße Zwiebeln
8 Knoblauchzehen
2 frische rote oder grüne Chilischoten
1 Bund glatte Petersilie
1 Teelöffel Kreuzkümmel
4 Kardamonkapseln (nur die schwarzen Kerne)
2 Teelöffel Paprikapulver, edelsüß
schwarzer Pfeffer, frisch gemahlen
4 Eßlöffel Tomatenmark
1/2 l Gemüsebrühe

Pro Portion: 930 kJ/ 220 kcal
6 g E · 13 g F · 19 g Kh
Zubereitungszeit: 1 3/4 Stunden

Die Auberginen waschen und längs halbieren. Die Schnittflächen salzen und etwa 20 Minuten Saft ziehen lassen. Dann trocknen. In einer Pfanne die Hälfte des Olivenöls erhitzen. Die Auberginen darin auf beiden Seiten bei mittlerer Hitze jeweils etwa 10 Minuten anbraten. Dann in eine flache Auflaufform legen.

Den Backofen auf 200° vorheizen. Die Tomaten mit kochendem Wasser überbrühen, häuten, halbieren und entkernen. Stielansätze entfernen und die Tomaten kleinschneiden. Zwiebeln und Knoblauch schälen und würfeln. Die Chilischoten längs halbieren und entkernen, anschließend die Hände waschen. Die Petersilie waschen, die Blättchen abzupfen und fein hacken.

Im verbliebenen Bratöl Zwiebel- und Knoblauchwürfel anbraten. Chillies und Tomaten dazugeben. Alles etwa 10 Minuten schmoren lassen. Das Fruchtfleisch aus den Auberginen bis auf einen etwa 1 cm dicken Rand mit einem Löffel herausheben, kleinschneiden und dazugeben. Mit den Gewürzen, Salz und Pfeffer abschmecken. Die Masse in die Auberginenhälften füllen. Mit dem restlichen Öl beträufeln.

Das Tomatenmark mit der Brühe verrühren, um die Auberginen herum gießen. Im Backofen (Mitte, Umluft 180°) etwa 25 Minuten backen. Mit frischem Fladenbrot servieren.

Tip!

Die kräftig gewürzten Auberginen schmecken auch kalt sehr gut, zum Beispiel auf einem Buffet.

Pfannkuchen mit würziger Füllung

Aus Indien

Zutaten für 6 Personen
150 g Reis
150 g Urid Dal (weiße Linsen, das sind geschälte schwarze Linsen; aus dem indischen Spezialitätengeschäft)
2 frische Chilischoten
1 Teelöffel Rohrzucker · Salz
8 mittelgroße mehlig-kochende Kartoffeln
1 Stück frische Ingwerwurzel (etwa 3 cm lang)
3 Eßlöffel Kokosraspeln
6 Eßlöffel Ghee (Butterschmalz) oder Öl
2 Teelöffel Kreuzkümmelsamen (Cumin)
2 Teelöffel schwarze Senfkörner
1 Teelöffel Kurkumapulver
2 Eßlöffel frische Korianderblätter, fein geschnitten

Pro Portion: 1800 kJ/ 430 kcal
9 g E · 22 g F · 47 g Kh
Quellzeit: 1 1/2 Tage
Zubereitungszeit: 2 Stunden

Reis und die Linsen in getrennten Schüsseln etwa 8 Stunden in reichlich Wasser einweichen. Dann gründlich abtropfen lassen und nacheinander in einem elektrischen Mixer fein pürieren. Die beiden Teige vermischen. Etwa 300 ml Wasser dazugeben, bis ein feiner Brei entsteht.

1 Chilischote waschen, putzen und kleinschneiden. Mit Zucker und 1/2 Teelöffel Salz sowie dem Reis-Linsen-Teig in eine Schüssel geben und gut vermischen. Die Schüssel mit einem Tuch bedeckt etwa 24 Stunden an einem warmen Ort ruhen lassen.

Am nächsten Tag die Füllung vorbereiten. Die Kartoffeln waschen und in der Schale zugedeckt in wenig Wasser weich kochen lassen. Dann schälen und mit einem Kartoffelstampfer grob zerkleinern. Den Ingwer schälen und kleinschneiden. Die zweite Chilischote waschen, putzen und kleinschneiden. Mit den Kokosraspeln zu einem dickflüssigen Brei verarbeiten. Bei Bedarf etwas Wasser hinzufügen.

In einem mittelgroßen Topf das Ghee oder Pflanzenöl erhitzen. Die Kreuzkümmelsamen und die Senfkörner kurz darin anrösten. Wenn die Senfkörner anfangen zu springen, die Mischung aus Chili, Ingwer und Kokosraspeln dazugeben und etwa 1 Minute anbraten. Dann Kurkuma, Kartoffeln, die fein geschnittenen Korianderblätter und Salz hinzufügen. Unter ständigem Rühren etwa 5 Minuten braten. Dann zugedeckt beiseite stellen.

Den Teig noch einmal durchschlagen, er soll dickflüssig sein. Bei Bedarf noch etwas Wasser hinzufügen. Eine große Pfanne bei mittlerer Hitze erwärmen. Zur Probe einige Tropfen Wasser in die Pfanne spritzen. Wenn es zischt, ist die Pfanne heiß genug.

1 Teelöffel Ghee oder Öl in die Pfanne geben. 2 Schöpflöffel Teig mit einem Löffel schnell, gleichmäßig und dünn in der Pfanne verteilen. Der Pfannkuchen soll einen Durchmesser von etwa 20 cm haben. Den Pfannkuchen in etwa 2 Minuten goldbraun backen, wenden und weitere 2 Minuten backen. Dann herausnehmen. Auf diese Weise alle Pfannkuchen backen, dabei jeweils wieder Fett in die Pfanne geben. Die fertigen Pfannkuchen auf einem Teller stapeln, damit sie warm und feucht bleiben.

Wenn alle Pfannkuchen fertig sind, jeweils 1 Portion von der Kartoffelfüllung in die Mitte eines Pfannkuchens setzen und diesen in der Mitte falten. Oder die Füllung in länglicher Form in die Mitte geben und die Pfannkuchen von beiden Seiten nach innen klappen. Die gefüllten Pfannkuchen noch einmal in der eingefetteten Pfanne von beiden Seiten etwa 1/2 Minute backen. Warm mit einem Chutney servieren.

So sehen die würzigen Pfannkuchen aus, bevor sie zusammengefaltet und noch einmal kurz gebacken werden

Crêpes mit Kräuter-Sprossensauce

Raffiniert

Zutaten für 4 Personen
Für die Crêpes:
200 g Dinkel- oder Weizenvollkornmehl
2 Eier
Salz
1/2 l kohlensäurehaltiges Mineralwasser (oder halb Wasser, halb Milch)
Für die Sauce:
1 Zwiebel
3 Knoblauchzehen
40 g Butter
3-4 Eßlöffel Reismehl (Reformhaus oder Bioladen)
1/2 l Milch
1 Würfel Gemüsebrühe
100 g Sahne oder Crème fraîche
150 g frische Kräuter, z.B. Thymian, Zitronenmelisse, Estragon oder Basilikum
100 g Kresse- oder Luzernesprossen
Zum Braten: ungehärtetes Kokosfett oder Öl

Pro Portion: 2400 kJ/ 570 kcal
18 g E · 35 g F · 48 g Kh
Zubereitungszeit: 1 Stunde

Für die Crêpes Dinkel- oder Weizenmehl mit Eiern, knapp 1 Teelöffel Salz und Mineralwasser (oder Wasser und Milch) zu einem Teig verrühren. Den Teig mindestens 30 Minuten quellen lassen.

Inzwischen für die Sauce Zwiebel und die Knoblauchzehen schälen und fein würfeln. Die Butter in einem kleinen Topf aufschäumen lassen. Die Zwiebel und den Knoblauch darin leicht andünsten.

Das Reismehl einrühren, die Milch angießen und die Sauce unter gelegentlichem Rühren bei mittlerer Hitze etwa 5 Minuten leicht kochen lassen.

Den Gemüsebrühwürfel einrühren. Die Sahne oder Crème fraîche angießen und die Sauce weitere 1–2 Minuten leicht kochen lassen.

Die Kräuter waschen, trocknen und fein hacken. Die Sprossen verlesen, heiß abspülen und ebenfalls fein hacken. Den Topf von der Kochstelle nehmen. Kräuter und die Sprossen unter die Sauce rühren.

Für die Crêpes den Backofen auf 50° (Umluft 40°) schalten und einen Teller hineinstellen.

In einer Pfanne wenig Kokosfett oder Öl erhitzen. Mit einer Schöpfkelle etwas Teig in die schräggehaltene Pfanne einlaufen und durch Drehen verlaufen lassen. Nacheinander 8 dünne Pfannkuchen auf beiden Seiten goldbraun braten, die fertigen zum Warmhalten auf den Teller in den Backofen legen.

Die Sauce nochmals kurz anwärmen, aber nicht mehr kochen lassen! Die Sauce sollte dickflüssig sein, eventuell noch etwas Milch oder Sahne nachgießen. Die Pfannkuchen mit der heißen Sauce servieren.

Gemüse-Crêpes mit Joghurt

Gelingt leicht

Zutaten für 4 Personen
2 kleine Kohlrabi (à 200 g)
2 Möhren · 2 Eier
4 Eßlöffel Weizenvollkornmehl
1 Teelöffel getrockneter Thymian
Salz · schwarzer Pfeffer, frisch gemahlen
Muskatnuß, frisch gerieben
4 Eßlöffel Butterschmalz
1 Bund gemischte Kräuter
300 g Vollmilchjoghurt
100 g Schafkäse
Saft von 1/2 Zitrone
1 Eßlöffel Weißweinessig
2 Eßlöffel Olivenöl
4 Tomaten
1/2 Kopf Frisée oder Lollo Rosso

Pro Portion: 1000 kJ/ 240 kcal
11 g E · 10 g F · 23 g Kh
Zubereitungszeit: 40 Minuten

Kohlrabi und Möhren waschen, schälen und auf der Rohkostreibe raffeln. In ein Sieb geben und abtropfen lassen. Mit den Eiern und dem Mehl verrühren, mit

Thymian, Salz, Pfeffer und Muskat abschmecken. Den Backofen auf 75° (Umluft 60°) anheizen, einen Teller darin vorwärmen.

In einer beschichteten Pfanne bei mittlerer Hitze in jeweils etwas Butterschmalz aus dem Gemüseteig nacheinander 8 kleine Crêpes etwa 4 Minuten pro Seite backen, die fertigen auf dem Teller im Ofen warm stellen.

Inzwischen die Kräuter waschen, trocknen, die Blättchen abzupfen und mit dem Joghurt und dem zerbröckelten Schafkäse im Mixer pürieren. Mit dem Zitronensaft, Salz und Pfeffer abschmecken.

Aus Essig, Öl, Salz und Pfeffer eine Salatsauce rühren. Die Tomaten waschen, die Stielansätze herausschneiden und die Tomaten in Scheiben schneiden. Den Salat zerpflücken, waschen und trocknen. Pro Portion 2 Crêpes mit Joghurtsauce anrichten, daneben Salat und Tomaten verteilen und mit Salatsauce beträufeln.

Tip!

Für die Sauce können Sie auch Doppelrahm-Frischkäse oder einen pikanten Ziegenfrischkäse nehmen.

Strudel mit Pilzfüllung

Aus Österreich

Zutaten für 6 Personen
300 g Mehl
5 Eßlöffel Öl · Salz
500 g Egerlinge (braune Champignons)
1 große Zwiebel
30 g Butterschmalz
schwarzer Pfeffer, frisch gemahlen
200 g saure Sahne
2 Eßlöffel Crème fraîche
1 Eßlöffel Grieß
Fett für die Form
20 g Butter

Pro Portion: 1600 kJ/ 380 kcal
7 g E · 21 g F · 44 g Kh
Zubereitungszeit: 1 1/4 Stunden
Backzeit: 25 Minuten

Das Mehl auf ein Backbrett sieben, in der Mitte eine Vertiefung formen. Etwa 8 Eßlöffel lauwarmes Wasser, Öl und 1/2 Teelöffel Salz hineingeben. Die Zutaten zu einem glatten Teig verkneten, zu einer Kugel formen. Die Teigkugel mit etwas Mehl bestreuen und zugedeckt etwa 25 Minuten an einem warmen Platz ruhen lassen.

Die Pilze putzen, nur im Notfall waschen und gut abtropfen lassen. Die Pilze in dünne Scheiben schneiden oder grob hacken. Die Zwiebel schälen und fein hacken.

Das Butterschmalz in einer Pfanne erhitzen und die Zwiebel darin glasig werden lassen. Pilze dazugeben und bei starker Hitze so lange braten, bis der austretende Pilzsaft vollständig eingekocht ist. Mit Pfeffer und Salz würzen. Den Backofen auf 200° vorheizen. Eine rechteckige Bratform einfetten.

Den Teig auf ein mit Mehl bestreutes Tuch legen und mit der bemehlten Teigrolle nach allen Seiten ausrollen, dann mit den Händen vorsichtig zu einem mindestens metergroßen Quadrat ausziehen (die Teigplatte soll fast durchsichtig sein).

Saure Sahne mit Crème fraîche verrühren und auf den Teig streichen. Den Grieß darüber streuen. Die Pilzfüllung gleichmäßig darüber verteilen. Den Teig an den Seiten etwas nach innen klappen, dann mit Hilfe des Tuchs zu einem Strudel aufrollen und vorsichtig (der Teig soll nicht reißen) in die Bratform gleiten lassen.

Die Butter schmelzen und den Strudel damit bepinseln. Im Backofen (Mitte, Umluft 180°) den Strudel in etwa 25 Minuten goldgelb backen.

Die Form aus dem Ofen nehmen und den Pilzstrudel schräg in breite Stücke schneiden. Mit sauer eingelegtem Gemüse servieren.

Süße Hauptgerichte

Sättigende Gerichte mit Mehl und Zucker gehören zu den ältesten fleischlosen Mahlzeiten, die an Fastentagen gegessen wurden. Noch heute gibt es in Süddeutschland und in Österreich solche Mehlspeisen am Freitag.

Im Laufe der Zeit haben sich die nahrhaften Rezepte zu wahren kulinarischen Meisterwerken entwickelt, die auch anspruchsvolle Süßschnäbel begeistern. Viele der Gerichte sind – für die doppelte Personenzahl – nach einem leichten Essen als Dessert geeignet.

In früheren Zeiten wurde das Fasten zu bestimmten Zeiten und an Freitagen sehr ernst genommen. Allerdings verzichtete man nicht generell auf jedes Essen, sondern nur auf den Genuß von Fleisch. So ersannen die frommen Mönche, die schon immer Spezialisten auf dem Gebiet der Rezepterfindung waren, die Mehlspeisen, die süßen Hauptgerichte, die es auch heute noch regelmäßig in Süddeutschland und in Österreich an jedem Freitag gibt.

Nudeln aus dem Dampf

Viele der Mehlspeisen bestehen aus einem Hefeteig, der mit Butter, Zucker und Eiern angereichert wird. Ein typisches Beispiel sind die Dampfnudeln (Seite 242), die in Bayern und Schwaben mit Hingabe warm gegessen werden. Dazu muß man wissen, daß in Süddeutschland wie in Österreich »Nudeln« nicht nur die harten Teigwaren bezeichnet, sondern eben eine Mehlspeise aus Mehl- oder Kartoffelteig.

Merkwürdigerweise trauen sich viele nicht an einen Hefeteig heran. Dabei ist er absolut problemlos, wenn man einige Punkte beachtet. Das Treibmittel, das die luftigen Poren in dem Gebäck erzeugt, sind winzige Organismen, Hefen, die sich in einer feuchtwarmen Umgebung rasch vermehren, wenn sie genügend Nahrung finden. Die Hefe finden Sie als Frischhefe (in Würfelform im Kühlregal) oder als Trockenhefe (Pulver in kleinen Beuteln bei den Backzutaten) im Handel. Beide sind gleich gut geeignet.

Hefe braucht Futter

Als Nahrung benötigen die Hefezellen Kohlenhydrate – Zucker oder Mehl. Deshalb wird oft ein »Vorteig« angesetzt: Das Mehl kommt in eine Schüssel, in die Mitte wird eine Mulde eingedrückt, da hinein kommt die Hefe und wird mit etwas Zucker und Mehl sowie warmer Flüssigkeit (Milch oder Wasser) angerührt. Sofort beginnt die Hefe sich zu vermehren, nach etwa einer Viertelstunde kann der Vorteig mit dem übrigen Mehl vermischt werden. In der Regel soll er nun so lange gehen, bis sich sein Volumen verdoppelt hat. Besonders rasch geht das, wenn es die Hefe warm genug hat. Also sollten das Mehl und die übrigen Zutaten immer gut warm sein. Haben Sie aber genug Zeit, so geht der Teig auch auf, wenn es recht kühl ist. Das dauert nur etwas länger, dafür wird er stabiler und entwickelt beim Backen besonders schöne Poren.

Hefe gibt es als Frischhefe und als haltbares Pulver

Beim Gehen soll der Hefeteig sein Volumen verdoppeln

Das Wichtigste: Der Teig muß feucht genug sein (geben Sie lieber etwas mehr Flüssigkeit zu) und darf nicht austrocknen. Also die Schüssel mit Folie oder einem angefeuchteten Tuch abdecken oder den Teig auf der Arbeitsfläche mit der umgedrehten Schüssel bedecken.

Nach dem Formen müssen die Teigstücke noch einmal gehen. Durch das Kneten werden die Poren im Teig zusammengedrückt, sie sollen sich durch das zweite Gehen wieder ausdehnen.

Zum Backen soll der Ofen gut heiß sein, sonst trocknet die Oberfläche des Teiges aus, ehe sich die Poren im Inneren ausdehnen – das Gebäck platzt dann auf der Seite auf und sieht nicht so schön wie gewünscht aus.

Typen gibt es

Wie der Name sagt ist das Mehl der wichtigste Bestandteil der Mehlspeisen. Inzwischen finden Sie schon in jedem Supermarkt eine Reihe von Mehlsorten – vom Weißmehl (Type 405) bis zum Vollkornweizenmehl (Type 1700). Je höher die Type, desto mehr Schalenbestandteile, Ballaststoffe, Vitamine und Mineralstoffe sind im Mehl enthalten. Teige aus Vollkornmehl schmecken würziger und pikanter als solche aus Weißmehl, Sie müssen dabei aber mehr Wasser verwenden als im Rezept angegeben. Beginnen Sie nicht gleich mit reinem Vollkornmehl: Schon die Type 1050 hat einen höheren Anteil an Vitaminen und Ballaststoffen, läßt sich aber noch leicht verarbeiten.

Mehr Fülle als Teig

Unschlagbar auf dem Gebiet der süßen Hauptgerichte ist die österreichische und die böhmische Küche. Kaiserschmarrn (Seite 240) und Pflaumenknödel (Seite 244), Kartoffelnudeln (Seite 250) und

Strudel rollt man am besten mit Hilfe eines Tuches auf

Topfenpalatschinken (Seite 254) und natürlich die vielen süßen Strudel lassen jeden Kalorienzähler seine guten Vorsätze vergessen. Der Strudel ist übrigens keine Erfindung der Alpenländer, sondern er stammt ursprünglich aus dem Orient und wurde von den Osmanen, einem Turkvolk in Kleinasien, über Ungarn in die Donaumonarchie gebracht. Ein Beispiel für ein strudelähnliches Gebäck aus Griechenland finden Sie auf Seite 257, die Pastete mit Vanillecreme.

In Österreich und Ungarn gibt es ein spezielles Strudelmehl, das etwas griffiger ist als normales. Es macht den Teig elastischer, er reißt nicht so leicht. Ähnlich ist das in Deutschland angebotene »doppeltgriffige« Mehl.

Mehlig müssen sie sein

So manches, was sich »Nudeln« nennt, ist aus Kartoffelteig wie die Kartoffelnudeln auf Seite 250. Aber auch bei vielen Knödeln umhüllt ein zarter Teig aus Kartoffeln eine süße Füllung. Für diesen Teig benötigen Sie unbedingt mehlig-kochende Kartoffeln. Aber die sind heute gar nicht mehr so einfach zu finden. Fragen Sie Ihren Gemüsehändler danach oder achten Sie auf die Sorten Datura, Irmgard, Maritta. Notfalls gehen auch die Bintje mit etwas neutralem Geschmack.

Wie der Name sagt, kochen diese Sorten locker, grobkörnig und trocken. Sie sollten immer gut gewaschen in der Schale gekocht werden, sie platzen nämlich leicht auf, deshalb nicht zu viel Wasser zum Kochen nehmen und nicht zu lange garen, sonst saugen sie sich voll. Für den Knödelteig müssen sie heiß gepellt und gleich durch die Kartoffelpresse gedrückt werden, damit das Püree ausdampfen kann. Notfalls mit einem Kartoffelstampfer zerdrücken und im Topf noch kurz erhitzen, bis die Masse trocken ist. Geben Sie die angegebene Mehlmenge nach und nach zu, je nach Kartoffelsorte kann es erheblich mehr oder weniger sein, als im Rezept angegeben. Die Eier zum Binden erst untermischen, wenn die Masse auf Handwärme abgekühlt ist.

Grießflammerie mit Rhabarber

Gut vorzubereiten

Zutaten für 4 Personen
Für den Flammerie:
1/2 l Milch
75 g Zucker
abgeriebene Schale von
1/2 unbehandelten Zitrone
Salz
75 g Grieß
4 Eier
Für das Rhabarberkompott:
500 g Rhabarber
200 g Zucker
1 kleine Stange Zimt
1 Stück unbehandelte
Zitronenschale (etwa 4 cm)

Pro Portion: 2200 kJ/ 530 kcal
13 g E · 11 g F · 90 g Kh
Zubereitungszeit: 45 Minuten
Kühlzeit: 2 Stunden

Die Milch mit der Hälfte des Zukkers, der Zitronenschale und einer Prise Salz zum Kochen bringen. Unter Rühren den Grieß einrieseln lassen und so lange bei schwacher Hitze quellen lassen, bis der Grießbrei dick wird. Den Topf zur Seite stellen.

Die Eier trennen, die Eigelbe unter die Grießmasse rühren. Die Eiweiße mit dem restlichen Zucker steif schlagen und vorsichtig unterheben. Den Flammerie in kalt ausgespülte Schälchen füllen, etwa 2 Stunden kalt stellen.

Für das Kompott den Rhabarber waschen, die Enden abschneiden und, wenn nötig, die Fäden abziehen. Die Stiele in 2–3 cm lange Stückchen schneiden.

Den Rhabarber mit Zucker, Zimtstange, Zitronenschale und etwa 1/8 l Wasser zum Kochen bringen. Alles etwa 2 Minuten kochen lassen. Die Rhabarberstücke sollen weich sein, dürfen aber nicht zerfallen. Das Kompott bis zum Servieren kalt stellen.

Den erkalteten Flammerie auf flache Desserteller stürzen, dafür die Förmchen kurz in heißes Wasser tauchen. Das Rhabarberkompott um den Flammerie herum verteilen und servieren.

Feiner Vanillepudding

Für Kinder

Zutaten für 4 Personen
1/2 Vanilleschote
2 Eier
70 g Zucker
45 g Speisestärke
1/2 l kalte Milch
2 Eßlöffel Butter
Salz

Pro Portion: 1200 kJ/ 290 kcal
8 g E · 12 g F · 36 g Kh
Zubereitungszeit: 1 Stunde

Die Vanilleschote längs aufschneiden und das Mark herauskratzen. Die Eier trennen. Die Eigelbe, Zucker, Speisestärke und das Vanillemark mit der kalten Milch verrühren.

Die Vanilleschote mit zur Milch geben. Alles bei schwacher Hitze so lange erwärmen, bis die Masse dicklich wird (nicht kochen lassen, sonst stockt die Masse wie ein Rührei!), dabei ständig mit einem Schneebesen rühren. Den Pudding dann rasch vom Herd nehmen und die Butter unterrühren.

Den Pudding abkühlen lassen, bis er nur noch lauwarm ist. Die Eiweiße mit einer Prise Salz steif schlagen. Die Vanilleschote entfernen und den Eischnee unter den Pudding heben.

Die Masse in eine Schüssel oder in kleine Portionsschälchen füllen und kalt stellen. Mit einer Kirsch-, Schokoladen- oder Weinsauce servieren.

Im Bild oben:
Feiner Vanillepudding
Im Bild unten:
Grießflammerie mit Rhabarber

Arme Ritter mit Kompott

Braucht etwas Zeit

Zutaten für 4 Personen
Schale von 1/2 unbehandelten Zitrone
1 Zimtstange
2 Gewürznelken
70 g Zucker
2 Äpfel (Gloster, Berlepsch)
2 Birnen
2 Eier
1/2 l Milch
Salz
2 Päckchen Vanillezucker
12 Scheiben Weiß- oder Toastbrot
200 g Semmelbrösel
Zum Braten: Butterschmalz

Pro Portion: 2700 kJ/ 650 kcal
19 g E · 11 g F · 110 g Kh
Zubereitungszeit: 1 Stunde

In einem Topf 1/8 l Wasser mit Zitronenschale, Zimtstange, Nelken und Zucker erhitzen.

Äpfel und Birnen waschen, schälen, vierteln und die Kerngehäuse entfernen. Das Obst in Spalten schneiden und in dem Gewürzsud bei schwacher Hitze etwa 5 Minuten garen. Es sollte nach Möglichkeit dabei nicht zerfallen.

Das Obst mit einer Schaumkelle herausnehmen und in eine Schüssel füllen. Den Sud noch etwa 5 Minuten weiterkochen lassen, dann über das Obst gießen. Das Kompott kalt stellen.

Die Eier mit der Milch, einer Prise Salz und dem Vanillezucker verquirlen. Das Weißbrot auf eine Platte legen und mit der Eiermilch begießen. Wenn es sich vollgesogen hat, das Brot in den Semmelbröseln wenden, die Brösel gut fest drücken.

Butterschmalz in einer Pfanne erhitzen. Darin nach und nach die Weißbrotscheiben bei mittlerer Hitze von beiden Seiten goldbraun braten. Die Scheiben diagonal durchschneiden und heiß mit dem abgekühlten Kompott servieren.

Kaiserschmarrn

Aus Österreich

Zutaten für 4 Personen
70 g Rosinen
1 Eßlöffel Rum oder Apfelsaft
4 Eier
1/4 l Milch
40 g Zucker
160 g Mehl
Salz
50 g Butter
Zum Bestäuben: Puderzucker

Pro Portion: 2000 kJ/ 480 kcal
14 g E · 21 g F · 57 g Kh
Zubereitungszeit: 30 Minuten

Die Rosinen heiß waschen, trocknen und mit Rum (für Kinder mit Apfelsaft) beträufeln.

Die Eier trennen. Die Milch mit Zucker und den Eigelben verquirlen und mit dem Mehl zu einem glatten, dünnflüssigen Teig verrühren. Dann die Eiweiße mit einer Prise Salz sehr steif schlagen und vorsichtig unter den Teig ziehen.

In einer großen Pfanne die Butter erhitzen, den Teig hineingeben, bei mittlerer Hitze etwa 5 Minuten backen lassen, dann die Rosinen darüber streuen. Sobald die Unterseite gestockt ist, den Schmarrn mit Hilfe eines flachen Topfdeckels wenden und bei schwacher Hitze in etwa 5 Minuten fertigbacken. Dabei mit zwei Gabeln in kleine Stücke reißen.

Den Herd abschalten und den Kaiserschmarrn noch kurz ausdampfen lassen. Auf einer vorgewärmten Platte anrichten und mit Puderzucker bestäuben.

Tip!

In Österreich wird dazu meist »Zwetschkenröster« gegessen. Das sind vollreife, blaue Zwetschgen, die mit Zucker und etwas abgeriebener Zitronenschale gedünstet werden. Er soll etwas dicker als Kompott, aber dünnflüssiger als Zwetschgenmus sein.

Heidelbeergetzen

Aus dem Erzgebirge

Zutaten für 4 Personen
1 kg frische Heidelbeeren (ersatzweise tiefgekühlte oder abgetropfte aus dem Glas)
500 g Mehl
4 Eier
750 ml Milch
4 Eßlöffel Mineralwasser
Salz
80 g Butterschmalz
4 Eßlöffel Zucker
1–2 Teelöffel Zimtpulver

Pro Portion: 4600 kJ/ 1100 kcal
34 g E · 41 g F · 120 g Kh
Zubereitungszeit: 1 Stunde
Backzeit: 30 Minuten

Die Heidelbeeren verlesen, in einem Sieb mit warmem Wasser kurz abspülen und sehr gut abtropfen lassen.

Das Mehl in eine Schüssel sieben und mit Eiern, Milch, Mineralwasser und einer Prise Salz verrühren. Den Backofen auf 200° vorheizen.

In einer Getzenpfanne oder einer mittelhohen Auflaufform das Butterschmalz zerlassen (die Auflaufform in den Ofen stellen, bis das Butterschmalz zerlaufen ist, dann die Form schwenken, so daß auch die Seiten gefettet sind).

Den Teig in die Form füllen und die Heidelbeeren gleichmäßig auf der Oberfläche verteilen. Im Backofen (Mitte, Umluft 180°) etwa 30 Minuten backen, bis der Teig an den Rändern knusprig ist.

In einem Schüsselchen Zucker und Zimt vermischen. Den Zimtzucker über den fertigen Getzen streuen und warm servieren.

Variante

Heidelbeerpfannkuchen

250 g Heidelbeeren verlesen, waschen und sehr gut abtropfen lassen. Für den Pfannkuchenteig 250 g Mehl nach und nach mit 1/2 l Milch, 3 Eigelben, einer Prise Salz und 50 g Zucker zu einem glatten Teig verrühren. 3 Eiweiße zu festem Schnee schlagen und locker unterheben. In einer Pfanne etwas Butter erhitzen, eine Schöpfkelle voll Teig einfüllen und die Pfanne drehen, bis der Teig gleichmäßig verteilt ist. Mit 2 Eßlöffeln Heidelbeeren bestreuen, den Pfannkuchen backen, bis die Unterseite gebräunt ist. Dann wenden und auf der Heidelbeer-Seite kurz braten. Mit Puderzucker bestäubt heiß aus der Pfanne servieren.

Kirschenschmarrn mit Zimtzucker

Raffiniert

Zutaten für 4 Personen
1 Glas Schattenmorellen, 370 g Inhalt
250 g Mehl
4 Eier
250 ml Milch · Salz
2 Eßlöffel Butter
2 Eßlöffel Öl
4 Eßlöffel Zucker
2 Teelöffel Zimtpulver

Pro Portion: 2400 kJ/ 570 kcal
16 g E · 19 g F · 82 g Kh
Zubereitungszeit: 20 Minuten

Die Kirschen in einem Sieb gut abtropfen lassen, Saft auffangen.

Das Mehl in eine Rührschüssel geben. Eier, Milch und eine Prise Salz hinzufügen und mit den Schneebesen des Handrührgerätes zu einem glatten Pfannkuchenteig rühren. Die abgetropften Kirschen unterrühren.

Butter und Öl in einer großen Pfanne erhitzen, den Teig hineingießen und den Schmarrn auf jeder Seite in 5–6 Minuten goldbraun backen. Dann mit zwei Gabeln in nicht zu kleine Stücke zerreißen. Zucker mit dem Zimt mischen. Den Kirschenschmarrn auf Tellern anrichten und mit Zimtzucker bestreuen.

Dampfnudeln mit Karamelsauce

Aus Schwaben

Zutaten für etwa 10 Stück
200 ml Milch
500 g Mehl
1/2 Würfel Hefe (20 g)
50 g Zucker
50 g weiche Butter
etwas abgeriebene Schale einer unbehandelten Zitrone
1 Ei
1 Eigelb
Salz
Für die Form:
50 g Butter
2 Eßlöffel Zucker
200 ml Milch
Für die Karamelsauce:
3 Eßlöffel Butter
3 Eßlöffel Zucker
250 ml Milch

Pro Portion: 4500 kJ/ 1080 kcal
21 g E · 54 g F · 120 g Kh
Zubereitungszeit: 30 Minuten
Ruhezeit: 1 1/2 Stunden
Backzeit: 30 Minuten

Die Milch in einem kleinen Topf erwärmen. Das Mehl in eine Rührschüssel sieben und eine Mulde hineindrücken. Die Hefe hineinbröckeln, mit 1 Eßlöffel Zucker bestreuen. Mit der Milch und etwas Mehl zu einem Vorteig verrühren. Den Vorteig zugedeckt an einem warmen Ort etwa 30 Minuten gehen lassen.

Den restlichen Zucker, die Butter, die Zitronenschale, das Ei, das Eigelb und eine Prise Salz dazugeben und alles mit den Händen oder den Knethaken des Handrührgerätes zu einem geschmeidigen Teig verkneten. Den Teig zugedeckt an einem warmen Ort etwa 1 Stunde gehen lassen, bis sich sein Volumen verdoppelt hat.

Den Teig auf eine bemehlte Arbeitsfläche legen. Mit leicht geölten Händen den Hefeteig ein paarmal durchkneten. Den Teig in etwa 10 gleiche Portionen teilen. Diese zu Kugeln formen und auf ein bemehltes Brett nicht zu dicht nebeneinander setzen. Die Teigkugeln zugedeckt nochmals etwa 30 Minuten gehen lassen. Den Backofen auf 180° vorheizen.

In einer großen Bratreine oder einer Auflaufform mit passendem Deckel die Butter schmelzen lassen. Den Zucker und die Milch dazugeben und alles aufkochen. Die aufgegangenen Dampfnudeln in die heiße Flüssigkeit setzen und zugedeckt im Backofen (Mitte, Umluft 160°) etwa 30 Minuten backen.

In der Zwischenzeit die Karamelsauce zubereiten. Dafür die Butter in einem Topf zerlassen. Den Zukker einrieseln lassen und bei mittlerer Hitze hellbraun karamelisieren. Die Milch unter Rühren nach und nach dazugeben. Die Sauce nur kurz köcheln lassen, dann vom Herd nehmen.

Die fertigen Dampfnudeln in der Form servieren. Die Karamelsauce warm oder abgekühlt getrennt dazu reichen.

Tip!

Zu den Dampfnudeln schmecken auch Vanillesauce (Seite 276) und eingemachtes Obst wie Kirschen oder Zwetschgen. Sie können die Dampfnudeln auch mit frischen Aprikosen oder Zwetschgen füllen. Das Obst entsteinen und anstelle des Kernes mit einem Stück Würfelzucker füllen.

Variante

Dampfnudeln auf Kartoffeln

Für diese salzige Variante die Dampfnudeln ohne Zucker vorbereiten und gehen lassen. 1 kg Kartoffeln waschen, schälen und in dünne Scheiben schneiden. Eine Auflaufform fetten, die Kartoffelscheiben hineingeben und mit etwa 1/4 l heißer Gemüsebrühe übergießen. Im Backofen bei 200° gut 10 Minuten garen. Dann die aufgegangenen Dampfnudeln nebeneinander auf die Kartoffeln setzen und zugedeckt in etwa 30 Minuten fertiggaren.

Dampfnudeln schmecken heiß aus dem Ofen am besten – die Sauce läßt sich aber gut vorbereiten

Hefeknödel mit Mohn

Aus Böhmen

Zutaten für 4 Personen
250 g Mehl
1/2 Würfel Hefe (20 g)
1 Eßlöffel Zucker
125 ml lauwarme Milch
2 zimmerwarme Eigelbe
abgeriebene Schale von
1/2 unbehandelten Zitrone
Salz
200 g Powidl (dickes Pflaumenmus)
80 g Butter
80 g Mohnsamen, gemahlen
80 g Puderzucker

Pro Portion: 2600 kJ/ 620 kcal
11 g E · 27 g F · 85 g Kh
Zubereitungszeit: 45 Minuten
Ruhezeit: 1 1/4 Stunden

Das Mehl in eine große Schüssel sieben, in die Mitte eine Mulde drücken. Hefe zerbröckeln und in der Mulde mit dem Zucker, 2 Eßlöffeln Milch und etwas Mehl vom Rand verrühren. Den Vorteig zugedeckt etwa 15 Minuten an einem warmen Ort gehen lassen.

Die restliche Milch mit Eigelben, Zitronenschale und einer Prise Salz zum Vorteig geben. Mit dem Mehl daraus einen glatten Teig kneten. Den Teig zugedeckt etwa 30 Minuten an einem warmen Ort gehen lassen.

Den Teig in vier gleich große Stücke teilen. Jedes Teigstück flachdrücken und jeweils 50 g Powidl in die Mitte geben. Die Teigstücke jeweils um das Powidl hüllen und zu Knödeln formen, noch einmal etwa 30 Minuten gehen lassen.

In einem weiten Topf reichlich Salzwasser zum Kochen bringen. Die Knödel hineingeben und bei schwacher Hitze in etwa 15 Minuten garen. Nach der Hälfte der Garzeit die Knödel wenden.

Die Butter zerlassen. Den Mohn mit dem Puderzucker mischen.

Die Hefeknödel auf Teller legen, mit der Butter beträufeln und mit dem Mohnzucker bestreuen.

Pflaumenknödel

Raffiniert

Zutaten für 12 Knödel
130 g Butter
Salz
160 g Mehl
1 Ei
12 frische, reife Pflaumen
12 Würfelzucker
100 g Semmelbrösel
2 Eßlöffel Puderzucker
Für die Arbeitsfläche: Mehl

Pro Portion: 790 kJ/ 190 kcal
3 g E · 10 g F · 23 g Kh
Zubereitungszeit: 1 Stunde

Für den Brandteig 1/4 l Wasser mit 30 g Butter und eine Prise Salz zum Kochen bringen. Das gesamte Mehl auf einmal unter Rühren hinzufügen. Bei schwächster Hitze so lange rühren, bis sich der Teig vom Topf und vom Kochlöffel löst. Den Teig etwas abkühlen lassen und das Ei kräftig unterrühren.

Die Pflaumen waschen, trocknen und entsteinen. In jede Pflaume statt des Steins 1 Stück Würfelzucker geben. In einem großen Topf reichlich Wasser zum Kochen bringen und salzen.

Den Teig auf der bemehlten Arbeitsfläche zu einer Rolle von etwa 5 cm Durchmesser formen. Die Teigrolle in 12 Scheiben schneiden. Die Scheiben leicht flachdrücken und auf jede eine Pflaume setzen. Den Teig jeweils um die Pflaumen hüllen und zu Knödeln formen.

Die Knödel in dem Salzwasser bei schwacher Hitze in etwa 8 Minuten garen. Mit dem Schaumlöffel herausnehmen und etwas abtropfen lassen.

Die restliche Butter erhitzen und die Semmelbrösel darin goldgelb anbraten. Die Pflaumenknödel in den Semmelbröseln wenden und mit dem Puderzucker bestäubt heiß servieren.

Kartoffelnocken mit Mohn

Preiswert

Zutaten für 4 Personen
800 g mehlig-kochende Kartoffeln
Salz
150 g Mehl
100 g Butter
100 g Mohnsamen, gemahlen
4 Eßlöffel Puderzucker

Pro Portion: 2400 kJ/ 570 kcal
11 g E · 31 g F · 61 g Kh
Zubereitungszeit: 1 Stunde

Die Kartoffeln waschen, schälen und in große Würfel schneiden. In 1/2 l Salzwasser bißfest kochen.

Die Hälfte des Kochwassers abgießen. Die Kartoffeln mit dem Mehl bestreuen. In die Masse mit einem Kochlöffelstiel Löcher bis zum Topfboden drücken.

Kartoffeln mit Mehl zugedeckt bei ganz schwacher Hitze 20 Minuten dünsten. Anschließend Kartoffeln mit dem Mehl zerstampfen und glattrühren.

Die Butter zerlassen. Aus der Kartoffelmasse mit einem jeweils in die Butter getauchten Eßlöffel Nocken ausstechen.

Nocken mit der restlichen Butter übergießen. Den Mohn mit dem Puderzucker mischen und darüber streuen. Nocken sofort servieren.

Topfentascherln mit Himbeersauce

Aus Österreich

Zutaten für 4 Personen
Für den Teig:
400 g mehlig-kochende Kartoffeln
100 g Mehl
25 g Weizengrieß
1 Ei · Salz
etwas Mehl zum Ausrollen
Für die Topfenfüllung:
2 Eßlöffel Butter
1 Eigelb
2 Eßlöffel Zucker
1 Päckchen Vanillezucker
100 g Topfen (Quark, 20% Fett)
abgriebene Schale von
1/2 unbehandelten Zitrone
1 Eiweiß
etwa 30 g Rosinen
Für die Sauce:
300 g Himbeeren
3 Eßlöffel Puderzucker
eventuell 1 Eßlöffel Himbeerlikör
Zum Bestreuen:
2 Eßlöffel Butter
3 Eßlöffel Semmelbrösel
2 Eßlöffel Puderzucker

Pro Portion: 2900 kJ/ 690 kcal
16 g E · 24 g F · 100 g Kh
Zubereitungszeit: 1 1/4 Stunden

Kartoffeln mit der Schale garen, schälen und heiß durch die Presse drücken. Die Kartoffeln mit Mehl, Grieß, Ei und einer Prise Salz zu einem glatten Teig verarbeiten und danach kurz ruhen lassen.

Für die Füllung Butter mit Eigelb, Zucker und Vanillezucker schaumig rühren. Quark, Zitronenschale und eine Prise Salz unterrühren.

In einem großen Topf reichlich Salzwasser aufsetzen. Den Teig auf wenig Mehl etwa 3 mm dick ausrollen und mit einer runden Ausstechform oder einem Glas Kreise von etwa 9 cm Durchmesser ausstechen. Das Eiweiß mit 1 Teelöffel Wasser verquirlen, die Kreisränder damit bestreichen. In die Mitte eines jeden Kreises 1 Teelöffel Topfenfülle geben. Die Rosinen waschen und jeweils 3 auf die Füllung legen. Die Teigstücke zu halbmondförmigen Täschchen schließen und die Ränder fest zusammendrücken.

Die Topfentascherln vorsichtig in das kochende Salzwasser geben und 6–8 Minuten bei schwacher Hitze ziehen lassen.

Für die Sauce die Himbeeren waschen und abtropfen lassen, mit dem Zucker pürieren. Das Püree durch ein Sieb streichen, eventuell mit Likör abschmecken.

Butter in einer Pfanne erhitzen, die Semmelbrösel goldbraun braten. Topfentascherln mit einem Schaumlöffel aus dem Wasser nehmen, gut abtropfen lassen, in den Butterbröseln wenden.

Himbeersauce auf 4 Teller geben. Die Topfentascherln darauf mit Puderzucker bestreut anrichten.

Pfitzauf

Aus Schwaben

Zutaten für 4 Personen
Für etwa 12 Stück:
120 g zerlassene Butter
300 g Mehl
Salz
1/2 l warme Milch
4 Eier
Zum Bestäuben: Puderzucker

Pro Stück: 900 kJ/ 220 kcal
6 g E · 12 g F · 20 g Kh
Zubereitungszeit: 20 Minuten
Backzeit: 30 Minuten

Den Backofen auf 220° vorheizen. Eine Pfitzaufform (oder Muffinform) mit etwas von der zerlassenen Butter auspinseln.

Das Mehl in eine Schüssel sieben. Eine Prise Salz, Milch, Eier und die restliche Butter mit den Schneebesen des Handrührgerätes unterrühren.

Die Pfitzaufform oder die Muffinmulden je zu etwa drei Vierteln mit Teig füllen. Den Pfitzauf im Backofen (Mitte, Umluft 200°) etwa 30 Minuten backen.

Den Pfitzauf herausnehmen. Mit einem spitzen Messer aus der Form lösen und stürzen. Mit Puderzucker bestäuben und noch heiß servieren. Dazu paßt ein Kirschkompott.

Ofenschlupfer

Braucht etwas Zeit

Zutaten für 4 Personen
500 g säuerliche Äpfel
Saft von 1/2 Zitrone
8 Brötchen vom Vortag
3 Eier
1/2 l Milch
200 g Sahne
Salz
80 g Zucker
1 Päckchen Vanillezucker
50 g Mandelblättchen
50 g Rosinen
Für die Form: weiche Butter
Für die Vanillesauce:
2 Eier
600 ml Milch
1/2 Vanilleschote
3 Eßlöffel Zucker

Pro Portion: 3900 kJ/ 930 kcal
27 g E · 44 g F · 110 g Kh
Zubereitungszeit: 45 Minuten
Backzeit: 45 Minuten

Die Äpfel waschen, schälen, von den Kerngehäusen befreien und in dünne Spalten schneiden. Mit dem Zitronensaft beträufeln. Die Brötchen in dünne Scheiben schneiden.

Die Eier trennen. Milch, Sahne, eine Prise Salz und die Eigelbe miteinander verquirlen. Den Zukker und den Vanillezucker unterrühren. Die Eiweiße steif schlagen und mit einem Schneebesen vorsichtig unterheben.

Den Backofen auf 220° vorheizen. Eine große, möglichst breite Auflaufform üppig mit Butter auspinseln. Die Zutaten in Lagen einschichten: zuerst Brotscheiben, dann Apfelspalten, Mandeln und Rosinen. Jede Lage mit etwas Eiermilch begießen. So fortfahren, bis alle Zutaten aufgebraucht sind. Die letzte Lage sollen Brotscheiben sein.

Den Ofenschlupfer im Backofen (Mitte, Umluft 200°) in etwa 45 Minuten goldbraun backen.

In der Zwischenzeit die Vanillesauce zubereiten: Die Eier trennen. Von der Milch eine Tasse abnehmen. Mit den Eigelben und dem Zucker verrühren.

Die restliche Milch in einen Topf geben. Die Vanilleschote längs aufschlitzen und das Mark herauskratzen. Schote und Mark in die Milch geben und alles aufkochen lassen, vom Herd nehmen. Die Eiermilch einrühren.

Den Ofenschlupfer noch heiß in der Form servieren. Die Vanillesauce heiß oder kalt getrennt dazu reichen.

Im Bild oben: Ofenschlupfer
Im Bild unten: Pfitzauf

Kirschenmichel

Braucht etwas Zeit

Zutaten für 4 Personen
1 kg dickfleischige Süßkirschen
6 Brötchen vom Vortag
1/2 l lauwarme Milch
4 Eier
125 g Zucker
1 Päckchen Bourbon-Vanillezucker
abgeriebene Schale von 1 unbehandelten Zitrone
1/2 Teelöffel Zimtpulver
Für die Form und zum Belegen: Butter
Zum Bestäuben: Puderzucker

Pro Portion: 2700 kJ/ 650 kcal
18 g E · 15 g F · 110 g Kh
Zubereitungszeit: 40 Minuten
Backzeit: 50 Minuten

Die Kirschen waschen, Stiele und Kerne entfernen. Die Brötchen in Scheiben schneiden.

Die Milch in eine große Schüssel gießen. Mit den Eiern, dem Zucker und dem Vanillezucker, geriebener Zitronenschale und dem Zimtpulver verrühren.

Eine große Auflaufform gut mit Butter ausfetten. Den Boden mit einer Lage Brötchenscheiben bedecken, darauf Kirschen verteilen. Wieder eine Schicht Brötchenscheiben einfüllen und darauf Kirschen verteilen. So fortfahren, bis Brötchen und Kirschen verbraucht sind. Die Eiermilch darüber gießen und etwa 10 Minuten stehenlassen. Den Backofen auf 200° vorheizen.

Den Kirschenmichel mit Butterflöckchen belegen und im Backofen (unten, Umluft 180°) in 45–50 Minuten goldbraun backen. Mit Puderzucker bestäuben und warm servieren.

Mandel-Rosinen-Kuskus

Aus Nordafrika

Zutaten für 4 Personen
500 g Kuskusgrieß (Reformhaus, türkisches Lebensmittelgeschäft)
100 g Mandeln
50 g Rosinen
1 Teelöffel Zimtpulver
100 g Butter
3 Eßlöffel Honig

Pro Portion: 3500 kJ/ 840 kcal
16 g E · 36 g F · 110 g Kh
Zubereitungszeit: 1 Stunde

Den Kuskusgrieß in eine Schüssel geben, soviel Wasser zugeben, daß er knapp bedeckt ist und etwa 15 Minuten quellen lassen. Inzwischen die Mandeln mit kochendem Wasser überbrühen, kalt abschrecken und häuten.

In einem großen Topf 1 1/2 l Wasser zum Kochen bringen. Die Rosinen und das Zimtpulver mit zwei Gabeln locker unter den Kuskus mischen.

Den Kuskus in ein Sieb geben und über das kochende Wasser in den Topf hängen. Der Kuskus darf aber nicht in die Flüssigkeit tauchen. Alufolie darauflegen und über den Topfrand ziehen, damit der Dampf nicht seitlich entweichen kann. Den Kuskus bei starker Hitze etwa 30 Minuten dämpfen.

In der Zwischenzeit die Mandeln in einer Pfanne ohne Fett bei mittlerer Hitze goldbraun rösten.

Die Alufolie entfernen und die Butter in kleinen Stücken unter den Kuskus rühren. Mandeln und den Honig dazugeben. Den Kuskus mit zwei Gabeln auflockern und noch einmal etwa 5 Minuten zugedeckt dämpfen.

Den Kuskus auf einer großen Platte zu einer Pyramide auftürmen und festdrücken. Nach Belieben mit frischem oder eingemachten Obst servieren.

Tip!

Viele Kuskussorten sind bereits vorgegart – sie müssen insgesamt nur etwa 15 Minuten im Dampf ziehen.

Brotauflauf mit Nüssen

Aus Mexiko

Zutaten für 4 Personen
Für den Sirup:
125 g Zucker
1 Teelöffel Zimtpulver
125 ml Milch
Für den Auflauf:
50–70 g weiche Butter
10–12 Scheiben Kastenweißbrot
100 g Rosinen
100 g Walnußkerne
100 g ungesalzene Erdnußkerne
300 g Mozzarella
Für die Form: Fett

Pro Portion: 4000 kJ/ 960 kcal
31 g E · 56 g F · 79 g Kh
Zubereitungszeit: 40 Minuten
Backzeit: 35 Minuten

Für den Sirup den Zucker mit 1/4 l Wasser in einen kleinen Topf geben, aufkochen und bei mittlerer bis starker Hitze etwa 20 Minuten unter ständigem Rühren kochen lassen. Dann das Zimtpulver und die Milch unterrühren. Den Sirup beiseite stellen.

Inzwischen den Backofen auf 250° vorheizen. Ein Backblech dick mit einem Teil der Butter bestreichen.

Die Weißbrotscheiben auf dem Blech verteilen und mit der restlichen Butter bestreichen. Im Backofen (Mitte, Umluft 220°) etwa 10 Minuten goldbraun rösten, dabei einmal wenden.

Die Brotscheiben aus dem Ofen nehmen. Die Ofenhitze auf 175° (Umluft 160°) reduzieren.

Eine große feuerfeste Form ausfetten. Die Hälfte der Brotscheiben auf dem Boden der Form verteilen und mit etwa einem Drittel des Sirups gründlich befeuchten und tränken.

Die Rosinen in ein Sieb geben, mit warmem Wasser abspülen und abtropfen lassen.

Die Walnußkerne mit einem Messer oder im Blitzhacker grob hacken. Mit den Erdnußkernen (nach Belieben ebenfalls grob gehackt) und den Rosinen in einer Schüssel mischen. Die Hälfte davon über die getränkten Brotscheiben streuen.

Den Mozzarella abtropfen lassen und in kleine Würfel oder dünne Scheiben schneiden. Die Hälfte davon auf der Nuß-Rosinen-Mischung verteilen.

Mit den restlichen Brotscheiben bedecken und diese wieder mit etwas Sirup tränken. Die übrige Nuß-Rosinen-Mischung und den Mozzarella darüber verteilen. Mit dem restlichen Sirup übergießen.

Den Auflauf in den Backofen (Mitte) schieben und 30–35 Minuten backen, bis die Oberfläche knusprig gebräunt ist.

Den Brotauflauf aus dem Ofen nehmen und in der Form heiß als Hauptgericht servieren.

Tip!

Dieser mexikanische Auflauf schmeckt auch kalt als Dessert, dann reicht er für 6 bis 8 Personen. Anstelle des Mozzarella können Sie auch Schafkäse (Feta) nehmen, diesen aber einen Tag in Milch einlegen, damit er nicht so scharf und salzig ist.

Kartoffelnudeln

Preiswert

Zutaten für 4 Personen
600 g mehligkochende Kartoffeln
Salz
150 g Mehl
1 Ei
80 g Butter
100 g Mohnsamen, gemahlen
2 Eßlöffel Puderzucker
Für die Arbeitsfläche: Mehl

Pro Portion: 2100 kJ/ 500 kcal
12 g E · 29 g F · 49 g Kh
Zubereitungszeit: 45 Minuten
Garzeit: 30 Minuten

Die Kartoffeln waschen und in der Schale in Salzwasser etwa 30 Minuten kochen. Kartoffeln abgießen, pellen und noch heiß durch die Presse drücken.

Kartoffeln mit Mehl, Ei und einer Prise Salz zu einem glatten Teig verkneten.

In einem großen Topf reichlich Wasser mit einer Prise Salz zum Kochen bringen.

Den Teig auf der bemehlten Arbeitsfläche zu daumendicken Rollen formen. Von den Rollen etwa 6 cm lange Stücke abschneiden und zu Nudeln mit spitzen Enden formen.

Die Kartoffelnudeln in das Wasser geben und bei mittlerer Hitze in etwa 5 Minuten offen garen. Herausnehmen und abtropfen lassen.

Die Butter in einer großen Pfanne erhitzen, den Mohn einrühren. Die Nudeln darin wenden.

Die Kartoffelnudeln mit dem Puderzucker bestreuen und sofort servieren.

Semmelbaba

Aus Böhmen

Zutaten für 4 Personen
4 Brötchen (Semmeln) vom Vortag
3 Eier
250 ml Milch
100 g Zucker
2 Eßlöffel Vanillezucker · Salz
50 g Rosinen
500 g säuerliche Äpfel (z. B. Boskop)
Saft von 1/2 Zitrone
50 g Mandelblättchen
1/2 Teelöffel Zimtpulver
50 g kalte Butter
Für die Form: Butter

Pro Portion: 2200 kJ/ 530 kcal
14 g E · 15 g F · 83 g Kh
Zubereitungszeit: 30 Minuten
Backzeit: 45 Minuten

Die Brötchen in dünne Scheiben schneiden. Die Eier trennen, dabei die Eiweiße in eine hohe Rührschüssel fließen lassen und kühl stellen. Eigelbe mit Milch, 50 g Zucker, Vanillezucker und einer Prise Salz verquirlen.

Die Rosinen waschen. Die Äpfel waschen, schälen, vierteln, von den Kerngehäusen befreien und in Scheiben schneiden. Mit dem Zitronensaft beträufeln.

Den Backofen auf 200° vorheizen. Eine Auflaufform mit Butter ausstreichen. Die Hälfte der Brötchenscheiben in die Form schichten. Die Hälfte der Eiermilch darüber gießen. Die Äpfel darauf verteilen. Rosinen, Mandeln und den Zimt darüber streuen. Mit den restlichen Brötchen bedecken. Die restliche Eiermilch darüber gießen. Die Butter in kleinen Stücken auf der Oberfläche verteilen.

Den Auflauf im Backofen (Mitte, Umluft 180°) in etwa 35 Minuten goldgelb backen.

Die Eiweiße mit dem restlichen Zucker steif schlagen. Den Eischnee auf den Auflauf geben und bei 220° (Umluft 200°) noch etwa 10 Minuten backen, bis die Oberfläche leicht gebräunt ist. Den Auflauf sofort servieren.

Im Bild oben: Semmelbaba
Im Bild unten: Kartoffelnudeln

Gebackene Zitronencreme

Aus Kalifornien

Zutaten für 4 Personen
2 unbehandelte Zitronen
4 frische Eier
75 g Zucker
Für die Form: Butter
1 Eßlöffel Puderzucker
2 Eßlöffel Mandelblättchen

Pro Portion: 910 kJ/ 220 kcal
8 g E · 9 g F · 24 g Kh
Zubereitungszeit: 20 Minuten
Backzeit: 25 Minuten

Die Zitronen heiß abwaschen und abtrocknen. Die Schale fein abreiben, den Saft auspressen.

Die Eier trennen. Die Eigelbe in einen kleinen Topf geben und gut verquirlen, dann mit dem Zucker, Puderzucker, Zitronensaft und der Zitronenschale verrühren. Alles bei schwacher Hitze und unter ständigem Rühren langsam erhitzen und dicklich kochen, dann abkühlen lassen.

Den Backofen auf 200° vorheizen. Die Eiweiße zu steifem Schnee schlagen und locker unter die Eigelbcreme heben.

Eine runde Auflaufform oder Pieform mit Butter ausstreichen. Die Creme einfüllen und im Backofen (Mitte, Umluft 180°) etwa 25 Minuten backen, bis sie fest geworden ist (mit einem Holzstäbchen prüfen, ob beim Einstechen und wieder Herausziehen keine Creme mehr daran kleben bleibt).

Die Creme in der Form abkühlen lassen. Zum Servieren mit Puderzucker bestäuben und mit Mandelblättchen bestreuen.

Überbackene Früchte mit Quark

Gelingt leicht

Zutaten für 4 Personen
1 unbehandelte Zitrone
4 Eier
2 Päckchen Vanillezucker
4 Eßlöffel Zucker
500 g Speisequark (20%)
2 Eßlöffel gemahlene Haselnüsse
Für die Form: Butter
2 Pfirsiche
je 200 g Pflaumen und Brombeeren

Pro Portion: 1860 kJ/ 440 kcal
26 g E · 20 g F · 42 g Kh
Zubereitungszeit: 25 Minuten
Backzeit: 20 Minuten

Den Backofen auf 200° vorheizen. Die Zitrone heiß abwaschen, abtrocknen, die Zitronenschale abreiben, den Saft auspressen.

Die Eier trennen, die Eiweiße zu steifem Schnee schlagen, dabei den Vanillezucker und 2 Eßlöffel von dem Zucker einrieseln lassen.

Die Eigelbe mit dem übrigen Zukker verquirlen. Quark, die Haselnüsse, Zitronenschale und den Zitronensaft unterziehen, dann den Eischnee unterheben.

Eine breite Auflaufform oder hitzefeste Portionsförmchen ausfetten und die Quarkmasse einfüllen.

Die Pfirsiche und die Pflaumen waschen, halbieren, entsteinen und in Spalten schneiden. Die Brombeeren verlesen und kurz in stehendem Wasser waschen, gut abtropfen lassen.

Die Früchte in der Form oder den Förmchen verteilen. Im Backofen (Mitte, Umluft 180°) 20–25 Minuten gratinieren, bis die Oberfläche schön gebräunt ist.

Variante

Reisauflauf mit Quark

100 g Milchreis in 1/2 l Milch mit 2 Eßlöffeln Zucker, 1 Eßlöffel Butter und einer Prise Salz aufkochen, zugedeckt im Ofen bei 150° etwa 45 Minuten ausquellen lassen. Die Eiercreme wie im Rezept, aber nur 250 g Quark untermischen, mit den Früchten belegen und im Ofen backen.

Wiener Topfenstrudel

Braucht etwas Zeit

Zutaten für 2 kleine Strudel
200 g Mehl
4 Eier
1 1/2 Eßlöffel Öl
Salz
1 Eßlöffel Rum (oder Apfelsaft)
500 g Topfen (Quark, 20 % Fett)
100 g Zucker
1/2 Päckchen Vanillezucker
abgeriebene Schale von
1/2 unbehandelten Zitrone
80 g Butter
2 Eßlöffel Semmelbrösel
Für den Guß:
125 ml Milch
1 Eigelb
1 Eßlöffel Zucker
1/2 Päckchen Vanillezucker
Für die Arbeitsfläche: Mehl
Zum Bestäuben: Puderzucker

Bei 10 Stück pro Stück:
1500 kJ/ 360 kcal
13 g E · 17 g F · 37 g Kh
Zubereitungszeit: 1 1/4 Stunden
Backzeit: 45 Minuten

Mehl als Hügel auf die Arbeitsfläche sieben, in die Mitte eine Mulde drücken. 1 Ei hineinschlagen, 1 Eßlöffel Öl und einer Prise Salz hinzufügen. Alles von außen nach innen zu einem glatten Teig verkneten, dabei nach und nach etwa 3 Eßlöffel lauwarmes Wasser dazugießen, so daß der Teig eine mittelfeste Konsistenz erhält.

Den Strudelteig mit dem Handballen etwa 15 Minuten kräftig durchkneten, bis er seidig glänzt. Den Teig halbieren, zu 2 Kugeln formen, mit dem restlichen Öl bestreichen und unter einer umgestülpten Schüssel oder in Folie gewickelt etwa 30 Minuten bei Zimmertemperatur ruhen lassen.

Inzwischen für die Füllung die Rosinen waschen, mit Küchenpapier trocknen, mit dem Rum oder dem Apfelsaft beträufeln und zugedeckt beiseite stellen.

Den Topfen (Quark) mit Zucker und dem Vanillezucker verrühren. Die restlichen Eier trennen und die Eigelbe hineinrühren. Die Zitronenschale und die eingeweichten Rosinen hinzufügen. Die Eiweiße mit 1 Prise Salz steif schlagen und unter die Quarkmasse ziehen.

Die Butter zerlassen. Eine rechteckige, große Backform (zum Beispiel eine Bratenpfanne) dünn mit etwas Butter einfetten, die restliche beiseite stellen.

Ein großes, glattes Küchentuch gleichmäßig mit Mehl bestreuen. Eine Teigkugel darauf so dünn wie möglich ausrollen. Dann den Strudelteig mit beiden bemehlten Handrücken vorsichtig anheben und langsam von der Mitte nach außen ziehen. Der Teig soll so durchsichtig sein, daß man eine darunterliegende Zeitung lesen könnte. Die dicken Teigenden wegschneiden.

Den Strudelteig dünn mit einem weiteren Teil der Butter bestreichen und mit 1 Eßlöffel Semmelbrösel bestreuen. Die Hälfte der Füllung auf den Teig streichen, dabei ringsum einen etwa 3 cm breiten Rand freilassen. Die seitlichen Ränder einschlagen, das Tuch an einer Seite anheben und den Strudel auf diese Weise aufrollen. Mit der Nahtstelle nach unten in die Form gleiten lassen.

Den Backofen auf 200° vorheizen. Mit der zweiten Teigkugel genauso verfahren und den zweiten Strudel neben den ersten in die Form legen. Beide Strudel mit der restlichen Butter bestreichen. Die Form in den heißen Ofen (Mitte, Umluft 180°) schieben und die Topfenstrudel in etwa 45 Minuten goldgelb backen.

Für den Guß die Milch mit dem Eigelb, Zucker und Vanillezucker verquirlen. Die Strudel etwa 15 Minuten vor Ende der Backzeit mit der Eiermilch übergießen.

Die Topfenstrudel vorsichtig aus der Form heben und warm in etwa 5 cm breite Stücke schneiden. Mit Puderzucker bestäuben und noch warm servieren. Dazu paßt eine Vanillesauce (Seite 276).

Topfen-Palatschinken

Für Gäste

Zutaten für 4 Personen
Für den Teig:
100 g Mehl
250 ml Milch
2 Eier
Salz
40 g Zucker
4 Eßlöffel Butter
Für die Füllung:
50 g Rosinen
1 Eßlöffel Rum
30 g weiche Butter
abgeriebene Schale von 1/2 unbehandelten Zitrone
2 Eier
250 g Topfen (Quark, 20% Fett)
80 g Zucker
Für den Guß:
1 Ei
125 ml Milch
1 Eßlöffel Zucker
1/2 Päckchen Vanillezucker
Für die Form: Butter
Zum Bestäuben: Puderzucker

Pro Portion: 3000 kJ/ 720 kcal
24 g E · 36 g F · 74 g Kh
Zubereitungszeit: 1 Stunde
Backzeit: 25 Minuten

Für den Teig das Mehl mit 3 Eßlöffeln Milch, den Eiern, einer Prise Salz und dem Zucker verrühren. So viel Milch dazugießen, daß ein dünnflüssiger Teig entsteht.

Eine Pfanne erhitzen und gleichmäßig mit 1/2 Eßlöffel Butter einfetten. Ein Achtel bis Zehntel des Teiges mit einem Schöpflöffel hineingießen und die Pfanne dabei schwenken, so daß der Teig auseinander fließen kann und der Pfannenboden dünn bedeckt ist. Die Palatschinken (Pfannkuchen) bei schwacher bis mittlerer Hitze von jeder Seite etwa 1 Minute goldgelb backen.

Auf diese Weise weitere 7–9 Palatschinken bereiten und warm stellen. Wenn der Teig zwischendurch eindickt, wieder etwas Milch darunterrühren.

Für die Füllung die Rosinen heiß waschen, mit Küchenpapier trocknen und mit dem Rum beträufeln.

Die Butter mit der Zitronenschale schaumig rühren. Die Eier trennen, die Eigelbe unter die Buttermasse rühren. Den Topfen (Quark) und die Rosinen darunterziehen. Die Eiweiße mit dem Zucker steif schlagen und mit einem Schneebesen locker unterheben.

Den Backofen auf 200° vorheizen. Eine flache, breite Auflaufform mit Butter einfetten.

Die Füllung etwa bleistiftdick auf die Palatschinken streichen. Die Palatschinken zusammenrollen und quer halbieren. Die Palatschinkenstücke mit den Schnittseiten nach oben, mehr aufrecht stehend als liegend, in die Auflaufform schichten.

Für den Guß das Ei mit der Milch, Zucker und dem Vanillezucker verquirlen und über die Palatschinken gießen. Die Form in den Backofen (oben, Umluft 180°) stellen und etwa 25 Minuten backen, bis die Oberfläche goldgelb gebräunt ist.

Die Topfenpalatschinken dick mit Puderzucker bestäuben und sofort servieren. Dazu paßt Vanillesauce (Seite 276).

Tip!

Für das Backen von Palatschinken und Pfannkuchen sind beschichtete oder schwere Pfannen ideal. Am besten verwenden Sie eine Pfanne nur für diesen Zweck. Nach dem Backen die Pfanne nicht abwaschen, sondern nur mit Küchenpapier auswischen.

Die gefüllten Palatschinken sind die Klassiker unter den Wiener Mehlspeisen, mit denen Sie Ihre Gäste verwöhnen können

Apfelküchlein im Bierteig

Preiswert

Zutaten für 4 Personen
4 mittelgroße Äpfel
Saft von 1 Zitrone
2 Eßlöffel Rum (oder Apfelsaft)
2 Eier
200 g Mehl
Salz
50 g Zucker
1 Eßlöffel Öl
1/4 l helles Bier (oder sprudelndes Mineralwasser)
Zum Ausbacken: 500 g Butterschmalz
Zum Bestäuben: Puderzucker

Pro Portion: 2600 kJ/ 620 kcal
8 g E · 31 g F · 79 g Kh
Zubereitungszeit: 40 Minuten

Die Äpfel waschen, schälen und die Kerngehäuse großzügig ausstechen. Die Äpfel quer in etwa 1 cm dicke Scheiben schneiden, in eine Schüssel legen und mit dem Zitronensaft und dem Rum (oder Apfelsaft) beträufeln.

Die Eier trennen. Die Eiweiße zu steifem Schnee schlagen, bis zur Verwendung kalt stellen.

Das Mehl mit einer Prise Salz in eine Schüssel sieben. Den Zucker darüber streuen und die Eigelbe zugeben. Das Öl und das Bier mit den Quirlen des Handrührgerätes einrühren. Den Eischnee unter den dickflüssigen Teig heben.

In einer tiefen Pfanne das Butterschmalz erhitzen. Die Apfelringe einzeln durch den Teig ziehen und portionsweise in das heiße Butterschmalz gleiten lassen. Von jeder Seite 1–2 Minuten schwimmend goldgelb backen.

Die Apfelringe mit einem Schaumlöffel aus dem Fett heben und auf Küchenpapier entfetten. Dick mit Puderzucker bestäuben und gleich heiß servieren.

Münchner Apfelstrudel

Braucht etwas Zeit

Zutaten für 4 Personen
200 g Mehl
Salz
3 Eßlöffel Öl
800 g säuerliche Äpfel (Boskop)
Saft von 1 Zitrone
100 g Rosinen
100 g Zucker
3 Eßlöffel Rum nach Belieben
100 g Sauerrahm (saure Sahne)
2 Eßlöffel flüssige Butter
200 g Rahm (Sahne)
Für die Backform: Butter
Zum Ausrollen: Mehl
Zum Bestäuben: Puderzucker

Pro Portion: 3000 kJ/ 720 kcal
7 g E · 32 g F · 103 g Kh
Zubereitungszeit: 1 1/4 Stunden
Backzeit: 50 Minuten

Das Mehl auf eine Arbeitsfläche sieben. Leicht salzen und in die Mitte eine Vertiefung drücken. 100 ml lauwarmes Wasser und das Öl rasch einarbeiten. Es soll ein glatter Teig entstehen. Diesen in Frischhaltefolie wickeln und etwa 30 Minuten ruhen lassen.

Inzwischen die Äpfel schälen. In Viertel schneiden, von den Kerngehäusen befreien und in dünne Scheiben schneiden. In eine Schüssel legen und mit Zitronensaft beträufeln. Mit den Rosinen und dem Zucker überstreuen. Den Rum darüber träufeln. Den Backofen auf 200° vorheizen.

Ein Backblech oder eine Bratreine buttern. Ein Tuch mit Mehl bestäuben. Den Strudelteig darauf so dünn ausrollen, daß man eine darunterliegende Zeitung lesen könnte. Mit Sauerrahm bestreichen. Die Apfelmischung 8–10 cm vom Teigrand entfernt darauf ausbreiten. Den Teigrand darüber klappen. Das Tuch an einer Seite anheben und den Teig schnell aufrollen. In die Form legen. Mit der Butter bepinseln.

In den heißen Backofen (Mitte, Umluft 180°) schieben und etwa 50 Minuten backen. Dabei öfter mit Rahm beträufeln, bis er aufgebraucht ist. Den fertigen Apfelstrudel aus dem Ofen nehmen und mit Puderzucker überstäuben. Heiß oder kalt servieren.

Pastete mit Vanillecreme

Aus Griechenland

Zutaten für etwa 30 Stücke
3 Eier
300 g Zucker
90 g Hartweizengrieß
1 Vanillestange (oder 2 Päckchen Vanillezucker)
1 unbehandelte Zitrone
1 l Milch
Salz
300 g Filloteig (6 Blätter; ersatzweise etwa 500 g tiefgekühlter Blätterteig, aufgetaut)
150 g Butter
8 Eßlöffel Milch
1 Teelöffel Zimtpulver
Für das Blech: Butter

Pro Stück: 980 kJ/ 230 kcal
10 g E · 17 g F · 11 g Kh
Zubereitungszeit: 1 1/2 Stunden
Backzeit: 40 Minuten

In einer Rührschüssel die Eier mit 200 g Zucker schaumig schlagen. Den Grieß einrieseln lassen. Die Vanillestange längs aufschneiden, das Mark herausschaben und dazugeben. Die Zitrone heiß abspülen, trocknen, die Schale abreiben und unterrühren. Die Zitrone auspressen, den Saft beiseite stellen.

Die Milch unter die Masse in der Rührschüssel mischen, die aufgeschlitzte Vanilleschote und eine Prise Salz dazugeben, alles in einen Topf gießen und unter Rühren aufkochen. Wenn die Mischung dick wird, den Topf von der Kochstelle nehmen, die Vanilleschote entfernen und die Creme abkühlen lassen, ab und zu umrühren.

Ein Backblech mit etwas Butter ausfetten. 3 Filloteig-Blätter darauf legen, die Ränder überhängen lassen (bei Blätterteig 2 x 4 Platten aufeinander legen und jeweils etwa 5 cm größer als das Blech ausrollen, so daß zwei große Teigblätter entstehen. Das Blech nicht fetten, sondern kalt abspülen und eine Teigplatte darauf legen).

In einem kleinen Topf die Butter und die Milch erwärmen. Die Teigblätter auf dem Blech gut damit bepinseln (Blätterteig muß nicht bepinselt werden).

Die abgekühlte Vanillecreme gleichmäßig auf dem Teig verteilen, dann die Ränder der Teigblätter nach innen umklappen.
Sowohl beim Fillo- als auch beim Blätterteig die Ränder mit der Milch-Butter-Mischung bepinseln.

Weitere 3 Filloteig-Blätter oder die übrige ausgerollte Blätterteigplatte über die Füllung auf dem Blech legen. Wieder den Teig mit der Milch-Butter-Mischung bepinseln – auch den Blätterteig –, die Ränder nach unten einklappen, so daß die Pastete bedeckt ist. Den Backofen auf 180° vorheizen.

Mit einem scharfen Messer in die Pastete vorsichtig etwa 7 cm breite Streifen (auf der breiteren Blechseite) und 6 cm breite Streifen (auf der schmaleren Blechseite) einritzen, so daß insgesamt etwa 30 Rechtecke entstehen. Diese noch einmal diagonal einschneiden, so daß aus jedem Rechteck 2 Dreiecke werden.

Die Pastete mit ein wenig Wasser besprenkeln. Das Blech in den heißen Backofen (Mitte, Umluft 160°) schieben und die Pastete in 35–40 Minuten goldbraun backen.

Inzwischen in einem Topf den restlichen Zucker (100 g) mit dem Zimtpulver und dem Zitronensaft mit 1/8 l Wasser 1–2 Minuten zu Sirup kochen, abkühlen lassen.
Die fertige Pastete aus dem Ofen nehmen und heiß mit dem Sirup tränken. In Stücke schneiden und servieren.

Tip!

Das Einschneiden der Pastete vor dem Backen ist ganz wichtig, damit sich der Teig während des Backens nicht aufblähen kann. Sie dürfen den Teig aber nicht ganz durchschneiden, sonst zerfällt die Pastete beim Portionieren. Übriggebliebenen Fillo- oder Blätterteig können Sie in Folie verpackt im Kühlschrank 5–6 Tage aufbewahren und für kleine Pasteten verwenden.

Desserts

Kein feines Menü ohne den süßen Abschluß, für den Naschkatzen sogar auf den Nachschlag bei der Hauptspeise verzichten können. Nur, um ruhigen Gewissens eine doppelte Portion nehmen zu können.

Üppige Cremes und leichte Geleespeisen, Crêpes und Pfannküchlein, Fruchtsalate und selbstgemachte Eiscreme – es gibt ja so viele feine Sachen für Schleckermäuler. Ein Nachtisch? Mit Vergnügen!

Mehr Obst

Frisches Obst und reife Beeren sollten jeden Tag auf den Tisch kommen, sie enthalten reichlich Vitamin C und Beta-Carotin, aber auch die Vitamine der B-Gruppe und Vitamin E sind reichlich enthalten. Dazu kommen Mineralstoffe (Kalium und Kalzium, Eisen und Phosphor) und Ballaststoffe.

Die wertvollen Inhaltsstoffe sind vor allem in reifem Obst vorhanden, und hiermit tut sich der Handel schwer. Werden Früchte und Beeren reif geerntet, sind sie transportempfindlich und nur kurze Zeit haltbar. Deshalb werden sie halbreif und fest auf den Weg geschickt. Aber nur wenige Sorten reifen hinterher noch nach und entwickeln ihr Aroma.

Nach der Ernte reifen Äpfel und Birnen, Aprikosen, Avocados, Bananen, frische Feigen, Nektarinen, Pfirsische, Pflaumen und Zwetschgen noch nach, ebenso viele Exoten wie Guaven, Kiwis, Mangos, Maracujas und Papayas. Allerdings erreichen sie so nicht das Aroma und den Vitamingehalt wie natürlich ausgereiftes Obst. Bei anderen Früchten gilt: Lassen Sie die Hände weg von allem was noch hart und farblos ist, es wird nicht besser.

Also wieder einmal die Regel: Kaufen Sie das Obst, das gerade Saison hat, frisch und reichlich angeboten wird, möglichst aus biologischem Anbau stammt und auf kurzen Transportwegen zum Markt kommt.

Eine brauchbare Alternative zu frischen Beeren sind tiefgekühlte Früchte, die vollreif geerntet und gleich nach dem Pflücken gefrostet werden. Dadurch enthalten sie noch die meisten empfindlichen Vitamine und bioaktiven Substanzen.

Wichtig: Langsam auftauen lassen, am besten auf einer Platte ausbreiten und abgedeckt beiseite stellen. Oder die Früchte noch gefroren dünsten.

Nüsse & Samen

Walnüsse, Haselnüsse, Pinienkerne, Pistazien, Mandeln, Sonnenblumen- und Cashewkerne – das Angebot ist riesig. Sie bereichern Desserts mit vielen Vitaminen und Mineralstoffen, enthalten wertvolles Eiweiß, leider auch Fett, Macadamia-, Wal- und Haselnüsse sind die fettreichsten Sorten. Grüne Pistazien und schalenlose Kürbiskerne machen sich gehackt gut als Dekoration auf hellen Desserts, ebenso Pinienkerne, wenn sie in einer trockenen Pfanne hellbraun angeröstet werden.

Eine runde Sache

Eier enthalten nicht nur das geschmähte Cholesterin, sondern auch Lecithin, Carotine und Vitamine und sind längst nicht so gefährlich für die Blutfettwerte wie oft behauptet wird. Eier geben Cremespeisen den zarten Schmelz, sie binden und sie lockern als Eischnee. Für Pfannkuchen und Ausbackteig sind sie unentbehrlich.

Schaumig gerührte Eigelbe werden für viele Desserts benötigt. Dazu gehört Geduld. Und ein starker Arm oder die Hilfe eines Handrührgerätes mit Schneebesen. Die Mischung mindestens 10 Minuten kräftig schlagen, bis sie richtig weißschaumig ist. Geschieht das auf dem heißen Wasserbad und wird noch Wein oder Likör zugegeben, so erhält man eine Zabaione (Seite 268), der sich gut auf Beeren macht.

Eigelbe müssen geduldig zu einer Creme geschlagen werden

Eier binden auch die Crème caramel (Seite 272), die viel einfacher ist als man denkt. Für Karamel wird Zucker in einem hellen Topf erhitzt. Erst wird er flüssig und blubbert leise, dann färbt er sich langsam honigfarben. Jetzt aufpassen, er darf nur hellbraun werden, sonst schmeckt er bitter. Den Topf vom Herd ziehen und den Karamel mit Wasser ablöschen – Vorsicht, das spritzt! Unter Rühren auflösen und in die Förmchen verteilen. Darüber kommt die Eiermilch, die im Wasserbad sanft stockt. Wenn die Förmchen nach dem Abkühlen gestürzt werden, fließt der flüssige Karamel wie eine Sauce über die Creme.

Schaumgebilde

Eiweiße und Sahne lassen sich mit Schneebesen oder Handrührgerät zu festem Schaum schlagen, der Desserts und Eiscremes luftig lockert. Wichtig beim Eischnee: Die Schüssel, in der er geschlagen wird, darf kein Fett enthalten, sonst wird der Schnee nicht fest. Am besten die Schüssel noch einmal waschen, klar nachspülen und gut trocknen. Wenn Sie auch Schlagsahne benötigen, erst den Eischnee in der Schüssel schlagen, umfüllen und in der Schüssel die Sahne schlagen. Reste von Eischnee schaden der Sahne nicht, umgekehrt würde das Fett der Sahne das Festwerden des Eischnees verhindern.

Für Crème caramel den Boden der Förmchen ausgießen

Die Crème caramel ist gar, wenn sie sich beim Daraufdrücken festelastisch anfühlt

Klarer Durchblick

Für die Geleespeisen wird in der vegetarischen Küche Agar-Agar verwendet, ein Dickungsmittel aus Rotalgen. Es ist nicht ganz billig, dafür braucht man nur sehr wenig davon. Für 1/2 l Gelee genügt ein gestrichener Teelöffel des hellen Pulvers, das zuerst mit etwa 3 Eßlöffeln Wasser oder Saft angerührt und dann in die kochende Flüssigkeit gequirlt wird. Alles unter ständigem Rühren 2 Minuten kochen lassen, damit es binden kann. Die Masse wird erst beim Erkalten fest.

Süßmacher

Außer dem weißen Zucker, der praktisch keine wertvollen Stoffe enthält, gibt es noch eine Reihe von Süßungsmitteln, die ohne allzu große industrielle Verarbeitung gewonnen werden: Honig, Ahornsirup, Rohzucker, Vollzucker und Vollrohrzucker. Vollzucker ist der getrocknete und gemahlene Saft von Zuckerrüben, der Vollrohrzucker wird entsprechend aus dem Saft des Zuckerrohrs gewonnen. Beide sind braun und enthalten ein Vielfaches an Mineralstoffen (Kalium, Kalzium, Magnesium, Phosphor und Eisen) und Vitaminen (B-Gruppe) gegenüber dem weißen Zucker. Nicht verwechseln mit manchen braunen Zuckersorten, die nur mit Karamel dunkel gefärbt sind.

Vanillezucker ist weißer Zucker, der mit echter gemahlener Vanille aromatisiert ist. Das Aroma des Vanillinzuckers dagegen liefert die chemische Industrie.

Zimtcreme mit Bananen

Preiswert

Zutaten für 4 Personen
1/2 l Milch
60 g Reismehl (Reformhaus)
4 Eßlöffel Zuckerrohrgranulat oder Honig
4 Teelöffel Zimtpulver
200 g Sahne
2 Bananen

Pro Portion: 1400 kJ/ 330 kcal
7 g E · 20 g F · 38 g Kh
Zubereitungszeit: 35 Minuten

Die Milch in einen mit kaltem Wasser ausgespülten Topf geben. Das Reismehl einrühren und die Milch zum Kochen bringen.

Die Milch etwa 5 Minuten unter Rühren bei mittlerer Hitze kochen lassen, dann von der Kochstelle nehmen und unter gelegentlichem Rühren abkühlen lassen.

Das Granulat oder den Honig und den Zimt einrühren und die Creme abschmecken. Die Sahne steif schlagen. Die Hälfte der Sahne unter die Creme ziehen.

Die Creme in vier Schälchen verteilen. Die Bananen schälen und in Scheiben schneiden.

Die Creme mit der restlichen Sahne und den Bananenscheiben garnieren, gleich servieren.

Hafercreme mit Orangen

Braucht etwas Zeit

Zutaten für 4 Personen
1/2 l Milch
80 g Hafer, fein gemahlen oder feine Hafervollkornflocken
1/2 Teelöffel Agar-Agar
1 Messerspitze Zimtpulver
1 Messerspitze Nelkenpulver
1 Messerspitze gemahlene Vanille (oder Vanillezucker)
2 unbehandelte Orangen
50 g Magerquark
40 g Zuckerrohrgranulat
200 g Sahne

Pro Portion: 1600 kJ/ 380 kcal
10 g E · 22 g F · 34 g Kh
Zubereitungszeit: 30 Minuten
Kühlzeit: 30 Minuten

Die Milch in einem Topf mit dem Hafermehl oder den Flocken, dem Agar-Agar, Zimt-, Nelken- und Vanillepulver verrühren.

Orangen heiß abspülen, trocknen und die Schale der Orangen (ohne die weiße Haut) zur Milch reiben.

Die Milchmischung unter Rühren zum Kochen bringen, bei mittlerer Hitze etwa 2 Minuten kochen, bis sie dick wird.

Den Topf von der Kochstelle nehmen. Die Creme unter öfterem Rühren abkühlen lassen.

Die abgekühlte Creme mit Quark und dem Zuckerrohrgranulat oder Honig verrühren.

Die Sahne steif schlagen und mit einem Schneebesen vorsichtig unter die abgekühlte Creme heben. Die Creme in vier Dessertschälchen füllen und bis zum Servieren etwa 30 Minuten kühlen.

Inzwischen die Orangen mit einem scharfen Messer schälen, dabei die weiße Haut ganz entfernen.

Mit dem Messer an den Innenseiten der einzelnen Orangenspalten entlangschneiden und so das Fruchtfleisch aus der Haut lösen. Die Kerne entfernen.

Die gekühlte Creme mit den Orangenfilets hübsch garnieren und servieren.

Tip!

Die Creme schmeckt auch mit anderen saftigen Früchten oder, im Winter, mit eingeweichtem Trockenobst.

Im Bild oben:
Hafercreme mit Orangen
Im Bild unten:
Zimtcreme mit Bananen

Preiselbeer-Buttermilch-Gelee

Gut vorzubereiten

Zutaten für 4 Personen
1 1/2 Teelöffel Agar-Agar
1/2 l Buttermilch
1 Stück frischer Ingwer (etwa 2 cm)
3 Eßlöffel Zucker
100 g eingelegte Preiselbeeren

Pro Portion: 680 kJ/ 160 kcal
13 g E · 1 g F · 26 g Kh
Zubereitungszeit: 20 Minuten
Gelierzeit: 12 Stunden

Das Agar-Agar in einen kleinen Topf geben und in etwas kaltem Wasser quellen lassen.

Den Ingwer schälen und sehr fein hacken. Zusammen mit 2–3 Eßlöffeln Wasser und dem Zucker unter das Agar-Agar rühren. Bei mittlerer Hitze aufkochen und etwa 2 Minuten köcheln lassen, dann unter die Buttermilch rühren.

2 Teelöffel von den Preiselbeeren beiseite nehmen, die übrigen unter die Buttermilch rühren. In eine Schüssel oder in Portionsschälchen füllen, über Nacht im Kühlschrank gelieren lassen.

Zum Servieren das Gelee mit den beiseite gelegten Preiselbeeren verzieren.

Katalanische Creme

Raffiniert

Zutaten für 4 Personen
1 Eßlöffel Speisestärke
1/2 l Milch
1 Vanilleschote
4 Eigelbe
100 g Zucker
1/2 Zimtstange
Zucker zum Karamelisieren

Pro Portion: 1400 kJ/ 330 kcal
11 g E · 17 g F · 35 g Kh
Zubereitungszeit: 35 Minuten
Kühlzeit: 4 Stunden

Die Speisestärke in 2–3 Eßlöffeln Milch auflösen. Restliche Milch mit der aufgeschlitzten Vanilleschote zum Kochen bringen. Die Eigelbe und den Zucker cremig schlagen. Die Milch unterrühren.

Die Creme in den Topf füllen. Die aufgelöste Speisestärke und die Zimtstange zugeben. Die Creme unter Rühren erhitzen, bis sie gebunden ist. Die Vanilleschote und die Zimtstange entfernen.

Die Creme in eine Puddingform oder in Portionsförmchen geben und in den Kühlschrank stellen. Mindestens 4 Stunden kühlen.

Vor dem Servieren etwas Zucker in wenig Wasser erhitzen, bis er karamelisiert. Die Creme stürzen und mit Karamel überziehen.

Aprikosencreme mit Sahne

Schnell

Zutaten für 4 Personen
1 Eßlöffel gehackte Mandeln
500 g sehr reife Aprikosen
50 g Puderzucker
125 g Sahne

Pro Portion: 990 kJ/ 240 kcal
3 g E · 13 g F · 27 g Kh
Zubereitungszeit: 25 Minuten

Die gehackten Mandeln in einer Pfanne ohne Fett unter Rühren kurz hellbraun rösten, beiseite stellen. Die Aprikosen waschen, entsteinen, vierteln und häuten. Die Viertel im Mixer pürieren.

Das Aprikosenpüree mit Puderzucker vermischen. Die Sahne steif schlagen und mit unter das Püree heben.

Die Creme in Dessertschälchen verteilen und mit den gerösteten Mandeln bestreuen. Sofort servieren oder bis zum Essen in den Kühlschrank stellen.

Tip!

Wenn die Aprikosen noch fest sind, zum Häuten kurz mit kochendem Wasser überbrühen.

Birnenpfannkuchen

Preiswert

Zutaten für 4 Personen
4 Eier
100 g Zucker
150 g saure Sahne
100 g Mehl
Salz
2 kleine, feste Birnen
2 Eßlöffel Zitronensaft
2 Eßlöffel Butter zum Backen
Puderzucker und Zimt zum Bestäuben

Pro Portion: 1700 kJ/ 410 kcal
11 g E · 17 g F · 53 g Kh
Zubereitungszeit: 40 Minuten

Die Eier trennen. Die Eiweiße zu nicht ganz steifem Schnee schlagen, dabei nach und nach den Zucker einrieseln lassen.

Die Eigelbe mit der sauren Sahne, Mehl und einer Prise Salz glattrühren. Die Hälfte des Eischnees unter die Eigelbsahne rühren, den restlichen Eischnee mit einem Schneebesen locker unterheben.

Die Birnen waschen und mit Küchenpapier gut abreiben. Dann vierteln, die Kerngehäuse herausschneiden. Die Birnenviertel in Spalten schneiden, sofort in dem Zitronensaft wenden, damit sie sich nicht verfärben.

In einer großen, beschichteten Pfanne etwas von der Butter zerlassen. Für jeden Pfannkuchen 1–2 Eßlöffel Teig hineingeben, einige Birnenspalten darauf verteilen. Einen dicken, goldgelben Pfannkuchen auf beiden Seiten backen. Auf diese Weise nach und nach 12–14 Pfannkuchen backen, fertige warmhalten. Mit Puderzucker und etwas Zimt bestäubt servieren.

Crêpes mit Himbeersahne

Für Gäste

Zutaten für 4 Personen
Für die Crêpes:
60 g Dinkelmehl oder je 30 g Dinkel- und Buchweizenmehl
1 Ei
125 ml Milch
2 Teelöffel Zuckerrohrgranulat oder Honig
Salz
1 unbehandelte Zitrone
Für die Füllung:
250 g Himbeeren
150–200 g kalte Sahne
Zum Garnieren:
einige Minzeblättchen
Zum Braten:
30 g Butter

Pro Portion: 1200 kJ/ 290 kcal
6 g E · 22 g F · 18 g Kh
Zubereitungszeit: 50 Minuten

Das Mehl mit dem Ei und nach und nach mit der Milch zu einem glatten Teig verrühren. Zuckerrohrgranulat oder Honig und eine Prise Salz untermischen.

Die Zitrone heiß waschen und mit Küchenpapier trocknen. Etwa ein Viertel der Schale abreiben und unter den Teig rühren. Den Crêpeteig zugedeckt bei Zimmertemperatur mindestens 30 Minuten ausquellen lassen.

Inzwischen die Himbeeren in einem Sieb abbrausen und gut abtropfen lassen. Die gut gekühlte Sahne steif schlagen.

Etwas von der Butter in einer Pfanne aufschäumen lassen. Mit einer Schöpfkelle etwas Teig in die schräggehaltene Pfanne gießen und durch Drehen rasch verlaufen lassen. Nacheinander bei mittlerer Hitze 4 dünne Pfannkuchen braten.

Jeweils einen Pfannkuchen auf einen Portionsteller legen. Etwas Sahne darauf setzen, die Himbeeren darauf verteilen und die Crêpes zusammenklappen. Die Minze waschen und die Crêpes damit garnieren.

Nußpfannkuchen mit Honig

Aus der Türkei

Zutaten für 4 Personen
100 g Weizen-Vollkornmehl
250 ml Milch
2 Eier
Salz
50 g Haselnüsse
50 g Walnüsse
50 g Mandeln
1 Eßlöffel Butter
100 g heller Honig
1/2 Teelöffel Zimtpulver
1/2 Teelöffel Nelkenpulver
1 Eßlöffel Rosenwasser (Reformhaus oder Apotheke; ersatzweise Zitronensaft)
Zum Braten: Fett

Pro Portion: 2300 kJ/ 550 kcal
14 g E · 31 g F · 43 g Kh
Zubereitungszeit: 45 Minuten

Aus Mehl, Milch, Eiern und einer Prise Salz einen glatten Pfannkuchenteig rühren. Etwa 20 Minuten quellen lassen.

Die Nüsse grob hacken. Die Butter zerlassen. 2 Eßlöffel Honig hinzufügen. Die Nüsse darin bei mittlerer Hitze etwa 5 Minuten braten, mit Zimt- und Nelkenpulver würzen, zur Seite stellen.

Aus dem Teig in einer beschichteten Pfanne in wenig Fett acht dünne, helle Pfannkuchen backen, mit der Hälfte der Nußmischung überbröseln, zu Vierteln zusammenklappen. Auf flache Teller legen und abkühlen lassen.

Den Rest der Nüsse mit dem übrigen Honig und 100 ml Wasser aufkochen lassen, mit Rosenwasser aromatisieren. Über die Pfannkuchen gießen, abkühlen lassen. Kühl servieren.

Würzpflaumen auf Karamel-Reis

Gelingt leicht

Zutaten für 4 Personen
250 g Dörrpflaumen ohne Stein
5 Eßlöffel Zucker
2 Eßlöffel Butter
1/2 l Milch
200 g Langkorn-Reis
2 dünne Stangen Zimt
5 Gewürznelken
2 Sternanis
1/2 l trockener Rotwein (ersatzweise roter Traubensaft)
2 Teelöffel Speisestärke

Pro Portion: 2500 kJ/ 600 kcal
9 g E · 12 g F · 92 g Kh
Zubereitungszeit: 1 Stunde

Die Pflaumen lauwarm abspülen; wenn sie sehr fest sind, einige Zeit in Wasser einweichen (siehe Tip). In einem hellen Topf 3 Eßlöffel von dem Zucker mit der Butter mittelbraun karamelisieren lassen. Die Milch dazugießen und den Karamel unter Rühren auflösen. Den Reis unterrühren und fest zugedeckt bei ganz schwacher Hitze in 30–40 Minuten ausquellen lassen.

Die Dörrpflaumen mit den Zimtstangen, Nelken, Sternanis und dem restlichen Zucker im Rotwein offen 10–15 Minuten dünsten. Die Speisestärke mit etwas kaltem Wasser anrühren, dazugießen und aufkochen lassen.

Den Reis mit den Würzpflaumen auf Desserttellern anrichten.

Tip!

Sie können auch Naturreis für das Dessert verwenden, dieser muß dann gut 1 Stunde ausquellen. Für die Einweichzeit von Trockenpflaumen gibt es keine feste Regel, besonders harte sollten über Nacht weichen, sonst genügen 1–2 Stunden. Verzehrfertige Pflaumen müssen überhaupt nicht eingeweicht werden (steht auf der Packung).

Im Bild oben:
Nußpfannkuchen mit Honig
Im Bild unten:
Würzpflaumen auf Karamel-Reis

Türkisches Mandeldessert

Für Gäste

Zutaten für 4 Personen
80 g fein gemahlene Mandeln
1/2 l Milch
75 g Reismehl (Reformhaus)
100 g Zucker
Salz
50 g Kokosraspel
40 g gehackte Pistazienkerne

Pro Portion: 2100 kJ/ 500 kcal
12 g E · 28 g F · 50 g Kh
Zubereitungszeit: 45 Minuten

Die gemahlenen Mandeln in ein Schüsselchen geben und so viel Milch hineinrühren, daß eine geschmeidige Paste entsteht. Das Reismehl mit etwa 4 Eßlöffeln Wasser verquirlen.

Die restliche Milch mit dem Zucker und etwas Salz in einen Topf geben und zum Kochen bringen. Die Milch von der Kochstelle nehmen, den Reismehlbrei dazugeben und gründlich mit dem Schneebesen schlagen. Die Mandelmasse und die Kokosraspel dazugeben. Den Topf wieder aufsetzen und alles unter Rühren bei schwacher Hitze kochen, bis ein fester Pudding entsteht.

Das Dessert auf Portionsschälchen verteilen und kühl stellen. Zum Servieren die Pistazienkerne auf das Dessert streuen.

Pfirsiche mit Mascarpone

Schnell

Zutaten für 4 Personen
4 vollreife, aber feste Pfirsiche
250 g Mascarpone
4 Eßlöffel Ahornsirup oder flüssiger Honig
1 Prise Nelkenpulver
2 Eßlöffel Zitronensaft

Pro Portion: 1400 kJ/ 330 kcal
1 g E · 22 g F · 11 g Kh
Zubereitungszeit: 15 Minuten

Die Pfirsiche häuten. Bei reifen Pfirsichen läßt sich die Haut einfach abziehen, noch nicht ganz reife mit heißem Wasser überbrühen und kurz darin ziehen lassen, dann läßt sich die Haut leicht entfernen. Die Pfirsiche halbieren, die Steine entfernen und das Fruchtfleisch in schmale Schnitze schneiden. Dekorativ auf vier Desserttellern anrichten.

Den Mascarpone mit Ahornsirup, Nelkenpulver und dem Zitronensaft in eine Schüssel geben und mit dem Schneebesen schaumig schlagen. Neben den Pfirsichschnitzen verteilen und servieren.

Tip!

Statt Mascarpone können Sie auch Crème fraîche verwenden.

Exoten mit Zabaione

Raffiniert

Zutaten für 4 Personen
2 Kiwis
2 Baby-Ananas
2 Papayas
2 Eßlöffel Zitronensaft
4 Eigelbe
40 g Zucker
100 ml trockener Weißwein
1 Prise Zimtpulver

Pro Portion: 980 kJ/ 230 kcal
5 g E · 6 g F · 35 g Kh
Zubereitungszeit: 30 Minuten

Die Kiwis schälen und in Scheiben schneiden. Ananas schälen, alle »Augen« entfernen. Ananas in Stücke schneiden. Die Papayas der Länge nach halbieren, Kerne mit einem Löffel herauskratzen. Die Papayas in Schnitze schneiden. Die Früchte auf Desserttellern anrichten und mit dem Zitronensaft beträufeln.

Für die Zabaione die Eigelbe mit dem Zucker in eine Edelstahlschüssel geben und sehr schaumig schlagen.

Den Weißwein und den Zimt dazugeben, alles über einem heißen Wasserbad weiterschlagen, bis die Masse dickflüssig wird. Heiß über die Früchte gießen und sofort servieren.

Weizen-Fruchttörtchen

Für Gäste

Zutaten für 4 Personen
100 g getrocknete ungeschwefelte Aprikosen oder Feigen
300 ml Milch
50 g ungeschwefelte Rosinen
150 g Couscous, Bulgur oder Vollkorngrieß
2 Teelöffel Zuckerrohrgranulat
50 g beliebige Nüsse, gehackt
10 g Butter
1 Banane
250 g Erdbeeren oder Himbeeren

Pro Portion: 1800 kJ/ 430 kcal
11 g E · 12 g F · 18 g Kh
Zubereitungszeit: 40 Minuten

Die Aprikosen oder die Feigen in kleine Stücke schneiden.

Die Milch zum Kochen bringen. Die Rosinen und die Trockenfrüchte einstreuen und 1 Minute kochen lassen. Couscous, Bulgur oder den Vollkorngrieß und das Zuckerrohrgranulat einrühren. Den Grieß auf der ausgeschalteten Kochstelle zugedeckt in etwa 10 Minuten ausquellen lassen. Dabei ab und zu umrühren.

Die Nüsse in einer Pfanne mit der Butter bei mittlerer Hitze unter Rühren leicht rösten.

Den Grieß etwas abkühlen lassen. Die Nüsse unterrühren. Die Banane kleinschneiden und unter den Grieß rühren. Die Masse in kalt ausgespülte Tassen oder kleine Förmchen streichen, festdrücken und auskühlen lassen.

Die Erdbeeren waschen und die Blütenkelche abzupfen, Himbeeren kurz abbrausen. Die Früchte gut abtropfen lassen und mit dem Mixstab pürieren.

Die Förmchen kurz in heißes Wasser tauchen und die Törtchen auf Dessertteller stürzen. Die Törtchen mit dem Fruchtpüree umgießen und servieren.

Variante:

Hirsecreme mit Beeren

600 ml Milch mit 160 g Hirse und 2–3 Eßlöffeln Zucker unter Rühren aufkochen, bei schwacher Hitze 10 Minuten leise köcheln lassen, dann den Topf vom Herd nehmen und die Hirse noch etwa 15 Minuten ausquellen lassen. 500 g gemischte Beeren waschen, abtropfen lassen und unter die Hirsegrütze rühren, eventuell noch nachzuckern. Die Hirsecreme in Schälchen füllen und abkühlen lassen. Zum Servieren mit kalter, nur leicht angeschlagener Sahne übergießen.

Zwetschgenpüree mit Zimt

Schnell

Zutaten für 4 Personen
400 g Zwetschgen
80 g Zucker
2 Teelöffel Zimtpulver
200 g Sahne
4 Eßlöffel Raspelschokolade

Pro Portion: 1400 kJ/ 330 kcal
2 g E · 19 g F · 37 g Kh
Zubereitungszeit: 20 Minuten

Die Zwetschgen waschen und entsteinen, in Stücke schneiden. In einen Topf geben, mit Zucker bestreuen und unter Rühren aufkochen. Auf der abgeschalteten Herdplatte etwa 5 Minuten zugedeckt ziehen lassen.

Die Zwetschgen im Mixer oder mit dem Pürierstab fein zerkleinern. Das Püree mit dem Zimt würzen.

Die Sahne sehr steif schlagen. Das abgekühlte Zwetschgenpüree vorsichtig unterziehen. Das Dessert in Portionsschälchen füllen und mit der Raspelschokolade bestreuen.

Tip!

Sie können das Zwetschgenpüree auch schon am Vortag zubereiten und im Kühlschrank aufheben.

Gazellenhörnchen

Aus Marokko

Zutaten für etwa 40 Hörnchen
250 g Butter oder Butterschmalz
500 g Weizenmehl
Salz
200 g frische Datteln
Für das Backblech: Fett
Zum Wälzen: Puderzucker

Pro Portion: 440 kJ/ 110 kcal
1 g E · 5 g F · 13 g Kh
Zubereitungszeit: 1 1/4 Stunden
Backzeit: 20 Minuten

Butter oder Butterschmalz in einem kleinen Topf bei schwacher Hitze zerlassen. Vom Herd nehmen und etwas abkühlen lassen.

Das Mehl, 3–4 Eßlöffel Wasser und eine Prise Salz in eine Schüssel geben. Die flüssige Butter oder das Butterschmalz dazugeben und alles mit den Knethaken des Handrührgerätes zu einem festen Teig verkneten.

Die Datteln entkernen, harte Stellen entfernen und Haut abziehen. Die Früchte kleinschneiden und mit 100 ml Wasser in einen kleinen Topf geben. Bei schwacher Hitze etwa 15 Minuten leise köcheln lassen.

Den Backofen auf 180° vorheizen. Den Teig auf einer bemehlten Arbeitsfläche kurz durchkneten und dünn ausrollen. Mit einem Glas (7 cm Ø) Kreise ausstechen. In die Mitte jedes Kreises 1 Teelöffel von der Dattelfüllung geben. Die Kreise zur Mitte zusammenklappen und die Ränder gut andrücken. Die Halbkreise zu Hörnchen formen.

Ein Backblech einfetten. Die Hörnchen darauf verteilen und im Backofen (Mitte) in etwa 20 Minuten goldgelb backen. Die Hörnchen vom Blech nehmen und auf einem Kuchengitter abkühlen lassen. Zum Servieren in Puderzucker wälzen.

Grießpudding

Aus Syrien

Zutaten für 4 Personen
125 g Butter
300 g Zucker
1 Teelöffel Zimtpulver
200 g Grieß

Pro Portion: 2900 kJ/ 690 kcal
6 g E · 27 g F · 110 g Kh
Zubereitungszeit: 20 Minuten

Die Butter in einem großen Topf zerlassen, 3/4 l Wasser dazugeben und aufkochen lassen. Zucker und Zimtpulver mischen, in das kochende Wasser einrühren. Alles unter Rühren bei mittlerer Hitze so lange kochen lassen, bis sich der Zucker vollständig aufgelöst hat.

Unter ständigem Rühren nach und nach den Grieß in das Zuckerwasser geben, den Topf vom Herd nehmen und den Grießpudding zugedeckt etwa 5 Minuten quellen lassen. Noch einmal kräftig durchrühren und in Portionsschälchen verteilen. Warm servieren.

Tip!

Der Grießpudding ist eine Spezialität aus Aleppo. Unter dem Namen »Halva« ist das Rezept bis nach Indien und nach Griechenland gekommen. In Syrien wird dazu Eischta, eine dicke Sahne aus Büffelmilch, dazu gegessen. Bei uns schmeckt Crème fraîche oder Vanilleeis gut dazu. Auch Apfelmus oder Obstkompott passen gut zu dem Dessert.

Im Bild oben: Grießpudding
Im Bild unten: Gazellenhörnchen

Panna cotta mit Trauben

Gut vorzubereiten

Zutaten für 4 Personen
1 Teelöffel Agar-Agar
Mark von 1 Vanilleschote
500 g Sahne
100 g Zucker
1 Teelöffel abgeriebene Zitronenschale
400 g kleine Trauben
50 g Butter
100 ml Weißwein
2 Eßlöffel Marsala

Pro Portion: 2900 kJ/ 690 kcal
6 g E · 50 g F · 47 g Kh
Zubereitungszeit: 30 Minuten
Kühlzeit: 6 Stunden

Agar-Agar nach Packungsangabe in etwas kaltem Wasser quellen lassen. Das Vanillemark mit Agar-Agar, der Sahne und 40 g Zucker etwa 10 Minuten köcheln lassen.

Mit der Zitronenschale mischen, in Förmchen füllen, mindestens 6 Stunden kühlen.

Kurz vorm Servieren die Trauben waschen. Die Butter mit dem restlichen Zucker unter Rühren erhitzen, bis die Masse hellbraun ist. Mit dem Wein ablöschen. Die Trauben und den Marsala dazugeben. 1–2 Minuten köcheln lassen.

Die Panna cotta stürzen. Mit den Trauben garnieren.

Crème caramel

Braucht etwas Zeit

Zutaten für 4 Personen
1 Vanilleschote
500 ml Milch
170 g Zucker
2 Eier
4 Eigelbe

Pro Portion: 1500 kJ/ 360 kcal
10 g E · 13 g F · 49 g Kh
Zubereitungszeit: 30 Minuten
Garzeit: 1 Stunde

Die Vanilleschote aufschlitzen und das Mark mit einem Messer herauskratzen. Beides mit der Milch in einem Topf zum Kochen bringen. Die heiße Milch auf der abgeschalteten Herdplatte noch kurz ziehen lassen.

Den Backofen auf 150° vorheizen. 6 Eßlöffel Zucker in einem Topf bei mittlerer Hitze schmelzen und nußbraun karamelisieren lassen. Dann mit knapp 1/8 l Wasser ablöschen und sofort in vier Förmchen von je etwa 250 ml Inhalt (oder in 6 von 150 ml) gießen.

Eier und die Eigelbe mit dem restlichen Zucker in einer Schüssel zu einer hellen, schaumigen Creme aufschlagen. Die Vanilleschote aus der Milch fischen. Die Milch langsam unter Rühren zur Eiercreme geben. Die Eiercreme langsam in die Förmchen gießen.

Die Förmchen mit der Creme in eine feuerfeste Form stellen. So viel heißes Wasser angießen, daß die Förmchen zu etwa zwei Drittel ihrer Höhe darin stehen.

Die Förmchen in der Form in den Backofen (unten, Umluft 140°) stellen und etwa 1 Stunde garen. Das Wasser darf nicht kochen. Also gegebenenfalls etwas kaltes Wasser nachgießen.

Die Crème caramel abkühlen lassen. Kurz vor dem Servieren mit einem Messer vom Förmchenrand lösen und auf Teller stürzen.

Sahnereis mit Mandeln und Himbeersauce

Gelingt leicht

Zutaten für 10 Personen
250 g Milchreis (Rundkorn)
Salz
1/2 l Milch
1/2 Vanilleschote
100 g Zucker
50 g Mandelblättchen
600 g Himbeeren, frisch oder tiefgekühlt
2 Eßlöffel Speisestärke
400 g Sahne

Pro Portion: 1400 kJ/ 330 kcal
6 g E · 18 g F · 38 g Kh
Zubereitungszeit: 1 Stunde
Kühlzeit: 1 1/2 Stunden

Den Reis in einem Sieb unter fließendem Wasser waschen und abtropfen lassen. 1/2 l Wasser aufkochen. Den Reis dazugeben und offen bei kleiner Hitze etwa 10 Minuten garen, bis das Wasser ganz aufgesogen ist.

Die Milch zum Reis in den Topf gießen. Die Vanilleschote längs halbieren und das Mark herausschaben. Vanillemark und -schote in die Milch geben. Den Reis weitere 40 Minuten zugedeckt bei kleiner Hitze quellen lassen.

Inzwischen die Mandelblättchen in einer Pfanne ohne Fett bei kleiner Hitze hellbraun rösten. Abkühlen lassen.

Die aufgetauten oder frischen, gewaschenen Himbeeren mit 1/4 l Wasser einmal aufkochen lassen. Dann die Hitze auf kleinste Stufe herunterschalten.

Das Speisestärke mit etwas kaltem Wasser anrühren und zu den Himbeeren gießen. Gut unterrühren. Die Himbeeren weitere 10 Minuten simmern lassen.

Die Himbeeren durch ein feines Sieb streichen und mit etwa 60 g Zucker süßen. Abkühlen lassen.

Den Milchreis in eine Schüssel umfüllen, dabei die Vanilleschote entfernen. Den Rest Zucker hinzufügen. Den Reis etwa 1 Stunde abkühlen lassen.

Danach die Sahne steif schlagen. Nach und nach unter den abgekühlten Milchreis heben.

Die Hälfte der gerösteten Mandelblättchen unter den Reis mischen. Mit den übrigen Mandeln bestreuen. Die Himbeersauce in einem Glaskrug dazustellen.

Tip!

Der Sahnereis eignet sich auch prima für ein Buffet oder einen Brunch. Sie sollten in aber nicht zu lange vorher zubereiten, denn er wird sehr fest, wenn er länger als einen Tag steht.

Mascarpone-Schichtspeise

Schnell

Zutaten für 4 Personen
250 g Mascarpone
150 g Sahne
50 g Joghurt
50 g Zucker
2 Eßlöffel Kakaopulver
1 Eßlöffel Orangenlikör, nach Belieben
1 unbehandelte Zitrone
50 g Pistazien, fein gehackt

Pro Portion: 2300 kJ/ 550 kcal
4 g E · 19 g F · 19 g Kh
Zubereitungszeit: 20 Minuten

Den Mascarpone mit Sahne, Joghurt und Zucker in eine Schüssel geben und mit den Quirlen des Handrührgeräts gründlich vermischen. Die Hälfte der Creme in eine zweite Schüssel geben.

Die eine Hälfte der Creme gründlich mit dem Kakao und Orangenlikör verrühren.

Die Zitrone heiß waschen und abtrocknen. Die Schale fein abreiben, den Saft auspressen. Von den Pistazien einige zum Garnieren beiseite legen. Die zweite Hälfte der Mascarponecreme mit der Zitronenschale und dem -saft sowie den übrigen Pistazien vermischen.

Die beiden Cremes schichtweise in vier Dessertgläser füllen und mit den Pistazien garnieren.

Orangen-Kiwi-Salat

Gelingt leicht

Zutaten für 4 Personen
3 große unbehandelte Orangen
3 Eßlöffel Honig
3 Eßlöffel trockener Weißwein oder Wasser
3 Kiwis
2 Eßlöffel Pinienkerne

Pro Portion: 670 kJ/ 160 kcal
3 g E · 4 g F · 28 g Kh
Zubereitungszeit: 30 Minuten

Die Orangen heiß abwaschen und mit Küchenpapier abtrocknen. Etwas Schale mit dem Zestenreißer in feinen Spänen abziehen oder mit einem scharfen Messer dünn abschälen und in feine Streifen schneiden.

Die Früchte mit dem Messer so schälen, daß außer der Schale auch die weißen Häutchen darunter vollständig entfernt werden. Die Orangen dann in Scheiben schneiden, dabei den abtropfenden Saft auffangen.

In einer Pfanne den Honig mit Wein oder Wasser sowie dem abgetropften Orangensaft und den Orangenspänen bei starker Hitze leicht sirupartig einkochen lassen.

Die Kiwis schälen und ebenfalls in Scheiben schneiden. Mit den Orangenscheiben auf einer großen Platte anrichten. Den Honigsirup gleichmäßig über die Obstscheiben träufeln.

Die Pinienkerne in einer trockenen Pfanne leicht goldbraun anrösten und über die Früchte streuen. Die Früchte bis zum Servieren zugedeckt kalt stellen.

Erdbeerbecher mit Schwips

Klassiker

Zutaten für 6 Personen
500 ml Vanilleeis
500 g Erdbeeren
4 Eßlöffel Maraschino
4 Eßlöffel Weinbrand
1 Prise Anispulver

Pro Portion: 790 kJ/ 190 kcal
3 g E · 9 g F · 20 g Kh
Zubereitungszeit: 30 Minuten

Das Vanilleeis aus dem Gefrierfach nehmen und im Kühlschrank etwa 15 Minuten antauen lassen.

Inzwischen die Erdbeeren waschen und die Blütenkelche abzupfen. Die Früchte halbieren oder vierteln, einige schöne Früchte dabei zum Garnieren zurücklassen. Die anderen Beeren in Dessertschalen verteilen.

Den Maraschino mit dem Weinbrand und dem Anispulver verrühren. Das Vanilleeis mit einem Schneebesen rasch cremig rühren, die Likörmischung unterrühren. Die Eiscreme über die Erdbeeren verteilen und mit den beiseite gelegten Früchten garnieren. Sofort servieren.

Variante

Vanilleeis mit Punschpflaumen

Dafür 150 g getrocknete Pflaumen ohne Stein in dem Saft von einer Orange mit 150 ml Rotwein, einem Schuß Rum, 2 Gewürznelken und 1 Zimtstange sowie Zucker nach Bedarf dünsten. Mit 1 Teelöffel angerührter Speisestärke binden. Das Vanilleeis auf den heißen Früchten servieren.

Im Bild oben: Orangen-Kiwi-Salat
Im Bild unten:
Erdbeerbecher mit Schwips

Quarkschaum auf Holundersauce

Braucht etwas Zeit

Zutaten für 4 Personen
3 frische Eiweiße
150 g kalte Sahne
1/2 unbehandelte Zitrone
250 g Quark
3 Eßlöffel Zucker
1 Päckchen Vanillezucker
Für die Sauce:
250 ml Holundersaft
1 Stange Zimt
Saft von 1/2 Zitrone
3 Eßlöffel Zucker
1 Teelöffel Speisestärke

Pro Portion: 1400 kJ/ 330 kcal
12 g E · 19 g F · 31 g Kh
Zubereitungszeit: 40 Minuten
Kühlzeit: 4 Stunden

Die Eiweiße und die gut gekühlte Sahne getrennt steif schlagen. Die Zitrone heiß waschen und mit Küchenpapier trocknen, etwa 1 Teelöffel Schale abreiben. Den Quark mit Zucker, Vanillezucker, etwas Zitronensaft und der geriebenen Zitronenschale vermischen. Den Eischnee und die Sahne gründlich unterheben.

Die Quarkmasse in ein mit einem Mulltuch ausgelegtes Sieb füllen, in den Kühlschrank stellen und etwa 4 Stunden abtropfen lassen.

Für die Sauce den Holundersaft mit der Zimtstange, Zitronensaft, Zucker und der mit etwas kaltem Wasser angerührten Speisestärke aufkochen, auf Teller gießen. Die abgetropfte Quarkmasse mit 2 Eßlöffeln zu Nocken formen und auf der warmen Sauce anrichten. Gleich servieren.

Rote Grütze mit Vanillesauce

Gut vorzubereiten

Zutaten für 6 Personen
800 g frische gemischte Beeren (Brombeeren, Himbeeren, rote und schwarze Johannisbeeren, Erdbeeren und Heidelbeeren)
250 ml Rotwein (ersatzweise ungesüßter Fruchtsaft, z. B. schwarzer Johannisbeersaft)
50 g Zucker
1 langer Streifen Schale von einer unbehandelten Zitrone
3 Eßlöffel Speisestärke
Für die Vanillesauce:
1 Vanilleschote
750 ml Milch
1 1/2 Eßlöffel Speisestärke
60 g Zucker
1 Ei
2 Eigelbe

Pro Portion: 1200 kJ/ 290 kcal
8 g E · 8 g F · 39 g Kh
Zubereitungszeit: 1 Stunde

Die Beeren in ein Sieb geben und abspülen. Verlesen und von Rispen oder Stielen befreien. Von dem Rotwein 5 Eßlöffel abnehmen und die Speisestärke damit glatt anrühren.

In einem Topf den restlichen Rotwein mit dem Zucker und der Zitronenschale zum Kochen bringen. Alle Beeren und die angerührte Speisestärke hinzufügen und unter ständigem Rühren kurz einmal aufkochen lassen, bis die Speisestärke bindet. Die Grütze in Portionsschälchen verteilen und kalt stellen.

Für die Vanillesauce die Vanilleschote längs aufschlitzen und das Mark herauskratzen. Von der Milch 3 Eßlöffel abnehmen. Die Speisestärke damit glatt anrühren. Die übrige Milch mit dem Vanillemark und der Schote zum Kochen bringen und wieder etwas abkühlen lassen.

Zucker, Ei und Eigelbe schaumig rühren. Mit der angerührten Speisestärke unter die Milch rühren und alles einmal aufkochen lassen. Die Schote entfernen und die Sauce kalt stellen.

Zum Servieren etwas von der Vanillesauce über die Grütze verteilen. Die restliche Sauce extra dazu servieren.

Apfelgratin mit Marzipan

Preiswert

Zutaten für 4 Personen
4 säuerliche Äpfel (z. B. Boskop, Jonagold)
Saft von 1 Zitrone
100 g Marzipan-Rohmasse
240 g Sahne
1 Teelöffel Zimtpulver
2 Päckchen Vanillezucker
Zum Bestäuben: Puderzucker

Pro Portion: 2100 kJ/ 500 kcal
6 g E · 33 g F · 47 g Kh
Zubereitungszeit: 30 Minuten
Backzeit: 20 Minuten

Den Backofen auf 200° vorheizen. Die Äpfel waschen, schälen und das Kerngehäuse ausschneiden, in Schnitze teilen. Die Apfelschnitze mit dem Zitronensaft beträufeln und in feuerfeste Portionsförmchen geben.

Die Marzipan-Rohmasse würfeln und mit Sahne, Zimtpulver und dem Vanillezucker mit dem Pürierstab fein zerkleinern. Die Creme über die Äpfel geben.

Die Äpfel im heißen Ofen (Mitte, Umluft 180°) etwa 20 Minuten backen, bis sie schön gebräunt sind. Mit Puderzucker bestäuben und heiß servieren.

Überbackene Portweinpflaumen

Für Gäste

Zutaten für 4 Personen
Für die Pflaumen:
12 Pflaumen
1/2 Vanilleschote
1 Eßlöffel Zucker
70 ml trockener Weißwein
70 ml heller Portwein
Für den Sabayon:
5 Eigelbe
1 Eßlöffel Zucker
2 Eßlöffel Crème fraîche
Zitronensaft
Außerdem:
Butter für die Förmchen

Pro Portion: 1080 kJ/ 260 kcal
5 g E · 11 g F · 30 g Kh
Zubereitungszeit: 30 Minuten
Backzeit: 8 Minuten

Die Pflaumen waschen, halbieren und entsteinen. Die Vanilleschote aufschneiden und das Mark herauskratzen.

Vanillemark, Zucker, Wein und Portwein in einen Topf geben und aufkochen lassen. Die Pflaumen dazugeben und bei schwacher Hitze einmal aufkochen lassen. Den Topf von der Herdplatte nehmen und die Pflaumen im Sud abkühlen lassen. Den Sud durch ein Sieb gießen und 1/8 l abmessen. Die Pflaumen im Sieb abtropfen lassen.

Vier Gratinförmchen buttern und die Pflaumen hineingeben. Den Backofen auf 250° vorheizen.

Die Eigelbe mit dem Zucker in eine Metallschüssel geben und verrühren. Über dem heißen Wasserbad dickschaumig schlagen. Dann nach und nach unter weiterem Schlagen den abgemessenen Sud und zum Schluß die Crème fraîche dazugeben.

Den Sabayon mit Zitronensaft abschmecken, über die Pflaumen gießen. Die Gratins im Backofen (Mitte, Umluft 220°) in 5–8 Minuten überbacken, bis sie schön gebräunt sind. Gleich heiß aus dem Ofen servieren.

Tip!

Unter der luftigen Sabayonhaube machen sich auch gezuckerte Beeren gut. Oder in Portwein erhitzte Trauben, Spalten von Pfirsichen, Nektarinen, Mangos oder Papayas. Für den Sabayon können Sie statt des hellen Portweins auch einen anderen Dessertwein oder einen Weißwein mit etwas Mandellikör vermischt nehmen. Für Kinder sind heller Trauben- oder auch Apfelsaft gut geeignet.

Gebackene Bananen

Aus San Francisco

Zutaten für 4 Personen
3 Eßlöffel Zucker
5 Eßlöffel Weinbrand oder
3 Eßlöffel Zitronensaft
etwas abgeriebene Schale einer unbehandelten Zitrone
4 kleine Bananen
1 Ei
100 ml Milch
1 Prise Salz
75 g Mehl
1 Eßlöffel neutrales Öl
Zum Ausbacken: neutrales Öl
Zum Bestäuben: Mehl

Pro Portion: 1100 kJ/ 260 kcal
6 g E · 5 g F · 47 g Kh
Zubereitungszeit: 30 Minuten

Den Zucker mit dem Weinbrand oder dem Zitronensaft und der Zitronenschale verquirlen. Die Bananen schälen, längs und quer je einmal halbieren und in der Marinade wenden. Zugedeckt etwa 15 Minuten marinieren.

Inzwischen für den Teig das Ei trennen. Eigelb mit Milch, Salz, Mehl und 1 Eßlöffel Öl glattrühren. Das Eiweiß steif schlagen und unter den Teig heben.

Öl zum Fritieren auf 180° erhitzen. An einem Kochlöffelstiel, den Sie hineinhalten, müssen sofort kleine Bläschen nach oben steigen.

Die Bananen portionsweise leicht mit Mehl bestäuben, dann in den Teig tunken und in das heiße Fett geben. Die Stücke goldbraun ausbacken, mit einer Schaumkelle herausheben und auf Küchenpapier gut abtropfen lassen. Sofort heiß servieren.

Tip!

In Kalifornien werden zu den Bananen Vanilleeis (Seite 281) oder mit Zimt aromatisierte Schlagsahne gereicht.

Rotweinbirnen

Gelingt leicht

Zutaten für 4 Personen
300 g säuerliche Äpfel
2 Zimtstangen
1 Eßlöffel Butter
1 Eßlöffel Honig
250 ml trockener Rotwein
3 Eßlöffel Portwein
3 Eßlöffel Zucker
ein Stück Schale einer unbehandelten Zitrone
4 reife feste Birnen
2 Eßlöffel Walnußkerne

Pro Portion: 1200 kJ/ 290 kcal
2 g E · 7 g F · 46 g Kh
Zubereitungszeit: 45 Minuten

Die Äpfel schälen, vierteln, von den Kerngehäusen befreien und in Spalten schneiden. Mit 1 Zimtstange, Butter, Honig und 2 Eßlöffeln Wasser in einen Topf geben. Äpfel bei schwacher Hitze etwa 5 Minuten zugedeckt köcheln, dann abkühlen lassen und die Zimtstange herausnehmen.

In einem kleinen hohen Topf den Rotwein mit Portwein, Zucker, der zweiten Zimtstange und der Zitronenschale zum Kochen bringen. Die Birnen schälen, dabei die Stiele nicht entfernen. Die Früchte in den Topf setzen und bei schwacher Hitze 15–20 Minuten fest zugedeckt dünsten. Die Birnen zwischendurch mehrmals mit Wein beträufeln.

Das Apfelkompott in vier Dessertschalen geben. Jeweils 1 Birne darauf setzen.

Den Weinsirup im Topf bei starker Hitze auf die Hälfte einkochen lassen, dann abseihen und über die Birnen träufeln. Die Walnußkerne grob hacken und darauf streuen, sofort servieren.

Im Bild oben: Gebackene Bananen
Im Bild unten: Rotweinbirnen

Avocadoeis mit Feigen

Raffiniert

Zutaten für 6 Personen
1 große reife Avocado
1 Eßlöffel Zitronensaft · Salz
3 Eßlöffel Zucker
2 frische Eiweiße
200 g Sahne
4 kleine frische Feigen
3 Eßlöffel Portwein nach Belieben

Pro Portion: 940 kJ/ 220 kcal
3 g E · 19 g F · 10 g Kh
Zubereitungszeit: 30 Minuten
Gefrierzeit: 3 Stunden

Avocado halbieren und entsteinen. Fruchtfleisch aus den Schalen lösen und pürieren. Das Mus sofort mit Zitronensaft, einer Prise Salz und Zucker verrühren.

Eiweiße und die Sahne getrennt steif schlagen. Beides nach und nach vorsichtig unter das Avocadopüree heben.

Die Creme in eine gefrierbeständige Schüssel füllen und zugedeckt für mindestens 3 Stunden in das Tiefkühlgerät stellen.

Zum Servieren Feigen waschen, in Spalten schneiden und mit dem Portwein beträufeln.

Vom Avocadoeis mit einem Löffel Portionen abnehmen und zusammen mit den Feigen anrichten.

Melonen-Joghurt-Eiscreme

Fruchtig

Zutaten für 4 Personen
1 Zuckermelone (Cantaloupe-, Ogen- oder Honigmelone)
600 g Vollmilchjoghurt
3 Eßlöffel heller Honig
2 frische Eiweiße
60 g Zucker
150 g Himbeeren

Pro Portion: 1300 kJ/ 310 kcal
8 g E · 6 g F · 55 g Kh
Zubereitungszeit: 45 Minuten
Gefrierzeit: 2 1/2 Stunden

Die Melone halbieren und von Kernen und Fasern befreien. Das Fruchtfleisch aus den Schalen lösen und pürieren. Es sollte 400–500 ml ergeben.

Melonenpüree mit Joghurt und Honig glattrühren, in eine gefrierbeständige Schüssel geben und zugedeckt für etwa 30 Minuten in das Tiefkühlgerät stellen.

Die Eiweiße zu steifem Schnee schlagen, dabei zum Schluß den Zucker einrieseln lassen. Das Meloneneis mit einem Schneebesen gründlich durchrühren, den Eischnee locker unterheben. Alles zugedeckt wieder im Tiefkühlgerät noch etwa 2 Stunden gefrieren lassen, zwischendurch zweimal kräftig durchrühren.

Zum Servieren das Eis noch einmal kräftig durchrühren. In Schälchen geben. Die Himbeeren kurz abbrausen, verlesen und das Eis damit garnieren.

Honig-Sesam-Eis

Für Gäste

Zutaten für 10 Personen
30 g ungeschälte Sesamsamen
100 g cremiger Blütenhonig
1 Messerspitze gemahlene Bourbon-Vanille
1 Teelöffel Kakaopulver
2 Eier
100 g saure Sahne (10% Fettgehalt)
1 Teelöffel Zitronensaft
200 g Sahne

Pro Portion: 1200 kJ/ 290 kcal
9 g E · 21 g F · 12 g Kh
Zubereitungszeit: 20 Minuten
Kühlzeit: 30 Minuten
Gefrierzeit: 7 Stunden

Die Sesamsamen in einer trockenen Pfanne unter Rühren bei mittlerer Hitze rösten, bis sie zu »springen« und angenehm zu duften beginnen. Die Pfanne vom Herd nehmen, die Samen darin noch etwa 1/2 Minute unter Rühren weiterrösten. Dann Honig, Vanille und Kakao hinzufügen und so lange weiterrühren, bis der Honig flüssig geworden ist. Die Masse etwas abkühlen lassen.

Die Eier trennen. Die Eigelbe zur Honigmasse (sie darf noch lauwarm sein) geben und mit einem Schneebesen (Handrührgerät) dickschaumig aufschlagen. Zum Schluß die saure Sahne vorsichtig unter den Eischaum rühren.

Die Eiweiße mit dem Zitronensaft steif schlagen. Sahne getrennt steif schlagen. Eischnee und die Schlagsahne nach und nach vorsichtig, aber gründlich unter die Eigelbmasse rühren.

Die Eismasse in einen Tiefkühlbehälter von mindestens 1 l Inhalt füllen und in 5–7 Stunden gefrieren lassen. Mit dem Eiskugelformer auf Teller portionieren.

Schokoladeneis

Gelingt leicht

Zutaten für 6 Personen
100 g Vollmilchschokolade
100 g Zartbitterschokolade
4 Eigelbe
2 Eßlöffel Orangenlikör (ersatzweise Orangensaft und 1 Teelöffel Zitronensaft)
2 Eßlöffel Zucker
250 g Sahne

Pro Portion: 1300 kJ/ 310 kcal
4 g E · 25 g F · 19 g Kh
Zubereitungszeit: 15 Minuten
Kühlzeit: 4 Stunden

Die beiden Schokoladensorten fein reiben. Die Eigelbe in einer Schüssel mit Likör und Zucker schaumig schlagen. Die Schokolade untermischen.

Sahne steif schlagen und unter die Schokoladenmasse heben. Die Masse in eine gefrierbeständige Schüssel füllen, in das Gefrierfach stellen und in etwa 4 Stunden gefrieren lassen. Zwischendurch immer wieder umrühren, damit das Eis gleichmäßig gefriert.

Feines Vanille-Eis

Für Gäste

Zutaten für 4 Personen
1/2 Vanilleschote
250 ml Milch
3 Eigelbe
50 g Puderzucker
100 g Sahne
Zum Abkühlen: Eiswürfel

Pro Portion: 1800 kJ/ 430 kcal
15 g E · 34 g F · 17 g Kh
Zubereitungszeit: 1 Stunde
Kühlzeit: 30 Minuten
Gefrierzeit: 7 Stunden

Die Vanilleschote längs aufschneiden und das Mark herauskratzen. Vanillemark und die -schote in der Milch bei schwacher Hitze erwärmen und einmal aufkochen lassen. Den Topf vom Herd nehmen und den Inhalt zugedeckt etwa 10 Minuten ziehen lassen. Dann die Vanilleschote aus der Milch nehmen.

Die Eigelbe in einem Wasserbadeinsatz (noch ohne Hitzezufuhr) mit 1 Eßlöffel Wasser und dem Puderzucker dickschaumig aufschlagen. Die warme Vanillemilch auf einmal dazugießen und alles auf dem heißen Wasserbad zu lockerem Schaum aufschlagen (mit den Schneebesen eines elektrischen Handrührgerätes langsame bis mittlere Geschwindigkeit). Sobald der Schaum dampft, immer wieder einen Eßlöffel in die Masse tauchen. Wenn der Schaum am Löffel haften bleibt, den Einsatz aus dem Wasserbad nehmen und die Schaummasse im Eiswasserbad (den Wasserbadeinsatz in ein Gefäß mit Eiswürfeln und eiskaltem Wasser einhängen) kalt schlagen.

Zum Gefrieren in der Eismaschine die Schaummasse im Kühlschrank zugedeckt 1 Stunde abkühlen lassen. Dann die Sahne unter den Schaum rühren, die Eismasse in den laufenden Behälter der Eismaschine füllen und in 15–30 Minuten gefrieren lassen.

Zum Gefrieren im Gefriergerät die Sahne halbsteif schlagen, unter den kalten Schaum heben. Die Eismasse in einen Tiefkühlbehälter von etwa 0,7 l Inhalt füllen und im Gefriergerät in 5–7 Stunden gefrieren lassen, dabei unbedingt stündlich umrühren.

A

B

C

D

E

F

G

H

I/J

K

L

M

N

O

P

Q/R

S

T

U/V

W

Z

Redaktion: Ina Schröter, Reinhardt Hess
Lektorat: Susanne Maß
Layout: BuchHaus Gigler GmbH
Umschlaggestaltung, Innentitel, Kapitelaufmacher: Sybille Engels
Fotos: Odette Teubner; Fotostudio Georg Wunsch (S. 11, 16, 18)
Herstellung: Verena Römer
DTP: Reinhardt Hess
Reproduktion: Longo, Frangart/BZ
Druck und Bindung: BAWA

ISBN 3-7742-2977-5
Auflage: 4. 3. 2. 1.
01 00 99 98

Koch